# Makroökonomik

## Theorie und Politik
## Eine anwendungsbezogene Einführung

Von

Dr. Helge Majer

Universitätsprofessor für Volkswirtschaftslehre

6., durchgesehene Auflage

R. Oldenbourg Verlag München Wien

**Die Deutsche Bibliothek - CIP-Einheitsaufnahme**

**Majer, Helge:**
Makroökonomik : Theorie und Politik ; eine
andwendungsbezogene Einführung / von Helge Majer. - 6.,
durchges. Aufl. - München ; Wien : Oldenbourg, 1997
ISBN 3-486-24287-3


Rosenheimer Straße 145, D-81671 München
Telefon: (089) 45051-0, Internet: http://www.oldenbourg.de



Gedruckt auf säure- und chlorfreiem Papier
Satz: Falkner GmbH, Inning/A.
Gesamtherstellung: R. Oldenbourg Graphische Betriebe GmbH, München

ISBN 3-486-24287-3

# Vorwort zur 1. Auflage

Dieses Buch ist als Begleittext zu **Lehrveranstaltungen** für Studierende im **Grundstudium** (4 Semesterwochenstunden ohne begleitende Übungen) gedacht. Die Kenntnisse der **Volkswirtschaftlichen Gesamtrechnung** werden vorausgesetzt.

Das **erste Ziel** dieses Buches besteht darin, daß die Studierenden lernen,

- wie aus **Definitionen, Hypothesen** über das Verhalten von Wirtschaftssubjekten und **Annahmen** ein System, ein **Modell** wird, das die Ursache-Wirkungsbeziehungen in einer Volkswirtschaft erklären kann, und
- wie durch **Veränderung** der Hypothesen und Annahmen vollständig verschiedene Ergebnisse abgeleitet werden können.

Dies wird plastisch gezeigt durch eine **Polarisierung** von „**Keynesianern**" und „**Neoklassikern**", eine grobe und **plakative** Zuordnung von Paradigmen, die vor allem didaktische Gründe hat. Es ist nicht beabsichtigt, geschlossene Gedankengebäude von Schulen darzustellen. Es ist auch nicht daran gedacht, die neuesten Entwicklungen auf dem Gebiet der Makroökonomik darzustellen (z.B. die „Neue" Makroökonomik nichträumender Märkte oder die Theorie rationaler Erwartungen). Vielmehr sollen die Studierenden lernen, in **Alternativen** und in einem **System** zu denken, das nur zeit-raum-gebundene „**Wahrheiten**" (wenn überhaupt) vermitteln kann, und das die wesentlichen Bausteine der **kontemporären Diskussion** enthält: Nachfrage (Keynesianer), Angebot (Angebotsökonomen) und Geld (Monetaristen).

Das **zweite Ziel** dieses Buches besteht darin, daß die Studierenden ihr Wissen über ökonomische Zusammenhänge **anzuwenden** lernen auf **Probleme der Tagespolitik**. Sie sollen ferner erfahren, daß unsere Kenntnis und unser Lernen über die Volkswirtschaft aus der **Erfahrung** entstammt, die wir aus Gesprächen und Interviews mit Menschen aus der **wirtschaftlichen und politischen Praxis**, und aus Presseberichten gewinnen.

Dies ist ein Grund für die **erste Besonderheit** dieses Buches, die Präsentation und Diskussion von **Presseberichten** über aktuelle wirtschaftspolitische Probleme. Die Aussagen dieser Berichte werden dazu verwendet, **Hypothesen** über bestimmte Zusammenhänge zu bilden. Diese Berichte werden in ihren kontroversen Aussagen auch **analysiert** mit Hilfe der theoretischen Kenntnisse, die erarbeitet wurden. Es zeigt sich, daß es oft nicht möglich (und oft auch nicht sinnvoll) ist, im Elfenbeinturm der Wissenschaft zu verweilen.

Die gleichzeitige Verwirklichung der **gesamtwirtschaftlichen Ziele** Preisniveaustabilität, hoher Beschäftigungsstand, außenwirtschaftliches Gleichgewicht und stetiges, angemessenes Wirtschaftswachstum steht im **Mittelpunkt der öffentlichen wirtschaftspolitischen Diskussion**. Die Lehre sollte den Studierenden **Instrumente** an die Hand geben, mit denen sie diese Diskussion **verstehen** und **mitgestalten** können. Das Modellsystem sollte daher diese Zielgrößen explizit enthalten.

Aus dieser Forderung resultiert eine **zweite Besonderheit** dieses Buches. Die geniale Beschreibung des gesamtwirtschaftlichen Systems (Güter- und Geldmarkt) mit Hilfe des **ISLM-Diagramms** von Hicks und Hansen steht nur am Rande der Analyse in diesem Buch. Ich empfinde dieses Instrumentarium bei dem

Versuch, aktuelle Probleme zu erklären, als außerordentlich **beengend**. Daher konzentriere ich mich auf die Ableitung und Darstellung eines **gesamtwirtschaftlichen Angebots-Nachfragesystems.** In diesem Rahmen gelingt es, **alle Zielbeziehungen** in einer Volkswirtschaft mit Außenhandel zu analysieren. Auch das Angebots-Nachfragesystem hat **Probleme**, und leitet man gesamtwirtschaftliche Angebots- und Nachfragekurven ab, die an sich nicht existieren, allenfalls in ihren Schnittpunkten (und sogar diese können in Frage gestellt werden), dann ist auch damit der Stein der (fünf?) Weisen nicht gefunden. Doch für das Grundstudium, als **Einstieg**, läßt sich dieses System gut verwenden.

Einige **Einschränkungen** seien schließlich genannt. Das (Semesterwochenstunden-) Zeitlimit gebietet **Stoffbegrenzung**; die Außenwirtschaft im V. Kapitel ist knapper kaum darzustellen, Wachstum und Konjunktur müssen ganz draußen bleiben. Der **Anpassungsprozeß** des Wirtschaftssystems zwischen zwei Gleichgewichten wird verbal erläutert, (fast) ohne **dynamische** Relationen. Die **Aggregation** einzelwirtschaftlicher Größen und Zusammenhänge wird nicht behandelt. Vieles davon hat didaktische Gründe: die Darstellung sollte möglichst geschlossen und zielgerichtet sein; beim heutigen Stand der makroökonomischen Forschung eine schier unmögliche Aufgabe. Schließlich: Literaturangaben gibt's wenige. Mein Ziel war es, bei Schlüsselbegriffen eine gute (für mich: die beste) Quelle zum Weiterstudium anzugeben. Zu viel ist hier weniger.

Übungsfragen (300 Multiple-Choice-Fragen) mit Lösungen wurden in einem Beiheft (H. Majer, J. Spreter) zusammengestellt.

Ich habe viel Dank abzuleisten und tue dies gerne. Der Lehrstoff wurde in vielen Makrovorlesungen und -übungen (mit Skript) auf den hier präsentierten Stand gebracht, die Studierenden haben durch ratlose Gesichter oder konkrete Diskussionsbeiträge indirekt oder direkt verbessert. Im Endstadium haben meine Mitarbeiterinnen und Mitarbeiter, Frau Dr. K. Thöne, Frau Dipl.-Volksw. Chr. Müller, Herr Dipl.-Volksw. D. Masberg und Herr Dipl.-Volksw. P. Pintz kritische Einwände in Diskussionen vorgebracht (die ich mir aber nicht alle zu eigen gemacht habe, womit die Verantwortlichkeit klar ist). Bei der mehr technischen Fertigstellung haben mich Frau S. Bartz, Herr Dr. J. Spreter, Herr Dipl.-Kaufm. D. Franke und, vor allem in der letzten Schreibphase, Herr Dipl.-Wirtsch.-Ing. (FH) R. Raible vorbildlich unterstützt.

# Vorwort zur 3. Auflage

Diese dritte Auflage ist korrigiert, überarbeitet und erweitert worden. Die Versuchung, ein vollständig neues Buch zu schreiben, wurde umgemünzt: ich habe die Fehler, soweit mir heute bekannt, berichtigt, ferner habe ich den Text überarbeitet zugunsten einer breiteren (und auch strafferen) Erklärung der Probleme (mehr Tiefe), einige grafische Darstellungen wurden vereinfacht. Wo notwendig, wurden Presseberichte aktualisiert, andere gestrichen. Als didaktische Hilfe habe ich nun, soweit möglich, die Abbildungen, Presseberichte und Übersichten auf linke Seiten gebracht, so daß rechts jeweils ein fortlaufender Text entsteht.

Das Buch enthält nun drei wichtige Erweiterungen: Die Okunkurve hat sich für mich in den letzten Jahren als Instrument der makroökonomischen Analyse gut bewährt, die gewonnenen Erfahrungen schlagen sich in einer ausführlichen Darstellung nieder. Weiter habe ich immer mehr das Defizit empfunden, wenn wir Nationalökonomen uns bei der Darstellung makroökonomischer Zusammenhänge fast ausschließlich auf den Effizienzaspekt stützen. Ich versuche nun, diesen Effizienzgesichtspunkt durch den sozialen zu erweitern, indem ich die Verhaltensparameter der wichtigsten Funktionen des Angebot-Nachfrage-Modells mit sozialpolitischen Argumenten unterlege. Zusammen mit den Effizienz- und Sozialkriterien werden Umweltkriterien entscheidend. Diese sollen mit der NL-Kurve eingefangen werden. Das bedeutet, daß ordnungspolitische Aspekte nun eine größere Rolle spielen.

Die dritte Erweiterung betrifft die ISLM-Analyse. Ich kapituliere vor der Zählebigkeit dieses Erklärungsansatzes, hoffe (mit Barro) auf baldiges Ende und erweitere dieses Buch bis dahin mit einer etwas ausführlicheren Darstellung.

Ich versuche, mit dem solcherart ausgeweiteten gesamtwirtschaftlichen Angebot-Nachfrage-System eine möglichst einfache Botschaft mit reichem interpretativem Erklärungsgehalt „rüberzubringen“. Nachdem ich mich nun einmal für diese Konzeption entschieden habe, würden Erweiterungen wie die „Neue Makroökonomik nichträumender Märkte“ o.ä., den Charakter des Buches entscheidend verändern. Wesentliche Veränderungen der Ergebnisse berücksichtige ich mit kritischen Bewertungen. Das in der ersten Auflage angekündigte Beiheft mit 300 Multiple-Choice-Aufgaben ist seit einiger Zeit in Form eines Buches in diesem Verlag erschienen: Helge Majer, Dietmar Franke, Repetitorium der Makroökonomik, 2. Auflage, München-Wien 1987.

Es ist mir wichtig, herzlichen Dank zu sagen für wertvolle und engagierte Unterstützung: Frau Ingeborg Müller und Herr Hartmut Jenner haben die Ergänzungen des Manuskripts und die zahlreichen Korrekturen geschrieben. Frau Marion Aschmann, M. A., fertigte die neuen Zeichnungen an und verbesserte eine Reihe alter. Herr Dr. Dieter Masberg hat mit seiner steten Bereitschaft zu diskutieren zu manchen Verbesserungen und Richtigstellungen beigetragen.

Helge Majer

## Vorwort zur 4. Auflage

Die dritte Auflage dieses Lehrbuches war überraschend schnell vergriffen, so daß die vierte Auflage rasch fertiggestellt werden mußte. Die Zeit reichte daher nur noch für ein Korrekturblatt, das sich am Ende des Buches befindet.

Helge Majer

## Vorwort zur 5. Auflage

Im Vergleich zur vierten Auflage wurden einige Abbildungen überarbeitet bzw. aktualisiert. Die Korrekturen des Korrekturblattes sind nun zusammen mit weiteren Korrekturen in den Text aufgenommen worden.

Helge Majer

## Vorwort zur 6. Auflage

Für die sechste Auflage wurde noch einmal der gesamte Text kritisch durchgesehen. Für Hinweise und Anregungen der Leser bin ich weiter sehr dankbar.

Helge Majer

# Inhaltsverzeichnis

# Verzeichnis der Abbildungen

# Verzeichnis der Presseberichte

# Verzeichnis der Übersichten

# Verzeichnis der Symbole

| | |
|---|---|
| $a$ | Spekulationsneigung $dL_s/di$ (in DM) |
| $a_0, a_1, a_2, a_3, a_4$ | Koeffizienten (o. Dim.) |
| $A, A^{ZB}$ | reales gesamtwirtschaftliches Angebot (in Mrd. DM) |
| $A^*$ | reales, um die unverteilten Gewinne bereinigtes Volkseinkommen |
| $A_v$ | verfügbares Einkommen (in Mrd. DM) |
| AN | tatsächliche(s) Angebot/Nachfrage (in Mrd. DM) |
| $AN^*$ | Vollbeschäftigungsangebot/-nachfrage (in Mrd. DM) |
| $b$ | Investitionsneigung $dI/di$ (in DM) |
| $b_0, b_1, b_2$ | Koeffizienten (o. Dim.) |
| B | Beschäftigte |
| $B_d$ | Nachfrage nach Arbeitskräften (in Mrd. Std.) |
| $B_s$ | Angebot an Arbeitskräften (in Mrd. Std.) |
| BG | Bargeldumlauf (in Mrd. DM) |
| $c$ | Konsumneigung $dC/dN$ bzw. $dC/dA$ (o. Dim.) |
| $c_1$ | Konsumneigung in bezug auf den Zins |
| $c_2$ | Konsumneigung in bezug auf das Realvermögen |
| C | realer privater gesamtwirtschaftlicher Konsum (in Mrd. DM) |
| $C_a$ | autonomer Konsum (in Mrd. DM) |
| $C_a^*$ | autonomer Konsum in der „neoklassischen" Konsumfunktion |
| $C_{pr}$ | reale Konsumnachfrage der privaten Haushalte (in Mrd. DM) |
| $C_{St}$ | reale Konsumnachfrage des Staates (in Mrd. DM) |
| $d$ | Exportneigung $dEx/dP$ (o. Dim.) |
| D | Abschreibungen |
| DE | Sichteinlagen |
| $e$ | Devisenkurs (DM/$), Kassakurs |
| $\hat{e}$ | erwarteter Devisenkurs (DM/$), Terminkurs |
| Ex | realer Export (in Mrd. DM) |
| $Ex_a$ | autonomer Export (in Mrd. DM) |
| F | Wertpapierertrag pro Periode (in DM) |
| $F_d$ | Wertpapiernachfrage (in Mrd. DM) |
| $F_s$ | Wertpapierangebot (in Mrd. DM) |
| $g$ | Nettokapitalexportneigung (o. Dim.) |
| $g_{BG}$ | Bargeldquote (o. Dim.) |
| $g_{TE}$ | Termineinlagenquote (o. Dim.) |
| $g_{SE}$ | Spareinlagenquote (o. Dim.) |
| $g_{ÜR}$ | Überschußreservenquote (o. Dim.) |
| G | Gewinnsumme (in Mrd. DM); erwartete Gewinne |
| H | Zentralbankgeldmenge, Basisgeld (in Mrd. DM) |
| $i$ | Realzins (o. Dim.) |
| $i^*$ | ausländischer Realzins (o. Dim.) |
| $i_b$ | Zins für Bonds (o. Dim.) |
| $i_e$ | Zins für Aktien (o. Dim.) |
| I | reale private gesamtwirtschaftliche Investitionen |
| $I_a$ | autonome Investitionen (in Mrd. DM) |
| $I_{pr}^{br}$ | reale Investitionsnachfrage der privaten Unternehmen (in Mrd. DM) |
| $I_{St}^{br}$ | reale Investitionsnachfrage des Staates (in Mrd. DM) |
| Im | nominale Importe (in Mrd. DM) |

| | |
|---|---|
| $Im^*$ | reale Importe (in Mrd. DM) |
| $Im_a$ | autonome Importe (in Mrd. DM) |
| $k$ | gewünschter Kassenhaltungskoeffizient (o. Dim.) |
| $k^*$ | reziproke Umlaufgeschwindigkeit $v_N$ |
| $K$ | realer Kapitalstock (in Mrd. DM) |
| $K^*$ | Kapitalstunden bei maximaler Auslastung |
| $\bar{K}$ | Kurs (o. Dim.) |
| $K_{I0}$ | Anschaffungskosten der Investitionen (in DM) |
| $KEx^*$ | reale Kapitalexporte (in Mrd. DM) |
| $KIm^*$ | reale Kapitalimporte (in Mrd. DM) |
| $KO$ | Kosten (in Mrd. DM) |
| $l$ | Nominallohnsatz (in DM) |
| $l_a$ | autonomer Lohnsatz (in DM) |
| $l/P$ | Reallohnsatz (in DM) |
| $L$ | Geldnachfrage (in Mrd. DM) |
| $L_S$ | Spekulationskasse (in Mrd. DM) |
| $L_T$ | Transaktionskasse (in Mrd. DM) |
| $m$ | Geldangebotsmultiplikator (o. Dim.) |
| $m^*$ | Importneigung (o. Dim.) |
| $m_3$ | Geldangebotsmultiplikator (o. Dim.) |
| $M$ | Geldangebot (in Mrd. DM) |
| $M_1$, $M_2$, $M_3$ | Geldmengendefinitionen (vgl. Text) |
| $MR$ | Mindestreserven |
| $N$ | reale gesamtwirtschaftliche Nachfrage (in Mrd. DM) |
| $P$ | Preisniveau (o. Dim.) |
| $P^*$ | ausländisches Preisniveau (o. Dim.) |
| $P^e$ | erwartetes Preisniveau (o. Dim.) |
| $P_A$ | Angebotspreisniveau (o. Dim.) |
| $P_N$ | Nachfragepreisniveau (o. Dim.) |
| $POP$ | Popularität der Regierung |
| $q$ | Angebotsneigung der Arbeitskräfte (o. Dim.) |
| $Q$ | Produktionsmenge |
| $Q^*$ | physisches Produktionspotential |
| $r$ | Kapitalkostensatz, Profitrate (o. Dim.) |
| $r_{DE}$ | Mindestreservesatz für Sichteinlagen (o. Dim.) |
| $r_{TE}$ | Mindestreservesatz für Termineinlagen (o. Dim.) |
| $r_{SE}$ | Mindestreservesatz für Spareinlagen (o. Dim.) |
| $R$ | reale Staatsausgaben (in Mrd. DM) |
| $RB$ | Einlagen der Banken bei der Zentralbank |
| $s$ | Sparneigung $dS/dN$ bzw. $dS/dA$ (o. Dim.) |
| $S$ | reales Sparen (in Mrd. DM) |
| $SE$ | Spareinlagen (in Mrd. DM) |
| $t$ | Zeitindex |
| $T$ | Steuern abzügl. Transfers (in Mrd. DM) |
| $T^*$ | reale Steuern (in Mrd. DM) |
| $TE$ | Termineinlagen (in Mrd. DM) |
| $Tot$ | Terms of trade (o. Dim.) |
| $u$ | Arbeitslosenquote (in %) |
| $u^*$ | strukturelle Arbeitslosenquote (in %) |

| | |
|---|---|
| $u_k$ | konjunkturelle Arbeitslosenquote (in %) |
| ÜR | Überschußreserven (in Mrd. DM) |
| w | Wachstumsrate |
| W | Lohnsumme (in Mrd. DM) |
| $w_{\bar{K}}$ | relative Kursverlustrate |
| $v_N$ | Umlaufgeschwindigkeit des Geldes (o. Dim.) |
| V | nominales Vermögen (in Mrd. DM) |
| $V_r$ | reales Vermögen (in Mrd. DM) |
| x | Einstellungsneigung der Unternehmen |
| Y | Sozialprodukt (nominal) |
| $Y_m^{br}$ | reales Bruttosozialprodukt zu Marktpreisen (in Mrd. DM) |
| ZB | nominale Zahlungsbilanz |
| ZB* | reale Zahlungsbilanz |
| $\alpha$ | Produktionselastizität der Arbeit |
| $\alpha^*$ | Parameter der Okun-Gleichung |
| $\beta$ | Produktionselastizität des Kapitals |
| $\beta_1^*, \beta_2^*$ | Akzelerator |
| $\gamma$ | Auslastungsgrad |
| $\delta$ | Prohibitivzins |
| $\varepsilon$ | (Hicksscher Super-) Multiplikator |
| $\pi$ | Technologieniveau |
| $\varrho$ | Bündel politischer Faktoren |
| $\xi$ | Grenzleistungsfähigkeit des Kapitals |
| $\mu$ | Präferenzen |
| $\lambda$ | sonstige Arbeitsnachfragefaktoren |
| $\omega$ | festes Verhältnis zwischen Arbeitsvermögen und den anderen Vermögensarten |
| $\eta$ | Elastizität |

# Kapitel I: Ziele der Wirtschaftspolitik, Methoden, Modelle sowie nationalökonomische Denkrichtungen

## A. Zielgrundlagen

Unsere Einsichten über die Ursache-Wirkungszusammenhänge in einer Volkswirtschaft dienen letztlich dazu, die Volkswirtschaft so zu steuern, daß gesetzte **Ziele** erreicht werden. Die **(gesetzlichen) Grundlagen** dieser Ziele für die Bundesrepublik sind für die **finanzpolitischen Entscheidungsträger** in Bund und Ländern (Wirtschaftsminister, Finanzminister etc.) im wesentlichen nach wie vor das Stabilitäts- und Wachstumsgesetz, für die **geld- und kreditpolitische Entscheidungsträgerin** (Deutsche Bundesbank) das Bundesbankgesetz und für die **einkommenspolitischen Entscheidungsträger** (Bund, Länder, Gemeinden, Tarifparteien) an verschiedenen Stellen aufgeführt.

### 1. Das Stabilitäts- und Wachstumsgesetz

Am 8. Juni 1967 hat der Bundestag mit Zustimmung des Bundesrates das **„Gesetz zur Förderung der Stabilität und des Wachstums der Wirtschaft“** beschlossen. Dort heißt es im §1: „Bund und Länder haben bei ihren wirtschafts- und finanzpolitischen Maßnahmen die Erfordernisse des gesamtwirtschaftlichen Gleichgewichts zu beachten. Die Maßnahmen sind so zu treffen, daß sie im Rahmen der marktwirtschaftlichen Ordnung gleichzeitig zur Stabilität des Preisniveaus, zu einem hohen Beschäftigungsstand und außenwirtschaftlichem Gleichgewicht bei stetigem und angemessenem Wirtschaftswachstum beitragen“.[1]

Damit haben die **finanz- und wirtschaftspolitischen Entscheidungsträger** von **Bund und Ländern** ein **Zielbündel** zu verwirklichen, dessen Realisierung durch die **Forderung der Gleichzeitigkeit** zu einer außerordentlich schwierigen Aufgabe wird: Noch niemals in der Geschichte der Bundesrepublik konnten alle vier gesamtwirtschaftlichen Ziele **gleichzeitig** verwirklicht werden. Die Abb. 1 zeigt ein lange gültiges Soll und die Verwirklichung der Ziele von 1971 und 1981.[2] Wegen dieser Schwierigkeit wird das Zielviereck in Abb. 1 auch oft als **„magisches Viereck“** der Wirtschaftspolitik bezeichnet.

Das Stabilitätsgesetz ist inzwischen 20 Jahre alt. In diesen Jahren haben sich zwei weitere wichtige gesamtwirtschaftliche Ziele als wesentlich erwiesen. Das ist (1) eine gerechte Einkommens- und Vermögensverteilung, die schon 1967 als gesamtwirtschaftliches Ziel diskutiert worden war, doch u.a. wegen seiner schwierigen Operationalisierung (was ist „gerecht“?) nicht ins Gesetz aufgenommen wurde (siehe unten). Das ist (2), spätestens nach dem Katastrophenjahr 1986, das

[1] BGBl, Jg. 1967, Teil I, S. 582.

[2] Die Zielvorgaben sind den Jahreswirtschaftsberichten der Bundesregierung entnommen. Die Zielwerte ändern sich allerdings situativ.

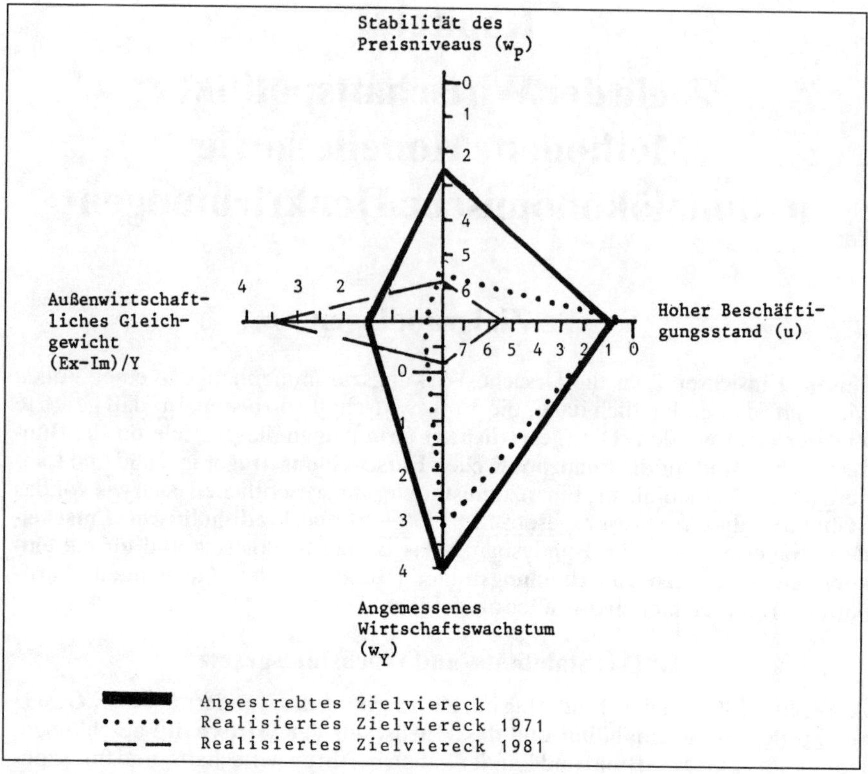


**Abb. 1** Das Viereck der gesamtwirtschaftlichen Ziele

Ziel, unsere natürlichen Lebensgrundlagen zu erhalten. Es wird diskutiert, dieses Ziel auch ins Grundgesetz aufzunehmen.

## 2. Das Gesetz über die Deutsche Bundesbank

Die **Deutsche Bundesbank** ist mit ihrem Zentralbankrat Entscheidungsträger der **Geld- und Kreditpolitik**. Die Bundesbank hat nach dem § 3 des „Gesetzes über die Deutsche Bundesbank" den Geldumlauf und die Kreditversorgung der Wirtschaft zu regeln mit dem Ziel, die **Stabilität der Währung** zu sichern. Dieses Ziel der Währungssicherung betrifft vor allem die Binnenwährung, und da das Preisniveau als der reziproke Wert des Geldwertes definiert ist (P = 1/GW), hat die Bundesbank damit insbesondere für **Preisniveaustabilität** zu sorgen. Sie ist bei dieser Aufgabe **unabhängig** von Weisungen anderer, soll aber die allgemeine Wirtschaftspolitik der Bundesregierung unterstützen (§ 12 BBankG).

## 3. Grundlagen der Einkommenspolitik

Das wichtigste Ziel der **einkommenspolitischen Entscheidungsträger** besteht – ohne gesetzliche Verankerung eines Verteilungsziels – darin, für eine **gerechte Einkommens- und Vermögensverteilung** zu sorgen. Damit sind allerdings die Aufgaben der **Tarifparteien** und der **sozialpolitischen Instanzen in Bund und Ländern** nur sehr eng umrissen. Dieses Ziel könnte als fünftes gesamtwirtschaftliches Ziel zu einem Zielfünfeck führen.

### 4. Grundlagen der Umweltpolitik

Umweltpolitische Entscheidungsträger sind die Gebietskörperschaften Bund, Länder, Gemeinden und Kreise im engeren sowie Unternehmen und private Haushalte im weiteren Sinne. Der Problemdruck der letzten Jahre hat dazu geführt, daß im Bund und in einigen Ländern Ministerien eingerichtet wurden, die speziell für die Belange der Umwelt verantwortlich sind. Ansonsten wird dieser Aufgabenbereich von den Innenministern und den Gewerbeaufsichtsämtern betreut, gestützt durch die Beratungsaktivitäten des Umweltbundesamtes.

Die umweltpolitischen Ziele zur Reinhaltung von Luft, Wasser und Boden sind noch sehr unvollständig formuliert. Sie finden sich verstreut in vielen Gesetzen (z.B. Bundesimmissionsschutzgesetz, Wasserhaushaltsgesetz) und Verordnungen (z.B. TA-Luft, Großfeuerungsanlagenverordnung), meist in sehr vager Form (Umweltschutz nach dem „Stand der Technik“). Die umweltpolitische Zielgröße muß sich an einem Bündel von Einzelindikatoren ausrichten.

| Gesamtwirtschaftliche Ziele | Träger der Wirtschaftspolitik* | Politikbereich* |
|---|---|---|
| 1. Stabilität des Preisniveaus | Bund und Länder<br>Deutsche Bundesbank | Finanzpolitik<br>Geld- und Kreditpolitik |
| 2. Hoher Beschäftigungsstand | Bund und Länder | Finanzpolitik |
| 3. Außenwirtschaftliches Gleichgewicht | Bund und Länder<br>Deutsche Bundesbank | Finanzpolitik<br>Geld- und Kreditpolitik |
| 4. Stetiges und angemessenes Wirtschaftswachstum | Bund und Länder | Finanzpolitik |
| 5. Gerechte Einkommens- und Vermögensverteilung | Bund und Länder<br>Tarifparteien | Einkommenspolitik |
| 6. Erhaltung der natürlichen Lebensgrundlagen | Bund und Länder | Umweltpolitik |

* Müssen direkt oder indirekt dazu beitragen, daß alle Ziele verwirklicht werden.

## B. Definition und Messung der Zielgrößen

Die gesetzten gesamtwirtschaftlichen Ziele müssen **quantifizierbar** sein, damit Abweichungen des Ist vom Soll angegeben werden können. Die Wahl der **Ziel-Indikatoren** und die quantitativen Zielwerte bestimmen die wirtschaftspolitischen Maßnahmen wesentlich. Für die Verteilungsziele gibt es keine allgemein akzeptierten Indikatoren und Zielwerte. Dies gilt auch für das Umweltziel.

### 1. Stabilität des Preisniveaus

Das Preisniveau ist der gewogene Durchschnitt der Preise eines **Warenkorbes**. Von den Möglichkeiten

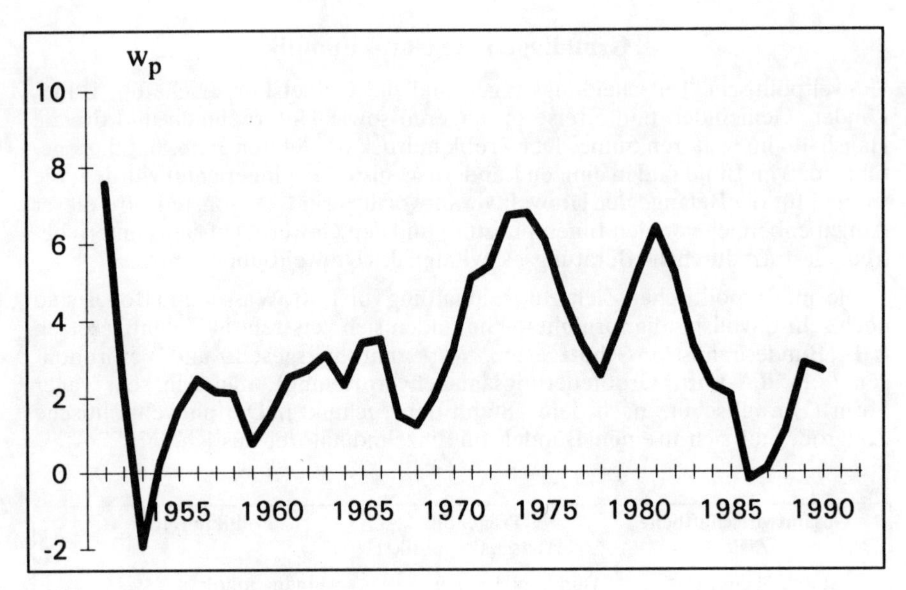


**Abb. 2** Wachstumsrate des Preisindex für die Lebenshaltung aller Haushalte

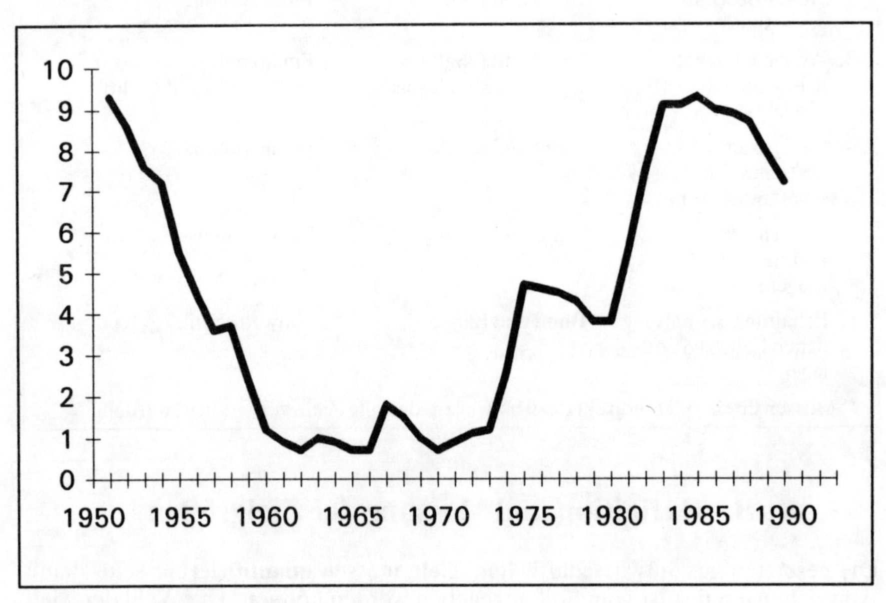


**Abb. 3** Arbeitslosenquote

- Bruttosozialprodukt,
- 4-Personen-Arbeitnehmerhaushalt mit mittlerem oder höherem Einkommen
- 2-Personenhaushalt,
- alle privaten Haushalte,

legt man heute den Warenkorb aller privaten Haushalte zugrunde und definiert das Preisniveau mit Hilfe eines **Lebenshaltungskostenindex**. Die Wachstumsrate dieses Index,

$$w_P = \left( \frac{P_t - P_{t-1}}{P_{t-1}} \right) \cdot 100$$

die **Inflationsrate**, ist dann Meßgröße für die Preisniveaustabilität. Die Zielgröße lag in den 50er und 60er Jahren bei etwa 2% pro Jahr, später wurde sie mit 4% angegeben, heute geht man wieder von 2% aus. Die Abb. 2 zeigt die Entwicklung von 1951-1990; nur in wenigen Jahren stimmten Ziel- und Ist-Größe miteinander überein.[3]

## 2. Hoher Beschäftigungsstand

Der Beschäftigungsstand wird mit Hilfe der **Arbeitslosenquote** (u) definiert und gemessen. Prinzipiell können drei Bezugsgrößen für die Anzahl der Arbeitslosen herangezogen werden. Diese Größen ergeben sich aus der Definition der **Erwerbspersonen**:

<table>
<tr><td colspan="4">Erwerbspersonen</td></tr>
<tr><td>abhängig Erwerbstätige (Beschäftigte)</td><td>mithelfende Familien-angehörige</td><td>Selbständige</td><td>Arbeitslose</td></tr>
<tr><td colspan="3">Erwerbstätige</td><td></td></tr>
</table>

Heute verwendet man fast ausschließlich die vom Sachverständigenrat (zur Begutachtung der gesamtwirtschaftlichen Entwicklung) bevorzugte Definition:

$$u = \frac{\text{Arbeitslose}}{\text{abh. Beschäftigte}} = \frac{\text{Arbeitsangebot} - \text{Arbeitsnachfrage}}{\text{Arbeitsnachfrage}}.$$ [4]

Die Abb. 3 zeigt den „badewannenförmigen" Verlauf der Arbeitslosenquote von 1951-1990. In den 60er Jahren sprach man bei einer Arbeitslosenquote von 0,8% von **Vollbeschäftigung,** heute liegt dieser Zielwert bei 4-5% oder darüber.

[3] Die Daten sind entnommen bzw. berechnet aus verschiedenen Jahrgängen des Jahresgutachtens des Sachverständigenrates zur Begutachtung der gesamtwirtschaftlichen Entwicklung.

[4] Soll das Gleichheitszeichen gelten, dann müssen Arbeitsangebot und -nachfrage auf die abhängig Beschäftigten eingegrenzt werden.

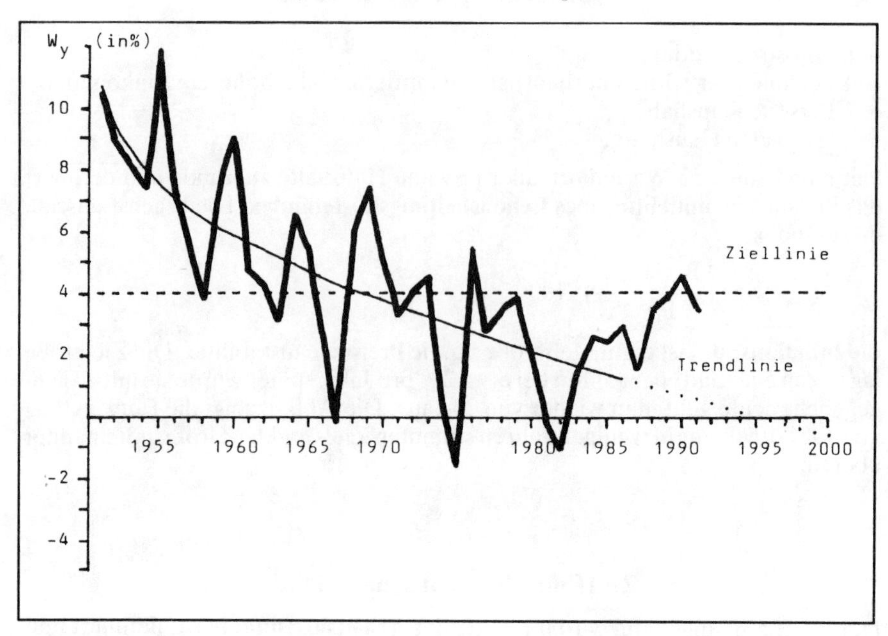


**Abb. 4** Die Wachstumsraten des realen Bruttosozialprodukts in der Bundesrepublik Deutschland, 1950-1986

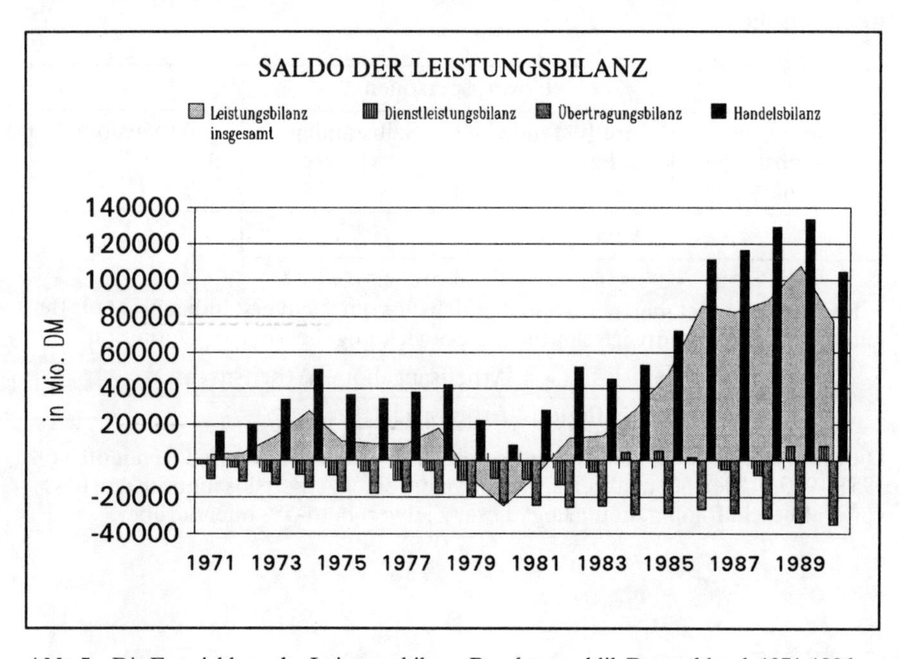


**Abb. 5** Die Entwicklung der Leistungsbilanz, Bundesrepublik Deutschland, 1971-1986

## 3. Stetiges und angemessenes Wirtschaftswachstum

Als Indikator für die **Steigerung der Wohlfahrt** wird das **reale Bruttosozialproduktswachstum** ($wy^r$) zugrunde gelegt. Der Zusammenhang zwischen Wohlfahrt und Sozialproduktentwicklung hat sich allerdings wesentlich verschlechtert, so daß es heute angemessen wäre, das Sozialproduktswachstum als Zwischenzielgröße zu verwenden, als Zwischenziel zur Wohlfahrtssteigerung. Als Zielgröße wird eine möglichst **stetige Entwicklung** des Sozialprodukts angestrebt: die zyklischen Schwankungen der Wachstumsrate des Sozialprodukts (Abb. 4) sollen gering sein. Dies ist die Aufgabe der Konjunkturpolitik. Demgegenüber hat die Wachstums- und Strukturpolitik dafür zu sorgen, daß die Wachstumsrate des Sozialprodukts **„angemessen“** ist. Als angemessen wird ein $wy^r$ von 4% pro Jahr bezeichnet, wobei

$$w_{yr}{}^r = \left(\frac{Y_t^r - Y_{t-1}^r}{Y_{t-1}^r}\right) \cdot 100.$$

Die Abb. 4 zeigt, daß dieser Wert in nur wenigen Jahren erfüllt war. Seit etwa 15 Jahren hat die Trendgerade des Wachstums diesen Zielwert nie wieder erreicht.

## 4. Außenwirtschaftliches Gleichgewicht

Dieses Ziel wird von der Bundesregierung mit dem Anteil des **Außenbeitrags** (Saldo von Handels- und Dienstleistungsbilanz) am Bruttosozialprodukt angegeben; der Zielwert liegt bei 1.5%. Dieser Zielwert wurde nur in wenigen Fällen, sozusagen en passant, erreicht. Im Jahr 1980 wurde er sogar negativ. Dieses Maß für das Ziel des außenwirtschaftlichen Gleichgewichts ist dringend revisionsbedürftig. Der Indikator konnte nämlich weder die außenwirtschaftliche Krise 1980/81, noch deren Ausmaß anzeigen. Durch die hohen Geldüberweisungen von Gastarbeitern in ihre Heimatländer und die zunehmenden Beiträge der Bundesregierung an internationale Organisationen ist die Bedeutung der unentgeltlichen Übertragungen (Übertragungsbilanz) stark angestiegen. Ein besserer Indikator ist daher der Anteil des **Leistungsbilanzsaldos** am Sozialprodukt. Der Leistungsbilanzsaldo ist die Zusammenfassung von Warenhandels-, Dienstleistungs- und Übertragungsbilanz (vgl. Abb. 5).

## 5. Gerechte Einkommens- und Vermögensverteilung

Wie kann die Einkommens- und Vermögensverteilung gemessen werden? Bei dieser Frage nach dem Indikator wird man für die Einkommensverteilung wohl im ersten Ansatz **die Entwicklung von Lohnquote und Reallöhnen, die funktionale Einkommensverteilung** heranziehen. Die (bereinigte) **Lohnquote** gibt den Anteil der Einkommen der Arbeitnehmer und Arbeitnehmerinnen am Volkseinkommen an (vgl. Abb. 6). Wenn 1986 diese Lohnquote 60,4% beträgt, dann liegt die Gewinnquote bei 39,6%. Als Verteilungsmaß für „die“ Arbeiter und Kapitalisten ist diese Quote jedoch angesichts hoher Vermögenswerte von Arbeitnehmern nicht geeignet. Und: welche Lohnquote ist gerecht? Diese Frage kann ohne Wertung nicht beantwortet werden.

In einem zweiten Ansatz könnte die **Entwicklung der Reallohnposition** Aufschluß über die Einkommensverteilung geben, und zwar im Vergleich zur Produktivitätsentwicklung. Es könnte als gerecht angesehen werden, wenn die Arbeitnehmer einen hohen Anteil an diesen Produktivitätssteigerungen erhalten würden. Da diese Produktivitätssteigerung in Geld (Lohn und verbesserte Sozial-

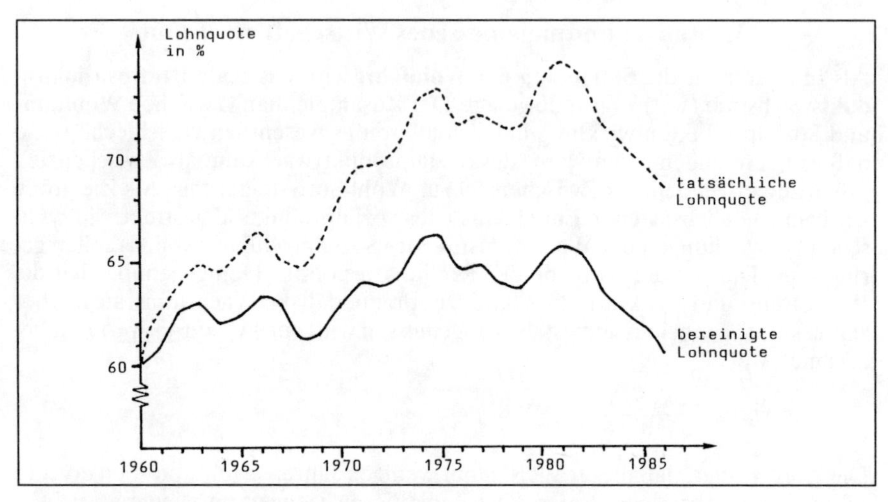


**Abb. 6** Tatsächliche und bereinigte Lohnquote, 1960-1986

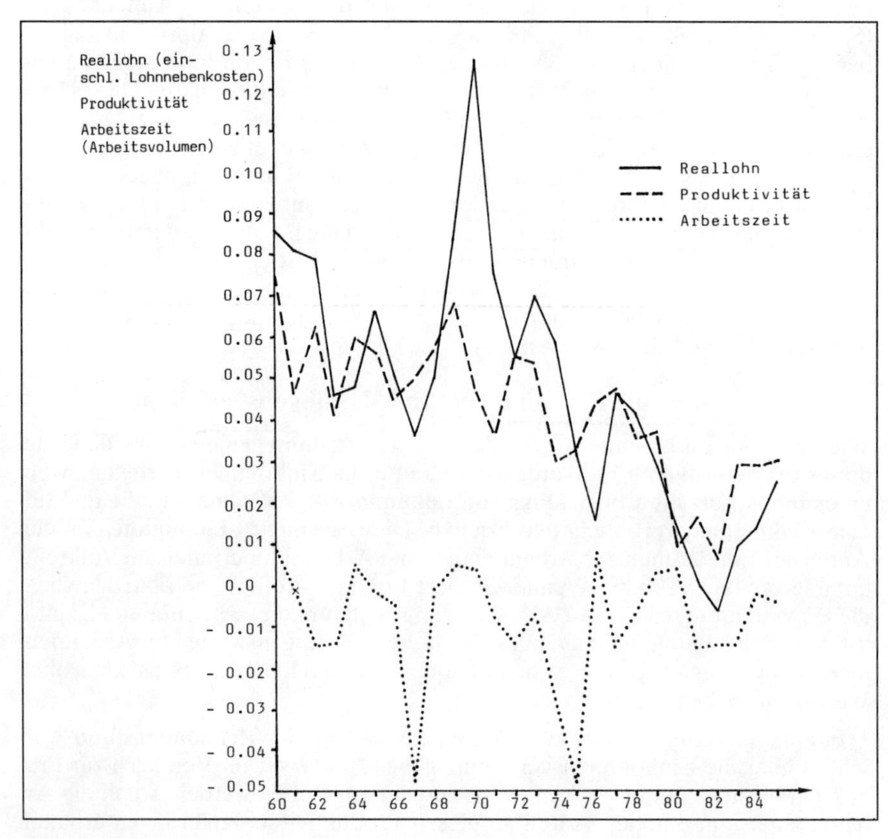


**Abb. 7** Wachstumsraten von Reallohn, Produktivität und Arbeitszeit, 1960-1986

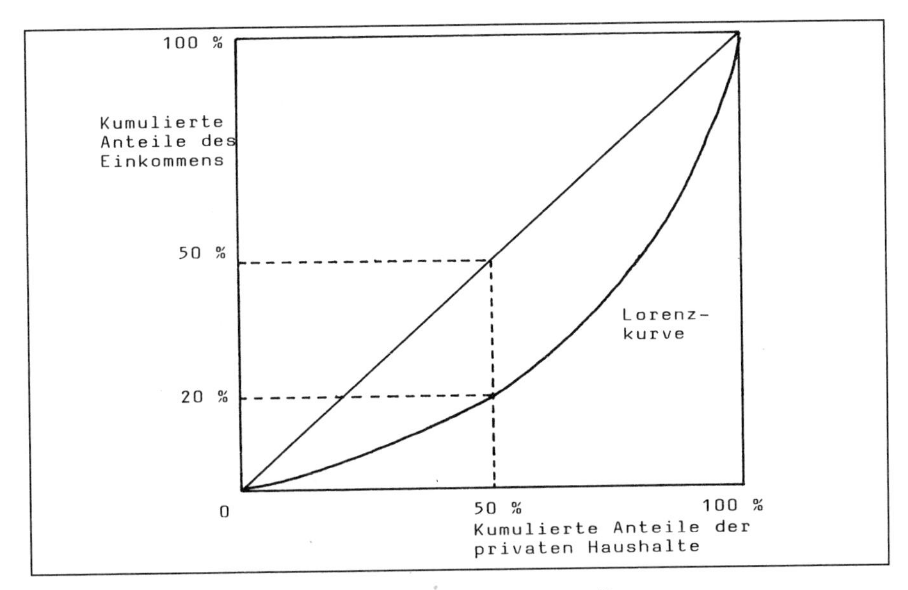


**Abb. 8** Die Lorenzkurve als Maß für die Einkommensverteilung

leistungen) oder Zeit (Arbeitszeitverkürzung) ausbezahlt werden kann, ist auch die Entwicklung der Arbeitszeit zu beachten (vgl. Abb. 7).

Die „eigentlichen" Verteilungsmaße sind jedoch für die **personelle Einkommens- und Vermögensverteilung** mit Lorenzkurven gegeben. In Abb. 8 ist auf der Abzisse der kumulierte Anteil der Haushalte abgetragen, die einen bestimmten kumulierten Anteil Einkommen beziehen. Auf der Diagonale besteht Gleichverteilung; 50% der Haushalte beziehen 50% des Einkommens. Je größer die Fläche zwischen der Lorenzkurve und der Diagonalen, desto ungleicher ist die Einkommensverteilung. Doch welche Lorenzkurve gibt die gerechte Verteilung wieder? Es ist offensichtlich, daß diese Zielgröße nicht allgemeingültig angegeben werden kann.

## 6. Erhaltung der natürlichen Lebensgrundlagen

Die Erhaltung der natürlichen Lebensgrundlagen betrifft ein vieldimensionales System, das quantitativ mit **einer** Zielgröße nur schwer zu beschreiben ist. Bei den zahlreichen Vorschlägen besteht das Hauptproblem in der **Bewertung** der einzelnen Belastungsfaktoren und deren **Aggregation** in einem Indikator. Im Statistischen Jahrbuch finden wir z.B. eine Tabelle über die Gesamtemission ausgewählter Schadstoffe ($SO_2$, $NO_2$, CO etc.) sogar nach Verursachergruppen. Doch die Einzelinformationen haben nur begrenzte Aussagekraft.

Der Vorschlag einer **„ökologischen Buchhaltung"** von R. Müller-Wenk erfüllt die Kriterien des umfassenden, des einheitlichen Bewertungsmaßstabs und damit der Aggregationsmöglichkeit. Umweltqualität wird danach gemessen mit Hilfe von **Äquivalenzkoeffizienten**, die „die relative ökologische Knappheit einer Materialart (Rohstoff) oder eines Auffangmediums für Fremdstoffe (Wasser, Luft, Boden) angeben. Diese Knappheit ist bei den Rohstoffen abhängig von den jährlichen Ausbeutungsmengen und dem Stand der noch nicht ausgebeuteten, bekannten Reserven..., bei den Verunreinigungen von der jährlichen Eintragungsrate des Fremdstoffes in das Medium und der kritischen ... Eintragungsrate". Je höher der Äquivalenzkoeffizient, desto geschädigter ist die Umwelt. Gefährdungsstufen geben Intervalle der Koeffizienten an, die Dringlichkeiten oder Zielverletzungsgrade angeben. Solche Indikatoren werden in der praktizierten Wirtschaftspolitik jedoch noch nicht angewendet.

| Ziel | Indikator | Hauptprobleme |
|---|---|---|
| 1. Stabilität des Preisniveaus | Wachstumsrate des Preisindex für die Lebenshaltung aller privaten Haushalte | Die Warenkörbe der Haushaltsgruppen sind sehr unterschiedlich. |
| 2. Hoher Beschäftigungsstand | Arbeitslosenquote = Registrierte Arbeitslose : abhängig Beschäftigte | Berücksichtigt Arbeitskräfteangebot und -nachfrage nur unvollkommen. |
| 3. Außenwirtschaftliches Gleichgewicht | Saldo der Handelsbilanz : Bruttosozialprodukt | Erfaßt nicht unentgeltliche Übertragungen. |
| 4. Stetiges und angemessenes Wirtschaftswachstum | Wachstumsrate des realen Bruttosozialprodukts | Wird als Indikator für die Wohlfahrt immer schlechter. |
| 5. Gerechte Einkommens- und Vermögensverteilung | Lohnquote, Reallohnposition, Lorenzkurve | „Gerechtigkeit" ohne Wertung nicht feststellbar |
| 6. Erhaltung der natürlichen Lebensgrundlagen | Äquivalenzkoeffizienten der Umweltmedien und Stoffe | Umfassendes Meßkonzept empirisch noch nicht ausgereift. |

## C. Zielbeziehungen

Die **gesamtwirtschaftlichen Ziele** stehen zueinander in bestimmten Beziehungen, die sich im Zeitablauf ändern können. Im günstigsten Fall werden beim Einsatz wirtschaftspolitischer Maßnahmen für ein Ziel auch die anderen gefördert. Im ungünstigsten Fall verbessert sich durch die Maßnahme ein Ziel, (ein) andere(s) werden (wird) aber verletzt. Dies scheint insbesondere bei den Zielen Preisniveaustabilität und Vollbeschäftigung sowie außenwirtschaftliches Gleichgewicht zuzutreffen.

### 1. Zielbeziehungen: Theoretische Möglichkeiten

Wir können **neutrale, substitutive und komplementäre Zielbeziehungen** unterscheiden (Abb. 9, S. 12). Eine komplementäre Zielbeziehung ist in der Abb. 9 mit der gestrichelten Linie dargestellt. Angenommen, es werden hohe Zielwerte angestrebt, dann heißt **Komplementarität** (Ziel-Verträglichkeit), daß beim Einsatz wirtschaftspolitischer Maßnahmen zur Förderung des Ziels 1 auch das Ziel 2 gefördert wird. Verschlechtern sich trotz des Einsatzes wirtschaftspolitischer Maßnahmen beide Ziele, dann kann man von **negativer Komplementarität** sprechen.

Die durchgezogene Linie in Abb. 9 verdeutlicht **Substitutionalität** der Ziele: werden wirtschaftspolitische Instrumente eingesetzt, die ein Ziel verbessern, dann wird das andere verschlechtert. Man „tauscht“ die Verbesserung des einen Ziels gegen eine Verschlechterung des anderen („trade-off“, **Zielkonflikt**).

Die gepunkteten Linien geben **Neutralität** der Ziele wieder, die Ziele sind vollständig unabhängig voneinander. Die wirtschaftspolitische Praxis zeigt, daß **Zielkonflikte** eher die Regel als die Ausnahme sind, und dies bei wichtigen Zielen.

Betrachtet man alle **Zweier-Zielbeziehungen** der Ziele Preisniveaustabilität (P), hoher Beschäftigungsstand (B), außenwirtschaftliches Gleichgewicht (AG), stetiges angemessenes Wirtschaftswachstum (Y), gerechte Einkommens- und Vermögensverteilung (EV) und Erhaltung der natürlichen Lebensbedingungen (NL), dann erhält man die in der Matrix zusammengestellten Kombinationen; dabei ist eine Dreiecksmatrix ausreichend.

| | P | B | AG | Y | EV | NL |
|---|---|---|---|---|---|---|
| P | | | | | | |
| B | | | | | | |
| AG | | | | | | |
| Y | | | | | | |
| EV | | | | | | |
| NL | | | | | | |

Die gestrichelten Felder stehen seit vielen Jahren immer wieder im Mittelpunkt der Diskussion.

## 2. Preisniveaustabilität und hoher Beschäftigungsstand

Die Beziehung zwischen den Zielen Preisniveaustabilität und hoher Beschäftigungsstand wurde immer wieder als **substitutiv** bezeichnet. In der Form einer Beziehung zwischen der Inflationsrate und der Arbeitslosenquote ist diese Zielbeziehung als **(modifizierte) Phillips-Kurve** bekannt; ihre Diskussion füllt viele Bände. Das Ergebnis dieser Diskussion ist jedoch außerordentlich unbefriedigend: Wie die Abb. 10 zeigt, sind im Zeitraum von 1951-1990 für die Bundesrepublik für verschiedene Subperioden **alle** Beziehungen zwischen den beiden Zielen aufgetreten. (1) Beide verbessern sich (z.B. 1958/59), (2) beide verschlechtern sich (z.B. 1970/74) oder (3) eines verbessert sich, während sich das andere verschlechtert (z.B. 1967/69). Mit den Daten von 1959-1969 läßt sich die modifizierte Phillipskurve gut untermauern (vgl. Abb. 68, S. 204). Dies hat manchen dazu verleitet, von einem gesetzmäßigen Zusammenhang zu sprechen, von einer **Menükarte der Wirtschaftspolitik**. Die Politiker hätten es dann in der Hand gehabt, das Menü, also die Kombination von Inflationsrate und Arbeitslosigkeit, zu wählen,

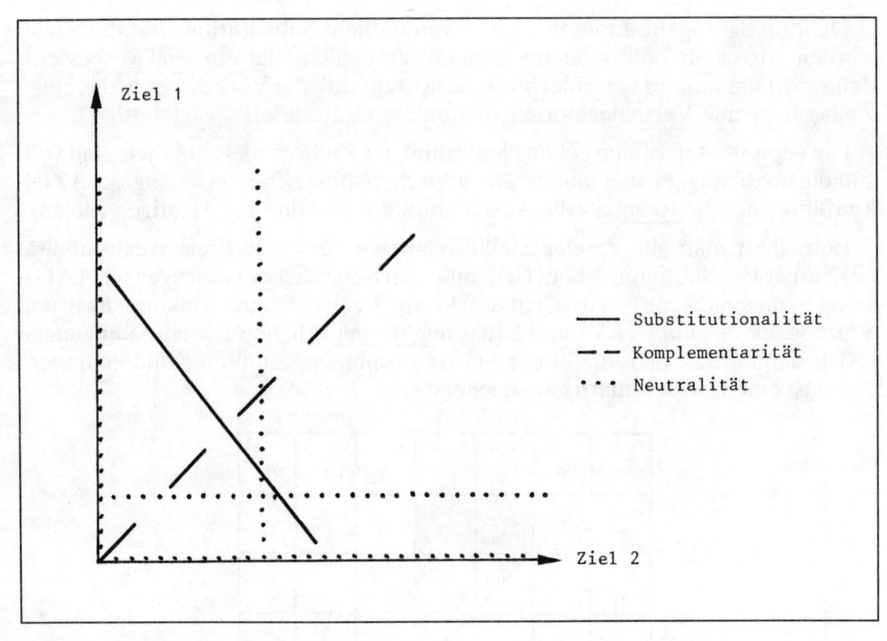


**Abb. 9** Zielbeziehungen

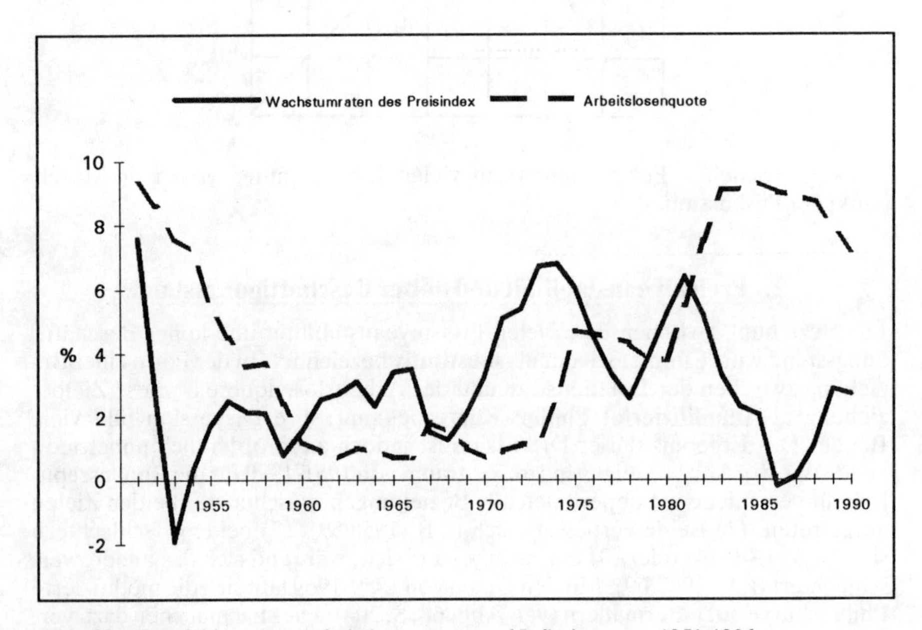


**Abb. 10** Entwicklung von Arbeitslosenquote und Inflationsrate, 1951-1986

das (vielleicht) eine Wiederwahl gewährleisten würde. Die gesamtwirtschaftliche Analyse zeigt, daß es sich nicht um ein „Gesetz" handelt. Um dies nachzuweisen, sind die Ursachen dieser Zielbeziehung aufzudecken (vgl. Kap. IV.C).

### 3. Preisniveaustabilität, Beschäftigungsstand und außenwirtschaftliches Gleichgewicht

Im Jahre 1981 kamen 25% der Gesamtnachfrage der Bundesrepublik aus dem Ausland; die **Auslandsabhängigkeit** ist also außerordentlich hoch. Zudem ist die DM in die Rolle einer inoffiziellen Welt-Reservewährung hineingewachsen. Die deutsche Volkswirtschaft hat also eine **offene außenwirtschaftliche Flanke**, die oft verhindert, daß für den Binnenmarkt notwendige Maßnahmen durchgeführt werden können. Bleiben zum Beispiel wegen hoher Inlandszinsen die Bauaufträge aus und sollte die Bundesbank daher zinssenkende Maßnahmen ergreifen, so kann dies durch die außenwirtschaftlichen Bedingungen unmöglich sein. Z.B. 1980: Die internationale Reservewährung DM ist abwertungsbedroht, weil wegen der hohen US-Zinsen (im Vergleich zum Inland) die Geldanlage in den USA günstiger ist, es fließt Kapital ab. Würden die Inlandszinsen weiter gesenkt, würde noch mehr Kapital ins Ausland abfließen, der Abwertungsdruck verstärkt, die Ölrechnung teurer, das Leistungsbilanzdefizit größer.

| Zielbeziehung | Konsequenzen | Beispiele |
|---|---|---|
| Komplementarität (Ziel-Verträglichkeit) | Beide Ziele werden gleichzeitig verbessert | Wirtschaftswachstum und Beschäftigungsstand |
| Substitutionalität (Zielkonflikt) | Ein Ziel wird verbessert, dabei verschlechtert sich das andere | Preisniveaustabilität und Beschäftigungsstand |
| Neutralität | Die Ziele sind unabhängig voneinander | |

### 4. Beschäftigungsstand und Wirtschaftswachstum

Die Bundesregierung versucht, durch die Förderung des wirtschaftlichen Wachstums (die Wachstumsrate des realen Bruttosozialprodukts soll steigen) auch die Arbeitslosenquote zu senken. Die **(theoretische) Beziehung** zwischen diesen beiden Zielen stützt diese wirtschaftspolitische Strategie (vgl. Okun-Kurve): Vermehrte Nachfrage führt zu höheren Auftragseingängen, höherer Auslastung der Produktionskapazitäten und – zu mehr Beschäftigung.

Dennoch scheinen die Daten eher einen Zielkonflikt nahezulegen. Die Ursachen für diese „Entkoppelung" zwischen den beiden Zielen aufzudecken wird eine Aufgabe am Schluß des III. Kapitels sein.

### 5. Wirtschaftswachstum und Erhaltung der natürlichen Lebensgrundlagen

Lange Zeit wurde zwischen diesen beiden Zielen ein gravierender Konflikt unterstellt, der bis zu der Forderung nach „Nullwachstum" führte. Man argumentierte spätestens seit dem ersten **Bericht an den Club of Rome** 1972, daß vermehrte Produktion sowohl die Umweltmedien Luft, Wasser und Boden belaste als auch zur

Ausbeutung der natürlichen Ressourcen führe. Inzwischen gewinnt die Ansicht immer mehr Anhänger, daß umweltsparender technischer Fortschritt beide Ziele zugleich fördere und somit den Zielkonflikt auflösen könne. Dies stellt allerdings besondere Anforderungen an die Struktur des zu wachsenden Sozialprodukts.

# D. Modelle, Methoden und Ansatzpunkte für wirtschaftspolitische Maßnahmen

Die Wirtschaftsordnung in der Bundesrepublik Deutschland (**„soziale Marktwirtschaft“**) betont **marktkonforme Maßnahmen**, die nicht direkt in die Wirtschaftspläne der Haushalte und Unternehmen eingreifen. Um dennoch die Volkswirtschaft nach den gesamtwirtschaftlichen Zielen steuern zu können, müssen die **Ursache-Wirkungsbeziehungen** in einer Volkswirtschaft analysiert werden, die dann **Ansatzpunkte** für wirtschaftspolitische Maßnahmen bilden. Die Analyse erfolgt mit Hilfe von Modellen, in denen versucht wird, die Ursache-Wirkungsbeziehungen einer Volkswirtschaft abzubilden.

## 1. Ursache-Wirkungszusammenhänge in Theorien und Modellen

Die wirtschaftliche Wirklichkeit ist außerordentlich kompliziert. Sie kann nur durch **Vereinfachung** und **Abstraktion** abgebildet werden. Wir verwenden dazu **wirtschaftstheoretische Modelle**, die als vereinfachte, gedankliche Abbilder die wichtigsten Faktoren eines Ausschnittes dieser komplexen Wirklichkeit wiedergeben, die empirischen Gehalt aufweisen, die Realität also annähernd beschreiben können. Das Modell enthält **definitorische Beziehungen**, die immer „wahr“ sind, und (meist aus der Beobachtung gewonnene) **Hypothesen** über die Beziehungen zwischen den wichtigen Faktoren. Diese Hypothesen sind so lange in bestimmten Räumen und Perioden gültig, bis sie widerlegt (Popper: falsifiziert) sind durch empirische Tests. Theorie- und Modellbildung ist die laufende **Suche nach (zeit-raum-gebundenen) Gesetzen**, oder besser: **Regelmäßigkeiten.**

Die Analyse wird durch **Annahmen (Prämissen)** vereinfacht. In Verbindung mit den Hypothesen gestatten die Annahmen (Vereinfachung, Abstraktion) **Wenn-Dann-Aussagen** (bedingte Prognosen) über Ursache-Wirkungsbeziehungen. In der wirtschaftlichen Wirklichkeit verändern sich nahezu alle Faktoren dauernd. Für eindeutige Aussagen ist es aber notwendig zu wissen, wie die Wirkungen einer einzigen Veränderung aussehen. Das Hilfsmittel hierfür ist die sog. **ceteris-paribus-Klausel** (c.p.): alle Faktoren werden als fest („eingefroren“) betrachtet, **außer** dem einen, dessen Wirkungen untersucht werden sollen. Die Modellbildung erfolgt schrittweise. Aus beobachteten Tatbeständen werden Hypothesen gebildet und, zusammen mit vereinfachenden Annahmen, zu einem Modell zusammengefügt, wobei die Einzelhypothesen oder das gesamte Modell laufenden Tests unterzogen werden.

**Makroökonomische Modelle** enthalten nur hochaggregierte (stark zusammengefaßte) Größen. In der Makroökonomik werden z.B. nicht die einzelnen privaten Haushalte und ihre Konsumausgaben betrachtet. Vielmehr werden die Konsumausgaben aller privaten Haushalte oder großer Gruppen (z.B. Arbeiterhaushalte, Unternehmerhaushalte) untersucht. Bei der Zusammenfassung solcher einzelwirtschaftlicher Größen und ihrer Beziehungen (**Aggregation**) müssen statistische und logische Regeln beachtet werden. Oft betrachtet man nur **Ausschnitte** aus einer Volkswirtschaft mit Hilfe von **Partialmodellen** (z.B. den Arbeitsmarkt), demgegenüber umfaßt ein makroökonomisches **Totalmodell** alle Märkte (Güter-, Geld-, Arbeits- und Kapitalmarkt). Sind die Beziehungen zwischen Modellgrößen alle nur auf einen Zeitpunkt t bezogen, dann ist das Modell **statisch**, hängt eine Größe der Periode t von einer anderen der Periode t − 1 (oder anderer Perioden) ab, dann ist das Modell **dynamisch**. Als **komparativ-statische Analyse** bezeichnet man den Vergleich von zwei Modellgleichgewichten in zwei verschiedenen Zeitpunkten. Ein Ausgangs**gleichgewicht**, gekennzeichnet durch die Identität von Plänen (Erwartungen) und Realität, wird durch das Auftreten eines neuen Ereignisses gestört. Es entsteht ein neues Gleichgewicht (wenn die Stabilitätsbedingungen des Modells erfüllt sind). Die komparativ-statische Analyse kann die **Anpassungsprozesse** nicht erklären. Hierfür ist ein dynamisches Modell notwendig. Modellgrößen, die im Modell erklärt werden, also variabel sind (Variablen), bezeichnet man als **endogene Variablen**. Demgegenüber werden **exogene Variablen** nicht im Modell erklärt, sondern festgesetzt; sie können aber das Ergebnis einer anderen Modellanalyse sein.

Es ist außerordentlich schwer, die Ursache-Wirkungsbeziehungen der wichtigsten volkswirtschaftlichen Größen in einem dynamischen Totalmodell empirisch gehaltvoll abzubilden. Meist behilft man sich mit **statischen Partialmodellen**. Beurteilt man die Ergebnisse solcher Modelle, dann sind die Annahmen (Statik, Ausschnitt) in ihrem Einfluß zu prüfen.

## 2. Modellansprüche

Warum haben sich die gesamtwirtschaftlichen Zielgrößen Preisniveau, Beschäftigung etc. in einer bestimmten Weise entwickelt? Wie lassen sich die verschiedenen Zielkonflikte auflösen, oder sind sie unausweichlich? Solchen Fragen wollen wir im vorliegenden Buch nachgehen; sie können mit Hilfe von wirtschaftstheoretischen Modellen geklärt werden. Welche **Forderungen** sind an ein solches Modell zu stellen? Es sollte

- ein makroökonomisches Modell sein,
- die gesamtwirtschaftlichen Zielgrößen enthalten und erklären können,
- Ansatzpunkte für Maßnahmen aufzeigen, die diese Ziele erreichen helfen,
- dynamisch sein, also im Gegensatz zur statischen Betrachtung die zeitlichen Wirkungsverzögerungen der Variablen berücksichtigen,
- alle wesentlichen Märkte erklären, also Güter-, Geld-, Arbeits- und Kapitalmarkt (Totalmodell).

In der vorliegenden Einführung können wir kein Modell entwickeln, das alle Forderungen erfüllt, aber doch die wichtigsten: Es wird, Schritt für Schritt, ein gesamtwirtschaftliches **Angebots-Nachfrage-System** abgeleitet, das

- die Ziele des Stabilitätsgesetzes enthält,
- angebots- und nachfrageseitige Ansatzpunkte für wirtschaftspolitische Maßnahmen aufzeigt,
- meist statisch ist, aber versucht, die Zeit durch eine komparative Statik zu berücksichtigen.

## 3. Ansatzpunkte für wirtschaftspolitische Maßnahmen

Um **Ansatzpunkte** für wirtschaftspolitische Maßnahmen aufgrund eines wirtschaftstheoretischen Modells finden zu können, müssen die **Zielgrößen** (als die von anderen Größen **abhängigen Variablen**) durch die **Instrumentgrößen** (die von den Zielgrößen **unabhängigen Variablen**) erklärt werden. Wir nennen eine solche Modellformulierung ein Modell der **Theorie der Wirtschaftspolitik**. Sind die Ursache-Wirkungsbeziehungen offengelegt, dann ist zu prüfen, welche unabhängigen Variablen geeignet sind, als Instrumente der Wirtschaftspolitik eingesetzt zu werden. Stellt man z.B. fest, daß das verfügbare Einkommen (das um die Steuern und staatlichen Übertragungen – Transfers – bereinigte Einkommen) die Konsumausgaben beeinflußt, dann sind die Steuern ein Ansatzpunkt für wirtschaftspolitische Maßnahmen: sinken die Steuern, dann steigt das verfügbare Einkommen, die Konsumausgaben steigen.

**Modell:** Vereinfachtes gedankliches Abbild der wirtschaftlichen Wirklichkeit mit empirischem Gehalt.

**Definitorische Beziehungen**: „Wahre" Aussagen.

**Hypothetische Beziehungen**: Aus Beobachtung gewonnene Aussagen über die Beziehungen von (volkswirtschaftlichen) Größen, zeit-raum-bezogen, der Falsifizierbarkeit unterworfen, meist das Verhalten von Wirtschaftssubjekten beschreibend.

**Annahmen**: Vereinfachungen des Modells.

**Ceteris-paribus-Klausel**: Wirkungsanalyse einer Variablen bei Konstanz aller anderen.

**Modellarten**: Statisch, dynamisch, partial, total.

**Gleichgewicht**: Pläne (Erwartungen) entsprechen der Realität.

## 4. Zerstrittene Nationalökonomen

Wirtschaftstheoretische Modelle zur Erklärung von Ursache-Wirkungszusammenhängen, hier: der Ursachen der Arbeitslosigkeit, bestehen aus Hypothesen, die aus der subjektiven Einschätzung der beobachteten wirtschaftlichen Wirklichkeit gewonnen wurden. Diese subjektive Beschreibung läßt sich (vereinfachend) drei **nationalökonomischen Forschungsrichtungen** zuordnen, wobei die Keynesianer stark unterschiedliche Hypothesen und Annahmen im Vergleich zu den Monetaristen und Angebotsökonomen vertreten.

### Nachfragetheoretiker

Wie kann Unterbeschäftigung beseitigt werden? Welche Einflußgrößen bestimmen den Beschäftigungsstand? Im Anschluß an den großen Nationalökonomen **John Maynard Keynes** (1883-1946) gehen die Nachfragetheoretiker (Keynesianer) davon aus, daß die **effektive Gesamtnachfrage** (N) den wichtigsten **Bestimmungsgrund für** die **Beschäftigung** (B) darstellt; zunächst bei gegebenen Produktionsbedingungen (Näheres vgl. Kapitel II):

$$B = B(N), \quad \frac{dB}{dN} > 0. \qquad \text{(I.D.1)}$$

Ist die Beschäftigung zu niedrig, dann müssen die Nachfrager mehr Konsum- und/oder Investitionsgüter kaufen, die Beschäftigung steigt. Wenn die Nachfrage der Privaten (Haushalte und Unternehmen) nicht ausreicht, um einen hohen Beschäftigungsstand zu sichern, dann muß der **Staat** seine **Nachfrage** erhöhen, in der Regel soll er sich auch verschulden.

Die Keynesianer nehmen an, daß **staatliche Nachfragevariation** die Regel darstellt, denn die Volkswirtschaft sei in sich **instabil** und bedürfe der **dauernden Stabilisierungsaktivitäten** des Staates.

### Monetaristen

Diese Einschätzung der gesamtwirtschaftlichen Funktionszusammenhänge wird von den **Monetaristen** abgelehnt. Sie nehmen an, daß die **Marktkräfte** bei freier Entfaltungsmöglichkeit von sich aus für einen **stabilen Wirtschaftsablauf** sorgen und daß diese Marktkräfte auch von selbst die Vollbeschäftigungssituation wieder herstellen, wenn Arbeitslosigkeit auftritt. Wichtig sei, daß die **Geldlöhne und Preise** (nach oben und unten) **flexibel** sind. Herrscht Unterbeschäftigung vor, dann werden sinkende Geldlöhne wieder einen höheren Beschäftigungsstand herstellen; im Zweifel muß die Lohnstarrheit nach unten überwunden werden. Die Beschäftigungsfunktion lautet:

$$\text{(I.D.2)} \qquad B = B\left(\frac{l}{P}\right), \qquad \frac{dB}{d\left(\frac{l}{P}\right)} < 0.$$

$\frac{l}{P}$ = Reallohn

B = Beschäftigte

Eine staatliche Nachfragesteigerung durch ein Beschäftigungsprogramm wirkt nach Ansicht der Monetaristen wie ein **Strohfeuer**, denn die Schuldenaufnahme des Staates erhöhe nur die Zinsen und verdränge dadurch private Nachfrager, die wegen der hohen Zinsen ihre Kaufpläne zurückstellten. Damit werde nur private Nachfrage durch öffentliche ersetzt, der Gesamteffekt sei gering oder sogar Null.

Das sind dramatische Unterschiede in der Therapie! Es ist, als würde ein Arzt einen schwach darniederliegenden Patienten sofort an den Tropf hängen (um staatliche Nachfrage und Kaufkraft in die Wirtschaft hineinzupumpen), während sein Kollege den Patienten zur Ader lassen würde (und durch Reallohnsenkungen Kaufkraft entzöge). Es wird wichtig sein, die Annahmen und Hypothesen der Theorien von Keynesianern und Monetaristen genau zu prüfen.

### Angebotsökonomen

Diese Richtung enthält ein breites Spektrum von Meinungen. Die gemäßigten Vertreter sind der Ansicht, man müsse die **Angebotsbedingungen** verbessern, indem Gewinne, Eigenkapitalquote der Unternehmen und Investitionsfähigkeit gesteigert werden. Diese bessere und flexiblere Basis der Produktion und die damit verbundenen Investitionen würden dann Arbeitsplätze schaffen.

Die etwas **radikaleren Vertreter** sehen die Ursache für Schwäche und **Inflexibilität** des Angebots vor allem beim **Staat. Angebotspolitik** heißt dann (radikaler) Abbau des staatlichen Einflusses auf die Wirtschaft. Insbesondere müßten Steuern und staatliche Regulierungen durch vielerlei Vorschriften abgebaut werden.

Den Wirtschaftssubjekten müssen Leistungsanreize gegeben werden. Häufig zitierte Werke stammen von **Adam Smith** (1732-1790) und **Friedrich von Hayek** (1899- ).

Die theoretische Basis der Angebotsökonomen ist **mikroökonomisch** ausgerichtet und es bestehen Schwierigkeiten einer Übertragung auf die Gesamtwirtschaft. Auch die Angebotstheoretiker bezeichnen staatliche Beschäftigungsprogramme als **Strohfeuer**: Eine Erhöhung der Staatsnachfrage verursache zunächst einen Preiseffekt; relativ zu den anderen Preisen steigen die Preise der vom Staat nachgefragten Güter. Diese Preissteigerungen halten private Nachfrager davon ab, diese Güter zu erwerben, die Nachfrage nach privaten Gütern sinkt, die nach öffentlichen ist gestiegen. Die Wirkung der Staatsnachfrage verpufft, weil Preissteigerungen private Nachfrage verdrängen.

**Beurteilung der verschiedenen Positionen**

Es zeigt sich, daß die Positionen der Monetaristen und Angebotsökonomen, bei allen Feinabstufungen einzelner Forscher, **große Ähnlichkeiten** aufweisen, so daß für unsere Zwecke eine Differenzierung nicht notwendig erscheint. Diese beiden Schulen werden daher im folgenden summarisch als **Neoklassiker** bezeichnet. Davon abgehoben werden die **Keynesianer**.

Zur Beurteilung dieser Positionen muß man sagen, daß es keine wahre, alleingültige Theorie der Beschäftigung gibt. Jede der beschriebenen Lehrmeinungen deckt Teilerklärungen des Problems ab, die für bestimmte Situationen gelten. Eine allgemeine Theorie müßte alle Positionen einschließen, und in einer solchen Theorie müßten sowohl **Angebots-** als auch **Nachfrageseite** ebenso wie der **Geldmarkt** enthalten sein. Man müßte ferner versuchen, Hypothesen über die Verhaltensweisen der Wirtschaftssubjekte in einem bestehenden Erklärungssystem so austauschbar zu machen, daß sie der herrschenden Situation entsprechen.

Zum Beispiel sind Preisniveau (P) und Angebot und Nachfrage (AN) entscheidende Variablen in allen Makro-Modellen. Will man eine Volkswirtschaft erklären, die vollbeschäftigt ist, dann kann A, das Angebot, nicht ausgedehnt werden, es kann als konstant angenommen werden. Damit sind wesentliche Positionen der Monetaristen eingefangen. Die Konsequenz: Das **monetaristische Modell** erscheint geeignet, die Funktionsweise von Volkswirtschaften zu erklären, die sich nahe an der **Vollbeschäftigungsgrenze** befinden. Die Angebotselastizität in bezug auf das Preisniveau ist Null

**Übersicht 1** Ursachen der Arbeitslosigkeit

1. Saisonschwankungen
2. Friktionen
3. Konjunkturschwäche
4. Strukturwandel
   a) Überhöhte Reallöhne (relative Faktorpreise)
   b) Neue Technologien
   c) Nachfragestruktur
   d) Altersstruktur der Bevölkerung
   e) Qualifikationsstruktur
   f) Mobilitätsmangel
5. Wachstumsschwäche

Andererseits könnte man davon ausgehen, daß eine stark unterbeschäftigte Volkswirtschaft eine Ausdehnung des Angebots zuläßt, die ohne Steigerung des Preisniveaus möglich ist, die Angebotselastizität wäre unendlich. Da das **keynesianische Modell** P = konstant unterstellt, wäre es geeignet, **Unterbeschäftigung** aufgrund zu geringer Nachfrage einer Volkswirtschaft zu erklären.

Die Schwierigkeit liegt darin, die Volkswirtschaft in einem Bereich zu beschreiben, der durch ein unelastisches Angebot gekennzeichnet ist: Das Modell ist komplexer; eine Ausdehnung der Angebotsmengen ist nur bei steigendem Preisniveau möglich.

Kann man einerseits sagen, daß durch die keynesianische, angebotstheoretische und monetaristische Position **Teilaspekte des Beschäftigungsproblems** beschrieben sind, so können andererseits diese drei Ansätze das Phänomen **Arbeitslosigkeit** insgesamt nicht erklären. Es bleiben einige Aspekte übrig.

Nach allgemeiner Einschätzung ist die **Arbeitslosigkeit** der 80er Jahre auf **konjunkturelle**, vor allem aber auf **strukturelle** Ursachen zurückzuführen, und hier insbesondere auf die Altersstruktur und neue Technologien. Die Nachfragetheorie der Keynesianer erscheint daher wenig geeignet, diese Unterbeschäftigung zu beseitigen. Die Einführung dieser Technologien hängt auch wesentlich vom Reallohnniveau ab.

| | Stabilität der Volkswirtschaft | Dominierende Ursache von Arbeitslosigkeit |
|---|---|---|
| Nachfragetheoretiker | instabil | Nachfrageschwäche |
| Monetaristen bzw. Neoklassiker | stabil | Reallohn |
| Angebotsökonomen | – | Unbefriedigende Angebotsbedingungen |

## 5. Das gesamtwirtschaftliche Angebots-Nachfragesystem

Mit einem gesamtwirtschaftlichen Angebots-Nachfragesystem liegt ein Ansatz zur Erklärung der volkswirtschaftlichen Zusammenhänge vor, der einerseits die **Zielgrößen** Preisniveau, Beschäftigungsstand (Arbeitslosenquote) und Sozialprodukt (Angebot und Nachfrage) enthält, der es andererseits erlaubt, die **wirtschaftspolitischen Strategien** der Nachfrage- und Angebotstheoretiker sowie der Monetaristen darzustellen und zu begründen.

Das gesamtwirtschaftliche **Angebots-Nachfragesystem** besteht aus **drei Funktionen**, der gesamtwirtschaftlichen Angebotsfunktion **(A-Kurve)**, der Nachfragefunktion **(N-Kurve)** und der Okunkurve (vgl. Abb. 11). Die Okunkurve **(ON-Kurve)** ist im unteren Diagramm dargestellt. Sie ist uns schon aus der Gleichung I.D.1 bekannt. Ersetzen wir nämlich in dieser Gleichung Beschäftigte (Arbeitsnachfrage) durch Arbeitslosenquote (vgl. Abschnitt I.B.3), dann ergibt sich

$$\text{(I.D.3)} \quad u = u(N), \ \frac{du}{dN} < o.$$

Mit $G_0$ ist das **gesamtwirtschaftliche Gleichgewicht** dargestellt. In dieser (statischen) Situation gilt, daß bei dem herrschenden Preisniveau $P_0$, der Arbeitslosen-

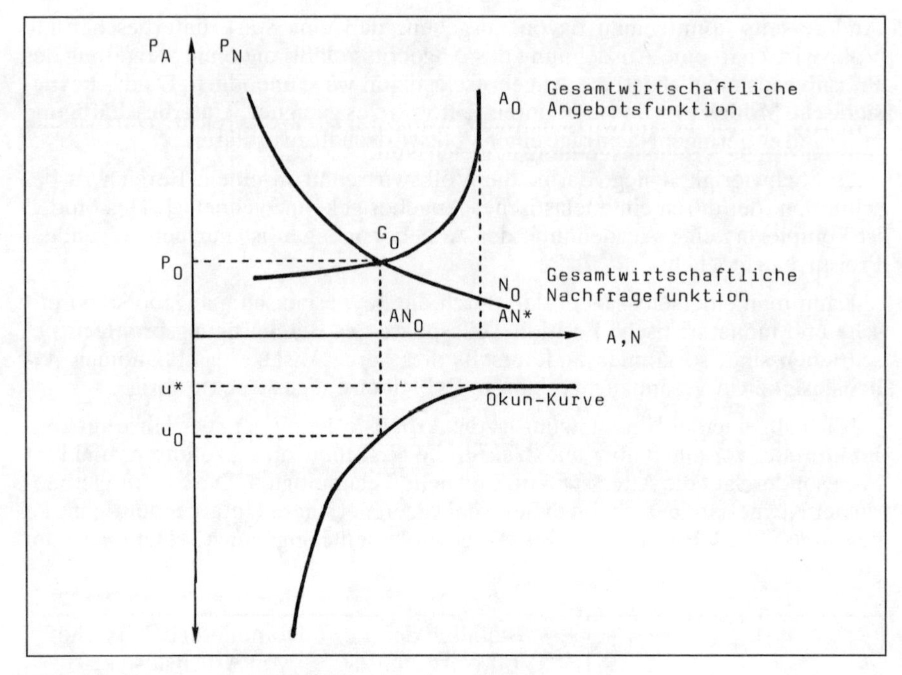


**Abb. 11** Das gesamtwirtschaftliche Angebots-Nachfragesystem

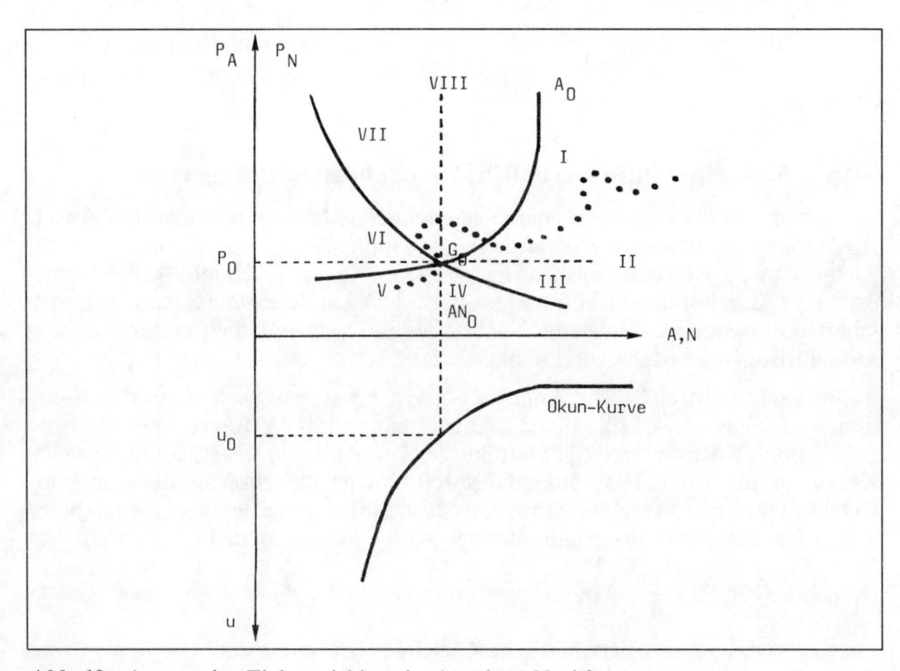


**Abb. 12** Angestrebte Zielentwicklung im Angebots-Nachfragesystem

quote $u_0$ ein Sozialprodukt (Angebot/Nachfrage) von $AN_0$ bereitgestellt wird. Gleichgewicht bedeutet, daß die Pläne der Anbieter und Nachfrager auf allen Märkten (Güter-, Geld-, Arbeits- und Kapitalmarkt) in Erfüllung gehen.

In AN* ist die gesamtwirtschaftliche Kapazitätsgrenze erreicht. Dort ist die **konjunkturelle Arbeitslosenquote** $u_k$ gleich Null.

Wegen

$$u = u^* + u_k$$

gilt $u = u^*$, es herrscht ausschließlich **strukturelle Arbeitslosigkeit.**

Wie sollen sich die gesamtwirtschaftlichen Ziele in diesem System entwickeln? Wegen der besseren Übersicht ist das gesamtwirtschaftliche Angebots-Nachfragesystem in Abb. 12 nochmals dargestellt; in $G_0$ ist ein Fadenkreuz eingezeichnet. Anhand dieses Fadenkreuzes können die **angestrebten Zielbereiche** abgegrenzt werden. Stabilität des Preisniveaus bedeutet, daß sich der Gleichgewichtspunkt G auf der horizontalen Achse VI-II bewegen sollte. Wirtschaftswachstum bei Preisniveaustabilität findet dann auf der Achse II statt. Damit geht auch ein Rückgang der Arbeitslosenquote auf der gegebenen Okun-Kurve einher. Soweit die Soll-Vorgabe.

Leider hat sich G nicht nach diesem Pfad entwickelt; der Gleichgewichtspunkt folgte vielmehr in den einzelnen Jahren etwa der gepunkteten Linie in Abb. 12. Diese zeigt die unangenehme Eigenschaft, nach einigen Jahren nach links oben „auszubeulen". Eine Stagflation auf der Achse VIII (stagnierende Volkswirtschaft bei Inflation) wäre schon schlimm genug. Gerät die Volkswirtschaft jedoch in den Bereich VII, dann sind gleich alle Ziele verletzt: das Preisniveau steigt (statt zu sinken), das Sozialprodukt sinkt (statt zu steigen) und die Arbeitslosenquote steigt (statt zu sinken). Dieses **makroökonomische „Sperrgebiet"** wird offenbar immer in Rezessionsjahren „betreten". Ziehen wir die Abb. 4 heran, um zu veranschaulichen: die „Beulen" der gepunkteten Kurve in Abb. 12 traten in den Jahren 1966/67, 1975 und 1981 auf. In diesen Jahren stagnierte oder schrumpfte das Sozialprodukt, und die Inflationsrate war vergleichsweise hoch (P stieg überdurchschnittlich!), wie die Abb. 4 und 2 zeigen. Die Arbeitslosenquote stieg in diesen Jahren ebenfalls stark (Abb. 3).

Wie können diese ungünstigen volkswirtschaftlichen Zielkonstellationen vermieden werden? Von der Theorie her ist die Antwort recht einfach: Bei konstanter Okun-Kurve müssen Angebotsfunktion und Nachfragefunktion so beeinflußt werden, daß der Gleichgewichtspunkt G sich in die gewünschte Richtung verändert. In der wirtschaftlichen Praxis ist diese Aufgabe jedoch nicht so einfach zu lösen. Dies soll im Vorgriff auf die spätere Analyse anhand der angebotsorientierten Strategie gezeigt werden.

### Das Beispiel angebotsorientierter Politik

Die angebotsorientierte Politik ist – in der Ausgestaltung des Sachverständigenrats zur Begutachtung der gesamtwirtschaftlichen Entwicklung – der Versuch, die Volkswirtschaft und deren Ziele durch **vermehrte Investitionen** zu fördern. Investitionen haben die Eigenschaft, zunächst als **Nachfrage** nach Bauleistungen (Bauinvestitionen), Maschinen (Ausrüstungen) sowie nach Halb- und Fertigfabrikaten (Lager) aufzutreten und wirksam zu werden. Sie beeinflussen also die gesamtwirtschaftliche Nachfragefunktion. Sind die Maschinen installiert und be-

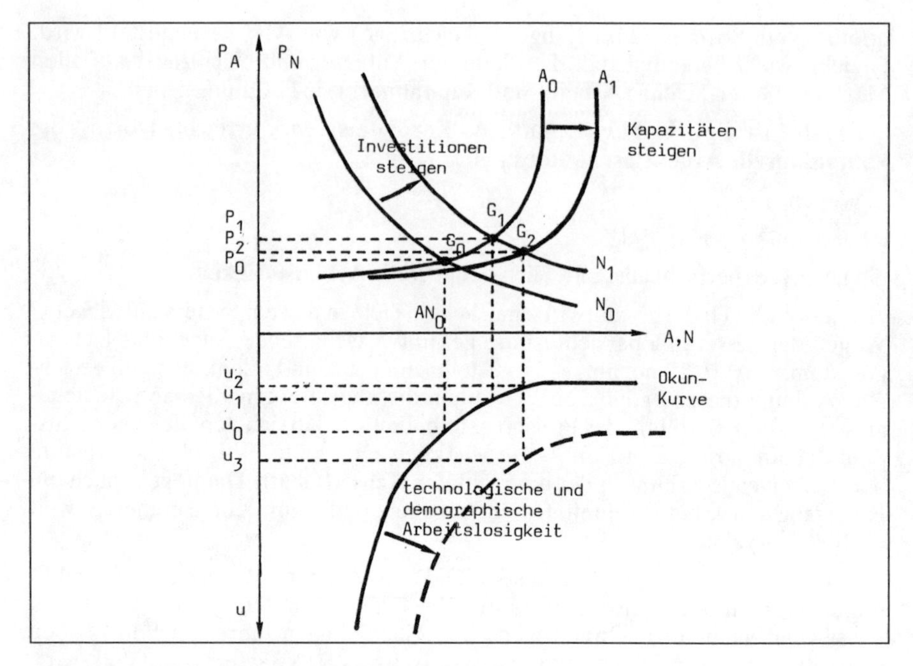


**Abb. 13** Das Beispiel angebotsorientierter Politik

ginnen sie zu produzieren, und sind die Bauten bezogen mit Mietern in Büros, Ämtern oder Wohnungen, dann wird damit die gesamtwirtschaftliche Kapazität erhöht; dies beeinflußt die **Angebot**sfunktion. Werden Investitionen gefördert, dann werden also N- und A-Kurve beeinflußt.

Um die Investitionstätigkeit anzuregen, stehen **verschiedene Ansatzpunkte** zur Verfügung. Der Staat kann den Unternehmen das Investieren mit Prämien oder Steuersenkungen schmackhaft machen. Die Bundesbank kann die Zinsen senken. Die Arbeitgeber können (z.B. mit Unterstützung der Regierung) die Löhne drücken (und die Gewinne erhöhen). Kommt hierzu noch ein unternehmerfreundliches Klima („Leistung lohnt") mit ordnungspolitischer Flankierung (Senkung der Sozialkosten und Erhöhung der Entscheidungsspielräume der Unternehmen), dann bleiben zusätzliche Investitionen nicht aus. Zunächst verlagert sich die Nachfragefunktion, dann die Angebotsfunktion nach rechts (vgl. Abb. 13), das Preisniveau bleibt in etwa konstant, das Sozialprodukt wächst und die Arbeitslosenquote sinkt.

Vergleichen wir die Daten aus Abb. 2, 3 und 4, dann stellen wir fest, daß das Angebots-Nachfragesystem für die Jahre von 1982-1986 die Entwicklung von Preisniveau und Wirtschaftswachstum in etwa richtig prognostiziert. Das theoretisch erwartete Sinken der Arbeitslosenquote blieb jedoch aus. Wie läßt sich dies erklären? Der Grund liegt im Wesentlichen darin, daß wir in Abb. 13 eine gegebene, konstante Okun-Kurve unterstellt haben. Wir werden später sehen, daß insbesondere Rationalisierungsinvestitionen und der Eintritt geburtenstarker Jahrgänge ins Erwerbsleben die strukturelle Arbeitslosigkeit erhöhen und die Okun-Kurve nach außen verlagern (können) kann (die gestrichelte Okun-Kurve in Abb. 13), die Arbeitslosenquote steigt im dargestellten Fall sogar. Diese Wirkungen treten nicht auf, wenn die Okun-Kurve sich nicht verändert. Mit der angebotsorientierten Strategie sollte also der Versuch einhergehen, die Verschiebung der Okun-Kurve zu neutralisieren. Weitere Einschränkungen der Analyse werden wir später kennenlernen. Vorausgeschickt sei, daß in Abb. 13 ein keynesianisches Modell unterstellt wurde. Neo-klassische (monetaristische) Annahmen würden zu vollständig anderen Ergebnissen führen.

### Der Plan dieses Buches

Mit Hilfe der Abb. 13 läßt sich der Aufbau dieses Buches erläutern. Im Kapitel II wird die gesamtwirtschaftliche Nachfragefunktion (N-Kurve) abgeleitet. Anhand des so entwickelten Nachfragemodells wissen wir dann, wovon die Steigung und die Lage der **N-Kurve** abhängt und welche Ansatzpunkte es gibt, diese Funktion so zu verändern, daß gewünschte wirtschaftspolitische Wirkungen auftreten. Dabei konzentrieren wir uns in diesem II. Kapitel ausschließlich auf die „Nachfrage-Welt". Im III. Kapitel geht es dann darum, die gesamtwirtschaftliche Angebotsfunktion **(A-Kurve)** abzuleiten. Am Ende wissen wir, wovon Steigung und Lage der A-Kurve abhängen und wie sich diese beeinflussen lassen. Steigung und Lage der **Okun-Kurve** werden wir ebenfalls kennenlernen.

Damit sind die drei wesentlichen Kurven des gesamtwirtschaftlichen Angebots-Nachfragesystem abgeleitet. Mit der **NL-Kurve** führen wir die natürliche Umwelt in das System ein; diese Funktion gibt den Zusammenhang zwischen Produktionswachstum und Umweltzerstörung an. Es sind schließlich noch die Verbindungen zwischen den einzelnen Funktionen darzustellen, bevor wir an diesem System die verschiedenen wirtschaftspolitischen Strategien aufzeigen können. Dies wird im Kapitel IV Gegenstand der „Sowohl-Als-Auch"-Analyse sein. Dort wird ein wichtiges Ergebnis darin bestehen, die Beziehung zwischen den Zielen „Preisniveaustabilität" und „hoher Beschäftigungsstand" aufzuzeigen. Diese Zielbeziehung hat in der Vergangenheit immer wieder eine große Rolle in der wirtschaftspolitischen Diskussion gespielt. Das Buch schließt ab mit einem kurzen Abriß über außenwirtschaftliche Aspekte. Wir müssen eine fünfte Kurve einführen, die Zahlungsbilanz-Funktion **(ZB-Kurve)**, die die außenwirtschaftliche (Gleichgewichts-) Situation wiedergibt. Mit diesem System einer offenen Volkswirtschaft wird dann gezeigt, welche Probleme und Störungen auftreten können, wenn ein Land einer offenen (und breiten) außenwirtschaftlichen Flanke gegenübersteht.

# Kapitel II: Beschäftigung und Gesamtnachfrage

## A. Gütermarkt

Eine **Theorie der Gesamtnachfrage** muß den **Gütermarkt** in den Mittelpunkt der Betrachtung stellen, denn die **Komponenten der Gesamtnachfrage** Konsum, Investition, Staatsnachfrage und Export sind durch Güteraggregate definiert. Es ist sinnvoll, sich zunächst ausschließlich auf die Ableitung und Diskussion von Hypothesen zu konzentrieren, die diese Nachfragekomponenten erklären (und prognostizierbar machen). Die Produktions-, Kosten- und Angebotsbedingungen werden im nächsten Kapitel betrachtet. Hier wird unterstellt, daß das **Angebot flexibel** verändert werden kann, ohne daß sich das Preisniveau verändert. Oder: Die Angebotsfunktion sei vollkommen elastisch.

Bei der Ableitung der Konsumfunktion werden die unterschiedlichen Positionen der **„Keynesianer"** und **„Neoklassiker"** zum ersten Mal deutlich. Diese kontroversen Einschätzungen und die daraus resultierenden Unterschiede in der Wirkungsanalyse werden die Theorie der Gesamtnachfrage wesentlich bestimmen.

### 1. Definitorische Grundlagen

Die **Volkswirtschaftliche Gesamtrechnung** liefert mit der rechten Seite des **volkswirtschaftlichen Produktionskontos** die definitorischen Grundlagen für die Gesamtnachfrage:

(II.A.1a) $$N = C_{pr} + I_{pr}^{br} + C_{St} + I_{St}^{br} + Ex.$$

$N$ = Reale gesamtwirtschaftliche Nachfrage (in Mrd. DM)
$I_{pr}^{br}$ = Reale Investitionsnachfrage der privaten Unternehmen (Mrd. DM), brutto
$I_{St}^{br}$ = Reale Investitionsnachfrage des Staates (Mrd. DM), brutto
$C_{pr}$ = Reale Konsumnachfrage der privaten Haushalte (Mrd. DM)
$C_{St}$ = Reale Konsumnachfrage des Staates (Mrd. DM)
$Ex$ = Reale Exportnachfrage des Auslands (Konsum- und Investitionsgüter, Mrd. DM)

Alle Größen in II.A.1a seien real und – aus Gründen, die in Kapitel III.C.3 erläutert werden – in Faktorkosten (indirekte Steuern und Subventionen sind nicht berücksichtigt) definiert; sie sind also preisbereinigt, indem die Mengen mit konstanten Preisen einer Basisperiode bewertet werden. Die Investitionen sind brutto (br) angegeben, sie enthalten die Abschreibungen. Wir fassen die staatlichen Ausgaben für Konsum und Investitionen zusammen und erhalten

(II.A.1b) $$N = C_{pr} + I_{pr}^{br} + R + Ex.$$

$R$ = Reale Staatsausgaben (Mrd. DM)

Damit kann die Beschäftigungsfunktion (I.D.1) geschrieben werden als

(II.A.2) $$B = B\,(C_{pr} + I_{pr}^{br} + R + Ex).$$

$B$ = Beschäftigtenstunden

**Ex post und ex ante**

Diese Gleichung macht Aussagen (1) über die Vergangenheit, wenn die in der Klammer enthaltenen Größen als **ex-post**-Größen, also Vergangenheitswerte eingesetzt werden. Über die Ursachen dieser Größen ist hier nichts gesagt. Allerdings könnte man die Anteile der **Komponenten** $C_{pr}$, $I^{br}_{pr}$, R und Ex an der **Gesamtnachfrage** berechnen und damit angeben (sozusagen in einer **ersten Ursachenrunde**), welche der Größen die Beschäftigung am meisten beeinflußt haben. Aus der Statistik läßt sich für 1990 berechnen[1]:

Konsumquote: $\frac{C_{pr}}{N} = 0{,}41,$

Investitionsquote: $\frac{I^{br}{}_{pr}}{N} = 0{,}16,$

Staatsausgabenquote: $\frac{R}{N} = 0{,}14,$

Exportquote: $\frac{Ex}{N} = 0{,}27,$ $N = 3144{,}17$ Mrd. DM

Wir sehen, daß der private Konsum und die Exporte die gewichtigsten Komponenten der Gesamtnachfrage darstellen.

Diese Gleichung kann (2) auch Grundlage für **Prognosen** sein, wenn die in der Klammer enthaltenen Größen als **ex-ante**-Größen, also geplante Größen, interpretiert werden, die man durch Hypothesen erklärt.

In wirtschaftswissenschaftlichen Analysen und in Pressemitteilungen wird nicht die **gesamtwirtschaftliche Nachfrage**, sondern meist das **Bruttosozialprodukt** zugrunde gelegt. Es ist definiert als die Differenz zwischen Gesamtnachfrage und Importen:

(II.A.3) $Y^{br}_{m} = N - Im^{*}.$

$Y^{br}_{m}$ = Reales Bruttosozialprodukt zu Marktpreisen
$Im^{*}$ = Reales Importangebot

**Gesamtnachfrage** und **Sozialprodukt** sind identisch, wenn wir von einer **geschlossenen Volkswirtschaft** ausgehen können. Wegen der großen Außenhandelsabhängigkeit (die Exportquote der Bundesrepublik ist 26%) ist diese Annahme einer geschlossenen Volkswirtschaft sehr realitätsfern. Andererseits sind die **Importe als Angebotskomponente** zu betrachten. Daher sollte man die Nachfrage und nicht das Sozialprodukt analysieren.

In der Pressemitteilung K1 wird vor allem auf die Entwicklung der Komponenten der Nachfrage (vgl. II.A.1) eingegangen. Diese Entwicklung beeinflußt die Beschäftigung nach Maßgabe der Beschäftigungsfunktion I.D.1.

---

[1] Jahresgutachten 1991/92 des Sachverständigenrates zur Begutachtung der gesamtwirtschaftlichen Entwicklung Tab. 27*

### Eine tautologische „Beschäftigungsfunktion“

In der öffentlichen Diskussion wird jedoch oft eine andere **„Beschäftigungsfunktion“** zugrunde gelegt, von manchen wird sie fast wie eine magische Formel gebraucht:

(II.A.4) $w_Y = w_\pi + w_{B^*} + w_h.$

w = Wachstumsraten
Y = Sozialprodukt
$\pi$ = Arbeitsproduktivität
B* = Anzahl Beschäftigte
h = Stunden

II.A.4 besagt, daß bei einem Produktivitätswachstum $w_\pi$ von z.B. 1.5, einem Sozialproduktswachstum $w_Y$ von 2.5 und konstanter geleisteter Arbeitszeit ($w_h$ = 0) die Wachstumsrate der Beschäftigten $w_{B^*}$ um 1.0% steigen kann. Dies ist so „wahr“, wie Y = Y ist, denn II.A.4 läßt sich durch reine Erweiterung aus Y = Y ableiten[2]. Immerhin: Diese einfache **Tautologie** hat wesentlich dazu beigetragen, die Diskussion um eine Arbeitszeitverkürzung zu begründen. Denn durch $-w_h$ können nach II.A.4 negative Beschäftigungswirkungen aufgefangen werden.

### Verhaltenshypothesen als Grundlage einer Nachfragetheorie

Die wissenschaftliche Analyse ist aber einen anderen Weg gegangen; sie hat sich nicht mit Tautologien oder Definitionsgleichungen, die nichts über die Zukunft aussagen können, zufrieden gegeben. Insbesondere John Maynard Keynes hat mit seiner „Allgemeinen Theorie“ versucht, **Hypothesen** über die **Einflußgrößen der Nachfragekomponenten** aufzustellen und aus diesen dann die Entwicklung der Beschäftigung abzuleiten. Denn wenn wir die Gesamtnachfrage durch ihre Bestimmungsgründe erklären können, dann können wir auch die Beschäftigung erklären, die von der Gesamtnachfrage abhängt.

## 2. Die Konsumnachfrage

### Determinanten

Von welchen Größen hängen die **Konsumausgaben** der privaten Haushalte ab? Die ausgewählte Pressemeldung in K2 (S. 36) nennt einige der folgenden **Faktoren**: (1) Reales Einkommen, (2) Einkommenserwartungen, (3) staatliche Realtransfers, (4) Preise (z.B. Energiekosten), (5) Konsumentenkredite, (6) Sparen, (7) Vermögen, (8) Bevölkerungszahl und (9) Einkommensverteilung. Mit diesem ersten Schritt der **Theoriebildung**, dem Sammeln von Fakten und Einflußgrößen, haben wir eine große Zahl von Variablen, zu groß, um eine aussagekräftige Theorie zu bilden. Wir müssen sortieren: die wesentlichen von den unwesentlichen Faktoren trennen (2. Schritt).[3]

Die ersten vier Faktoren lassen sich ohne Schwierigkeiten zusammenfassen: das erwartete, reale, verfügbare Einkommen. Das **verfügbare Einkommen der**

[2] $Y = Y;\quad Y = Y \cdot \frac{B^* h}{B^* h};\quad \pi = \frac{Y}{B^* h};\quad Y = \pi \cdot B^* h;\quad w_Y = w_\pi + w_{B^*} + w_h.$

[3] Zur Theoriebildung vgl. Abschnitt I.D.1

K1

## Regierung beurteilt die Konjunktur optimistisch

Sozialprodukt im ersten Quartal gesunken / Aber wieder exportfreundlicher Wechselkurs

re. BONN, 11. Juni. Die Bundesregierung ist zuversichtlich, daß die deutsche Wirtschaft nach der Schwächeneigung des ersten Quartals wieder auf den „bisherigen Wachstumspfad" zurückfindet. Mit dieser optimistischen Aussicht kommentiert das Bundeswirtschaftsministerium die jetzt vom Statistischen Bundesamt veröffentlichten Zahlen über die Wirtschaftsentwicklung des ersten Quartals. Danach lag das reale Bruttosozialprodukt im ersten Quartal 1987 zwar um 2,4 Prozent über dem der ersten drei Monate 1986. Über den Jahreswechsel 1986/87 hinweg hat es aber einen Einbruch gegeben: das reale Sozialprodukt des ersten Vierteljahres 1987 war um ein halbes Prozent geringer als das Sozialprodukt des letzten Quartals 1986...

Die Zuversicht für die Monate nach dem ersten Quartal bezieht das Ministerium vor allem aus der Annahme, daß nun ein Wechselkurs erreicht sei, der nicht zu einer weiteren Dämpfung der Auslandsnachfrage führe. Die dämpfenden Einflüsse, so heißt es in der Kommentierung der Zahlen, werden nun „allmählich auslaufen". Auch vom privaten Verbrauch werden positive Wachstumseinflüsse erwartet, weil die Einkommensbedingungen und das Preisklima unverändert positiv seien. Die größere Dispositionssicherheit von Wirtschaft und Verbrauchern nach den Tarifabschlüssen und der Entscheidung über die nächste Steuerentlastung werde die Wirtschaft „nach dem durch Sondereinflüsse ausgelösten Rückgang des Sozialprodukts" wieder auf einen verläßlichen Wachstumspfad zurückführen. In dem kräftigen Anstieg der Ausrüstungsinvestitionen sieht das Ministerium „einen deutlichen Hinweis auf die weiter robuste Investitionsbereitschaft".

Den Rückgang des Sozialprodukts im ersten Quartal führt das Ministerium in erster Linie auf außenwirtschaftliche Einflüsse und das strenge Winterwetter zurück. Schwach war aber auch der private Verbrauch. Die Ausgaben der privaten Haushalte sind in den ersten drei Monaten dieses Jahres real um ein Prozent gesunken. Der Staatsverbrauch hat auf dem Niveau des Vorquartals stagniert. Die Bauinvestitionen haben real um 13,5 Prozent abgenommen. Die Ausfuhr hat gegenüber dem vierten Quartal 1986 um ein Prozent abgenommen. Lediglich die Ausrüstungsinvestitionen zeigten auch im ersten Quartal eine aufwärtsgerichtete Tendenz: sie sind gegenüber dem letzten Quartal 1986 um real drei Prozent gestiegen.

FAZ Nr. 134 v. 12.6.87, S. 13

K3

## Private Ersparnis steigt um 12 Prozent

Mehr Kapital in das Ausland / Bericht der Bundesbank

mth. FRANKFURT, 20. Mai. Die privaten Haushalte und die Unternehmen haben im vergangenen Jahr ungewöhnlich viel gespart. Bei den privaten Haushalten waren es mit 127 Milliarden DM rund 12 Prozent mehr als 1985, bei den Unternehmen mit 77 Milliarden DM 50 Prozent mehr. In dieser Höhe häuften die Unternehmen also verfügbare Mittel an. Die gesamte Ersparnis betrug mit 213 Milliarden DM ein Fünftel oder 38 Milliarden DM mehr als 1985, schreibt die Bundesbank in ihrem neuen Monatsbericht.

Wegen der Lohnsteigerungen, der höheren Beschäftigung und der Steuersenkung hatten die Haushalte 1986 wesentlich höhere Einkommen, die Lebenshaltung aber war insgesamt billiger. Für die Haushalte kam diese Erhöhung der Kaufkraft, zumindest in ihrer Stärke, unerwartet; auch haben sie offenbar nicht damit gerechnet, daß die Preise niedrig blieben. Deshalb wurde vergleichsweise viel gespart. Die Sparquote der privaten Haushalte stieg von 12,7 auf 13,4 Prozent. Angesichts der hohen Liquidität haben die privaten Haushalte sich 1986 auch erheblich weniger verschuldet. Zwar wurden durch die lebhafte Nachfrage nach Autos mehr langfristige Anschaffungsdarlehen beansprucht, jedoch wurden kaum Dispositionskredite aufgenommen; insgesamt wurden kurzfristige Kredite sogar getilgt.

FAZ Nr. 117 v. 21.5.87, S. 13

**privaten Haushalte** wird wie folgt berechnet: Das Nettosozialprodukt zu Faktorkosten wird bereinigt um die nicht den privaten Haushalten zufließenden Gewinne, dann werden die Steuern subtrahiert und die staatlichen Transfers hinzuaddiert.

(II.A.5a) $A_v = A^* - \frac{T}{P}$.

$A_v$ = Reales verfügbares Einkommen der Haushalte (Angebot)
$A^*$ = Reales, um die „unverteilten“ Gewinne bereinigtes Volkseinkommen (Angebot)
T = Nominale, direkte Steuern minus Transferzahlungen
P = Preisniveau

Die Preisveränderungen können durch die Annahme berücksichtigt werden, daß die privaten Haushalte frei von **Geldillusion** sind: Die Planungen des realen Konsums richten sich nach realen Größen; die Haushalte sind in der Lage, reale von nominalen Einkommensänderungen zu trennen, sie lassen sich nicht dazu verleiten, bei Inflation aufgrund von nominalen Einkommenssteigerungen auch mehr zu konsumieren. Die Hypothese über das Konsumverhalten lautet dann, wenn wir nur die ersten vier Faktoren berücksichtigen:

(II.A.5b) $C = C(A_v)$, mit $1 > \frac{dC}{dA_v} > 0$.

C = Reale Konsumnachfrage der privaten Haushalte

Die Steigung der Funktion, $dC/dA_v$, ist positiv, aber kleiner als eins, weil die Haushalte nicht mehr als ihr Einkommen ausgeben können. Sie können nur sparen oder konsumieren.

**Testen** wir die Hypothese II.A.5b mit Hilfe statistischer Daten, indem wir Werte für C und $A_v$ für verschiedene Jahre (der Vergangenheit) gegenüberstellen und annehmen, daß diese realisierten Werte mit den ursprünglichen Erwartungen der privaten Haushalte übereinstimmen, dann ergeben sich sehr gute statistische Werte: Der Zusammenhang ist außerordentlich eng, die Variation von $A_v$ erklärt 83% der Variation von C[4]. Unter den Konsumforschern gibt es denn auch keinen Dissens darüber, daß das Realeinkommen **die** dominierende Variable darstellt.

## Hypothesen über das Konsumverhalten

Allerdings werden abweichende Ansichten darüber vertreten, wie das Einkommen und der Zusammenhang zu definieren sei. Richten sich die Konsumenten am laufenden, auf heute bezogenen Einkommen aus, am zukünftigen oder am vergangenen? Alle drei Möglichkeiten der Interpretation haben in der Literatur ihren Platz, die Hypothesen sind in der Übersicht 2 zusammengestellt. Die wichtigste Hypothese ist wohl die **absolute Einkommenshypothese**, jedenfalls für die **kurze Frist**. Sie besagt, daß die Unternehmen eine bestimmte Produktion planen, die dann auch die Zahlungen an die Produktionsfaktoren festlegt. Diese Zahlungen bestimmen dann die Konsumnachfrage. Grundlage der Beziehung sind reale Größen. Wenn wir diese Annahme der kurzfristigen Gültigkeit dieser Konsum-

[4] Für 1960-1975 läßt sich berechnen: $C = 33 + 0.7\ Y_v$ mit $R^2 = 0.83$ und $DW = 1.47$. Vgl. Richter/Schlieper/Friedmann (1978), S. 221. Zu den Grenzen einer solchen Analyse vgl. ebenda.

**Übersicht 2** Hypothesen über die Beziehung von Konsum und Einkommen*

| Hypothesen | Mathem. Formulierung | Aussage und Besonderheit |
|---|---|---|
| 1. Absolute Einkommenshypothese (J. M. Keynes) | $C_t = C(Y_t)$ | Kurzfristige Betrachtung. Im Gleichgewicht ist das erwartete Einkommen Y gleich dem produzierten, A (Angebot). |
| 2. Permanente Einkommenshypothese (M. Friedman) | $C_t = C^T + C^P$ <br> $C^P = C(Y^P)$ | Langfristige Betrachtung, die das auf die Gegenwart diskontierte Lebenseinkommen ($Y^P$) in den Mittelpunkt stellt. Das permanente Einkommen dominiert laufende Konsumentscheidungen. Führt gegenüber (1) Erwartungen ein. $C^T$ ist der kurzfristige Konsum. |
| 3. Habit-persistence-Hypothese (T. M. Brown) | $C_t = a + bY_t + cC_{t-1}$ | Berücksichtigt einen Gewohnheitsfaktor, der bewirkt, daß trotz fallendem Einkommen der Konsum durch einen „ratchet effect" nicht zurückgeht. |
| 4. Relative Einkommenshypothese (J. Duesenberry) | $\frac{C_t}{Y_t} = a - b\frac{Y_t}{Y_{max}}$ | Analog. $Y_{max}$ ist das maximale in der Vergangenheit erzielte Einkommen. |
| 5. Reale Vermögenseffekte (D. Patinkin, J. Tobin) | $C = C(Y, \frac{M}{P})$ | Über (1) hinausgehend wird als zusätzlicher Bestimmungsgrund die reale Kassenhaltung ($\frac{M}{P}$) bzw. das Vermögen eingeführt. |

* In den Formulierungen der Konsumfunktion wurde für das Einkommen Y das Symbol A benutzt; in einer geschlossenen Volkswirtschaft sind beide identisch.

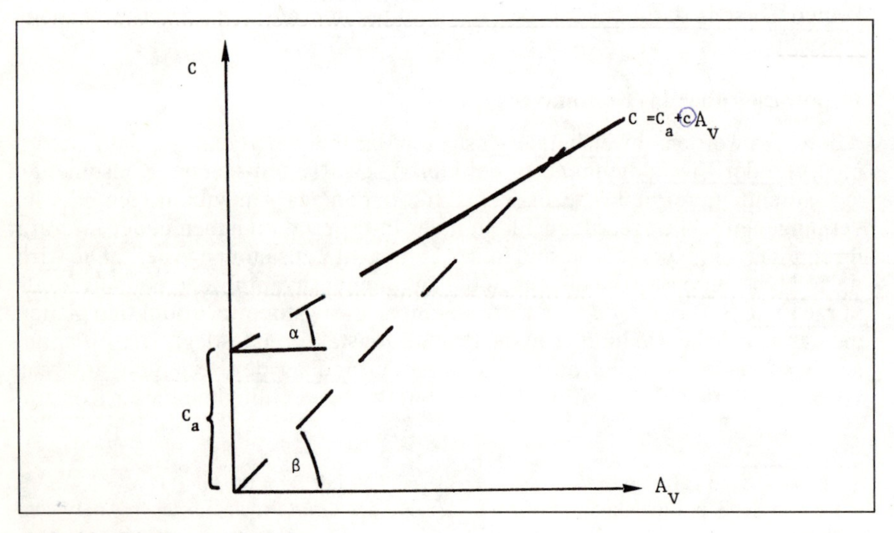


**Abb. 14** Die Konsumfunktion

hypothese setzen, dann lassen sich auch die Determinanten Bevölkerungsentwicklung und Einkommensverteilung als Variablen vernachlässigen; sie werden als konstant vorausgesetzt.

In der Pressemitteilung sind als Konsumdeterminanten weder der Zins (Konsumentenkredite) noch das (Real-)Vermögen genannt. Ferner ist noch die Rolle des Sparens zu klären.

Zins (i) und Vermögen (V) sind wieder als Determinanten in den Vordergrund gerückt worden. Die **nationalökonomischen Klassiker** sahen den Zins sogar als alleinige Determinante der Konsumausgaben an, denn nach ihrer Ansicht wurde das Sparen ausschließlich vom Zins bestimmt. Da das Einkommen nur auf Konsum und Sparen aufgeteilt werden kann, bedeutet dies, daß bei $S = S(i)$ auch $C = C(i)$ sein muß. Heute geht man bei den **„Neoklassikern“** davon aus, daß der Konsum neben dem Einkommen auch vom Zins bestimmt wird.

In entwickelten Volkswirtschaften sind die privaten Haushalte auch bei durchschnittlichen Einkommen recht gut mit Vermögen ausgestattet (langlebige Gebrauchsgüter, Sparbücher, Haus- und Grundbesitz etc.), das Vermögen überlagert das Einkommen bei der aktuellen Konsumentscheidung immer mehr. Die **„Neoklassiker“** räumen unter mittel- und langfristigen Aspekten dem Zins und dem Vermögen einen wichtigen Platz bei der Bestimmung des Konsums ein. Eine **„neoklassische“ Konsumfunktion** könnte wie folgt formuliert werden:

(II.A.6) $$C = C_a^* - c_1 i + c_2 V_r.$$

$C$ = Reale Konsumnachfrage
$C_a^*$ = Autonomer Konsum
$c_1, c_2$ = Konsumneigungen
$i$ = Realzins
$V_r$ = Reales Vermögen

Auf diese Funktion wird später zurückzukommen sein (vgl. S. 83ff.). Jetzt wenden wir uns wieder II.A.5b zu. Hier lassen sich drei wichtige Fragen formulieren: (1) Was ist unter dem Begriff Sparneigung zu verstehen? (2) Wie lassen sich die Determinanten des Konsums berücksichtigen, die nicht mit dem Einkommen erfaßt sind? (3) Welcher Zusammenhang besteht zwischen Konsum- und Sparhypothese?

### Konsumneigung

Die **Konsumneigung** ist nichts anderes als die Steigung der Konsumfunktion. Sie beschreibt das Verhalten der Konsumenten in bezug auf die unabhängige Variable (hier: $A_v$): Wenn das Einkommen um eine Einheit (z.B. 1 DM) steigt, welcher Anteil davon wird dann für den Konsum ausgegeben? Beträgt die Konsumneigung für eine bestimmte Einkommenshöhe z.B. $dC/dA_v = 0.8$, dann werden von der zusätzlich verfügbaren Mark 0.80 DM konsumiert.

Es ist plausibel, davon auszugehen, daß die Konsumneigung bei hohen Einkommen niedriger ist als bei geringen Einkommen. J. M. Keynes drückt dies wie folgt aus: „Das grundlegende psychologische Gesetz, auf das wir uns a priori aufgrund unserer Kenntnis der menschlichen Natur als auch der detaillierten Erfahrungstatsachen mit großem Vertrauen stützen dürfen, ist, daß die Menschen in der Regel und im Durchschnitt geneigt sind, ihren Konsum bei einer Zunahme des Einkommens zu erhöhen, aber nicht in gleichem Maße der Zunahme."[5] Die Konsumneigung nimmt ab.

Die Konsumneigung wird in den makroökonomischen Modellen i.d.R. als fester Verhaltensparameter vorgegeben. Das Verhalten der Konsumentinnen und Konsumenten wird nicht explizit erklärt. Überlegen wir, welche **Determinanten die Konsumneigung** bestimmen: Das sind (1) die **Ziele** der Individuen und (2) das **sozio-ökonomische und politische Umfeld**. Die individuellen Ziele drücken sich in bezug auf den Konsum vor allem in den Bedürfnissen und Zukunftserwartungen aus. Diese Bedürfnisse werden wesentlich von denen anderer und den vorherrschenden Konventionen, Wertvorstellungen, Anschauungen der Gesellschaft, von der Wirtschaftslage und vom politischen Klima beeinflußt. (3) stellen die **institutionellen Bedingungen** einen wichtigen Beeinflussungskomplex dar. Das sind (i.S. v. Matzner) allgemein Organisationen, Gesetze, Märkte, Verträge, Eigentums- und Verfügungsrechte. Für die Konsumenten sollen als Beispiele aufgeführt werden: Verbraucherzentrale, Einzelhandelsverbände, Ladenschlußgesetz, Supermärkte, mobiler Getränkemarkt. Die institutionellen Bedingungen setzen den konstitutionellen Rahmen (J. Buchanan) für die individuellen Ziele und das sozio-ökonomische und politische Umfeld.

### Autonomer Konsum

Um die Darstellung zu vereinfachen, sind wir bestrebt, die Konsumfunktion mit nur einer unabhängigen Variablen zu formulieren und linear darzustellen. Trotz des dominierenden Einflusses des Realeinkommens auf den Konsum sind aber weitere Größen für die Konsumentscheidung wichtig, wie wir gesehen haben. Wir „sammeln" diese Größen in einem Bündel, das als **autonomer Konsum** $C_a$ bezeichnet wird. In der Formulierung

(II.A.7) $$C = C_a + cA_v,$$

$C$ = Reale Konsumnachfrage
$C_a$ = Autonomer Konsum
$c$ = Konsumneigung
$A_v$ = Reales verfügbares Einkommen

sind in $C_a$ alle Einflußgrößen von C berücksichtigt, außer dem Realeinkommen, also z.B. Zins, Vermögen, Bevölkerungsgröße, Einkommensverteilung. $C_a$ wird als konstant angenommen, es ist der **Verschiebungsparameter** („shift parameter") der Konsumfunktion. Denn eine Änderung von $C_a$ verschiebt die Konsumfunktion.

Die Annahme der Konstanz von $C_a$ kann zweierlei bedeuten: (1) Alle im Bündel $C_a$ enthaltenen Einflußgrößen des Realkonsums sind konstant. (2) Die in $C_a$ enthaltenen Größen verändern sich, aber die Veränderungsrichtungen sind so, daß sie sich gegenseitig kompensieren. Dies wäre z.B. der Fall, wenn ein konsumsteigernder Vermögensanstieg durch einen konsumsenkenden Bevölkerungsrückgang gerade ausgeglichen würde[6].

[5] Keynes, 1936, S. 96.

[6] Findet keine Kompensation statt oder besteht keine Unabhängigkeit zwischen dem Einkommen und den in $C_a$ enthaltenen Größen, dann wird die Darstellung in einem zweidimensionalen Koordinatensystem schwierig.

Funktion II.A.7 läßt sich mit Hilfe der **Elastizität** (Einkommenselastizität des Konsums) gut charakterisieren. Die Elastizität ist definiert als die relative Veränderung (Wachstumsrate) der abhängigen durch die relative Veränderung (Wachstumsrate) der unabhängigen Variablen, oder, anders formuliert, als der Quotient von Konsumneigung und Durchschnittskonsum:

$$\eta_{C,A} = \frac{dC}{C} \Big/ \frac{dA_v}{A_v} = \frac{w_C}{w_A} = \frac{dC}{dA_v} \Big/ \frac{C}{A_v} = \frac{tg\,\alpha}{tg\,\beta}.$$

Die Elastizität der Konsumfunktion in Abb. 14 steigt mit wachsendem $A_v$, weil $\alpha$ gleich bleibt und $\beta$ sinkt. Eine Konsumfunktion mit $\eta = 1$ ist eindeutig definiert: $tg\,\alpha = tg\,\beta$, $C_a = 0$.

### Konsumprognose

Die Konsumfunktion wird für **Prognosezwecke** herangezogen. Aus einer Pressemitteilung können wir entnehmen: „Insbesondere eine Beschneidung der staatlichen Sozialtransfers müßte ... negative Auswirkungen auf die Nachfrage und damit die Beschäftigung haben ...“ Die Realeinkommen sind „im vergangenen Jahr bereits um 0.2% zurückgegangen ...“ Was würde unser einfaches Modell mit diesen Informationen prognostizieren? Wir argumentieren mit der Abbildung 15.

Der Rückgang des verfügbaren Realeinkommens von $A_{v0}$ auf $A_{v1}$, eventuell verstärkt durch sinkende Sozialtransfers (die im verfügbaren Einkommen berücksichtigt sind) bewirkt nach unserer Konsumfunktion einen Rückgang des Realkonsums auf $C_1$; wir gehen auf der Konsumfunktion von $P_0$ nach $P_2$. $C_1$ stellt unsere Prognose (z.B. für 1988) dar. Angenommen, Ende des Jahres stellen wir fest, daß $P_1$ eingetroffen ist, der Konsum bleibt auf dem Niveau $C_0$. Wie kann dies erklärt werden? Kurz gesagt: Die **Annahmen** unseres **Prognosemodells** treffen nicht zu.

(1) Die **Konsumneigung** könnte gestiegen sein. Dies würde dem Text entsprechen.

(2) Die **lineare Konsumfunktion** gibt den tatsächlichen Verlauf (gepunktete Funktion) unvollkommen wieder.

(3) Die Konsumenten orientieren sich am vergangenen Maximaleinkommen (**relative Einkommenshypothese**) oder halten aus Gewohnheit ihren Konsumstandard aufrecht (Brown: **Sperrklinkeneffekt**). Die Konsumausgaben steigen mit steigendem Einkommen, sie sinken aber (kurzfristig) nicht mit sinkendem Einkommen.

(4) Die Konsumenten orientieren sich am **permanenten Einkommen** (M. Friedman), am auf die Gegenwart abgezinsten Lebenseinkommen, das laufende verfügbare Einkommen hat keinen Einfluß auf den Konsum, weil für die Zukunft höhere Realeinkommen erwartet werden.

(5) Der **autonome Konsum** ist gestiegen, weil die Zinsen gesunken sind, die Bevölkerung wieder steigt, die Einkommensverteilung gleichmäßiger geworden ist, das Realvermögen steigt, ein Schub neuer Konsumgüter auf den Markt gekommen ist, etc.

### Konsum und Sparen

Nun zur letzten, oben gestellten Frage, dem Zusammenhang zwischen Konsum und Sparen. Die Antwort liegt nun auf der Hand: Mit der Konsumfunktion ist

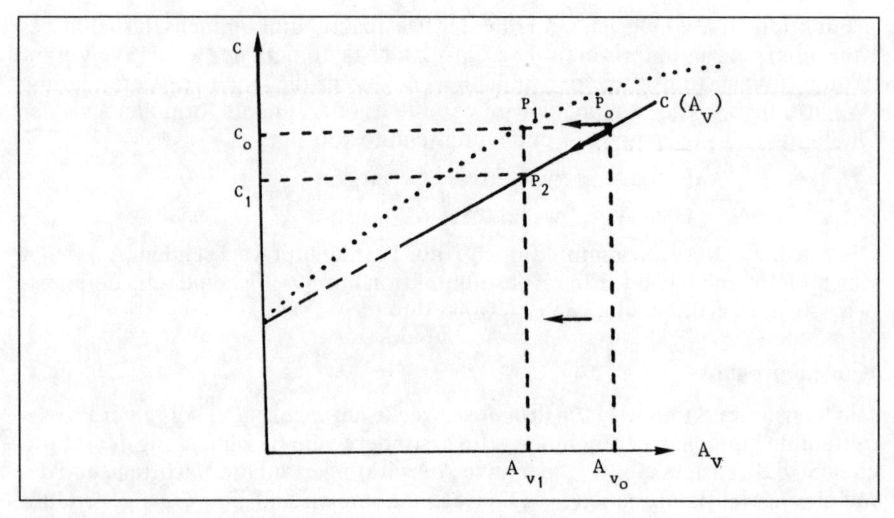


**Abb. 15** Die Konsumprognose

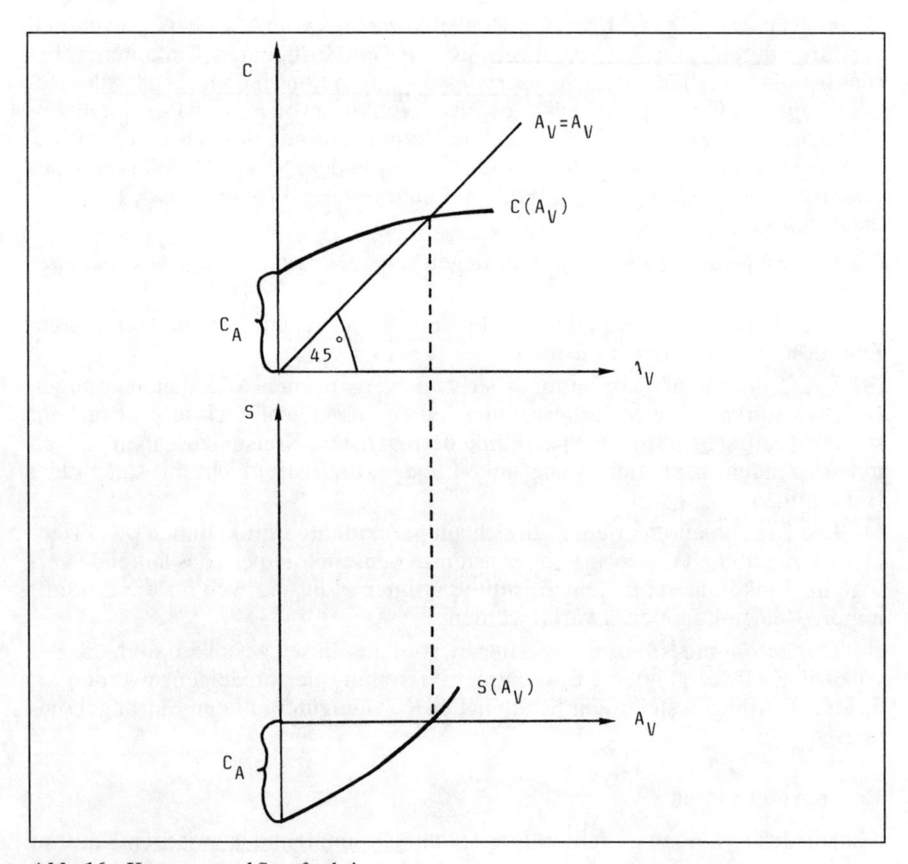


**Abb. 16** Konsum- und Sparfunktion

gleichzeitig auch die Sparfunktion festgelegt. Dies soll zunächst grafisch anhand der Abb. 16 gezeigt werden.

Basis ist die **Aufteilungsidentität** aus der Volkswirtschaftlichen Gesamtrechnung

$$A_v = C + S, \text{ oder}$$
$$S = A_v - C.$$

$A_v$ = Reales verfügbares Einkommen (Angebot)
C = Reale Konsumnachfrage
S = Reales Sparen

Die grafische Darstellung von $A_v$ erfolgt durch eine 45°-Linie, die des Konsums durch die Konsumfunktion. Im Schnittpunkt der beiden Kurven ist $S = 0$. Setzen wir die Konsumfunktion oben ein, dann ergibt sich

$$S = A_v - (C_a + cA_v),$$
$$S = -C_a + (1 - c)\, A_v.$$

Ferner gilt wegen

$$\Delta A_v = \Delta C + \Delta S,$$
$$\frac{\Delta A_v}{\Delta A_v} = 1 = \frac{\Delta C}{\Delta A_v} + \frac{\Delta S}{\Delta A_v} = c + s.$$

**Konsum- und Sparneigung** ergänzen sich zu eins. Dies gilt auch für die **Konsum- und Sparquote:** $\frac{C}{A_v} + \frac{S}{A_v} = 1$. Definieren wir ferner das autonome Sparen $S_a = -C_a$, dann können wir für die **Sparfunktion** (für konstantes s) schreiben:

(II.A.8) $S = S_a + sA_v$ mit $S_a < 0; 1 > s > 0.$

S = Reales Sparen
$S_a$ = Autonomes Sparen
s = Sparneigung

Mit Hilfe der Sparfunktion kann man über den Konsum Aussagen treffen. Eine geringe Sparneigung bedeutet eine hohe Konsumneigung (vgl. auch K3).

**Ansatzpunkte für wirtschaftspolitische Maßnahmen**

Wie lauten die Aussagen aus alledem für die **Beschäftigungstheorie**?

$$C^r\uparrow \rightarrow N\uparrow \rightarrow B\uparrow !$$

Mögliche wirtschaftspolitische Maßnahmen, die zu einer Erhöhung des Realkonsums führen könnten, hat die Diskussion der Konsumfunktion offengelegt:

(1) alle Maßnahmen, die das verfügbare Realeinkommen steigern, z.B. Senkung der Lohnsteuer oder Erhöhung der realen Transferzahlungen (Bewegung auf der Kurve),

(2) alle Maßnahmen, die das Konsum- (oder Spar-) Verhalten ändern (Drehung der Konsumfunktion), also eine Erhöhung (Senkung) der Konsumneigung (Sparneigung), z.B. durch Ausgabeappelle von Politikern („moral suasion"), vertrauens-schaffende Wirtschaftspolitik (positive Zukunftserwartungen), oder Veränderung der institutionellen Bedingungen,

(3) alle Maßnahmen, die den autonomen Konsum erhöhen (Verschiebung der Konsumfunktion), z.B. Senkung des Diskontsatzes, gleichmäßigere Einkommensverteilung.

K2

# „Der Konsum ist Triebfeder des Wachstums"

Bundesbank sieht dauerhafte Verbrauchskonjunktur / Monatsbericht

km. FRANKFURT, 15. Oktober. Die Bundesbank sieht im Konjunkturverlauf seit der Jahresmitte eine Bestätigung für ihre vergleichsweise optimistische Wachstumsprognose. Die Aufwärtsentwicklung seit dem Frühjahr dürfte sich nach den bisher vorliegenden Angaben im Juli und August fortgesetzt haben, heißt es im neuen Monatsbericht, ohne daß sich das genaue Ausmaß schon abschätzen ließe. Im ersten Halbjahr war das reale Bruttosozialprodukt um 1,5 Prozent höher als im Vorjahr. Die Ökonomen der Bundesbank widmen einen großen Teil des Monatsberichts dem Nachweis dafür, daß der private Verbrauch zur Triebfeder der gesamtwirtschaftlichen Entwicklung geworden ist. Dieser gleicht die vorübergehende Schwäche im Export aus. Die Haushalte haben sogar seit dem Frühjahr weniger gespart und ihren Konsum dem höheren Einkommen angepaßt. Dennoch wurden die „Sparstrümpfe" im ersten Halbjahr üppig dotiert, und zwar um nicht weniger als 90 Milliarden DM.

*Angesichts stark schwankender Aufträge und Produktion in der Industrie warnt die Bundesbank davor, den Aussagewert dieser Zahlen zu überschätzen. Die große Bedeutung des privaten Verbrauchs für den Konjunkturverlauf der vergangenen Monate habe vielmehr den Anteil des Dienstleistungsbereichs vergrößert, doch dafür fehlten immer noch verläßliche Statistiken. Im ersten Halbjahr 1987, schreibt die Bundesbank in ihrem Monatsbericht, entfiel nur noch 43 Prozent der realen Wertschöpfung auf das produzierende Gewerbe, 1970 lag dieser Anteil noch bei 51 Prozent.*

Insgesamt waren die Einkommen (einschließlich staatlicher Transferleistungen) im ersten Halbjahr um 3,5 Prozent höher als im Vorjahr. Wegen der nahezu stabilen Preise stieg auch die Kaufkraft in dieser Höhe. Der größte Teil davon floß in den Konsum. Der private Verbrauch übertraf das Volumen des ersten Halbjahres 1986 um 2,5 Prozent. Die Käufe waren breit gefächert, vom Auto über Einrichtungsgegenstände bis hin zu Bekleidung und Schuhen. Die Reiseausgaben deutscher Urlauber im Ausland stiegen um 9,5 Prozent. Die Bundesbank erwartet, daß die günstige Verbrauchskonjunktur von längerer Dauer sein wird.

Die Zahlen seit der Jahresmitte unterstützen diese Vorhersage. Die Sparquote war im Juli und August deutlich niedriger als in den beiden Vorjahresmonaten. Die saisonbereinigten Umsätze des Einzelhandels überschritten das Vorjahresniveau um 3,5, die Autozulassungen gar um reichlich 7,5 Prozent.

FAZ Nr. 240 v. 16.10.87, S. 15

## 3. Die Investitionsnachfrage

### Determinanten

In der Pressemitteilung K4 sind einige der folgenden **Bestimmungsgründe der Investitionen** genannt: (1) Zins, (2) Gewinn, (3) Erwartungen, (4) Nachfrage (und Kapazitätsauslastung) und (5) technischer Fortschritt (Rationalisierung); Investitionszulagen des Staates sind keine kontinuierliche Einflußgröße. Anders als bei der Erklärung des Konsums ist aber der Zusammenhang zwischen realen Investitionen und Realzins nicht so eng, daß wir den Zins als **die** dominierende Variable betrachten können[7]. Wir wollen daher versuchen, neben dem Zins auch die anderen **Hauptdeterminanten** bei der Formulierung der makroökonomischen Investitionsfunktion zu berücksichtigen. Ferner ist die wichtigste Alternative, die **Akzelerationstheorie** darzustellen.

[7] Für 1961-1974, also ohne das Depressionsjahr 1975, haben Richter, Schlieper, Friedmann (1978, S. 242) die folgende Investitionsfunktion geschätzt: $I = 44.23 - 3i$ mit $R^2 = 0.79$ und $DW = 1.93$.

## Zinsabhängige Investitionen

Den Weg zu einer **Investitionstheorie**, die den **Zins** und andere wichtige Größen berücksichtigt, eröffnet die **keynesianische Theorie**[8]: Die realen Investitionen (I) hängen ab vom Realzins (i) und der sog. Grenzleistungsfähigkeit des Kapitals (ξ) (siehe unten). Die grafische Darstellung zeigt Abb. 17.

In analytischer Formulierung läßt sich schreiben:

(II.A.9) $I = b(\xi - i)$

I = Reale Investitionsnachfrage der privaten Unternehmen
b = Investitionsneigung
ξ = Grenzleistungsfähigkeit des Kapitals
i = Realzins

Entgegen der Darstellung in Abb. 17 ist die Annahme plausibel, daß die Steigung der Funktion (b) mit steigendem Zins abnimmt. Diese **Investitionsneigung** $b = dI/di$ beschreibt das Verhalten der Unternehmer: wie reagieren sie mit Investitionsnachfrage, wenn der Zins sich verändert? Die Investitionsneigung wird (analog zur Konsumneigung) bestimmt von den **individuellen Zielen** und vom **sozio-ökonomischen und politischen Umfeld** der Unternehmen. Beides hängt ab von **institutionellen Rahmenbedingungen** (Organisation, Gesetze, Märkte, Verträge etc.). Als Unternehmensziele gelten erwartete Gewinne, Umsätze, Marktanteile und dergleichen. Sie und das daraus resultierende Verhalten werden wesentlich vom Umfeld (Meinung und Lage bei anderen Unternehmen, Branchen, Geschäftsklima, politisches Klima, etc.) bestimmt. Beispiele für die institutionellen Bedingungen der Unternehmen sind Arbeitgeberverband, Industrie- und Handelskammern, Mitbestimmungsgesetz, Arbeitsförderungsgesetz, Absatzwege, Exportanteile, Verträge über Lizenzen, Lieferbeziehungen, Beschaffung von Privaten und vom Staat. Je flacher die Funktion im i-I-Diagramm verläuft, desto größer ist die Investitionsneigung, desto mehr wird in Reaktion auf eine Zinssenkung investiert. Die **Elastizität der Investition** in bezug auf den Zins

$$\eta_{I,i} = \frac{dI}{I} \Big/ \frac{di}{i}$$

ist hoch (aber natürlich negativ). Die **Bauinvestitionen** scheinen besonders zinsempfindlich zu sein. Dies ist plausibel: die Finanzierung erfolgt weitgehend mit langfristigen Krediten, außerdem ist der Zins ein wichtiger Kostenfaktor. Auch bei den **Lagerinvestitionen** beobachtet man eine große Zinsempfindlichkeit. Demgegenüber spielen die Zinsen bei **Ausrüstungsinvestitionen** nicht die dominierende Rolle. Da die Gesamtinvestitionen als die Summe der drei genannten Komponenten definiert sind, wird die Investitionsneigung b umso größer sein, je höher der Anteil der Bau- und Lagerinvestitionen ist.

## Die Grenzleistungsfähigkeit des Kapitals

Aus der Abb. 17 wird deutlich, daß die Lage der Investitionsfunktion von der Höhe der **Grenzleistungsfähigkeit des Kapitals** (ξ) abhängt. Was bedeutet dieses ξ? Aus der Abbildung oder aus II.A.9 läßt sich soviel sagen: ξ ist der Zinssatz, bei

[8] Dies ist nur **ein** theoretischer Ansatz, der den Zins als Determinante der Investitionen in den Mittelpunkt stellt. Z.B. verwenden die sog. Klassiker (und Neoklassiker) einen ähnlichen Ansatz, allerdings mit anderer theoretischer Begründung.

K4

BERLIN / Das DIW befürchtet zunächst noch ein Steigen der Arbeitslosenzahl

# Die Kapazitätserweiterung ist nun das dominierende Investitionsmotiv

as. BERLIN. Nachdem die Investitionen des verarbeitenden Gewerbes in Berlin im vergangenen Jahr lediglich um 2% auf 2,18 Mrd. DM gestiegen sind, ist für 1987 mit einer deutlich zunehmenden Investitionsneigung zu rechnen. Nach den Erhebungen des Deutschen Institut für Wirtschaftsforschung (DIW), Berlin, beabsichtigen die Unternehmen ihre Bruttoanlageinvestitionen um 6% auf 2,3 Mrd. DM zu erhöhen.

Dabei zeichne sich eine deutliche Veränderung der Investitionsstruktur ab, schreibt das DIW in seinem jüngsten Wochenbericht. Zum einen werde wieder verstärkt in Ausrüstungen (plus 10%) investiert, während bei den Ausgaben für Bauten zumindest in diesem Jahr (minus 9%) Einschränkungen vorgesehen seien. Zum anderen werde der erwartete Zuwachs der Investitionen von den verbrauchsnahen Industrien getragen, während sich im Investitionsgüter produzierenden Gewerbe die Zunahme der Investitionsausgaben abflache.

Im Gegensatz zu den Vorjahren, in denen vor allem der Ersatzbedarf als Investitionsgrund genannt wurde, ist nunmehr die Kapazitätserweiterung mit einem Anteil von 54% das dominierende Investitionsmotiv. Lediglich im Nahrungs- und Genußmittelgewerbe steht die Ersatzbeschaffung im Vordergrund ...

An den für 1987 geplanten, primär der Einführung neuer Produktionsverfahren und zugleich der Kapazitätsausweitung dienenden, Investitionen, lasse sich auch die insgesamt günstige Beurteilung der mittelfristigen Absatzchancen ablesen. Daraus dürften auch positive Beschäftigungseffekte resultieren, meinen die Berliner Wissenschaftler.

Handelsblatt Nr. 123 v. 2.7.87, S. 4

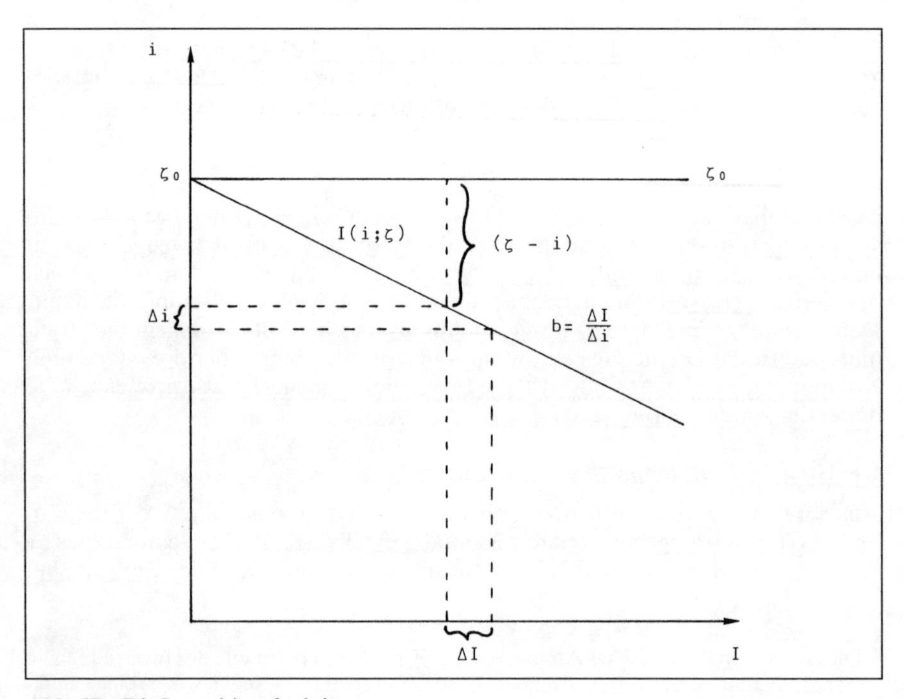


**Abb. 17** Die Investitionsfunktion

dem nicht investiert wird, bei dem die Investitionen also Null sind. Dies muß begründet werden. Die Argumentation läuft dabei über die sog. **Kapitalwertmethode**, mit deren Hilfe man die Rentabilität der Investitionen berechnen kann.

Man geht aus von einem Vergleich zwischen den **Anschaffungskosten** $K_{I0}$ **eines Investitionsgutes** im Zeitpunkt t und den Gewinnen $G_0, G_1, G_2, G_3, \ldots, G_n$, die man über die Nutzungsdauer $t = n$ des Investitionsgutes erwartet. Die Geldbeträge der zukünftigen Jahre sind mit $t = 0$ vergleichbar zu machen. Denn Geldanlagen bringen Zinserträge. DM 100,–, die ich nächstes Jahr habe, sind heute weniger wert, nämlich DM 100,– minus den Zinsen für ein Jahr (bei i = 10% sind es DM 90.91). Allgemein

$$G_t = G_0 (1+i)^t \text{ und}$$

$$G_0 = \frac{G_t}{(1+i)^t}.$$

$G_t$ Erwarteter Gewinn im Jahr t

$G_0$ = Gewinn im Jahr 0

i = Zins

t = Zeit

Um die **zukünftigen Gewinne** mit den heutigen Anschaffungskosten der Investition vergleichbar zu machen, müssen sie **abgezinst** werden. Wir erhalten dann

$$\text{(II.A.10)} \qquad K_{I0} \lesseqgtr \sum_{t=0}^{n} \frac{G_t}{(1+i)^t}, \qquad \text{mit } t = 0, 1, 2, \ldots n.$$

$K_{I0}$ = Anschaffungskosten der Investitionen

Sind die erwarteten Gewinne gleich den Anschaffungskosten der Investition, dann lassen sich dieselben Gewinne erzielen, wenn man das Geld ($K_{I0}$) auf dem Markt anlegt, und man erspart sich zudem die Mühe der Investition in Sachvermögen. Die Investition wird Null sein.

$$\text{(II.A.10a)} \qquad K_{I0} = \sum_{t=0}^{n} \frac{G_t}{(1+i)^t} \qquad \text{oder } \xi = i.$$

Dies ist exakt die in Abb. 11 dargestellte Situation für $\xi = i$. Wir definieren: Die **Grenzleistungsfähigkeit des Kapitals** ist der Zinssatz, bei dem die Anschaffungskosten einer Investition gleich der Summe der abgezinsten Gewinne sind (der Zinssatz wird über die Nutzungsdauer t als konstant angenommen).

Ist die erwartete (abgezinste) Gewinnsumme höher als die Anschaffungskosten, dann lohnt sich eine Investition. Es gilt dann

$$\text{(II.A.10b)} \qquad K_{I0} < \sum_{t=0}^{n} \frac{G_t}{(1+i)^t} \qquad \text{oder } \xi > i.$$

Ist die erwartete (abgezinste) Gewinnsumme kleiner als die Anschaffungskosten, dann lohnt sich die Investition nicht. Es gilt dann

$$\text{(II.A.10c)} \qquad K_{I0} > \sum_{t=0}^{n} \frac{G_t}{(1+i)^t} \qquad \text{oder } \xi < i.$$

Wie kann man $\xi$ berechnen? Der **Gewinn** ist definiert als die Differenz von Umsatz und Kosten. Für ein Investitionsobjekt eines Unternehmens wird man die

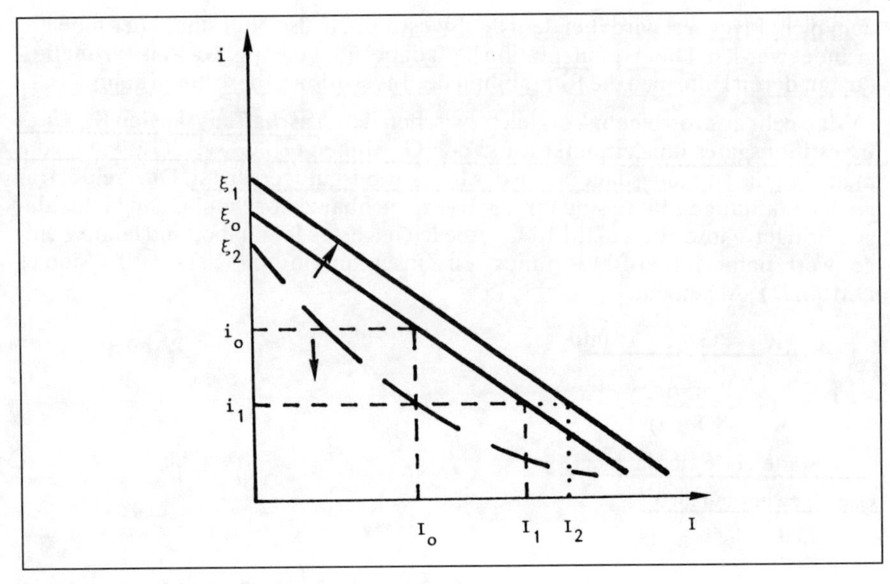


**Abb. 18** Investitionsprognose

folgenden Daten ermitteln müssen: (1) Nutzungsdauer, (2) erwartete Umsätze während der Nutzungsdauer, insbes. auch Preise, Absatzmengen und andere absatzpolitische Parameter, (3) erwartete Kosten, insbes. auch Vorleistungspreise, Löhne, Faktoreinsatzmengen, Kostensteuern, (4) erwartete Gewinnsteuern, Inflationsrate, politisches Klima etc. Damit wird deutlich, daß die anfangs aufgeführten Investitionsfaktoren Gewinn, Erwartungen und Nachfrage mit diesem Ansatz der Grenzleistungsfähigkeit des Kapitals vollständig erfaßt sind. Darüberhinaus kann man sagen, daß auch der (investitionsgebundene) technische Fortschritt (über die Nutzungsdauer), die Kapazitätsauslastung (über die Kosten) in die Betrachtung eingehen. In II.A.9 wurde die Grenzleistungsfähigkeit $\xi$ konstant gesetzt, damit werden auch diese Faktoren „eingefroren", eine Annahme, die bei der Analyse der Investitionen sorgfältig beachtet werden muß.

Wir haben soweit ausschließlich einzelwirtschaftlich argumentiert. Wie steht es mit der **Messung** der gesamtwirtschaftlichen Grenzleistungsfähigkeit? Zu dieser Frage ist heute noch keine Lösung in Sicht. Dies bedeutet allerdings nicht, daß diese Konzeption wertlos wäre. Es genügt, wenn die Tendenz der Veränderung deutlich wird. Diese läßt sich z.B. anhand des vom Ifo-Institut für Wirtschaftsforschung veröffentlichten Index des Geschäftsklimas (durch Unternehmerbefragung ermittelt) abschätzen.

## Die Akzelerationstheorie

Ein zweiter wichtiger Ansatz zur Erklärung der Investitionen stellt die Produktion in den Mittelpunkt: die **Akzelerationstheorie**. Diese Theorie liegt in vielen Varianten vor, je nachdem, wie die „Produktion" definiert wird. Allgemein läßt sich formulieren

(II.A.11a) $I = I_a + \beta_1^* (Y)$

$I$ = Reale Investitionsnachfrage
$I_a$ = Autonome Investitionen
$\beta^*$ = Akzelerator

(II.A.11b) $I = I_a + \beta_2^* (\Delta Y)$

Als Investitionsneigung erscheint hier der **Akzelerator** $\beta^*$. Y kann interpretiert werden als Produktion, Nachfrage; dann würden die Unternehmen die Investitionsnachfrage an den Produktionskapazitäten ausrichten. $\Delta Y$ kann als Veränderung des Einkommens (nach J. R. Hicks) oder des Konsums (nach P. Samuelson) interpretiert werden. Dann liegt eine dynamische Beziehung vor, die in der Konjunkturtheorie eine wichtige Rolle gespielt hat.

Da der oben beschriebene keynesianische Ansatz breiter ist, soll dieser den folgenden Analysen zugrunde gelegt werden.

## Investitionsprognose

Diese Investitionsfunktion soll nun für **Prognosezwecke** herangezogen werden. In einer älteren Pressemitteilung heißt es: „Die Investitionen der deutschen Industrie werden ... um sieben Prozent schrumpfen und 1983 trotz Investitionszulage und sinkender Zinsen real nur stagnieren ..." Kann unsere einfache Investitionsfunktion II.A.9 diese Aussage erklären? Wir wollen mit der Abb. 18 argumentieren, wobei eine konstante Investitionsneigung unterstellt ist.

Sinkende Zinsen ($i_0 \rightarrow i_1$) und Investitionszulagen ($\xi_0 \rightarrow \xi_1$) lassen in unserem Prognosemodell die Investitionen wesentlich steigen ($I_0 \rightarrow I_1 \rightarrow I_2$). Diese Prognose stimmt jedoch nicht mit der Wirklichkeit überein: die Investitionen stagnieren, d.h. sie verharren bei $I_0$. Es ist offensichtlich, daß bestimmte **Annahmen des „Prognosemodells"** nicht zutreffen. Statt nach außen müßte sich die Investitionsfunktion nach innen verlagert haben. Es könnte sich um folgende Ursachen handeln:

(1) Die **Investitionsneigung** b könnte gesunken sein, z.B. weil der Anteil der Bau- und Lagerinvestitionen zurückgegangen ist oder weil die Unternehmen weitere Zinssenkungsfolgen erwarten.

(2) Die **lineare Investitionsfunktion** gibt den tatsächlichen Verlauf nur annäherungsweise wieder.

(3) Die **Grenzleistungsfähigkeit des Kapitals** ist auf $\xi_2$ gesunken, d.h. die positive Wirkung der Investitionszulage wurde durch negative überkompensiert. Diese könnten sein: Pessimistische Absatzerwartungen wegen beobachtbarer Sättigungstendenzen, mangelnde Preiserhöhungsspielräume durch vorsichtige Geldmengenexpansion der Bundesbank, erwartete Schwierigkeiten im Exportgeschäft; pessimistische Erwartungen über Lohnsteigerungen, andere Kostensteigerungen, Steuern, unterausgelastete Kapazitäten und hohe Fixkosten.

(4) Investitionsbestimmende Faktoren sind aufgetreten, die im Modell weder durch i noch durch $\xi$ erfaßt werden.

Wie lauten die Konsequenzen aus alledem für die **Beschäftigungstheorie**?

$$I\uparrow \rightarrow N\uparrow \rightarrow B\uparrow.$$

Allerdings ist zu beachten: „Für den Arbeitsmarkt bringt dies ... keine Entlastung, da Rationalisierungen eindeutig als Investitionsmotiv im Vordergrund stehen", wie das Ifo-Institut für Wirtschaftsforschung in München schrieb. Bei Rationalisierungsinvestitionen, die Arbeitskräfte einsparen, ist ein „Freisetzungseffekt" aufzurechnen gegen einen positiven Beschäftigungseffekt, der aus der gestiegenen Gesamtnachfrage resultiert (vgl. hierzu II.C.2).

### Ansatzpunkte für wirtschaftspolitische Maßnahmen

Mögliche **wirtschaftspolitische** Maßnahmen zur Stimulierung der Investitionen sind aus dem Gesagten deutlich geworden:

(1) Alle Maßnahmen, die zu **Zinssenkungen** führen, z.B. Senkung des Diskontsatzes, Ausweitung der Geldmenge.

(2) Alle Maßnahmen, die die **Grenzleistungsfähigkeit des Kapitals** erhöhen, z.B. Investitionszulagen, Stärkung der Gewinne, Herstellen günstiger Zukunftserwartungen, unternehmerfreundliche Wirtschaftspolitik.

(3) Alle Maßnahmen, die die Investitionsneigung b der Unternehmen erhöhen, z.B. steigendes Vertrauen in die Stabilität des Wirtschafts- und Gesellschaftssystems.

## 4. Die Staatsnachfrage

Von welchen Faktoren hängt die **Nachfrage des Staates** nach konsumtiven und investiven Leistungen ab? Diese Frage ist in aller Kürze sehr schwer zu beantworten; sie ist Untersuchungsgegenstand eines ganzen Zweiges der Volkswirtschaftslehre, der **Finanzwissenschaft**. Drei **Faktoren** (Komplexe) sind dabei entscheidend: (1) Die Aufgaben, (2) die Einnahmen und (3) Einflußgrößen des gesellschaftlich-wirtschaftlichen Umfeldes.

### Staatsaufgaben

Die **Aufgaben des Staates** sind damit verbunden, **öffentliche Güter** zur Verfügung zu stellen. Dies sind Güter, die nur vom Staat produziert werden sollen, weil beim Erwerb durch ein Individuum auch andere dieses Gut nutzen können, ohne dafür zahlen zu müssen: Neben dem **individuellen Nutzen** liegt auch ein **sozialer Nutzen** durch andere, die nicht ausgeschlossen werden können, vor (z.B. Landesverteidigung). **Reine öffentliche Güter** (oder **Kollektivgüter**) lassen sich aber in begrenzter Auswahl definieren. Würde man dieses Kriterium für den Umfang der Staatsaufgaben gelten lassen, dann wäre man nahe an einem „Nachtwächterstaat", der nur für die innere und äußere Sicherheit sowie für die Rechtsprechung zu sorgen hat, wie dies im 19. Jahrhundert der Fall war.

Die Entwicklung und der **Wandel der Bedürfnisse** des Einzelnen und der Gesellschaft haben dazu geführt, daß viele Güter und Dienstleistungen definiert werden können, bei denen sowohl ein sozialer (definiert als öffentliches Ziel) als auch ein individueller Nutzen auftritt. Bei diesen **Mischgütern („meritorische Güter")** kann nicht eindeutig bestimmt werden, ob sie vom Staat oder von Privaten zur Verfügung gestellt werden sollen. Die Lösung dieses **Aufteilungsproblems** besteht in einem Optimum, das durch bestimmte Kriterien gekennzeichnet ist. Da Uneinigkeit über diese **Kriterien** besteht (z.B. soziale, hygienische, markttechnische Faktoren. In K5 sind zwei weitere wichtige Kriterien genannt, die Finanzierung und die Produktivität), besteht auch Uneinigkeit über das Optimum.

Das Gesagte bedeutet, daß die **Definition von Staatsaufgaben** weitgehend ein ideologisches und ein Machtproblem darstellt (sollen Sozialversicherungs-, Krankenhausleistungen, Müllabfuhr öffentlich oder privat produziert werden?), wobei die Wissenschaftler nicht fern stehen, für die eine oder andere Seite (gleich wohlbegründete) Argumente und Fakten zu liefern.[9] Mächtige Bürokratien sorgen aus Eigeninteresse für die Verbreitung dieser Argumente.

Im Anschluß an das gerade zitierte „Gesetz" von Adolph Wagner können jedoch auch **historische Entwicklungen** dafür angeführt werden, daß „der" Staat seinen Einfluß verstärkt und seine Aufgaben ausgeweitet hat. Die „Entdeckung" des Prinzips der Arbeitsteilung durch Adam Smith und deren Verwirklichung im Wirtschaftsleben hat zu einem zunehmenden Bildungsbedarf geführt, den die öffentliche Hand mit dem Ausbau des Schul- und Hochschulsystems übernommen hat. Die industrielle Revolution, der Aufbau von Manufakturen und von ganz neuen Industrien (Stahl-, Elektrotechnische Industrie und Chemie) sowie die Ausbreitung der Eisenbahnen brauchte große Infrastrukturinvestitionen (Versorgung, Verkehr), die auch der Staat übernommen hat. Die Fortschritte in der Medizin und soziale Entwicklungen führten zum Aufbau eines (öffentlichen) Gesundheitswesens; Reichskanzler v. Bismarck legte mit seinem Gesetzeswerk An-

---

[9] Verwiesen sei z.B. auf das schon etwa 100 Jahre alte Gesetz von den wachsenden Staatsausgaben von Adolph Wagner oder die neuere Diskussion um Staatseinfluß, Investitionslenkung und „supply side economics".

fang der 1880er Jahre den Grundstein für die heutige Kranken-, Renten- und Unfallversicherung. 1927 trat die Arbeitslosenversicherung hinzu. Diese Entwicklung bedeutete, daß in den 30er Jahren die soziale Verantwortung des Staates in vielen Ländern kaum bestritten war (z.B. Roosevelts „New Deal" in den USA). Aber diese Zeit brachte auch nach der Weltwirtschaftskrise (1929/30) und mit der damals herrschenden Arbeitslosigkeit die Verantwortung des Staates für die Konjunktur, insbesondere für Einkommen und Beschäftigung. Es gibt demnach durchaus gewichtige Argumente dafür, daß die Staatsaufgaben historisch gewachsen sind. Dennoch stehen diese Aufgaben immer wieder im Kreuzfeuer der öffentlichen Auseinandersetzung, denn die meisten ausgeführten Aufgabenbereiche können auch von Privaten übernommen werden. Als Argumentationshilfen werden dann auch immer wieder die Länder zitiert, in denen der Umfang der Staatsausgaben relativ gering ist (Schweiz, Japan). Allgemein kann man jedoch für alle modernen Staaten sagen, daß die Ausgaben für Soziales und für Rüstung (Verteidigung) am höchsten sind. Für beide Zielbereiche scheinen Parlamentarier am leichtesten mobilisierbar. Die Begründungen für neue Rüstungsausgaben muten allerdings in der Regel irrational und grotesk an.

**Staatseinnahmen**

Staatseinnahmen können eine Grenze und ein Stimulans für Staatsausgaben sein. Die wichtigsten **Einnahmen** sind Steuern (direkte Steuern wie Lohn- und Einkommensteuer; indirekte Steuern wie Mehrwertsteuer) und Kreditaufnahme (Schulden). Für beide Quellen liegen (subjektive) **Grenzen** vor. Die Bürger sind nur bereit, eine bestimmte Steuerlastquote (in bezug auf das Einkommen) zu akzeptieren. Wird diese Grenze überschritten, dann steigen Steuervermeidung (z.B. Schwarzarbeit) und Steuerhinterziehung. Die **Grenzen der Staatsverschuldung** sind ebenfalls nicht objektiv bestimmbar, auch die Deckungsgleichheit von staatlichen Investitionen und Neuverschuldung (Art. 115 Grundgesetz) ändert daran wenig. Die **Grenze der Verschuldung** dürfte dann definitiv erreicht sein, wenn die wichtigsten gesamtwirtschaftlichen Ziele durch den Staat wesentlich (und nachweisbar) verletzt sind und die Bürger (und ihre Parteien) dem Einhalt gebieten können (z.B. könnten die Banken ihre Kredite sperren; z.Zt. finanzieren sie über 2/3 der Staatsschuld).

Sprudelnde Staatseinnahmen können Staatsausgaben anregen. Dies war z.B. 1974 der Fall: Die Bruttoeinkommen der Arbeitnehmer waren durch die hohe Inflationsrate (ca. 7%) aufgebläht. Dadurch stiegen die Steuereinnahmen, zudem stiegen sie überproportional zu den Einkommensteigerungen wegen des **progressiven Einkommensteuertarifs** (höhere Einkommen werden relativ mehr besteuert als niedrigere).

Auf die **gesellschaftlich-wirtschaftlichen Faktoren** soll nicht weiter eingegangen werden, sie könnten an aktuellen Fällen der Beispiele von Schweden (Wohlfahrtsstaat) und der Schweiz (Individualstaat) aufgezeigt werden.

**Lenkungsaufgabe**

Bei der Betrachtung der Staatstätigkeit kann sich diese Darstellung darauf beschränken, die wichtigsten Wirkungen auf die gesamtwirtschaftlichen Ziele aufzuzeigen. Dabei treten hier die **sozialen Aufgaben** des Staates hinter den **ökonomischen** zurück. Die **„traditionelle" ökonomische Lenkungsaufgabe** des Staates besteht darin, Konjunktur- und damit hier vor allem Beschäftigungsschwankungen auszugleichen. Diese erfolgt über Defizit- oder Überschußbildung. Sie kann aber nur geleistet werden, wenn Ausgaben- bzw. Verschuldungsspielräume bestehen. „Die Finanzminister von Bund und Ländern sind heute mit Ausgabenzwängen konfrontiert, die oft über 90 Prozent der Etatrahmen ausfüllen, so daß die Spielräume für neue gezielte Maßnahmen auf ein Minimum zusammenschrumpfen ..." (K5). Deshalb ist „die Höhe der öffentlichen Kreditaufnahme" (K5) sehr wohl ein Problem der Finanzpolitik.

All dies legt es nahe, daß sich für die hier verfolgte Zielsetzung eine detaillierte Erklärung der Determinanten der Staatsnachfrage erübrigt und eine **autonome „Staatsausgabenfunktion"** genügt.

(II.A.12) $R = R_a$.

R = Reale Staatsausgaben (Konsum und Investitionen)

Die **realen Staatsausgaben** sind danach in ihrer Höhe nicht näher erklärt, sie werden sozusagen von außen eingegeben. Allerdings müssen wir wegen ihrer Wirkungen ihre **Struktur** (Konsum- und Investitionsanteil) beachten.

Diese Vorgehensweise ist sehr einfach, aber nicht befriedigend. Denn es wird damit erstens angenommen, daß die Absicht, R zu variieren, auch tatsächlich Realität wird; es ist unberücksichtigt, wie eine beschlossene Ausgabenvariation im **politischen und bürokratischen Prozeß** gefördert oder behindert wird. Es wird zweitens hier angenommen, daß die staatlichen Entscheidungsträger nur bestrebt sind, die Konjunkturschwankungen zu glätten. Auf der Grundlage der Ergebnisse der **„Neuen Politischen Ökonomie"** kann dies mit Grund bezweifelt werden. „Wenn man es überzeichnet formulieren wollte, so könnte man sagen, daß ... den aktiv Beschäftigten und der Wirtschaft immer mehr Geld (entzogen wird) ..., um es in immer höherem Maße in unproduktive Verwendung zu lenken" (K5).

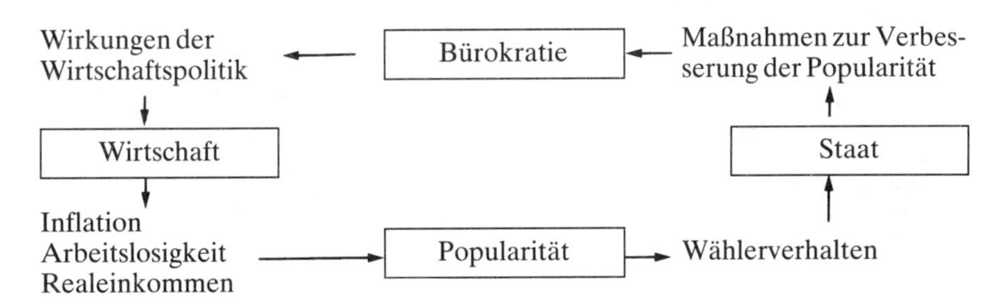


Die **„Neue Politische Ökonomie"** faßt „den Staat" als ein Gebilde auf, das ein starkes **Eigeninteresse** verfolgt und auch organisatorische Probleme hat. Die vorhergehende Skizze zeigt dies.

Danach werden die Probleme Inflation, Arbeitslosigkeit und Realeinkommensschwächung vom Staat nicht (nur) deshalb bekämpft, weil dies die **Lebensqualität der Bürger** steigern könnte. Vielmehr ist hier auch berücksichtigt, daß der Staat erst aktiv wird, wenn dadurch die **Regierungspopularität** sinkt und eine Wiederwahl gefährdet ist. Die Maßnahmen können in der (Ministerial-)Bürokratie steckenbleiben oder verfälscht werden. Die „freundlich lenkende Hand des Vaters Staat" ist also durchsetzt durch die von Eigeninteresse und Organisationsproblemen befrachtete Aktivität eines „Apparates". Das dritte Problem einer autonomen Staatsausgaben„funktion" besteht darin, daß zwischen dem politi-

K5

## Die Wurzel des Übels

(Hans Matthöfer: Gedanken eines scheidenden Finanzministers)

☆

... Der wirtschaftliche Strukturwandel muß von den wirtschaftlichen Unternehmungen getragen werden. Neue, wettbewerbsfähige Arbeitsplätze müssen in der unternehmerischen Wirtschaft geschaffen werden, denn der Anteil der im öffentlichen Dienst Tätigen kann nicht ständig zunehmen, zumal das Verhältnis der Erwerbstätigen zu den Nicht-Erwerbstätigen sich immer weiter zu verschlechtern droht. Es ist deshalb richtig, daß in der Wirtschaft mehr investiert werden muß.

Aber auch öffentliche Investitionen können zur Produktivität der Volkswirtschaft beitragen oder den Strukturwandel fördern.

Das Problem der Finanzpolitik ist deshalb nicht die Höhe der öffentlichen Kreditaufnahme im Jahr 1981, 1982 oder 1983. Das Problem ist vielmehr die Frage, ob die Gesamtheit der öffentlichen Ausgaben unter den gegenwärtigen ökonomischen Bedingungen produktiv genug ist, um die Höhe der Kreditaufnahme und ihre Folgelasten in der Zukunft zu rechtfertigen.

Das Problem ist, ob nicht Ausgabenblöcke, die weniger produktiv sind, oder vielleicht gar nichts zur Überwindung unserer Wachstums- und Strukturprobleme beitragen, einen zu großen Anteil des Sozialprodukts in Anspruch nehmen und ob die Wirtschafts- und Finanzpolitik die Struktur der öffentlichen Ausgaben genügend unter solchen Gesichtspunkten steuern kann. ...

☆

... Die Einnahmeseite weist eine bemerkenswerte Konstanz, jüngst sogar ein leichtes Absinken der Steuerquote, erhebliche Verschiebungen der einzelnen Steuern innerhalb dieser konstanten Quote und ständig ansteigende Sozialabgaben aus. Diese Entwicklung bedeutet unter anderem, daß die Abgabenbelastung der erwerbstätigen Lohnempfänger, auch der Bezieher mittlerer Einkommen, erheblich gestiegen ist. Ebenfalls gestiegen sind damit die Lohnnebenkosten der Wirtschaft. Beides ist nicht beschäftigungsfördernd.

Dieser Problematik auf der Einnahmenseite steht auf der Ausgabenseite spiegelbildlich eine ständig angestiegene Quote der Sozialausgaben gegenüber. Diese Entwicklung, die zunächst Ausdruck einer bewußten Politik zugunsten der sozial Schwächeren gewesen sein mag, beginnt nun aber, ganz erhebliche Probleme aufzuwerfen.

Die überproportionale Dynamik der Sozialausgaben, die in hohem Maß durch gesetzliche Verpflichtungen abgesichert ist, ist fast vollständig der finanzpolitischen Steuerung entzogen, so daß von ihr ein Druck auf Einschränkungen bei anderen, insbesondere auch bei den investiven oder sonst wachstumsfördernden Ausgaben ausgeht. Die Finanzminister von Bund und Ländern sind heute mit Ausgabenzwängen konfrontiert, die oft über 90 Prozent der Etatrahmen ausfüllen, so daß die Spielräume für neue gezielte Maßnahmen auf ein Minimum zusammenschrumpfen; bei der Forderung nach Rückführung der Kreditaufnahme in Zeiten geringer Steuereinnahmen gibt es nicht nur keine Spielräume mehr, sondern es entstehen Zwänge zu Einschnitten, die bei einer Abwägung des gesamten Spektrums der öffentlichen und der sozialen Ausgaben nicht gerechtfertigt wären.

Wenn man es überzeichnet formulieren wollte, so könnte man sagen, daß in einer Zeit, in der alles vom Vorrang der Zukunftsvorsorge und der Schaffung neuer Arbeitsplätze spricht, die direkten Steuern und die Sozialabgaben den aktiv Beschäftigten und der Wirtschaft immer mehr Geld entziehen, um es in immer höherem Maße in unproduktive Verwendungen zu lenken. Hier liegt die Wurzel der Forderung nach einer Umstrukturierung des Sozialprodukts zugunsten produktiver, innovativer und investiver Verwendungen. ...

(Die Zeit, Nr. 19 vom 7.5.1982)

schen und dem wirtschaftlichen Sektor keine **Rückkoppelungen** abgebildet werden können. Solche Beziehungen dürften aber sehr intensiv sein. Als Beispiel sei die Industriepolitik in Bayern und Baden-Württemberg angeführt, oder die intensive Lobbyistentätigkeit einiger Branchen (Rüstungsindustrie, Luft- und Raumfahrt) in den Parlamenten.

## 5. Die Exportnachfrage

### Determinanten

Die Exporte eines Landes hängen vor allem von den folgenden **Faktoren** ab: (1) Der absoluten und relativen (bezogen auf andere Länder) Ausstattung eines Landes mit Produktionsfaktoren (Arbeitskräfte, Kapital, natürliche Bodenschätze), (2) den absoluten und relativen Preisen der Produktionsfaktoren, (3) den Devisenkursen, (4) den Zöllen und (5) der Marktsituation (Elastizitäten der Exportnachfrage und des -angebots). Wie kann aus diesem Bündel von Einflußgrößen eine einfache und empirisch gehaltvolle Hypothese über die Exportnachfrage gebildet werden?

Wir wollen davon ausgehen, daß die Faktormengen und -preise, die Produktionsbedingungen eines Landes, sich in den **Endproduktpreisen** niederschlagen. Konkurrenzfähige Endproduktpreise auf den internationalen Märkten können durch Subventionen (z.B. europäische Stahlindustrie), Steuererleichterungen oder Zölle beeinflußt werden, oder ganze Märkte werden unabhängig von den Produktionsbedingungen und Preisen des einzelnen Landes auf der Grundlage der Technologie des Schwächsten reguliert (z.B. EG-Agrarmarkt). Diese Faktoren modifizieren unsere Hypothese. Wenn jedoch diese Einschränkungen in allen Ländern auftreten und wenn die Mehrzahl der Märkte noch intakt ist, dann läßt sich der **Zusammenhang zwischen Durchschnittskosten** (errechnet aus Faktormengen und -preisen) **und Endproduktpreisen** als erste Approximation aufrecht erhalten. Gehen wir ferner davon aus, daß die **Zölle** wenig Variation aufweisen (auch nach Verhandlungsrunden des GATT, des Allgemeinen Zollabkommens, nicht mehr), bei den wichtigsten Handelspartnern der Bundesrepublik gibt es gar keine Zölle mehr (EG), dann kann diese Größe ohne starke Vergröberung der Hypothese konstant gesetzt werden.

Es bleiben dann als Determinanten der Exportnachfrage die **Exportpreise** und die **Devisenkurse**. Beides läßt sich in den sog. **Terms of trade** ausdrücken.

Die **realen Austauschbedingungen (Terms of trade)** sind definiert als der Quotient aus **Exportpreisniveau** (in DM) und **Importpreisniveau** (in DM). Da letzteres üblicherweise in Fremdwährungseinheiten (z.B. $) ausgedrückt ist, muß der **Devisenkurs** (e), der Preis der DM für eine Fremdwährung (z.B. $), berücksichtigt werden. Setzen wir Exportpreisniveau gleich dem inländischen (P) und Importpreisniveau gleich dem ausländischen (P*), dann lassen sich die Terms of trade (Tot) definieren als[10]

$$\text{(II.A.13)} \qquad Tot = \frac{P\,(DM)}{P^*\,(\$) \cdot e\,(DM/\$)}$$

Tot = Reale Austauschverhältnisse (Terms of trade)
P = Exportpreisniveau, hier gleich Inlandspreisniveau
P* = Importpreisniveau, hier gleich Auslandspreisniveau
e = Devisenkurs

Die **Terms of trade** geben an, welche Menge inländischer Güter bei gegebenem Wechselkurs gegen ausländische Güter getauscht werden können. Steigen die

[10] Man kann auch umgekehrt argumentieren: Das Exportpreisniveau wird gleich dem ausländischen (P*), das Importpreisniveau gleich dem inländischen (P) gesetzt. Dann würde eine Verbesserung der so definierten Terms of trade die Exportnachfrage verbessern.

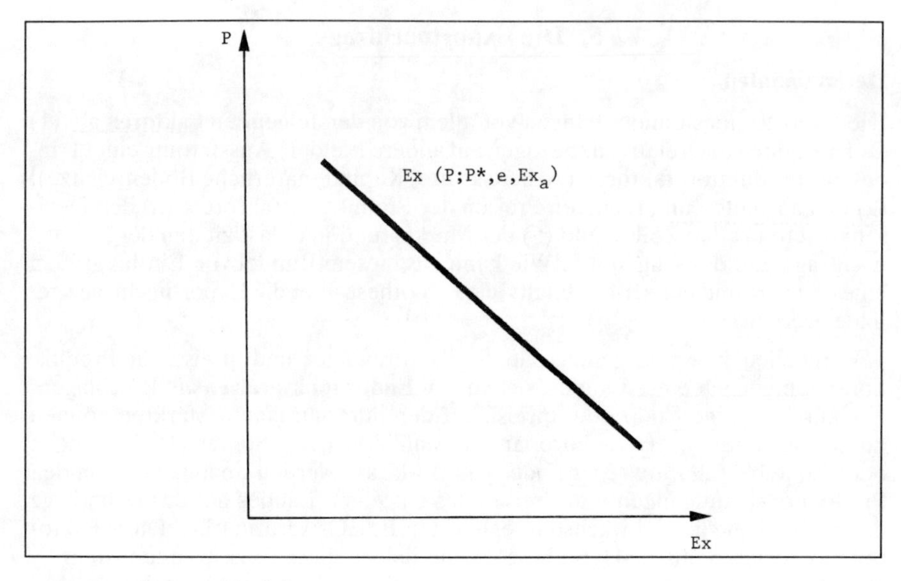


**Abb. 19** Die Exportfunktion

K6

DIHT / Die stabile Wettbewerbsposition wird mit deutlichen Gewinneinbrüchen erkauft

# Die Ausfuhren werden trotz schwacher Weltkonjunktur auf Kurs gehalten

cr. BONN. Die deutschen Ausfuhren werden auch im laufenden Jahr auf Touren bleiben. Nach Einschätzung des Deutschen Industrie- und Handelstages (DIHT) wird es trotz abflachendem Welthandel, wachsendem Protektionismus und starker Währungsspannungen keinen Exporteinbruch geben. Das ist das Ergebnis einer Umfrage, die der DIHT bei Auslandshandelskammern (AHK) in 45 Ländern durchgeführt hat, auf die 90% des deutschen Außenhandels entfallen.

Aber: „Das Ergebnis kommt überraschend, wir hatten nicht damit gerechnet, daß die Auslandshandelskammern so zuversichtlich reagieren", sagte DIHT-Hauptgeschäftsführer Franz Schoser vor Journalisten in Bonn. Den Grund für die unerwartet optimistische Prognose sieht er in der Tatsache, daß die deutschen Unternehmen ihre Wettbewerbsfähigkeit durch Qualität, moderne Technik, prompten Service und stabile Preise behaupten. Der Wermutstropfen: Die Marktanteile können nur durch „schmerzhafte Einbußen" bei Umsätzen und Gewinnen gehalten werden.

Die überragende Bedeutung für die deutsche Exportentwicklung komme nach wie vor Westeuropa zu, in dessen Märkte mittlerweile gut 70% der Gesamtexporte fließen. Nach Schätzungen der Kammern ergibt sich für diese Region eine Ausfuhr-Zuwachsrate von 2 bis 3%.

Mit Steigerungen rechnet der DIHT vor allem für Frankreich, dem größten Kunden, Belgien/Luxemburg, die Niederlande, Finnland, die Schweiz, Schweden, Spanien und Portugal. Gleichbleiben dürften die Exporte nach Großbritannien, Irland und Italien, während ein Minus bei den Ausfuhren nach Griechenland, Dänemark und in die Türkei erwartet wird.

**Westeuropa bleibt nach wie vor der Exportfavorit**

Der Außenhandelt mit Nordamerika wird von den Wechselkursverschiebungen stark in Mitleidenschaft gezogen. Mit spürbaren Rückgängen bei der Ausfuhr müsse gerechnet werden. Allerdings: Die Einbußen fallen nach Einschätzung Schosers nicht so stark aus, wie es die Paritätsverschlechterung vermuten ließe ...

Handelsblatt Nr. 120 v. 11.6.87, S. 1

Terms of trade, steigen z.B. die Exportpreise stärker als die Importpreise, dann kann man mit der gleichen Exportgütermenge eine größere Menge an Importgütern erwerben. Andererseits verschlechtert sich aber die **Wettbewerbsposition** des Inlandes gegenüber dem Ausland durch die Steigerung der Exportpreise. Eine Verbesserung der Terms of trade senkt daher die reale Exportnachfrage (Ex).

**Die Exportfunktion**

Dies kann in folgender **Exportfunktion** ausgedrückt werden:

(II.A.14) $$Ex = Ex_a + d\left(\frac{P^*e}{P}\right) \quad \text{mit } d, P^*, Ex_a > 0.$$

$Ex$ = Reale Exportnachfrage (Mrd. DM)
$Ex_a$ = Autonome Exportnachfrage
$d$ = Exportneigung
$P^*$ = Auslandspreisniveau
$P$ = Inlandspreisniveau
$e$ = Devisenkurs (DM/$)

Diese Funktion berücksichtigt nur die Exportnachfrage (des Auslands); das Exportangebot (des Inlands) ist als unendlich elastisch angenommen. Es wird unterstellt, daß sich das Exportangebot immer sofort an die Exportnachfrage angleicht.

Die **Exportneigung** d drückt die Reaktion der Exporteure auf Änderungen der Terms of trade aus. Die **Elastizität der Exportnachfrage** ist definiert als

(II.A.15) $$\eta_{Ex,P} = \frac{d\,P^*e}{PEx}.$$

A priori kann über den Wert dieser Elastizität nichts ausgesagt werden. In dem später unterstellten Zahlenbeispiel ist $\eta < 1$. Dies hat spezifische Wirkungen auf die Reaktion der Zahlungsbilanz.

Mit $Ex_a$ sind alle weiteren Determinanten der Exportnachfrage berücksichtigt, die nicht von den Terms of trade bestimmt werden (Qualität, Vertriebsnetz, Absatzpolitik, Zölle etc.). In grafischer Darstellung erhalten wir, eine konstante Exportneigung d unterstellt, die Funktion in Abb. 19.

## 6. Zwischenergebnis: Der Gütermarkt

In den vorangegangenen Abschnitten haben wir nun alle **Komponenten der Gesamtnachfrage** durch Hypothesen erklärt und die Frage ist daher berechtigt, ob sich nun die Gesamtnachfrage berechnen läßt. Bekanntlich benötigt man für die Lösung eines Systems von n Variablen auch n Gleichungen. Wir überprüfen, ob diese Bedingung gegeben ist.

(II.A.1b) $N = C + I + R + Ex,$ Gesamtnachfrage

(II.A.7) $C = C_a + cA_v,$ Konsumfunktion

(II.A.5a) $A_v = A - \frac{T}{P},$ Verfügbares Einkommen

(II.A.9) $I = b(\xi - i),$ Investitionsfunktion

(II.A.12) $R = R_a$, Staatsausgabenfunktion

(II.A.14) $Ex = Ex_a + d\left(\frac{P^*e}{P}\right)$. Exportfunktion

Damit haben wir die 12 Variablen N, C, I, R, Ex, i, P*, e, P, A, $A_v$ und T, die Parameter $C_a$, c, b, ξ, $R_a$, $Ex_a$ und d und 6 Gleichungen. Für die Darstellung in einem zweidimensionalen System fehlen also 5 Gleichungen! Wir wollen das System „auffüllen“ mit einigen einfachen Annahmen, die später verfeinert werden sollen:

(II.A.16) $P^* = P^*_a$ : Das Auslandspreisniveau sei gegeben.

(II.A.17) $e = e_a$ : Es herrsche ein System fester Wechselkurse.

(II.A.18) $T = T_a$ : Der Saldo aus direkten Steuern und Transferzahlungen sei konstant.

Mit Gleichung II.A.16 – **gegebenes Auslandspreisniveau** – ist unterstellt, daß wir ein kleines Land untersuchen, das mit seinen ökonomischen Aktivitäten auf den Weltmärkten das Preisniveau des Auslands (der Rest der Welt ist Ausland) nicht beeinflussen kann. Für den Fall der Bundesrepublik ist diese Annahme nicht realistisch, denn die Bundesrepublik gehört zu den größten handeltreibenden Nationen der Welt. Für eine realitätsnähere Analyse müßte das Auslandspreisniveau P* mit einem Zwei-Länder-Modell erklärt werden. Dies würde aber den Rahmen der vorliegenden Einführung sprengen; ich verweise später auf weiterführende Literatur.

Die Annahme **fester Wechselkurse** (Gleichung II.A.17) beschreibt einen wichtigen Teil der Außenhandelssituation der Bundesrepublik: Die DM steht zu den Währungen der Mitgliedsländer des Europäischen Währungssystems (EWS) über den ECU (European Currency Unit – Europäische Währungseinheit) in einem festen Kursverhältnis. Die Bundesrepublik wickelt mit diesen Ländern der Europäischen Gemeinschaften fast zwei Drittel ihres Außenhandels ab. Für den restlichen Außenhandel gilt ein flexibles Wechselkurssystem: der Kurs richtet sich nach Devisenangebot und -nachfrage (vgl. Kapitel V).

Mit Gleichung II.A.18 haben wir die Analyse sehr stark vereinfacht, gleichzeitig aber für die Erklärung der wirtschaftlichen Realität grob gerastert. Mit Sicherheit wären **einkommensabhängige Steuern** eine bessere Annahme. Andererseits „paßt“ das autonome T zu den autonomen Staatsausgaben R; beide können nicht unabhängig voneinander gesehen werden.

Akzeptieren wir diese Hypothesen, dann liegt nun ein System mit 9 Gleichungen zur Erklärung von 12 Variablen vor. Die Variablen N, A, i und P sind „frei“, wie die folgende Gleichung zeigt:

(II.A.19) $$N = (C_a + R_a + Ex_a + b(\zeta - i) + (dP^*_a e_a - cT_a)\ \frac{1}{P} + cA.$$

N = Reale Gesamtnachfrage
s = Sparneigung
$C_a$ = Autonome Konsumnachfrage
b = Investitionsneigung
ξ = Grenzleistungsfähigkeit des Kapitals
$R_a$ = Reale autonome Staatsnachfrage
$Ex_a$ = Autonome Exportnachfrage

$d$ = Exportneigung
$P_a^*$ = Autonomes Auslandspreisniveau
$e_a$ = Fester Devisenkurs (DM/$)
$T_a$ = (Autonomer) Saldo aus Steuern und Transferzahlungen (nominal)
$P$ = Preisniveau
$i$ = Realzins

Dies ist die **allgemeinste** Form einer gesamtwirtschaftlichen **Nachfragefunktion**. Übersichtlicher formuliert, nur mit den Variablen, lautet sie

(II.A.19a) $N = N(A, i, P)$.

Will man diese Nachfragefunktion in einem zweidimensionalen Diagramm darstellen, – und das wollen wir wegen der Übersichtlichkeit – dann gibt es drei Möglichkeiten. Von den drei Variablen in der Klammer

- werden jeweils zwei als exogene oder autonome Größen vorgegeben, oder gar nicht ins Modell aufgenommen,
- wird jeweils eine erklärt, die andere konstant gesetzt oder weggelassen,
- werden alle im Modell erklärt.

Die erste Möglichkeit ist die einfachste. Sie entspricht der **„traditionellen Nachfragefunktion"**:

(II.A.19b) $N = N_0(A; i_a, P_a)$.

Hier wird eine Unterbeschäftigungssituation der Volkswirtschaft unterstellt. Die Kapazitätsauslastung ist so gering, daß das Preisniveau eher sinkt als steigt, als prägende Variable für die Gesamtwirtschaft aber keine Rolle spielt: $P = P_a$. Ferner wird ein fester Zins angenommen ($i = i_a$), der die Investitionen auf einem bestimmten Niveau festlegt. Diese Nachfragefunktion wird im N-A-Diagramm dargestellt.

Die zweite Möglichkeit resultiert in der sog. **IS-Kurve**, die auch **als Nachfragekurve interpretiert** werden kann:

(II.A.19c) $N = N_1(i; P_1)$.

Auch hier wird ein Unterbeschäftigungsfall unterstellt, $P = P_a$. A wird durch die Annahme von Gleichgewicht (auf den Gütermärkten) durch N ersetzt:

(II.A.20) $A = N$.

Diese Bedingung bedeutet, daß die Anbieter immer sofort die Menge zur Verfügung stellen, die nachgefragt wird. Die Pläne von Anbietern und Nachfragern gehen gesamtwirtschaftlich also immer in Erfüllung. Für eine Unterbeschäftigungssituation ist diese Gleichgewichtsannahme $A = N$ nicht unplausibel, weil die Nachfrage wegen der freien Produktionskapazitäten in der Tat schnell befriedigt werden kann. Diese Bedingung ist in allgemeiner Formulierung als Saysches Theorem bekannt, wenn auch nicht unbestritten: Jedes Angebot schafft sich irgendwann einmal seine Nachfrage.

Das Angebots-Nachfragegleichgewicht kann auch mit der Gleichheit von I und S, geplanter Investition und gewünschtem Sparen, ausgedrückt werden (für eine geschlossene Volkswirtschaft ohne Staat). Die IS-Kurve ($I = S$-Kurve!) ist der geometrische Ort aller Punkte aller Gütermarktgleichgewichte für alternative Kombinationen von i (Zins) und N (Gesamtnachfrage). Setzt man die oben zusammengestellten Gleichungen II.A.7 bis II.A.18 sowie II.A.20 in die Nachfragegleichung II.A.1b ein, dann ergibt sich mit $P = P_a$ die folgende **IS-Kurve**.

(II.A.21) $$N = \frac{1}{s}(C_a + b\xi + R_a + Ex_a) + \frac{1}{s}(dP_a^* e_a - cT_a)\frac{1}{P_a} - \frac{b}{s}i.$$

$N$ = Reale Gesamtnachfrage
$s$ = Sparneigung
$C_a$ = Autonome Konsumnachfrage
$b$ = Investitionsneigung
$\xi$ = Grenzleistungsfähigkeit des Kapitals
$R_a$ = Reale autonome Staatsnachfrage
$Ex_a$ = Autonome Exportnachfrage
$d$ = Exportneigung
$P_a^*$ = Autonomes Auslandspreisniveau
$e_a$ = Fester Devisenkurs (DM/$)
$T_a$ = (Autonomer) Saldo aus Steuern und Transferzahlungen (nominal)
$P$ = Preisniveau
$i$ = Realzins

Diese IS-Kurve läßt sich (für konstantes Preisniveau) im i-N-Diagramm wie folgt darstellen.

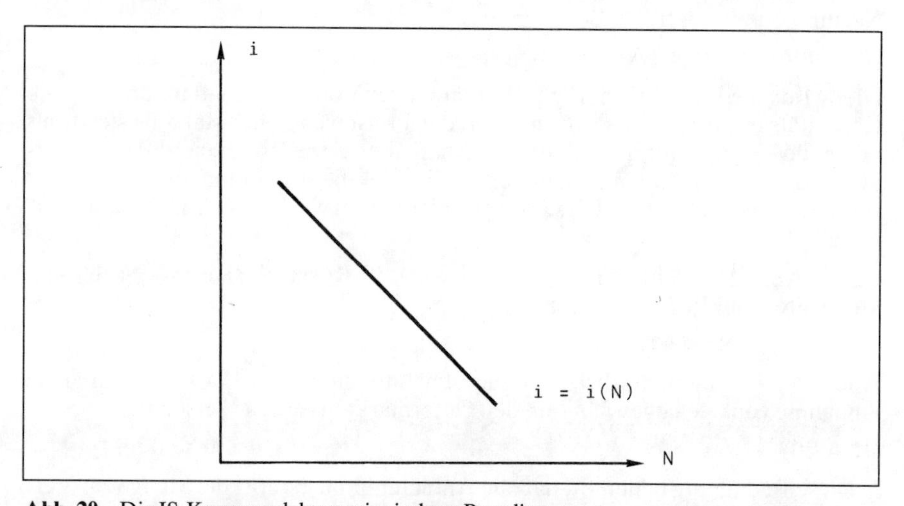


**Abb. 20** Die IS-Kurve nach keynesianischem Paradigma

Die anspruchsvollste (dritte) Möglichkeit erklärt zwei der drei unabhängigen Variablen in der Klammer von (II.A.19a). A wird mit II.A.20 durch N ersetzt. Der Zins i wird mit Hilfe des Geldmarktes (Keynesianer) oder des Kapitalmarktes („Neoklassiker") erklärt. Damit bleibt

(II.A.19d) $N = N_2(P_N)$

Diese **„moderne Nachfragefunktion"** berücksichtigt das Preisniveau als unabhängige Variable. Sie kann interpretiert werden als der geometrische Ort aller simultanen Güter- und Geldmarktgleichgewichte für alternative P-N-Kombinationen. Das Gütermarktgleichgewicht besteht wegen A = N (IS-Kurve), das Geldmarktgleichgewicht wegen der Berechnung des Gleichgewichtszinses aus Geldangebot und Geldnachfrage (Keynesianischer Fall). Dieser Sachverhalt kann auch mit der IS-Kurve in II.A.21 verdeutlicht werden. Lassen wir das Preisniveau in dieser Funktion variabel, dann lautet II.A.21 vereinfacht

(II.A.21a) $N = N_3(P,i)$.

Um eine gesamtwirtschaftliche Nachfragefunktion in $P_N$ und N ableiten zu können, muß i erklärt werden. Der eher kurzfristig ausgerichtete keynesianische Ansatz bestimmt i als Gleichgewichtszins auf dem Geldmarkt aus Geldangebot und Geldnachfrage. Der eher langfristig ausgerichtete „neoklassische" Ansatz bestimmt i als Gleichgewichtszins auf dem Kapitalmarkt aus Kapitalangebot und Kapitalnachfrage.

Im folgenden Abschnitt sollen diese Ansätze dargestellt werden, wobei der Schwerpunkt bei den keynesianischen Erklärungen liegt. Wir werden sehen, daß die unterschiedlichen Zinshypothesen (bzw. Modelle) nachhaltige Konsequenzen für die Interpretation der gesamtwirtschaftlichen Nachfragefunktion haben.

# B. Die Zinsbildung

Auf dem Geldmarkt werden **Zentralbankgeld** (unter den Banken) und **kurzfristige Geldmarktpapiere** gehandelt. Seine Funktion besteht darin, die Wirtschaftssubjekte mit Zahlungsmitteln zu versorgen. Der **Geldmarktzins** wird durch Geldangebot und Geldnachfrage bestimmt. Hypothesen über die Determinanten von Geldangebot und Geldnachfrage sind somit Hypothesen über die Zinsbestimmung. Im **Geldmarktgleichgewicht** sind Geldangebot und -nachfrage gleich und es herrscht **ein** Zins. Auf dem Kapitalmarkt werden langfristige Wertpapiere gehandelt. Seine Funktion besteht darin, Unternehmen und Staat Mittel für die Finanzierung langfristiger Objekte zur Verfügung zu stellen.

## 1. Das Geldangebot

### Geldmenge und Preisniveau

Die **Deutsche Bundesbank** kontrolliert die **Geldmenge**, gleichzeitig wird sie als **„Hüterin der Währung"** bezeichnet, denn sie ist verpflichtet, für einen **stabilen Geldwert** zu sorgen (vgl. I.A.2). Definitorisch und auf die Vergangenheit bezogen besteht denn auch zwischen Geldangebot und Preisniveau eine feste Beziehung. Diese Beziehung läßt sich mit der immer erfüllten Identität, der sog. **Fisherschen Verkehrsgleichung**, aufzeigen:

(II.B.1) $M \cdot v_N \equiv P \cdot N$

M = Geldmenge P = Preisniveau
$v_N$ = Umlaufgeschwindigkeit des Geldes (bezogen auf N) N = Reale Gesamtnachfrage

Leitet man diese nach der Zeit ab, um Wachstumsraten zu erhalten, dann ergibt sich

(II.B.2) $w_M + w_{v_N} \equiv w_P + w_N$,

w = Wachstumsraten

die Summe der Wachstumsraten von Geldmenge ($w_M$) und Umlaufgeschwindigkeit des Geldes ($w_{v_N}$) ist gleich der Summe der Inflationsrate ($w_P$) und der Wachstumsrate der realen Gesamtnachfrage ($w_N$). Löst man II.B.2 nach der Inflations-

**Übersicht 3** Die Gleichungen des Gütermarktes: Interpretationen und Annahmen

| Nachfragekomponente | Wichtigste Hypothesen über Bestimmungsgründe | Verwendete funktionale Beziehung | Hauptannahmen bzw. -einschränkungen, Zuordnungen |
|---|---|---|---|
| Konsumnachfrage | Absolute Einkommenshypothese<br>Relative Einkommenshypothese<br>Permanente Einkommenshypothese | $C = C_a + cA_v$ | Keynesianische Hypothese.*)<br>Reale Größen (keine Geldillusion), kurzfristig, Konsumneigung $0 < c < 1$, autonomer Konsum $C_a$ enthält Einfluß von Vermögen, Zins, Bevölkerung etc. |
| | Zins- und Vermögensabhängigkeit | $C = C_a^* + c_1 i + c_2 V_r$ | „Neoklassische" Hypothese**)<br>Reale Größen, mittel- bis langfristig, $c_1 < 0$, $c_2 > 0$, $C_a^*$ enthält Einfluß von laufendem Einkommen. Sparfunktionen lassen sich aus $S = A_v - C$ errechnen. |
| Investitionsnachfrage | Zinsabhängige Investitionsnachfrage<br>Einkommensabhängigkeit (Akzelerationstheorie) | $I = b(\xi - i)$ | Keynesianische Hypothese.*)<br>Reale Größen, Investitionsneigung $b > 0$, Grenzleistungsfähigkeit des Kapitals $\xi$ enthält Einfluß von Gewinnerwartungen (Umsatz- und Kostenerwartungen). |
| Staatsnachfrage | Aufgaben als Interpretation der Bedürfnisse der Bürger (innen)<br>Einnahmen | $R = R_a$ | Ökonomische Interpretation. Einschränkung auf Lenkungsaufgabe der Wirtschaft; Vernachlässigt soziale Aufgabe (und Einkommens- und Vermögensverteilung). Berücksichtigt nicht politischen Prozeß (Interessenpluralismus, Regierungs- und Bürokratieegoismus). |
| Exportnachfrage | Reale Austauschbeziehungen (Terms of trade) | $Ex = Ex_a + dP^*e \dfrac{1}{P}$ | Produktionsbedingungen durch P wiedergegeben.<br>Vollkommen elastisches Exportangebot |

*) In Anlehnung an Keynesianische Hypothese. Beim Konsum wird dort statt $A_v$ das verfügbare Einkommen verwendet. Dieses ist in einer geschlossenen Volkswirtschaft mit $A_v$ identisch.

**) Als Kontrast zur Keynesianischen Hypothese formuliert.

rate auf, dann erhält man $w_P = w_M + w_{v_N} - w_N$. Daraus wird deutlich, daß nur bei angenommener Konstanz von Umlaufgeschwindigkeit und Nachfrage (Vollbeschäftigung) das Geldmengenwachstum die Inflationsrate unmittelbar beeinflußt. Die Variablen $w_{v_N}$ und $w_N$ können diesen Zusammenhang durchaus modifizieren oder aufheben. Die Aussage von K7 ist vor diesem analytischen Hintergrund zu sehen.

**Definitorische Beziehungen**

Allerdings kann die Zentralbank, die Deutsche Bundesbank also, nur die **Zentralbankgeldmenge** steuern (K8). Diese Zentralbankgeldmenge entspricht – etwas vergröbert – dem **Basisgeld** („high powered money"), und seit 1974 hat sich die Bundesbank darauf festgelegt, diese Zentralbankgeldmenge nach jährlichen **Zielvorgaben** in Höhe des **Produktionspotentials** (und anderer Größen[11]) wachsen zu lassen. Da es schwierig ist, die Entwicklung dieser maximal möglichen Produktion (also bei Vollauslastung der Produktionskapazitäten) zu prognostizieren, gibt die Bundesbank einen **Zielkorridor** vor, der flexible Anpassungen erlaubt. Wird das Potentialwachstum oder eine andere der genannten Größen überschätzt, dann werden **Preisüberwälzungsspielräume** geschaffen, und es wird mehr Inflation finanziert (K8, S. 58).

Die **Definition der Zentralbankgeldmenge** wird am besten mit Hilfe der **Bilanz der Zentralbank** verdeutlicht, sie entspricht der Passivseite:

(II.B.3) $H = BG + RB,$

H = Zentralbankgeldmenge („**H**igh powered money")
BG = Bargeldumlauf
RB = Einlagen der Banken bei der Zentralbank (Mindestreserven MR und Überschußreserven ÜR)

wenn ÜR = 0; dies ist seit einigen Jahren in etwa der Fall.

Eine Veränderung von H kann direkt durch Veränderung der Passivseite erfolgen, oder indirekt durch Veränderung der Aktivseite, denn die Bilanz läßt sich als Gleichung schreiben: die Summe der Größen auf der linken Seite ist gleich der auf der rechten Seite. Damit beeinflußt insbesondere auch eine Veränderung der **Nettowährungsreserven** die Zentralbankgeldmenge. Will sich die Bundesbank gegen diese Einflüsse von außen abschirmen, dann muß sie die inländischen Geldkomponenten reduzieren („**Neutralisierung**").

| AKTIVA — Zentralbankbilanz zum 31.12.1986 (Mrd DM) | PASSIVA |
|---|---|
| Nettowährungsreserven (WR) | Bargeldumlauf (BG) |
| Nettokredite an öffentliche Haushalte (KÖ) | Einlagen der Banken (RB = MR + ÜR) |
| Nettokredite der Banken (KB) | |
| Sonstige Aktiva minus Passiva (SA) | |

[11] Erwartete Inflationsrate, Auslastungsgrad, Umlaufgeschwindigkeit und Terms of trade.

K7

GELDPOLITIK / Wirtschaftsforscher: Keine Inflationsgefahr durch hohe Geldbestände

# DIW fordert Bundesbank auf, bisherigen geldpolitischen Kurs beizubehalten

as. BERLIN. Für eine Beibehaltung des gegenwärtigen, auf niedrige Zinsen gerichteten geldpolitischen Kurses, plädiert das Deutsche Institut für Wirtschaftsforschung (DIW), Berlin, in seinem jüngsten Wochenbericht.

Gleichzeitig warnen die Berliner Wirtschaftswissenschaftler vor der Wiederholung der „Fehler" von 1977/78 angesichts erkennbarer Parallelen zwischen der damaligen und der aktuellen Entwicklung.

Nach Auffassung des DIW hängen Entstehung und Aufrechterhaltung eines inflatorischen Prozesses nicht davon ab, wodurch die Preissteigerung ausgelöst worden ist. Dies könnten auch nicht-monetäre Vorgänge sein, wie eine durch einen Konjunkturaufschwung im Ausland hervorgerufene Steigerung der Binnennachfrage, eine autonome Vergrößerung der Investitionsneigung, Einfuhrverteuerungen oder Verteilungskämpfe. Entscheidend sei vielmehr, ob die Notenbank eine einmal in Gang gekommene Preis- und Lohnsteigerung anhaltend „alimentiert". Deshalb sei die These auch nicht unbedingt richtig, wonach einer Inflation jedesmal eine übermäßige Geldmengenexpansion vorausgehe oder einer Verstärkung der monetären Expansion stets ein inflatorischer Prozeß folge.

Damit widerspricht das DIW zumindest jenen Geldtheoretikern, welche die Inflation primär mit geldpolitisch ausgelösten Erwartungen erklären. Denn träfe die Theorie von den geldpolitisch bedingten Inflationserwartungen auf die Entwicklung in den beiden letzten Jahren zu, hätten die Kapitalmarktzinsen schon längst steigen müssen, argumentiert das Berliner Institut. Schließlich habe die Beschleunigung der monetären Expansion schon im zweiten Halbjahr 1985 eingesetzt. Tatsächlich sei der Anleihezins aber vom ersten Halbjahr 1985 bis zum Frühjahr 1987 von 7% auf 5,5% gesunken. Daß der Anleihezins in jüngster Zeit wieder auf 6% gestiegen ist, führen die Berliner Wirtschaftswissenschaftler auf die in den USA schon vor mehreren Monaten um ein bis anderthalb Prozentpunkte angezogenen Anleihezinsen zurück sowie die vorerst kaum noch bestehenden Erwartungen auf eine weitere Aufwertung der D-Mark.

Sehr viel mehr spreche für die Gültigkeit jener „traditionellen" zinstheoretischen Konzeption, derzufolge die Änderung der Geldmenge, der Zinssätze, der Güternachfrage und der Preise und Löhne als das Ergebnis sowohl geldpolitischer Maßnahmen als auch der Entscheidungen von Wirtschaft und Banken angesehen werden, meint das DIW. Dieser theoretische Ansatz berge aber einen Konflikt, nämlich einerseits das Wirtschaftswachstum in der Bundesrepublik zu stärken und andererseits durch geldpolitische Zinssteigerungen die monetäre Expansion zu dämpfen, um einer Inflation vorzubeugen. Für fragwürdig hält das DIW in diesem Zusammenhang die weit verbreitete These, wonach in den relativ zu den Umsätzen gestiegenen Geldbeständen der Nichtbanken ein erhebliches Inflationspotential liege, das die Bundesbank abschöpfen könnte, ohne nennenswerte Zinssteigerungen und Nachteile für das Wirtschaftswachstum zu bewirken.

Ein Abbau dieser liquiden Bestände wäre nach Auffassung des DIW nicht deshalb wünschenswert, weil damit Inflationsgefahren gebannt würden, sondern vor allem deshalb, weil eine langfristige Anlage dieser Gelder das Angebot an langfristigen Krediten und damit auch das Wirtschaftswachstum stärken würde. Demzufolge bestehe der richtige Weg zur Verringerung der Liquidität nicht in kontraktiven, also zinssteigernden geldpolitischen Maßnahmen, sondern darin, die Unsicherheit von privaten Haushalten und Unternehmen über künftige Geldpolitik und zukünftige Zinsentwicklung zu vermindern. Der richtige Weg dahin sei, – trotz Zinssteigerung in den USA und einer Stärkung des Dollars – am bisherigen, auf niedrige Zinsen gerichteten geldpolitischen Kurs festzuhalten.

Handelsblatt Nr. 153 v. 13.8.87, S. 6

Die in einer Volkswirtschaft wirksame Geldmenge beträgt jedoch ein Vielfaches der Zentralbankgeldmenge. Die in K12 (S. 68) genannten **Geldmengenbegriffe** $M_1$, $M_2$ und $M_3$ erhält man ebenfalls aus Bankenbilanzen. Wir fassen zunächst die Bilanzen der Banken zusammen:

| AKTIVA | Konsolidierte Bankenbilanz zum 31.12.1986 (Mrd DM) | PASSIVA |
|---|---|---|
| Mindest-reserve (MR) | Einlagen der Banken bei der Zentral-bank (RB) | Sichteinlagen (DE) |
| Überschuß-reserve (ÜR) | | Termineinlagen (TE) |
| Kredite an Nichtbanken (KR) | | Spareinlagen (SE) |

In einem weiteren Schritt konsolidieren wir die Bilanzen von Zentralbank und Banken.

| AKTIVA | Konsolidierte Bilanz des Bankensystems zum 31.12.1986 (Mrd DM) | PASSIVA |
|---|---|---|
| 1. Nettowährungsreserven der Zentralbank (WR) | | 6. Bargeldumlauf (BG) |
| 2. Nettokredite der Zentralbank an öffentl. Haushalte (KÖ) | | 7. Einlagen der Banken bei der Zentralbank (RB = ÜR + MR) |
| 3. Nettokredite der Zentralbank an Banken (KB) | | 8. Sichteinlagen bei den Banken (DE) |
| 4. Einlagen der Banken bei der Zentralbank (RB = ÜR + MR) | | 9. Termineinlagen bei den Banken (TE) |
| 5. Kredite der Banken an Nichtbanken (KR) | | 10. Spareinlagen bei den Banken (SE) |

Die Positionen 4 und 7 kürzen sich heraus. Die **möglichen Geldmengendefinitionen** stehen auf der rechten Seite der Bilanz:

$$H = BG + RB \qquad M_2 = M_1 + TE$$

$$M_1 = BG + DE \qquad M_3 = M_2 + SE$$

Die Geldmenge wird verändert, wenn sich die Positionen auf der Passivseite direkt ändern, oder wenn sich die Posten auf der Aktivseite verändern. Aus der konsolidierten Bilanz des Bankensystems ergibt sich:

$$M_3 = WR + KÖ + KB + KR.$$

Der Bericht in K8 bezieht sich unmittelbar auf diese Bilanzpositionen, die der **Geldmengenrechnung der Bundesbank** zugrunde liegen: Die Kreditexpansion der Banken sei mäßig (KR), die Mittelzuflüsse aus dem Ausland erhöhten sich (netto) nicht (WR), die Kassendispositionen der öffentlichen Hand (KÖ) wirkten expansiv, die Geldkapitalbildung (TE und SE) war „verhältnismäßig wenig gedämpft“.

K8

# Die Geldmenge wächst immer schneller

Jahresrate nun bei 9,4 Prozent / Folgen der Dollar-Stabilisierung / Dilemma der Bundesbank

bf. FRANKFURT, 22. Mai. Das Wachstum der Geldmenge in der Bundesrepublik hat sich im April weiter beschleunigt. Es überstieg die von der Bundesbank festgelegten Zielvorgaben noch deutlicher als im Februar und März. Die wichtigste Steuergröße der Bundesbank, die Zentralbank-Geldmenge, die sich aus dem umlaufenden Bargeld sowie den Mindestreserven der Kreditinstitute bei der Bundesbank zusammensetzt, ist im April mit einer Jahresrate von 7,8 Prozent gewachsen, nach 7,25 Prozent im März. Sie bewegte sich damit oberhalb des Zielkorridors, der einen Anstieg zwischen 3 und 6 Prozent vorsieht. Wie am Freitag bekannt wurde, ist auch das „Aggregat M 1" (Bargeldumlauf außerhalb der Banken plus Sichteinlagen bei den Banken) im April stark gestiegen; für die letzten sechs Monate wurde – auf Jahresbasis umgerechnet – ein Wachstum von 9,4 (März 7,7) Prozent ermittelt. Im vergangenen Jahr war die Zentralbank-Geldmenge mit 7,7 Prozent gewachsen, obwohl ein maximales Wachstum von 5,5 Prozent vorgesehen war.

Hintergrund der starken Ausweitung der Geldmenge ist vor allem die Schwäche des Dollar, die die Bundesbank in ein Dilemma bringt. Versucht sie, wie in der letzten Zeit immer wieder geschehen, den Kurs der amerikanischen Währung zu stabilisieren, muß sie Dollar gegen Hingabe von D-Mark kaufen; sie trägt damit zum Wachstum der Geldmenge bei. Wollte die Bundesbank das Geldmengen-Wachstum begrenzen, müßte sie das Geldangebot über höhere Zinsen verknappen. Höhere Zinsen würden aber die deutsche Binnenkonjunktur dämpfen, ausländisches Kapital in D-Mark-Anlagen locken und damit zu einer weiteren Aufwertung der D-Mark führen.

Nach Ansicht von Wirtschaftsfachleuten, insbesondere den Vertretern der „monetaristischen Theorie", birgt die Ausweitung der Geldmenge Gefahren für die Preisstabilität. Andere Fachleute bestreiten dies; sie verweisen unter anderem darauf, daß in der Bundesrepublik immer noch Preisstabilität herrscht, obwohl die Geldmenge auch im vergangenen Jahr bereits stärker gewachsen ist, als ursprünglich geplant. Im April 1987 lagen die Lebenshaltungskosten um 0,1 Prozent über denen des Vorjahres; die Erzeugerpreise der Industrie haben sich im April gegenüber März um 0,3 Prozent ermäßigt und waren damit um 3,6 Prozent niedriger als vor Jahresfrist. Erst in dieser Woche hat Bundesbank-Präsident Karl Otto Pöhl die Ansicht vertreten, daß die Überschreitung des Geldmengenziels nicht dramatisiert werden sollte. Der Versuch, das Geldmengen-Wachstum zu dämpfen, könne zu höheren Zinsen führen und damit zu einer weiteren Aufwertung der D-Mark sowie zu einer Schwächung der deutschen Export- und Investitionsnachfrage.

Beobachter vermuten, daß es in der Bundesbank derzeit Meinungsverschiedenheiten über die Geld- und Währungspolitik gibt. Vizepräsident Professor Helmut Schlesinger gilt als ein Verfechter einer monetaristischen Linie, die das Geldmengenziel einhalten will, weil sie einen starken Zusammenhang zwischen monetärer Expansion und Inflation sieht. Schlesinger wird am heutigen Samstag auf einem Kongreß in München sprechen. Präsident Pöhl scheint eher eine pragmatische Geldpolitik zu verfolgen, die auch Rücksicht nimmt auf Schwierigkeiten der Exporteure.

FAZ Nr. 119 v. 23.5.87, S. 13

Das **Zwischenergebnis**: Die Bundesbank soll M steuern, sie kann aber offenbar direkt nur H beeinflussen. Für die Beurteilung der **Bundesbankpolitik** ist es daher wichtig, die Beziehung zwischen H und M aufzudecken. Wir schreiben diese Beziehung als

(II.B.4) $M = mH$

M = Geldmenge oder Geldangebot ($M_1$, $M_2$ oder $M_3$)
m = Geldangebotsmultiplikator (bezogen auf $M_1$, $M_2$ oder $M_3$)
H = Zentralbankgeldmenge, Basisgeld

und bezeichnen m als den **Geldangebotsmultiplikator**. Von welchen Faktoren wird m beeinflußt?

**Der Geldangebotsmultiplikator**

Zunächst muß geklärt werden, welchen Geldmengenbegriff wir als Geldangebot zugrunde legen wollen. Entscheiden wir uns für den weitesten Begriff, $M_3$, dann ergibt sich für $m_3$ rein definitorisch

$$\text{(II.B.5)} \qquad m_3 = \frac{M_3}{H} = \frac{BG + DE + TE + SE}{BG + \ddot{U}R + MR}.$$

$m_3$ = Geldangebotsmultiplikator, bezogen auf $M_3$
$M_3$ = Geldmenge
H = Zentralbankgeldmenge
BG = Bargeldumlauf
DE = Sichteinlagen (Depositen)
TE = Termineinlagen
SE = Spareinlagen
ÜR = Überschußreserven der Banken
MR = Mindestreserven der Banken bei der Zentralbank

Eine **Theorie des Geldangebots** hat nun Hypothesen aufzustellen, die die Bestimmungsgründe von BG, DE, TE, SE, ÜR und MR formulieren. Zunächst aber sollen die einzelnen Begriffe kurz erläutert werden.

Die Banken erhalten **Bargeld** von ihren Einlegern, dem Publikum, in Form von jederzeit abrufbaren **Sichteinlagen** (DE) auf dem Girokonto, **Termineinlagen** (TE) mit Befristung bis unter 4 Jahren und **Spareinlagen** (SE) mit gesetzlicher Kündigungsfrist. Von diesen Gesamteinlagen müssen die Banken einen bestimmten Anteil (nach Einlagearten gestaffelt) zinslos bei der Bundesbank hinterlegen. Diese Anteile heißen **Mindestreservesätze** (r), sie sind kleiner eins, größer Null. Man kann die **Mindestreserve** in Mrd DM berechnen, indem man die Einlagearten (in Mrd. DM) mit den Mindestreservesätzen multipliziert:

$$\text{(II.B.6)} \qquad MR = r_{DE}\,DE + r_{TE}\,TE + r_{SE}\,SE$$

$$\text{mit} \quad 0 < r_{DE} < 0.3$$
$$0 < r_{TE} < 0.2$$
$$0 < r_{SE} < 0.1$$

MR = Mindestreserve (Einlage der Banken bei der Zentralbank)
$r_{DE}$ = Mindestreservesatz für Sichteinlagen
$r_{TE}$, $r_{SE}$ analog

Die **Mindestreservesätze** werden von der Bundesbank bestimmt. Ihre Höhe hängt von der aktuellen Bundesbankpolitik ab und es ist jetzt schon deutlich, daß hohe Mindestreservesätze den **Liquiditätsspielraum** der Banken beengen müssen, weil die Mindestreserve nur in Bargeld bezahlt werden darf. Um II.B.4 berechnen zu können, müssen noch die Werte für die Sicht-, Termin- und Spareinlagen (DE, TE und SE) angegeben werden. Welche Faktoren bestimmen diese Einlagen?

**Bestimmungsgründe der Einlagen bei den Banken**

Die Sicht-, Termin- und Spareinlagen bilden zusammen mit dem Bargeld das **Finanzvermögen** der Wirtschaftssubjekte. In der **neueren Geldangebotstheorie** geht man davon aus, daß die Wirtschaftssubjekte versuchen, die Zusammensetzung ihres Vermögens **(Portfolio)** so zu strukturieren, daß **Risiko** und **Ertrag** minimiert bzw. maximiert werden. Auf diese Weise wird versucht, das **Anlageverhalten** des Publikums (und auch der Banken) möglichst realitätsnah abzubilden.

Diese **Portfolio-Theorie** kann hier aber nicht weiter verfolgt werden. (Sie wäre im übrigen auch auf die Erklärung der Überschußreserven der Banken bei der Zentralbank anwendbar.) Im folgenden soll vielmehr die „**traditionelle Geldangebotstheorie**“ dargestellt werden, die mit ganz einfachen Verhaltensannahmen arbeitet: Die Wirtschaftssubjekte (private und öffentliche Haushalte, Unternehmen) strukturieren ihr Geldvermögen (Bargeld, Sichteinlagen, Termin- und Spareinlagen) wie folgt:

(II.B.7a) $BG = g_{BG} DE,$

(II.B.7b) $TE = g_{TE} DE,$

(II.B.7c) $SE = g_{SE} DE,$

(II.B.7d) $ÜR = g_{ÜR} DE.$

BG = Bargeldumlauf
DE = Sichteinlagen
TE = Termineinlagen
SE = Spareinlagen
ÜR = Überschußreserven
$g_{BG}$ = Bargeldquote
$g_{TE}$ = Termineinlagenquote
$g_{SE}$ = Spareinlagenquote
$g_{ÜR}$ = Überschußreservenquote

Setzen wir in II.B.5 II.B.6 und II.B.7 ein, dann erhalten wir

(II.B.8) $$m_3 = \frac{1 + g_{BG} + g_{TE} + g_{SE}}{g_{BG} + g_{ÜR} + r_{DE} + r_{TE}\, g_{TE} + r_{SE}\, g_{SE}}$$

mit $g > 0$ und $0 < r <= 0.3$.

Der Geldangebotsmultiplikator ist größer als eins, weil der Zähler größer ist als der Nenner. Der **Multiplikator** steigt, wenn

- die Bargeldquote $g_{BG}$ sinkt,
- die Mindestreservesätze sinken,
- Termineinlagen- und Spareinlagenquote steigen.

**Geldschöpfung und Geldvernichtung**

Diese Ergebnisse sind analytisch plausibel, doch welche ökonomischen Wirkungen entstehen, wenn die Quoten $g_{BG}$, $g_{TE}$ und $g_{SE}$ und die Mindestreservesätze verändert werden? **Geldschöpfung** und **Geldvernichtung** werden dadurch beeinflußt. In einer älteren Pressemitteilung heißt es: „Wichtige Anstöße für den Geldschöpfungsprozeß gingen in letzter Zeit vor allem von der Kreditgewährung der Banken an ihre inländischen Kunden aus, die sich etwas verstärkt hat.“ Was bedeutet hier Geldschöpfung? Es ist damit nicht der Druck von Banknoten gemeint, sondern die **Schöpfung von Giralgeld** oder Bankengeld. Die Banken verwenden einen Teil der Einlagen ihrer Kunden dazu, **Kredite** zu vergeben. Diese Kredite werden den Kunden auf ihrem Girokonto gutgeschrieben, daher Giralgeld.

Die **Kreditvergabe** auf der Basis der Einlagen findet ihre **Grenze** dort, wo die Banken mit Notengeld, das sie nicht selbst schaffen können, bezahlen müssen. Dies sind vor allem zwei **Fälle**: (1) Die Kunden heben bar ab; dies betrifft $g_{BG}$. (2) Die Mindestreserve bei der Zentralbank ist bar einzuzahlen, dies betrifft $r_{DE}$, $r_{TE}$ und $r_{SE}$. Ferner werden die Banken (3) eine **Überschußreserve** aus Vorsichts-, Sicherheits- oder Gewinnmotiven halten; dies betrifft $g_{ÜR}$. Je höher diese Quoten, desto weniger Zentralbankgeld (Kundeneinlagen) steht den Banken für die Kreditvergabe zur Verfügung.

Wir können demnach festhalten, daß der **Geldangebotsmultiplikator** abhängt vom **Verhalten** der Banken, des Publikums (Haushalte und Unternehmen im In- und Ausland) und der Zentralbank. Wenn die „traditionelle Geldangebotstheorie" dieses Verhalten nicht weiter erklärt, sondern mit den (festen) Größen $g_{BG}$, $g_{TE}$, $g_{SE}$, $g_{ÜR}$, $r_{DE}$, $r_{TE}$ und $r_{SE}$ ausdrückt, dann ist damit eine Momentaufnahme der Volkswirtschaft gegeben. Die Wirkungen von Verhaltensänderungen können nur sehr unvollkommen dargestellt werden. Die daraus resultierende **Geldangebotsfunktion** nimmt dann auch die folgende einfache Form an:

(II.B.9) $M = m H_a$,

$M$ = Geldangebot
$m$ = Geldangebotsmultiplikator
$H_a$ = autonome Zentralbankgeldmenge

unter der Voraussetzung, daß H konstant ist ($H = H_a$), oder, wenn auch m konstant ist,

(II.B.9a) $M = M_a$

$M_a$ = autonomes Geldangebot

Da der Zins aus dem Zusammenspiel zwischen Geldangebot und -nachfrage erklärt werden soll, wird diese „Geldangebotsfunktion" in einem Zins-Geldmengen-Diagramm dargestellt (Abb. 21).

## Geldangebotsprognose

Die Prognosequalität dieser **„Geldangebotsfunktion"** entspricht der Qualität ihrer Annahmen: Die Hypothesen über die zukünftige Entwicklung der in II.B.9 enthaltenen Größen (also von H, den r und g) müssen „von außen" eingegeben werden. Werden solche Hypothesen eingesetzt, dann läßt sich die Veränderung von M angeben. M steigt (c.p., also bei Konstanz aller anderen Größen), wenn

- der **Umlauf an Banknoten und Münzen** steigt, weil dann die Bargeldkomponente in H steigt,
- die **Einlagen der Banken** bei der Zentralbank steigen, weil dann die Mindestreserve- oder Überschußreservekomponente in H steigt ($H = BG + MR + ÜR$),
- die **Mindestreservesätze** sinken, weil dann der Nenner des Geldangebotsmultiplikators kleiner, der Multiplikator größer wird; m.a.W., weil die Banken dann mehr Geld zur Verfügung haben, das sie ausleihen können (mit dem sie Giralgeld schöpfen können),
- die **Bargeldquote** sinkt, weil dann der Geldangebotsmultiplikator steigt; es wird weniger Bargeld abgehoben, die Banken können mehr Kredite gewähren,

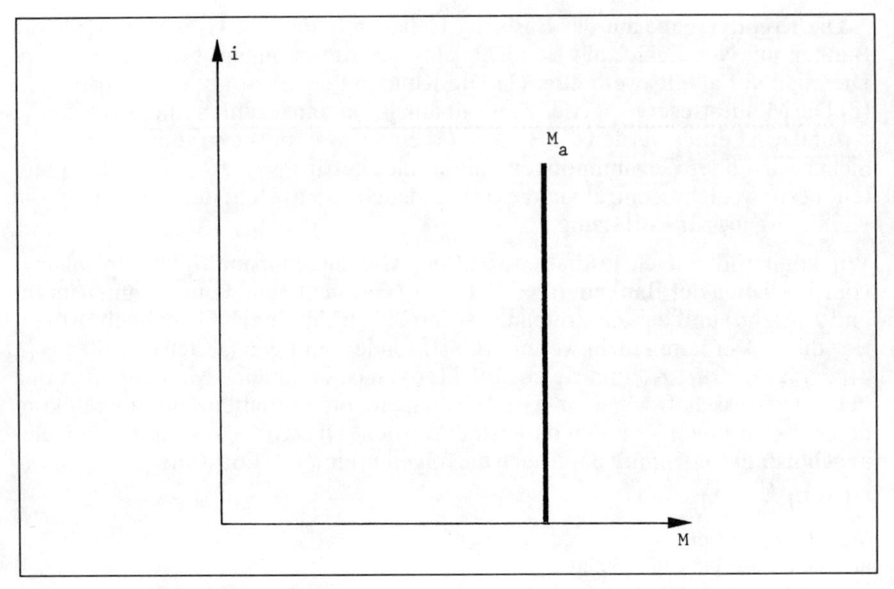


**Abb. 21** Die Geldangebotsfunktion

- die **Termineinlagen-** und **Spareinlagenquoten** steigen; auch hier erhalten die Banken eine größere Basis für die Kreditgewährung, obgleich von den höheren Einlagen (TE und SE) Mindestreserve an die Bundesbank abgeführt werden muß (vgl. II.B.6).

**Fehlprognosen** werden bei diesem einfachen „Modell" vor allem auftreten, weil die **Verhaltensfunktionen** die Realität nicht gut wiedergeben und weil die **Interdependenz der Verhaltensweisen** nicht berücksichtigt ist.

**Ansatzpunkte für Geld- und Kreditpolitik**

Der primäre Zweck der Geldangebotsfunktion liegt jedoch darin, die Wirkungen der **geld- und kreditpolitischen Maßnahmen** der Notenbank wiederzugeben. Diese Politik kann (1) auf den **Geldpreis** ausgerichtet sein; sie variiert damit die Zinssätze **Diskont-** und **Lombardsatz**. Beide Zinssätze bestimmen, zu welchem Preis sich die Banken refinanzieren können. Die Banken reichen der Bundesbank **diskontfähige Wechsel** oder **lombardfähige Wertpapiere** ein und erhalten einen Betrag an Notenbankgeld, der um den Diskont- oder Lombardsatz reduziert ist. Liegt z.B. der Diskontsatz bei 4% p.a., dann erhält die Bank für einen 3-Monats-Wechsel in Höhe von DM 1000,– eine Auszahlung von DM 990,–. Bei einem Diskontsatz von 8% p.a. erhält die Bank DM 980,–, der Kredit ist teurer geworden.

Wie wirkt diese **Diskonterhöhung** auf die **Geldmenge**? Die **Kreditschöpfung** wird teurer, dies schlägt sich in sinkenden **Liquiditätsreserven** nieder, $g_{ÜR}$ sinkt. Da in Zeiten angespannter Liquidität $g_{ÜR} < 0$ (ÜR wird negativ), sinkt m und die Geldmenge geht zurück. Es ist ferner möglich, daß die Banken in einer solchen Situation die **Kreditlinien** für ihre Kunden kürzen.

Die Möglichkeit der **Refinanzierung** wird ferner bestimmt durch das Wechselvolumen, das zur Diskontierung eingereicht werden kann. Dieses Volumen wird als **Rediskontkontingent** von der Bundesbank festgesetzt.

Die Geldpolitik kann (2) auf die Beeinflussung von **Geldmengengrößen** ausgerichtet sein; sie verändert damit die Zentralbankgeldmenge direkt. Erhöht die Bundesbank die **Mindestreservesätze**, dann sinkt der Multiplikator und die Zentralbankgeldmenge steigt. Die Geldmenge geht trotz dieser gegenläufigen Effekte zurück, weil der Multiplikator relativ stärker sinkt als die Mindestreserven steigen. Betreibt die Bundesbank **Offenmarktpolitik**, indem sie den Banken aus ihrem Bestand an Geldmarktpapieren **(Liquiditäts- und Mobilisierungspapiere)** ein günstiges Geldanlagenangebot macht (hohe **Abgabesätze**) und nehmen die Banken dieses Angebot an, dann findet ein Tausch von Geldmarktpapieren gegen Notenbankgeld statt: die Zentralbankgeldmenge sinkt, ebenfalls M.

## 2. Die Geldnachfrage

### Determinanten

Welche Gründe bestimmen die **Geldnachfrage** (**Liquiditätspräferenz, Kassenhaltung**)? Geht man von den **Geldfunktionen** Recheneinheit, Tausch- oder Zahlungsmittel, Wertaufbewahrungsmittel aus, dann lassen sich daraus die **Kassenhaltungsmotive** Transaktion, Vorsicht und Spekulation ableiten, Determinanten, die in der Geldnachfragetheorie der nationalökonomischen Klassiker (Transaktionsmotiv) und von J. M. Keynes (Transaktions-, Vorsichts- und Spekulationsmotiv) die wichtigste Rolle spielen. Die **neuere Geldnachfragetheorie** zeigt aber, daß dies eine sehr enge Sicht der Geldnachfrage darstellt: Geld wird vielmehr als eine von verschiedenen **Vermögensformen** angesehen. Danach muß man die Zusammensetzung des Gesamtvermögens nach Vermögensformen (das **Portfolio**) erklären, um die **Determinanten der Geldnachfrage** zu beschreiben. Dies soll anhand des Ansatzes von Milton Friedman erläutert werden.

### Friedmans Geldnachfragetheorie

Friedman geht von folgenden **Vermögensarten** aus:

- Geld,
- Obligationen (Bonds),
- Aktien,
- Sachvermögen,
- Arbeits- und Leistungsvermögen.

Die Struktur des Gesamtvermögens wird **Portfolio** genannt. Die Wirtschaftssubjekte versuchen nun, dieses Portfolio optimal zu strukturieren, indem sie sich nach ihren **Präferenzen** und **Risikoeinstellungen** sowie nach den **erwarteten Erträgen** richten; aus K12 (S. 68) und einer älteren Pressemitteilung (vgl. 2. Aufl.) wird deutlich, daß die „Durchschnittsanleger" sich sehr wohl nach diesen Kriterien richten: „kursrisikofrei", „Kursentwicklung", „hochliquide Form", „individuelle Lage und persönliches Bedürfnis". Ferner: Liquidität, also Kassenhaltung, „kostet natürlich Zinsen".

Eine umfassende **Geldnachfragetheorie** hätte die Erträge, Risiken und die Präferenzen für diese Möglichkeiten der Vermögenshaltung als erklärende Varia-

K9

NEW YORK / DJI verliert mit 508 Punkten prozentual mehr als am 29. Oktober 1929

## Wall Street erlebt mit Kursverlusten von knapp 23 % einen „schwarzen Montag"

zz. DÜSSELDORF. Der dramatische, ja sensationelle Tagesverlust des Dow Jones-Index von 508,32 Punkten markierte am Montag relativ einen stärkeren Einbruch als am geschichtsträchtigen 28. Oktober 1929. Damals büßte das führende Börsenbarometer „nur" 38,33 Punkte oder 12,82% ein, am 19. Oktober 1987 waren es dagegen 22,62%. Am Kapitalmarkt wurden massive Liquiditätsspritzen der Notenbank beobachtet.

Damit hat der Dow Jones-Index alle Gewinne dieses Jahres eingebüßt und ist auf das Niveau vom 7. April 1986 zurückgefallen. Mit dem Tagesverlust von 22,62% wurde sogar die bisher höchste Wocheneinbuße von 15,55% aus dem Jahre 1933 übertroffen. Sogar US-Präsident Reagan, der nach Angaben seines Sprechers den Kursverfall mit Anteilnahme beobachtete, sprach den von den Kursrückgängen betroffenen Anlegern Trost zu. „Der Grundzug der Wirtschaft ist gesund", meinte der Präsident und kündigte Beratungen mit den Vorsitzenden des Federal Reserve Board, der SEC, der New York Stock Exchange und der Börse in Chicago an. ...

**New Yorker Kursanzeige war zeitweilig 2 Stunden in Verzug**

Das Kursanzeigeband der New York Stock Exchange hatte wegen des gewaltigen Umsatzvolumens zeitweilig Verspätungen bis zu zwei Stunden. Während der Börsensitzung mußte die SEC Meldungen dementieren, wonach wegen des extremen Verkaufsdrucks eine Schließung der amerikanischen Wertpapiermärkte geplant sei. ...

Der amerikanische Finanzminister James Baker hat sich nach Meldungen aus Washington am Montag mit Bundesfinanzminister Gerhard Stoltenberg und Bundesbankpräsident Pöhl „privat" in Frankfurt getroffen. Dabei soll Übereinstimmung über eine Fortsetzung der währungspolitischen Kooperation nach dem „Louvre-Akkord" bestanden haben. Der französische Finanzminister Balladur hat die Partner der G 7-Gruppe zu neuer Kooperation bei der Verwirklichung des Louvre-Akkords aufgerufen.

Nach hektischem Geschäft schloß der US-Dollar auf Grund der Meldungen über den amerikanischen Angriff auf die iranische Bohrinsel Rostam am Frankfurter Devisenmarkt mit 1,7780 DM über dem Fixing von 1,7740, nachdem er im Tagesverlauf schon bis 1,7683 zurückgegangen war. Der Yen lag im europäischen Geschäft zum Schluß bei 141,75, das Pfund ging hier mit 2,9920 DM aus dem Markt. In New York eröffnete der Dollar unter dem europäischen Niveau mit 1,7707, konnte sich aber nach Bekanntwerden des Treffens Bakers mit Stoltenberg sehr deutlich auf 1,7980 bzw. 142,85 Yen erholen. Gegenüber dem britischen Pfund stellte sich der Dollar in New York zuletzt auf 1,6708.

Handelsblatt Nr. 202 v. 21.10.87, S. 36

blen für die Geldnachfrage aufzuführen (vgl. K10). Je mehr Befriedigung und Ertrag die Nichtgeldvermögen abgeben und je weniger Risiko damit verbunden ist, desto geringer wird die Nachfrage nach Geld sein. Milton Friedman hat versucht, eine solche Theorie zu entwickeln. Seine **Geldnachfragefunktion** lautet:

$$\frac{L}{P} = f(i_b, i_e, w_{pe}, \omega, Y, \eta) \qquad \text{(II.B.10)}$$

$L$ = Nominale Geldnachfrage
$P$ = Preisniveau
$i_b$ = Zins für Bonds
$i_e$ = Zins für Aktien
$w_{pe}$ = erwartete Inflationsrate
$\omega$ = (festes) Verhältnis zwischen Arbeitsvermögen und den anderen Vermögensarten
$Y$ = Realeinkommen
$\eta$ = Präferenzen

Dieser theoretische Ansatz kann nur durch sehr **vereinfachende Annahmen** überschaubar gemacht werden. Dies hat Friedman auch getan und letztlich ist eine Theorie herausgekommen, in der die **Realkasse** vom **Realeinkommen** abhängt[12]. Geld wird damit lediglich für **Transaktionszwecke** verwendet (K11); die Wertpapiertransaktionen können letztlich vernachlässigt werden; **Zinsen** spielen bei der Geldnachfrage keine Rolle, dies ist eine der wichtigsten Konsequenzen von Friedmans Geldnachfragetheorie. Die Diskussion darüber, ob die **Geldnachfragefunktion** mit diesen Annahmen **stabil** ist, also passable Prognoseergebnisse liefert, dauert an.

Die „**neoklassische**" (monetaristische) **Geldnachfragefunktion** lautet dann[13]:

(II.B.11) $$\frac{L_T}{P} = k^* N$$

$L_T$ = Gesamte Geldnachfrage gleich der Nachfrage für Transaktionszwecke
P = Preisniveau
$k^*$ = Reziproke Umlaufgeschwindigkeit $v_N$
N = Reale Gesamtnachfrage

$k^*$ ist hier eine institutionell bestimmte Größe, die mit dem später verwendeten **gewünschten Kassenhaltungskoeffizienten** (einer Verhaltensgröße) nur im Gleichgewicht übereinstimmt.

### Keynes' Liquiditätspräferenztheorie des Zinses

Demgegenüber geht J. M. Keynes in seiner **Liquiditätspräferenztheorie** davon aus, daß die Geldnachfrage neben dem **Transaktionsmotiv** (und einem **Vorsichtsmotiv**) von den Anlagemöglichkeiten von Geld abhängt (**Spekulationsmotiv**). Keynes unterstellt damit, daß aus dem Spektrum der Vermögensformen nur **Bonds** (festverzinsliche Wertpapiere) und **Geld** eine Rolle spielen. Damit läßt sich die Geldnachfrage in zwei Komponenten aufspalten, in $L_T$ (Transaktions- und Vorsichtskasse) und $L_S$ (Spekulationskasse):

(II.B.12) $$L = L_T + L_S$$

L = Gesamtnachfrage nach Geld
$L_T$ = Nachfrage nach Geld für Transaktionszwecke
$L_S$ = Nachfrage nach Geld für Spekulationszwecke

### Transaktionskasse

Die **Geldnachfrage für Transaktionszwecke** hängt vom Niveau der **ökonomischen Transaktionen** ab und dieses kann am besten durch die nominale Nachfrage angegeben werden (K11). Je nach Lohn- und Gehaltszahlungsmodalitäten, Einkaufsgewohnheiten und Zahlungssitten (Scheck, Bargeld) wünschen die Wirtschaftssubjekte einen bestimmten Anteil ihres Nominaleinkommens in Kasse zu halten. Man nennt diese Verhaltensgröße **(gewünschter) Kassenhaltungs-**

[12] Die neue Geldnachfragetheorie hat in Form der „Theorie der relativen Preise" und der „makroökonomischen Portfoliotheorie" diesen Ansatz der Portfoliowahl konsequent weiterentwickelt. Insofern sind von den Friedmanschen Überlegungen wichtige Impulse ausgegangen.

[13] Diese Geldnachfragefunktion entspricht nicht exakt der monetaristischen, doch die Grundidee ist damit wiedergegeben, daß die Geldnachfrage nicht zinsabhängig ist.

K10

# So wird Ihr Geld verzinst

**Stand: 6.8.1987**

Bei folgenden Anlagefristen und einem Anlagebetrag von etwa 10000 DM

| | | in % p.a. |
|---|---|---|
| 1 Monat | Termineinlagen | 2,25–2,50 |
| 3 Monate | Termineinlagen | 2,50–2,75 |
| 6 Monate | Termineinlagen | 2,50–3,00 |
| 12 Monate | Termineinlagen | 2,50–3,10 |
| | Spareinlagen mit einjähriger Kündigungsfrist | 2,75 |
| | Bundesschatzbriefe | 3,00 |
| | Finanzierungsschätze | 2,95 |
| | Börsennotierte öffentliche Anleihen | – |
| | Pfandbriefe | 4,00–4,10 |
| 2 Jahre | Spareinlagen mit 24 Monaten Kündigungsfrist | 3,00–3,25 |
| | Bundesschatzbriefe | 3,49–3,50 |
| | Finanzierungsschätze | 3,70 |
| | Börsennotierte öffentliche Anleihen | 4,45 |
| | Pfandbriefe | 4,30–4,40 |
| 3 Jahre | Bundesschatzbriefe | 3,97–4,00 |
| | Börsennotierte öffentliche Anleihen | – |
| | Pfandbriefe | 4,75–4,85 |
| 4 Jahre | Spareinlagen mit 48 Monaten Kündigungsfrist | 4,00–4,25 |
| | Bundesschatzbriefe | 4,33–4,37 |
| | Sparbriefe bzw. Sparkassenbriefe | 4,50–5,00 |
| | Börsennotierte öffentliche Anleihen | 5,36 |
| | Pfandbriefe | 5,25–5,35 |
| 5 Jahre | Bundesschatzbriefe | 4,72–4,79 |
| | Bundesobligationen | 5,11 |
| | Sparbriefe bzw. Sparkassenbriefe | 4,60–5,25 |
| | Börsennotierte öffentliche Anleihen | 5,65 |
| | Pfandbriefe | 5,50–5,65 |
| 6 Jahre | Bundesschatzbriefe | 5,19–5,32 |
| | Sparbriefe, Sparkassenbriefe, Sparkassenobligationen | – |
| | Börsennotierte öffentliche Anleihen | 5,93 |
| | Pfandbriefe | 5,80–5,90 |
| 8 Jahre | Sparbriefe, Sparkassenbriefe, Sparkassenobligationen | – |
| | Börsennotierte öffentliche Anleihen | 6,48 |
| | Pfandbriefe | 6,40–6,50 |
| 10 Jahre | Sparbriefe, Sparkassenbriefe, Sparkassenobligationen | – |
| | Börsennotierte öffentliche Anleihen | 6,49 |
| | Pfandbriefe | 6,50–6,60 |
| Zusatzangaben | Spareckzins | 2,00 |
| | Verzinsung prämienbegünstigt angelegter Spargelder | 3,00–5,00 |

Die jeweils angegebenen Zins- bzw. Renditesätze stellen Orientierungsdaten dar, die Spannen ergeben sich aus unterschiedlichen Zinsen der befragten Kreditinstitute. Bei den börsennotierten Schuldverschreibungen und bei den Titeln des Bundes sind möglicherweise anfallende Bank- und Börsengebühren nicht berücksichtigt.

**koeffizient** k. Die **Geldnachfrage für Transaktionszwecke** läßt sich daher schreiben

(II.B.13) $L_T = kPN$, mit $k > 0$.

$L_T$ = Transaktionskasse
k = gewünschter Kassenhaltungskoeffizient
P = Preisniveau
N = Reale Gesamtnachfrage

**Spekulationskasse**

Wie läßt sich nun die **Geldnachfrage für Spekulationszwecke** erklären? Die Wirtschaftssubjekte stehen vor der Wahl, Geld zu halten oder Wertpapiere.

Die Geldhaltung (für Spekulationszwecke) bezeichnen wir mit $L_S$, als Wertpapiere legen wir festverzinsliche Schatzanweisungen („bonds") mit unendlicher Laufzeit zugrunde, die kurzfristig ver- und gekauft werden können. Diese Bonds erbringen einen festen Geldbetrag in Höhe von F (DM), der sich aus dem Produkt von **Kurswert** ($\bar{K}$) und **Effektivzins** ergibt:

(II.B.14) $F_0 = i\bar{K}_0$

$F_0$ = Wertpapierertrag pro Periode
i = Effektivzins
$\bar{K}_0$ = Kurs

Die wichtigste Determinante für die Nachfrage nach Spekulationskasse ($L_S$) ist der **Zins**. Je höher der Zins, desto teurer ist die Geldhaltung aufgrund entgangener Zinserträge, desto geringer ist die Geldnachfrage aufgrund des Spekulationsmotivs. Andererseits ist unmittelbar einleuchtend, daß bei gegebenem Geldvermögen $L_S$ umso größer ist, je kleiner die Nachfrage nach Bonds ist. Die **Bondnachfrage** wiederum wird bestimmt von den **erwarteten Kursverlusten** und **-gewinnen**. Erwarten die Wirtschaftssubjekte weder Kursverluste noch -gewinne, dann ist der **Bondmarkt** im **Gleichgewicht** und die Spekulationskasse verändert sich nicht. Erwarten die Wirtschaftssubjekte Kursverluste (Kursgewinne), dann verkaufen (kaufen) sie Bonds, die Nachfrage nach Spekulationskasse steigt (fällt).

Die Bedingungen für diese **Entscheidungsregel** sollen näher herausgearbeitet werden. Wir bezeichnen den aktuellen Kurs mit $\bar{K}_0$, den erwarteten mit $\bar{K}_1$. Aus der relativen Veränderung dieser Kurse läßt sich die „Kursverlustrate" (Richter/Schlieper/Friedmann) berechnen:

(II.B.15a) $$w_{\bar{K}} = \frac{\bar{K}_0 - \bar{K}_1}{\bar{K}_0}$$

$w_{\bar{K}}$ = relative Kursverlustrate
$\bar{K}_0$ = Herrschende Kurse
$\bar{K}_1$ = Erwartete Kurse

Umgeformt kann man die erwarteten Kurse auch schreiben als

(II.B.15b) $\bar{K}_1 = \bar{K}_0(1 - w_{\bar{K}})$.

Wir wollen nun die o.g. **Entscheidungsregel** formalisieren: Wenn die Summe aus Wertpapierertrag F und erwartetem Kurs $\bar{K}_1$ gleich dem herrschenden Kurs $\bar{K}_0$ ist, dann treten bei einem Verkauf des Papiers **weder Verluste noch Gewinne** auf,

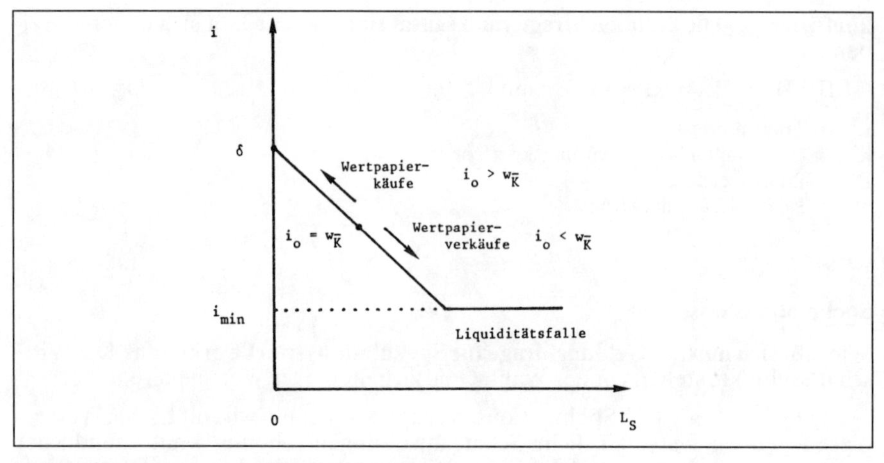


**Abb. 22** Zinsabhängige Spekulationskasse

K11

# Weiteres Zinssignal

Stuttgarter Zeitung, Stuttgart, vom 24. September 1982

Firmen ebenso wie Private benötigen mehr Geld. Die einen, weil sie Weihnachtsgeschenke kaufen oder sich zu diesem Termin langgehegte Konsumwünsche erfüllen, die anderen, weil sie zusätzliche Gehälter und Gratifikationen zahlen müssen. Außerdem werden zum Jahresschluß zahlreiche Zins- und Abgabenzahlungen fällig. Ohne entsprechende Maßnahmen der Notenbank würde der erhöhte Geldbedarf zu Verknappungen führen, die wiederum Verhärtungen des Zinsniveaus auslösen würden. Die obersten Währungshüter sind aber völlig zu Recht der Meinung, daß aus außenwirtschaftlichen Gründen kein Anlaß mehr besteht, die Zinsen obenzuhalten. Binnenwirtschaftlich sind weitersinkende Zinsen ohnehin als ein Beitrag zur Konjunkturanregung erforderlich, denn nur durch billigeres Geld kann die Bauwirtschaft wieder angekurbelt, der private Konsum belebt und die Investitionsneigung der Wirtschaft gesteigert werden. ...

K12

# Private Haushalte besitzen nur wenig Aktien

Aber hohe Spareinlagen / Quellensteuer trifft sie mehr als Kurseinbrüche

Erl. FRANKFURT, 26. Oktober. Private Haushalte haben nur einen vergleichsweise geringen Teil ihres Geldvermögens in Aktien investiert. Die Deutsche Bundesbank hat ermittelt, daß private Haushalte Ende vergangenen Jahres Aktien im Nominalbetrag von 40,4 Milliarden DM besaßen. Diese Aktien hatten einen Kurswert von 140 Milliarden DM. So eindrucksvoll diese Zahl ist: der Aktienbesitz zu Tageskursen gerechnet macht nur 6,5 Prozent des Geldvermögens privater Haushalte aus, das 2137 Milliarden DM betragen hat, wenn Aktien und festverzinsliche Wertpapiere zu Tageskursen gerechnet werden.

Demgegenüber entfallen auf Geldanlagen bei Banken (1094 Milliarden DM) und dabei vor allem auf Spareinlagen (658 Milliarden DM) nach wie vor ungleich höhere Beträge. In festverzinslichen Wertpapieren waren von privaten Haushalten Ende 1986 nominal 335 Milliarden DM im Kurswert von 345 Milliarden DM angelegt. Es ist deshalb verständlich, daß nach den Beobachtungen von Kreditinstituten die beabsichtigte Einführung einer Quellenbesteuerung von Zinsen bei der Masse der Anleger viel höhere Aufmerksamkeit gefunden hat als die beträchtlichen Kursverluste an den Aktienmärkten in den letzten Tagen.

FAZ Nr. 249 v. 27.10.87, S. 15

der Wertpapiermarkt ist im **Gleichgewicht** und niemand wird kaufen oder verkaufen. Also

(II.B.16a) $F + \bar{K}_1 = \bar{K}_0$.

$F$ = Wertpapierertrag
$\bar{K}_1$ = Erwarteter Kurs
$\bar{K}_0$ = Herrschender Kurs

Für F aus II.B.14 und für $\bar{K}_1$ aus II.B.15b eingesetzt ergibt

(II.B.17a) $i_0 \bar{K}_0 + \bar{K}_0 (1 - w_{\bar{K}}) = \bar{K}_0$.

Kürzen wir beide Seiten durch $\bar{K}_0$, dann läßt sich diese Bedingung auch schreiben:

(II.B.17b) $i_0 = w_{\bar{K}}$ oder $i_0 - w_{\bar{K}} = 0$.

Ist die Kurserwartung so, daß

(II.B.16b) $F + \bar{K}_1 > \bar{K}_0$, oder

(II.B.16c) $F + \bar{K}_1 < \bar{K}_0$,

dann lassen sich analog die Bedingungen ableiten

(II.B.17c) $i_0 > w_{\bar{K}}$ oder $i_0 - w_{\bar{K}} > 0$,

(II.B.17d) $i_0 < w_{\bar{K}}$ oder $i_0 - w_{\bar{K}} < 0$.

Diese Zusammenhänge sollen an einem Beispiel erläutert werden. Wir wollen dafür auch die Abb. 22 heranziehen. Wir gehen aus von der mit Null indizierten Situation in Abb. 22: $i_0 = w_{\bar{K}}$. Diese Situation beschreibt nach der obigen Ableitung ein Gleichgewicht. Die Wirtschaftssubjekte werden weder Wertpapiere kaufen noch verkaufen, denn es gilt, daß die Summe aus Dividende $F_0$ und erwartetem Kurs $\bar{K}_1$ gerade gleich dem laufenden Kurs ist; sie machen weder Gewinne noch Verluste. Liegt der erwartete Kurs $\bar{K}_1$ auch unter dem herrschenden, dann treten keine Verluste beim Verkauf des Papiers auf, solange der Kursverlust nicht $F_0$ übersteigt. Nehmen wir an, $F_0$, die Dividende, liege bei DM 10 und der aktuelle Kurswert $\bar{K}_0$ bei DM 100, dann läßt sich mit Gleichung II.B.14 der effektive Zinssatz mit $i_0 = 0{,}1$ (gleich 10%) berechnen. Die Kursverlustrate läßt sich wie folgt ermitteln: Es gilt

$$w_{\bar{K}} = \frac{\bar{K}_0 - \bar{K}_1}{\bar{K}_0} .$$

In diese Gleichung wird die Gleichgewichtsbedingung II.B.16a eingesetzt (hier ist die Bedingung für Null-Gewinn und Null-Verlust formuliert). Das ergibt

$$w_{\bar{K}} = \frac{F_0 + \bar{K}_1 - \bar{K}_1}{\bar{K}_0} = \frac{10}{100} = 0{,}1.$$

Zins und Kursverlustrate sind gleich und die oben gegebene Bedingung II.B.17b ist erfüllt.

Nun wollen wir annehmen, die Wirtschaftssubjekte erwarten einen Rückgang der Kurse $\bar{K}_1$ auf 80. Was werden sie tun? Anstelle von II.B.16a gilt nun II.B.16c. Die Effektivverzinsung steigt auf 12,5%, da aber $F_0 = 10$ dem neuen Kurs von DM 80 gegenübersteht, ist der DM-Erlös aus dem Wertpapier gleich geblieben.

Berechnen wir nun die Kursverlustrate:

$$w_{\bar{K}} = \frac{\bar{K}_0 - \bar{K}_1}{\bar{K}_0} = \frac{20}{100} = 0{,}2.$$

Eine positive Kursverlustrate heißt, daß Verluste zu erwarten sind. Wenn diese Rate über dem effektiven Zinssatz liegt, dann werden die Wirtschaftssubjekte Wertpapiere verkaufen.

Nun soll angenommen werden, daß die Wirtschaftssubjekte ein Ansteigen der Kurse erwarten. Wie werden sie reagieren? Es gilt nun II.B.16b: erwarteter Kurswert und Dividende sind größer als der herrschende Kurswert. Einerseits muß wegen II.B.14 mit sinkendem Effektivzins gerechnet werden. Bei einem erwarteten Kurs $\bar{K}_1$ von DM 120 sinkt i auf 0,083. Andererseits wären bei einem Verkauf Kursgewinne in Höhe von DM 20 zu realisieren. Die Kursverlustrate liegt bei

$$w_K = \frac{\bar{K}_0 - \bar{K}_1}{\bar{K}_0} = -\frac{20}{100} = -0{,}2.$$

Eine **negative** Kurs**verlust**rate bedeutet nun, daß Kursgewinne erwartet werden. Es wird sich also lohnen, weitere Wertpapiere zu erwerben (zum Kurs von $\bar{K}_0 = 100$), um sie später zu $\bar{K}_1 = 120$ zu veräußern, vorausgesetzt, daß die erwarteten Kurssteigerungen auch eintreten. Da nun die Kursverlustrate unter dem Effektivzins liegt, weil sie **negativ** ist, wird die Regel II.B.17d erfüllt.

Die gerechneten Beispiele zeigen, daß die Regeln II.B.17b bis d allein nicht über Kauf und Verkauf von Wertpapieren entscheiden; sie bedürfen einer wichtigen Ergänzung. Der Vergleich von i und $w_{\bar{K}}$ kann als Entscheidungshilfe dafür herangezogen werden, ob überhaupt eine Wertpapiertransaktion (Kauf oder Verkauf) vorgenommen werden soll. Das Vorzeichen der Kursverlustrate entscheidet darüber, ob ein Kauf oder ob ein Verkauf sinnvoll ist. Ein Wertpapierbesitzer sollte also wie folgt vorgehen: Er berechnet aufgrund der aktuellen und erwarteten Kurse Effektivzins und Kursverlustrate. Ergibt ein Vergleich der **absoluten** Werte, daß $i \geqq w_{\bar{K}}$, dann wird er seine Papiere behalten. Ist aber die Kursverlustrate größer als der Effektivzins, dann sollte er entweder verkaufen oder kaufen, weil Verluste oder Gewinne zu erwarten sind. Ob Gewinn oder Verlust auftritt, läßt sich aus dem Vorzeichen der Kursverlustrate ablesen: Bei positiver Kursverlustrate, die über dem Effektivzins liegt, sind Verluste zu erwarten und ein Verkauf von Wertpapieren ist ratsam. Bei negativer Kursverlustrate, die absolut (!) über dem Effektivzins liegt, sind Gewinne zu erwarten und ein Kauf von Wertpapieren ist ratsam. Dies kann für die beiden Extremlagen in Abb. 22 illustriert werden.

In Abb. 22 sind zwei extreme Zinssätze (Kurswerte) angegeben: δ und $i_{min}$. Für beide gilt, daß die Effektivverzinsung größer ist als die Kursverlustrate. Diese liegt nämlich bei Null. Mit δ, dem Prohibitivzins, ist eine Situation auf dem Wertpapiermarkt beschrieben, bei der die Kurse so niedrig (die Effektivzinsen so hoch) sind, daß niemand mit einem weiteren Sinken rechnet, die aktuellen Kurse entsprechen den erwarteten. In dieser Baisse-Situation hält niemand Kasse, denn bei diesen niedrigen Kursen sind alle in den Markt „eingestiegen". Die andere Extremsituation liegt in $i_{min}$ vor. Dort sind die Kurse so hoch, daß niemand mehr ein weiteres Steigen erwartet. Daher sind auch „alle" ausgestiegen und halten Kasse. Diese Situation wurde von Keynes mit dem Begriff „Liquiditätsfalle" bezeichnet: Wenn die Kurse so hoch sind, dann verändern sich die Zinsen nicht. Die Börse erlebt eine Hausse.

Berücksichtigen wir die zusätzlich schon bei der Konsumnachfrage getroffene Annahme, daß die Wirtschaftssubjekte keine **Geldillusion** haben, also aufgrund einer „Realkasse" disponieren, dann können wir die **Nachfragefunktion nach Spekulationskasse** wie folgt formulieren:

(II.B.18) $L_S = a(\delta - i)P$.

$\frac{L_S}{P}$ = Reale Nachfrage nach Spekulationskasse
a = Spekulationsneigung
$\delta$ = Prohibitivzins
i = realer Effektivzins

Die **Liquiditätsfalle** (Abb. 22) ist in dieser Funktion nicht dargestellt. Die gewählte Formulierung bedeutet, daß die Nachfrage nach Spekulationskasse von der Differenz zwischen dem Prohibitivzins $\delta$ (oder dem entsprechenden minimal erwarteten Kurs) und dem laufenden, effektiven Zinssatz (dem tatsächlichen Kurs) abhängt. Bei $i_{min}$ (dem maximal erwarteten Kurs) wird die **Zinselastizität** der Spekulationsnachfrage **unendlich**.

### Geldnachfragefunktion

**Die Gesamtnachfragefunktion nach Geld** lautet dann

(II.B.19) $\frac{L}{P} = a\delta + kN - ai.$

k = Gewünschter Kassenhaltungskoeffizient
N = Reale Gesamtnachfrage
i = Effektivzins
L = Nominale Gesamtnachfrage nach Geld
P = Preisniveau
a = Spekulationsneigung
$\delta$ = Prohibitivzins

Wie steht es mit dem Prognosewert dieser Geldnachfragefunktion? (1) Je enger die Zinssätze für andere Vermögensanlagen mit i korrelieren, desto breiter ist das Spektrum der mit II.B.19 erfaßten Vermögensentscheidungen. (2) die vergangene Geldnachfrage, z.B. der letzten Periode, könnte eine Rolle spielen. (3) institutionelle und sonstige Änderungen, die auf das Anlageverhalten und die Kassenhaltung wirken (z.B. auf Kleinsparer zugeschnittene Wertpapiere, Scheckkarten- und Kreditkartensysteme), beeinflussen die Koeffizienten.

Die **Geldnachfragefunktion im i-L-System** darzustellen bereitet Schwierigkeiten, weil drei Variablen (i, L, N) in zwei Koordinatenachsen aufgetragen werden sollen. Daher muß N jeweils festgelegt werden. Wir tragen in Abb. 23 zunächst die Transaktionskasse für ein festes N auf, suchen auf der Senkrechten $\delta$ auf und fügen dann den zinsabhängigen Teil der Geldnachfrage an.

## 3. Zinsbildung auf dem Geldmarkt

Der **Zins** bildet sich nach der **keynesianischen Liquiditätspräferenztheorie auf dem Geldmarkt** aus dem Zusammenspiel von Geldangebot und Geldnachfrage.

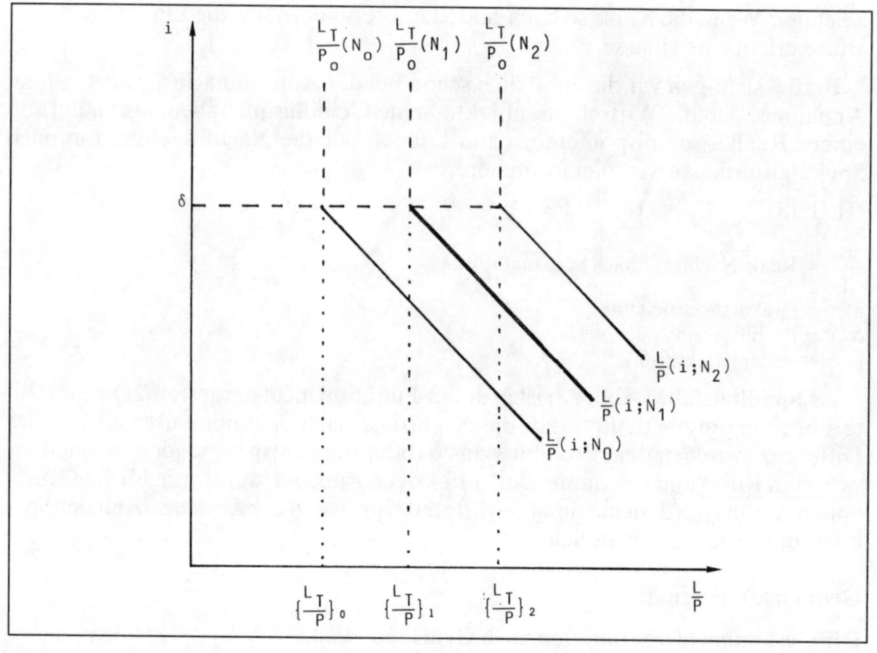


**Abb. 23** Die Geldnachfragefunktion

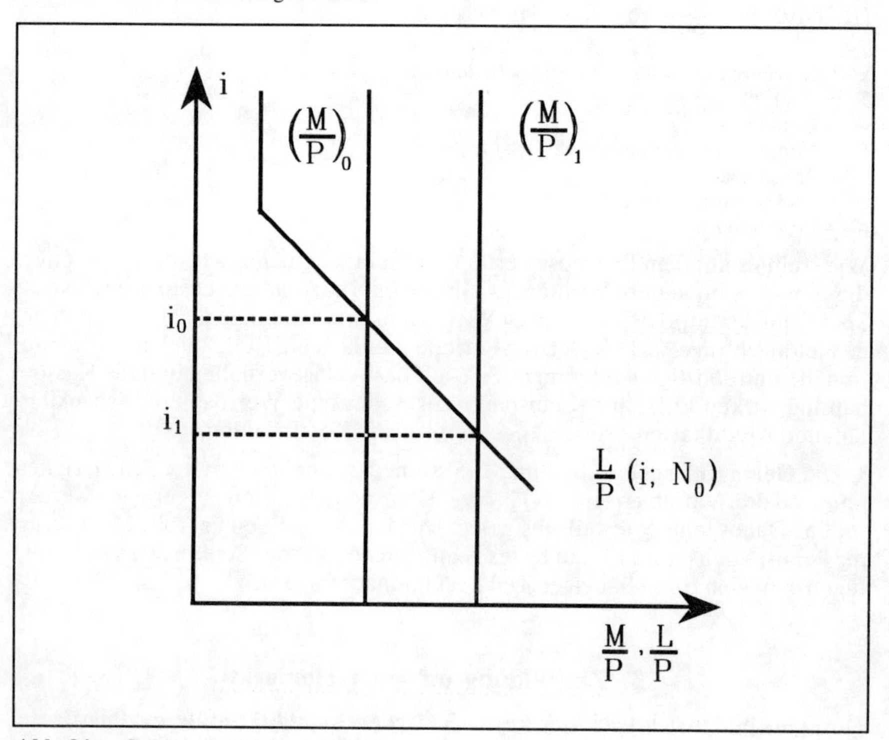


**Abb. 24a** Geldmarktgleichgewicht

Im Gleichgewicht gilt

(II.B.20) $$\frac{L}{P} = \frac{M}{P}.$$

L = Geldnachfrage
M = Geldangebot
P = Preisniveau

Setzen wir in diese Gleichgewichtsbedingung die Geldangebotsfunktion (II.B.9) und die Geldnachfragefunktion (II.B.19) ein und lösen wir nach i auf, dann ergibt sich die sog. **LM-Kurve**

(II.B.21) $$i = \frac{1}{a}(a\delta - M_a \cdot \frac{1}{P}) + \frac{k}{a}N.$$

Sie ist der geometrische Ort aller Punkte, für die bei alternativen Kombinationen von i und N Geldmarktgleichgewicht herrscht (vgl. Abb. 24b). Auch die beiden Gleichgewichtspunkte in Abb. 24a liegen auf einer L = M-Kurve.

In exakter grafischer Ableitung läßt sich zeigen, daß die gestrichelte Senkrechte dem „klassischen" Bereich entspricht, für den $L_S = o$ und $L = L_T$ ist. Der horizontale Bereich gibt die Liquiditätsfalle wieder.

Die Geldnachfrager versuchen, bei einer Änderung des realen Geldangebots M/P ein Gleichgewicht durch **Anpassung** der realen Geldnachfrage vorzunehmen. Eine **Ausweitung der Geldmenge** $(M/P)_0$ nach $(M/P)_1$, z.B. durch eine Senkung der Mindestreservesätze, bewirkt eine Senkung des Gleichgewichtszinses von $i_0$ auf $i_1$. Wie läuft dieser Prozeß ab? (Vgl. Abb. 24a.)

Unsere Argumentation geht (mit Dornbusch/Fischer) davon aus, daß **Geld- und Wertpapiermarkt** einander **entsprechen** (wie dies schon bei der Ableitung der Spekulationsnachfrage unterstellt wurde). Wir nehmen an, das ganze verfügbare Finanzvermögen lasse sich in Geld und zinstragende Wertpapiere aufteilen:

(II.B.29) $$V_r = \frac{L}{P} + \frac{F_d}{P}.$$

$V_r$ = Realfinanzvermögen
P = Preisniveau
L = Geldnachfrage
$F_d$ = Wertpapiernachfrage

Neben dieser **Verhaltensgleichung**, die die Aufteilung des Finanzvermögens bestimmt, formulieren wir eine **Definitionsgleichung**, die das Angebot wiedergibt:

(II.B.30) $$V_r = \frac{M}{P} + \frac{F_s}{P}.$$

M = Geldangebot
$F_s$ = Wertpapierangebot

II.B.29 und II.B.30 gleichgesetzt ergibt

(II.B.31) $$(\frac{L}{P} - \frac{M}{P}) = (\frac{F_s}{P} - \frac{F_d}{P}).$$

Wenn auf **einem** Markt Gleichgewicht herrscht, dann auch auf dem **anderen**; im **Gleichgewicht** gilt: für L/P = M/P muß auch $F_d/P = F_s/P$ sein.

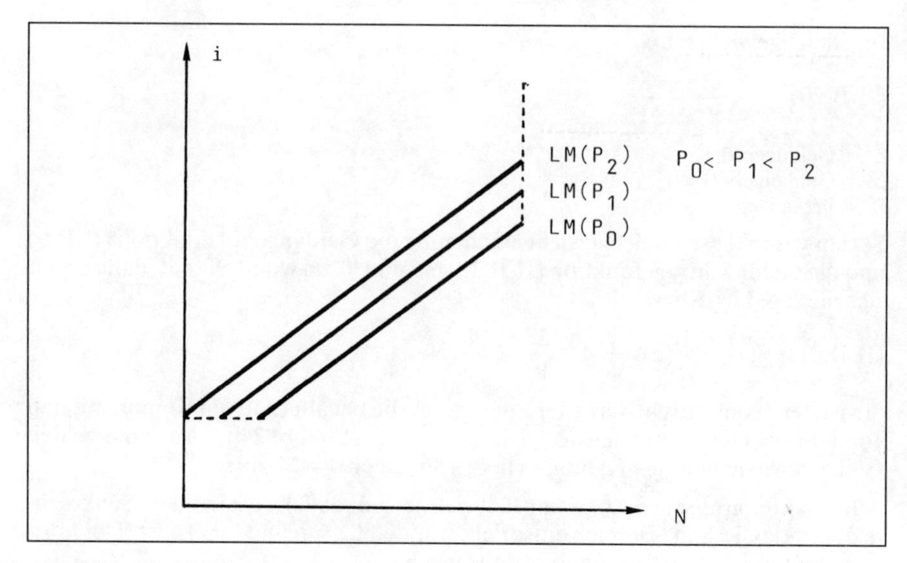


**Abb. 24b** Die LM-Kurve nach keynesianischem Paradigma

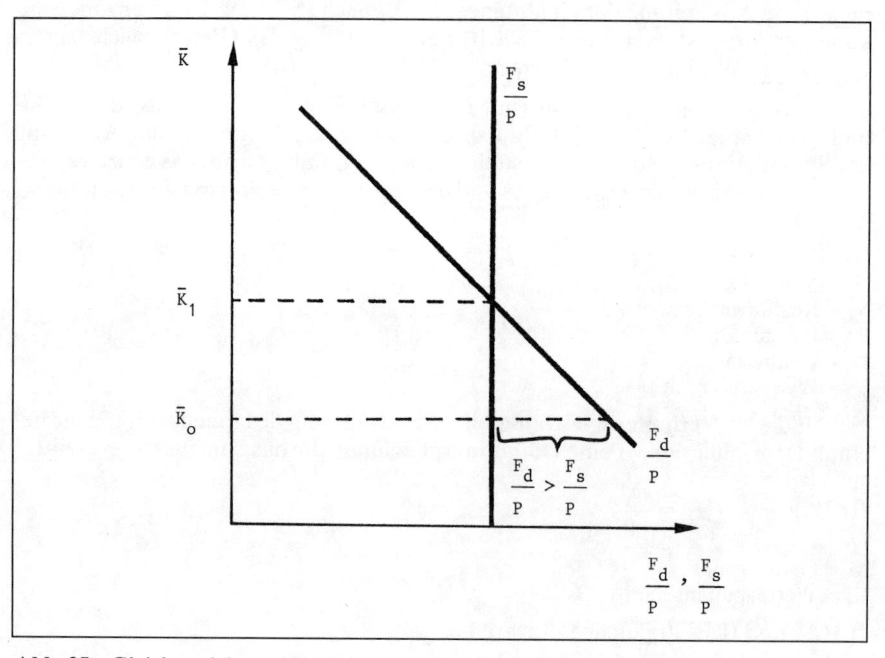


**Abb. 25** Gleichgewicht und Ungleichgewicht auf dem Wertpapiermarkt

Und nun zur Antwort auf die oben gestellte Frage: Wie erfolgt die **Anpassung**, wenn die reale Geldmenge ausgeweitet wird? Nach II.B.31 gilt bei $M/P > L/P$ auch $F_d/P > F_s/P$. Diese Situation ist in Abb. 25 dargestellt.

Der **Nachfragemengenüberschuß** in $\bar{K}_0$ bewirkt steigende Kurse bis zum Gleichgewicht $\bar{K}_1$, weil sich die Nachfrager gegenseitig überbieten. Die Wertpapiernachfrage sinkt, die Spekulationskasse steigt. Damit steigt L/P, und zwar so lange, bis wieder $M/P = L/P$. Den Kurssteigerungen entsprechen nach II.B.14 sinkende Effektivzinsen. So ist denn auch in Abb. 25 der Zins von $i_0$ auf $i_1$ gesunken.

## 4. Zinsbildung auf dem Kapitalmarkt

Die „Neoklassiker" gehen erstens von einer **zinsunabhängigen Geldnachfrage** aus, zweitens interpretieren sie den Zins als eine **langfristige** Größe. Beides führt dazu, daß der Zins nicht auf dem Geldmarkt, sondern auf dem Kapitalmarkt erklärt werden muß.

In einer Volkswirtschaft mit staatlicher Aktivität wird das **Kapitalangebot** (das Angebot langfristiger Finanzierungstitel) vom Sparen (S) und den Steuereinnahmen (T*) gebildet. Die **Kapitalnachfrage** setzt sich aus der Investitionsnachfrage der Unternehmen und den Staatsausgaben zusammen. Im Kapitalmarktgleichgewicht gilt:

(II.B.32) $S + T^* = I + R$ oder

(II.B.32a) $S = I + (R - T^*)$.

S = reales Sparen
T* = reale Steuern
I = reale Investitionen
R = reale Staatsausgaben

Mit $(R - T^*)$ ist der Saldo des Staatshaushalts bezeichnet. Wir nehmen nun mit den „Neoklassikern" an, daß Sparen und Investieren vom Zins (i) abhängen; Staatsausgaben und -einnahmen seien autonom gegeben:

(II.B.33) $S = S(i)$ mit $\frac{dS}{di} > o$,

(II.B.34) $I = I(i)$ mit $\frac{dI}{di} < o$,

(II.A.12) $R = R_a$,

(II.B.35) $T^* = T^*_a$.

Das ergibt

(II.B.36) $S(i) = I(i) + (R_a - T^*_a)$.

Dies ist in Abb. 26 dargestellt. Der **Gleichgewichtszins** für $R_a = T^*_a$ (Haushaltssaldo von Null) liegt bei $i_0$. Steigen die kapitalmarktfinanzierten Staatsausgaben ($R_a > T^*_a$), dann verlagert sich die Kapitalnachfragekurve in Abb. 26 nach rechts und der Kapitalmarktzins steigt auf $i_1$.

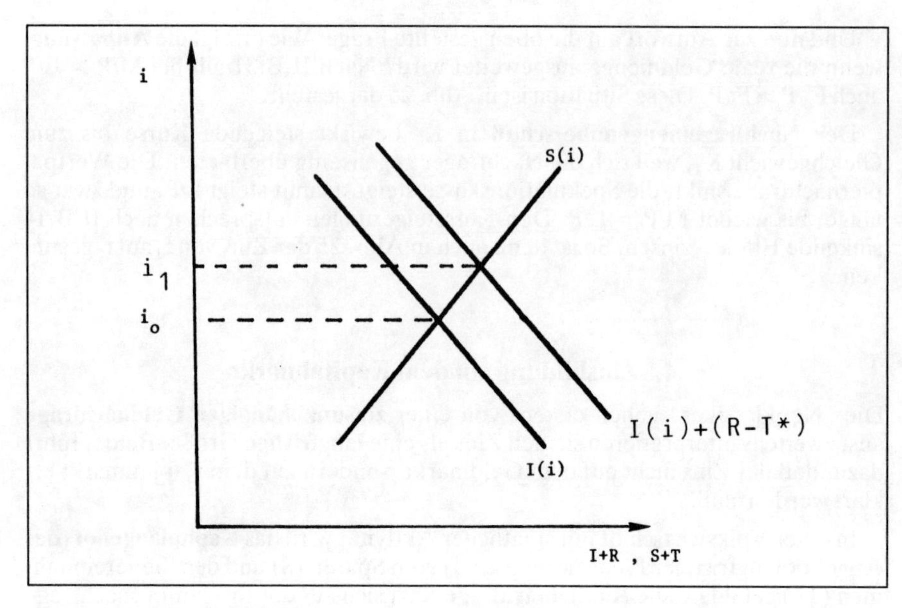


**Abb. 26** Der Kapitalmarkt

Das **Geldangebot** (Geldmenge, Geldvolumen) wird als $M_1$, $M_2$ oder $M_3$ definiert.

- $M_1$ = Bargeldumlauf + Sichteinlagen
- $M_2 = M_1$ + Termineinlagen mit Befristung bis unter 4 Jahren
- $M_3 = M_2$ + Spareinlagen mit gesetzlicher Kündigungsfrist

Für $M_3$ gilt nach der **traditionellen Geldangebotstheorie** $M_3 = m_3 H$.

Die **Zentralbankgeldmenge** H setzt sich zusammen aus dem Bargeldumlauf und den Einlagen der Banken bei der Zentralbank (Mindestreserven und Überschußreserven).

Der **Geldangebotsmultiplikator** wird bestimmt durch das Verhalten des Publikums (private und öffentliche Haushalte, private und öffentliche Unternehmen, Ausland) und durch die Maßnahmen der Deutschen Bundesbank. Er beschreibt den **Geldschöpfungsprozeß** der Banken. Diese verwenden Zentralbankgeld zur Kreditvergabe und schaffen dadurch **Giralgeld** (Bankengeld).

Die **Geldmengenlenkung** durch die Notenbank ist durch dieses Publikumsverhalten erschwert.

Die **Geldnachfrage** ist Teil des **Gesamtvermögens** (d.i. Finanzvermögen, Sachvermögen, Humanvermögen).

Nach der **„neoklassischen" Theorie** wird Geld nur für **Transaktionszwecke** nachgefragt. Die Geldnachfrage ist **unabhängig** vom **Zins**.

Nach der **keynesianischen Liquiditätspräferenztheorie** setzt sich die Geldnachfrage aus **Transaktions-, Vorsichts-** und **Spekulationskasse** zusammen.

- $L_T = kPN$
- $L_S = a(\delta - i)P$

Der **gewünschte Kassenhaltungskoeffizient** ist eine Verhaltensgröße. Mit $L_S$ ist auch der **Wertpapiermarkt** dargestellt. $L_S$ steigt (sinkt), wenn die Anleger Kursverluste (-gewinne) erwarten und Wertpapiere (Bonds) verkaufen (kaufen). $\delta$ entspricht einem Zins, bei dem die Bond-Kurse so niedrig sind, daß niemand ein weiteres Sinken erwartet.

**Störungen auf dem Geldmarkt** werden durch Wertpapierkäufe bzw. -verkäufe ausgeglichen. Die Kursänderungen bewirken Zinsänderungen. Im **keynesianischen System** ist der **Zins kurzfristig**.

Anders im **„neoklassischen" System**. Der **Zins** ist **langfristig** und wird auf dem **Kapitalmarkt** durch das Zusammenspiel von Sparen und Investition, beide zinsabhängig, gebildet. Ferner spielt der Saldo des Staatshaushalts eine wichtige Rolle.

**Übersicht 4** Definitions- und Verhaltensgleichungen des gesamtwirtschaftlichen Nachfragesystems

| Keynesianer | | Art der Gleichung | „Neoklassiker“ | |
|---|---|---|---|---|
| | | **Gütermarkt** | | |
| II.A.1b | $N = C + I + R + Ex$ | Definition der Gesamtnachfrage | II.A.1b | $N = C + I + R + Ex$ |
| II.A.7 | $C = C_a + cA_v$ | Konsumfunktion | II.A.6 | $C = C_a^* - c_1 i + c_2 V_r$ |
| II.A.5a | $A_V = A^* - \frac{T}{P_N}$ | Definition des verfügbaren Einkommens | – | |
| II.A.18 | $T = T_a$ | Steuerfunktion | II.A.18 | $T = T_a$ |
| II.A.9 | $I = b(\xi - i)$ | Investitionsfunktion | II.A.9 | $I = b(\xi - i)$ |
| II.A.12 | $R = R_a$ | Staatsausgabenfunktion | II.A.12 | $R = R_a$ |
| II.A.14 | $Ex = Ex_a + dP^*e \frac{1}{P_N}$ | Exportfunktion | | |
| II.A.16 | $P^* = P_a^*$ | Konstanz des Auslandspreisniveaus | | |
| II.A.17 | $e = e_a$ | Fester Wechselkurs | | |
| II.A.20 | $N = A$ | Gleichgewichtsbedingung | II.A.20 | $N = A$ |
| | Geldmarkt: $i = i(L,M)$ | Berechnung der Variablen i | | Kapitalmarkt: $i = i\{S,I,(R-T^*)\}$ |
| | | **Geldmarkt** | | |
| II.B.18 | $L_S = a(\delta - i)P_N$ | Spekulationskasse | – | |
| II.B.13 | $L_T = kP_N N$ | Transaktionskasse | II.B.11 | $L = k^* P_N N = \frac{1}{v_N} P_N N$ |
| II.B.12 | $L = L_T + L_S$ | Definition der Geldnachfrage | | $L = L_T$ |
| II.B.9 | $M = mH_a$ | Geldangebotsfunktion | II.B.9 | $M = mH_a$ |
| II.B.20 | $\frac{L}{P_N} = \frac{M}{P_N}$ | Gleichgewichtsbedingung | II.B.20 | $\frac{L}{P_N} = \frac{M}{P_N}$ |

# C. Die gesamtwirtschaftliche Nachfragefunktion

Die **Komponenten der Gesamtnachfrage** wurden durch **Hypothesen** erklärt und in der **Konsumfunktion, Investitionsfunktion, Staatsausgabenfunktion** und **Exportfunktion** ausgedrückt. Der **Zins** wurde aus dem **Geldmarkt** (Keynesianer) und aus dem **Kapitalmarkt** („Neoklassiker") berechnet. Nun können diese **Bausteine** zusammengesetzt werden, um die **gesamtwirtschaftliche Nachfragefunktion** zu formulieren. Es wird sich zeigen, daß die unterschiedlichen Hypothesen der Keynesianer und „Neoklassiker" über Konsum (und Sparen) sowie über Zinsbildung zu vollständig **verschiedenen Nachfragefunktionen** führen. Diese unterschiedlichen Nachfragefunktionen reagieren auch in völlig verschiedener Weise auf Veränderungen von autonomen Größen.

## 1. Überblick

Die **gesamtwirtschaftliche Nachfragefunktion** läßt sich berechnen, indem die abgeleiteten **Verhaltensgleichungen** und **Gleichgewichtsbedingungen** in die **Definitionsgleichung** der Gesamtnachfrage ($N = C + I + R + Ex$) eingesetzt werden. Wir haben festgestellt, daß es eine Reihe **alternativer Hypothesen** gibt, die in der wirtschaftswissenschaftlichen Diskussion eine (manchmal) gleichwertige Rolle spielen. Somit könnte durch sinnvolle Kombination verschiedener Verhaltenshypothesen eine ganze Reihe von Nachfragefunktionen mit unterschiedlichem Aussagegehalt abgeleitet werden (vgl. hierzu auch S. 50ff.). Wir wollen im folgenden verschiedene Nachfragefunktionen ableiten, allerdings nur die beiden **extremen Ausprägungen** (und es den Lesern selbst überlassen, andere Nachfragemodelle „auszurechnen"): es sind dies die **keynesianischen** und die **„neoklassischen" Hypothesen**. Eine Zusammenstellung findet sich in der nebenstehenden Übersicht.

## 2. Die keynesianische Nachfragefunktion

Wir wenden uns zunächst den **keynesianischen Hypothesen** zu. Der **Zins** wird auf dem **Geldmarkt** (bzw. dem Wertpapiermarkt) bestimmt und läßt sich aus den in der Übersicht 4 zusammengestellten Geldmarktgleichungen berechnen:

$$\text{(II.B.21)} \qquad i = \frac{1}{a}\left(a\delta - mH_a \frac{1}{P_N}\right) + \frac{k}{a}N.$$

$i$ = Realzins
$\delta$ = Prohibitivzins
$m$ = Geldangebotsmultiplikator
$H_a$ = (Autonome) Zentralbankgeldmenge
$a$ = Spekulationsneigung
$P_N$ = Nachfragepreisniveau
$k$ = Gewünschter Kassenhaltungskoeffizient
$N$ = Reale Gesamtnachfrage

Dies in die schon berechnete Gütermarkt-Gleichgewichtslösung (II.A.21) eingesetzt ergibt

$$N = \frac{1}{s}(C_a + b\xi + R_a + Ex_a) + \frac{1}{s}(dP_a^* e_a - cT_a)\frac{1}{P_N} - \frac{b}{s}\cdot\left(\delta - \frac{mH_a}{a}\cdot\frac{1}{P_N} + \frac{k}{a}N\right)$$

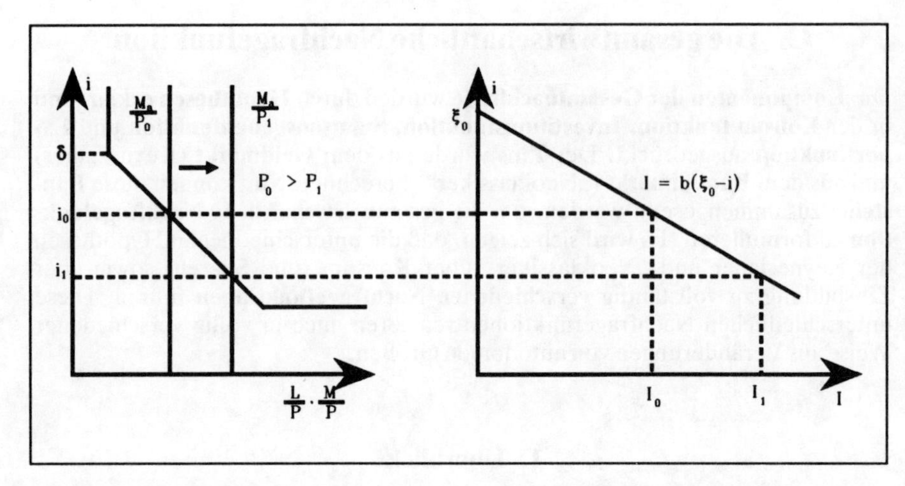


**Abb. 27** Der Zusammenhang zwischen Geld- und Gütermarkt im keynesianischen System

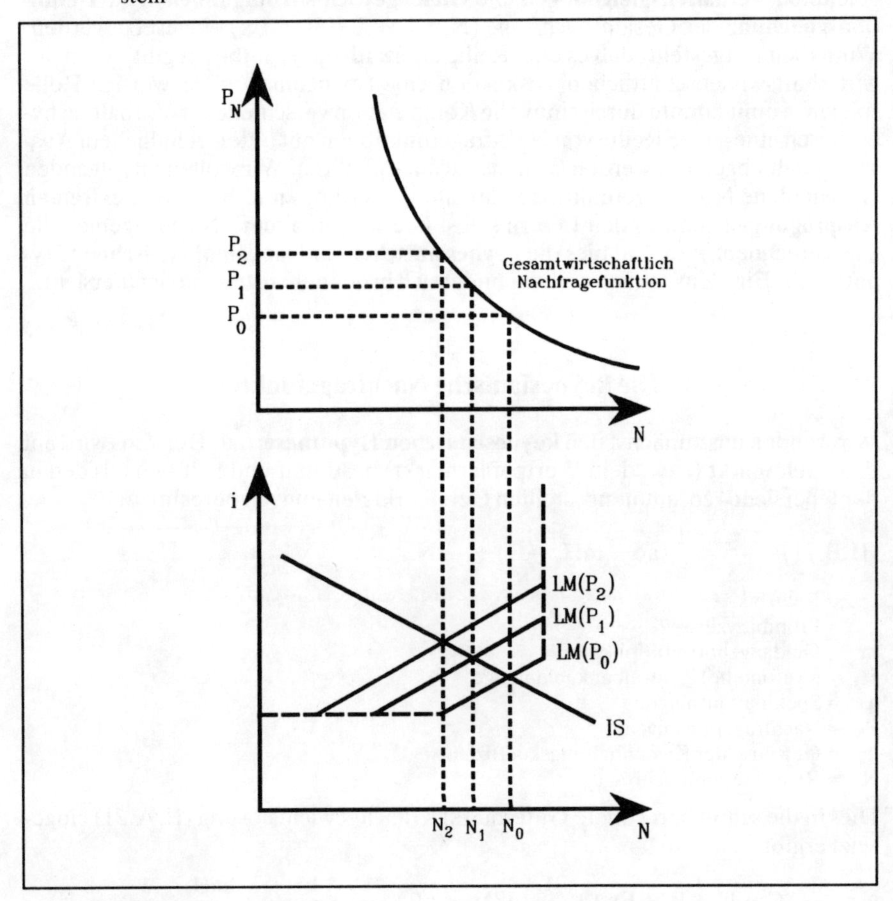


**Abb. 28** Grafische Ableitung der keynesianischen Gesamtnachfragefunktion

oder

(II.C.1) $$N = \varepsilon(C_a + b\xi + R_a + Ex_a - b\delta) + \varepsilon\left(\frac{b}{a}\, m H_a + dP_a^* e_a - cT_a\right)\frac{1}{P_N}$$

$$\text{mit } \varepsilon = \frac{1}{s + \frac{bk}{a}} = \frac{1}{b\left(\frac{k}{a} + \frac{s}{b}\right)}$$

$N$ = Reale Gesamtnachfrage
$C_a$ = Autonomer Konsum
$b$ = Investitionsneigung
$\xi$ = Grenzleistungsfähigkeit des Kapitals
$R_a$ = Staatsnachfrage
$Ex_a$ = Autonome Exportnachfrage
$a$ = Spekulationsneigung
$m$ = Geldangebotsmultiplikator
$H_a$ = Zentralbankgeldmenge
$d$ = Exportneigung
$P_a^*$ = Auslandspreisniveau
$e_a$ = Devisenkurs
$c$ = Konsumneigung
$T_a$ = Saldo aus Steuern und Transfers
$P_N$ = Nachfragepreisniveau
$s$ = Sparneigung
$k$ = Kassenhaltungskoeffizient

Diese gesamtwirtschaftliche Nachfragefunktion ist im P-N-Koordinatensystem negativ geneigt (Abb. 29). Die **Begründung** der negativen **Steigung** läuft über die **Strukturgleichungen**: Wenn $P_N$ sinkt, dann steigt ceteris paribus $M_a/P_N$, i sinkt (bei keynesianischer Anpassung über die Spekulationskasse), I steigt und N steigt. Eine wichtige **Prämisse** dieser Funktion ist daher die **Beziehung zwischen** dem **Geld- und Gütermarkt**: Veränderungen von Geldangebot und -nachfrage verändern den Zins und dieser beeinflußt den Gütermarkt durch Investitionen.

Grafisch veranschaulicht: Der Rückgang von $P_N$ verlagert im Geldmarktdiagramm (Abb. 27a) die Geldangebotsfunktion nach rechts. Bei konstanter Geldnachfragefunktion (der $P_N\downarrow$ steht eine $N\uparrow$ entgegen, die sich kompensieren können, so daß sich die Geldnachfragefunktion nicht verschiebt, vgl. Kapitel IV.B), sinkt der Gleichgewichtszins $i_0$ auf $i_1$. Die Investitionen steigen (Abb. 27b), wenn sich die Grenzleistungsfähigkeit des Kapitals $\xi_0$ nicht verändert (also: ceteris paribus).

Die gesamtwirtschaftliche Nachfragefunktion verläuft umso flacher, je steiler die Geldnachfragefunktion (große Zinsänderung) und je flacher die Investitionsfunktion (große Investitionsneigung) ist.

Die Steigung der Gesamtnachfragefunktion ist vollkommen unelastisch in Bezug auf N, wenn die beiden Geldangebotsfunktionen in Abb. 27a im Bereich der Liquiditätsfalle die Geldnachfragefunktion schneiden, oder wenn die Investitionsfunktion vollständig zinsunelastisch ist. In beiden Fällen kann der Übertragungsmechanismus vom Geld- in den Gütermarkt nicht stattfinden.

Man sieht: Die **Steigung** der Gesamtnachfragefunktion hängt vom **Verhalten** der Nachfrager ab. Je flexibler die Anpassungen der Konsumenten, Investoren, des Staates und der Exporteure, desto flacher verläuft die Nachfragefunktion.

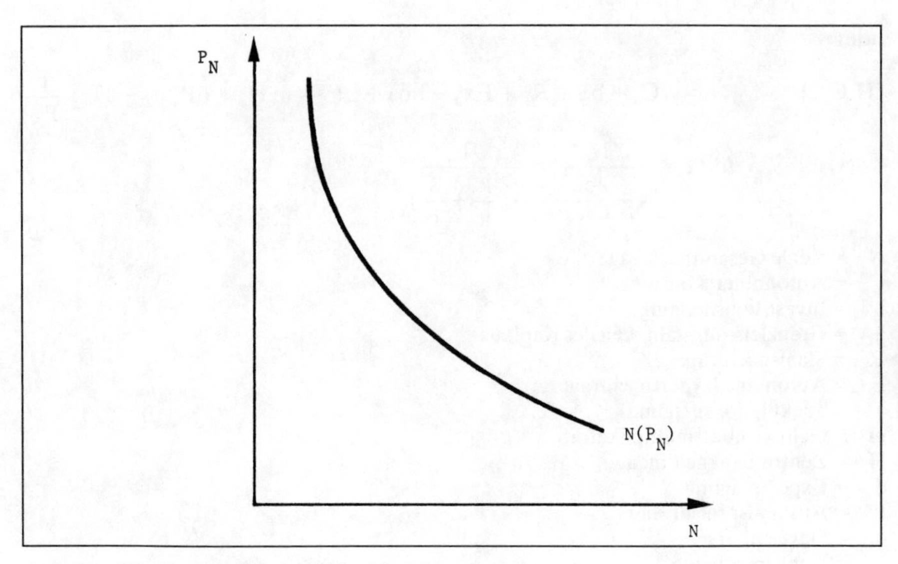


**Abb. 29** Die gesamtwirtschaftliche Nachfragefunktion

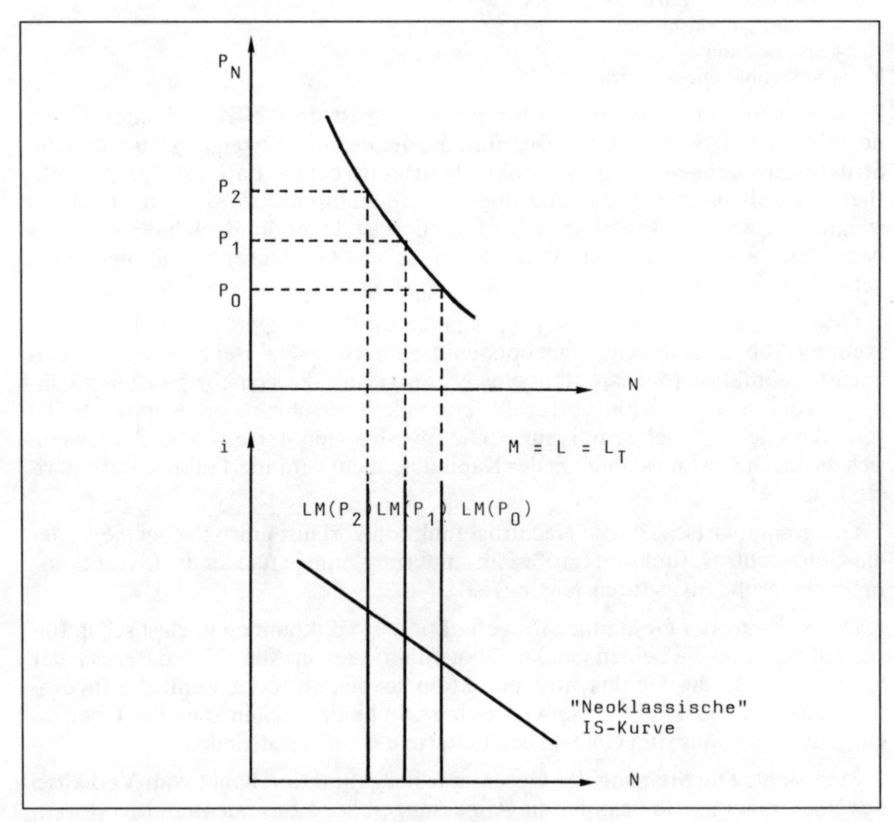


**Abb. 30** Die Ableitung der gesamtwirtschaftlichen Nachfragefunktion mit dem „neoklassischen" Paradigma

Das Verhalten von Konsumenten, Investoren etc. ist mit der Konsumneigung, Investitionsneigung etc. beschrieben. Diese sind in $\varepsilon$ enthalten. Deren Determinanten haben wir in den entsprechenden Abschnitten kennengelernt: Individuelle Ziele, sozio-ökonomisches und politisches Umfeld, institutionelle Bedingungen.

Eine **zweite (keynesianische) Argumentationskette** läuft über die Exporte: Wenn $P_N$ steigt, dann sinkt $M_a/P_N$ und der Zins i steigt. Dadurch sinkt der Wechselkurs e (Aufwertung der DM) und die Exporte sinken (bei „normaler" Reaktion der Zahlungsbilanz), N sinkt.

Ergänzend zur obigen mathematischen Ableitung der Nachfragefunktion soll abschließend die grafische gezeigt werden (für eine geschlossene Volkswirtschaft). Wir integrieren dafür die Abb. 20 (IS-Kurve) und 24b (LM-Kurve). Die Schnittpunkte dieser beiden Kurven ergeben für alternative Preisniveaus Simultangleichgewichte auf dem Güter- und Geldmarkt (vgl. Abb. 28, S. 80).

Daraus wird deutlich, wie die Steigungen der Gleichgewichtskurven die der Gesamtnachfrage beeinflussen, und es wird deutlich, daß die Gesamtnachfragefunktion eine Gleichgewichtskurve ist für alternative Werte von $P_N$ und N.

Ergänzend sei noch angemerkt, daß bei der Erklärung der Steigung der Gesamtnachfragefunktion nicht mit der Veränderung autonomer Größen argumentiert werden darf. Denn dann erklären wir nicht mehr die Bewegung auf der (gegebenen) Kurve, sondern wir „springen" auf eine neue Kurve. Wenn z.B. gesagt wird, daß bei einer Preisniveausenkung die reale Geldmenge $M_a/P_N$ steigt, wird $M_a$ als fest vorgegeben angesehen. Eine Veränderung von $M_a$ bedeutet eine neue Gesamtnachfragefunktion.

## 3. Die „neoklassische" Nachfragefunktion

Stellen wir in Anlehnung an Übersicht 4 nochmals das Nachfragemodell mit den „neoklassischen" Gleichungen zusammen, wobei wir von einer geschlossenen Volkswirtschaft ausgehen wollen (die Annahme fester Wechselkurse hat in einer „neoklassischen" Welt nichts zu suchen):

(II.C.2) $N = C + I + R$

(II.A.6) $C = C_a^* - c_1 i + c_2 Vr$

(II.A.9) $I = b(\xi - i)$

(II.A.12) $R = R_a$

$C_a^*$ = autonomer Konsum, enthält alle Determinanten von C, außer i und $V_r$
$c_1$ = Konsumneigung in Bezug auf i ($c_1 > 0$)
$c_2$ = Konsumneigung in Bezug auf $V_r$ ($c_2 > 0$)

Dieses Modell will 6 Variablen mit 4 Gleichungen erklären. Wir fügen eine fünfte hinzu und unterstellen, daß

(II.C.3) $V_r = \dfrac{M_a}{P_N}$;

$V_r$ = Reales Vermögen
$M_a$ = Geldangebot (autonom)
$P_N$ = Nachfragepreisniveau

die Privaten lassen sich bei ihren **Konsumentscheidungen** in Bezug auf das Vermögen ausschließlich von ihrem **Geldvermögensbestand** leiten. Das **Gütermarktgleichgewicht** läßt sich damit berechnen als

(II.C.4) $$N = (C_a^* + b\xi + R_a) + c_2 M_a \frac{1}{P_N} - (c_1 + b)\, i.$$

$c_1$ = Konsumneigung in Bezug auf den Zins
$c_2$ = Konsumneigung in Bezug aufs Vermögen

Für die Darstellung im P-N-Koordinatensystem muß noch der Zins erklärt werden. Der **Gleichgewichtszins** wird im „neoklassischen" System auf dem Kapitalmarkt gebildet, und zwar durch das Zusammenspiel von (geplantem) Sparen und Investieren. Der Zins sorgt dafür, daß Sparen und Investieren stets gleich sind:

(II.C.5) $$S(i) = I(i).$$

S = Reales Sparen
I = Reale Investitionen
i = Realer Zins

Interpretiert man **Sparen als Kapitalangebot** und **Investition als Kapitalnachfrage**, dann tritt bei unausgeglichenem Budget des Staates zu I(i) noch $(R - T^*)$ hinzu (wobei $T^*$ die realen Steuern sind). Dann entspricht II.C.5 dem aus der volkswirtschaftlichen Gesamtrechnung bekannten **ex-post-Gleichgewicht** (das in der Vergangenheit immer gegeben ist), aber nun als **Gleichgewichtsbedingung** auf dem Kapitalmarkt **ex ante** interpretiert wird:

(II.C.6) $$S = I + (R - T^*)$$

S = Reales Sparen
I = Reale Investition
R = Reale Staatsausgaben
$T^*$ = Reale Steuern

Die Variablen in II.C.6 werden mit „neoklassischen" Hypothesen erklärt; die Lösung der Gleichung II.C.6 gibt uns einen Ausdruck für den Gleichgewichtszins auf dem Kapitalmarkt. Es gilt definitorisch

(II.C.7) $$S = N - T^* - C.$$

Wir „erklären" N mit der ex ante interpretierten Fisher'schen Verkehrsgleichung (vgl. II.B), die nach N aufgelöst ist:

(II.B.1a) $$N = v_N M \cdot \frac{1}{P_N}.$$

Ferner sollen folgende Hypothesen gelten:

(II.A.18a) $$T^* = T_a^*,$$

(II.A.9) $$I = b(\xi - i),$$

(II.A.12) $$R = R_a.$$

Setzen wir diese Gleichungen in (II.C.6) ein, dann ergibt sich

$$v_N M_a \frac{1}{P_N} - T_a^* - C_a^* + c_1 i - c_2 M_a \frac{1}{P_N} - b\xi + bi - R_a + T_a^* = 0, \text{ oder}$$

(II.C.7) $$i = \frac{1}{b + c_1}(C_a^* + b\xi + R_a) - \frac{1}{b + c_1}(v_N - c_2)\, M_a \frac{1}{P_N}.$$

Damit kann das Gesamtsystem in N und P bestimmt werden. Wir setzen II.C.7 in II.C.4 ein und erhalten

$$(II.C.8) \quad N = v_N M_a \frac{1}{P_N}$$

N = Reale Gesamtnachfrage
$v_N$ = Umlaufgeschwindigkeit des Geldes
$M_a$ = Geldvolumen
$P_N$ = Nachfragepreisniveau

Auch diese **(„neoklassische") Gesamtnachfragefunktion** ist eine negativ geneigte Kurve im P-N-System (Abb. 29), allerdings ist die **Begründung** der negativen **Neigung** monetaristisch oder klassisch: Bei einem Sinken des Preisniveaus steigt das reale Geldangebot. Die Wirtschaftssubjekte gleichen die Differenz zwischen Geldangebot und Geldnachfrage durch zusätzliche Ausgaben (Erhöhung der Transaktionskasse) aus. Die Nachfrage steigt. Eine **zweite Argumentationskette** zur Begründung der Steigung lautet: Sinkt das Preisniveau, dann steigt die reale Geldmenge und der Zins sinkt. Dadurch steigt der Konsum (der zinsabhängig ist) und auch die Nachfrage erhöht sich. Diese Argumentation hat aber mit „neoklassischem" Gedankengut nichts zu tun, denn der Zins spielt dort als Transmissionsriemen vom Geldmarkt in den Gütermarkt keine Rolle.

Diese Nachfragefunktion ist nichts anderes als die umgeformte **Verkehrsgleichung**, allerdings **ex ante** interpretiert,

$$(II.B.1a) \qquad N = v_N M_a \frac{1}{P_N}$$

mit Y = N und $M_a = M$.

Die grafische Ableitung der „neoklassischen" Nachfragefunktion verwendet die „IS-Kurve" aus II.C.4 (die Leserinnen und Leser mögen diese IS-Kurve mit der keynesianischen (II.A.21) vergleichen!) und eine zinsunabhängige LM-Kurve.

Die Wirkungen dieser unterschiedlichen Nachfragefunktionen auf die Beschäftigung werden im folgenden analysiert.

| **Annahmen für die Ableitung der Gesamtwirtschaftlichen Nachfragefunktion** | |
|---|---|
| „Keynesianer" | „Neoklassiker" |
| Konsumfunktion und Sparfunktion | |
| Hängt primär vom realen verfügbaren Einkommen (Angebot) ab. | Hängt primär vom Zins und Realvermögen (hier als Geldvermögen interpretiert) ab. |
| Geldnachfrage | |
| Hängt vom Einkommen (Nachfrage) ab (Transaktionskasse) und vom (kurzfristigen) Zins (Spekulationskasse). | Hängt nur vom Einkommen (Nachfrage) ab. Damit fehlt die Übertragung vom Geldmarkt L(i) auf den Gütermarkt I(i) durch den Zins. |
| Zinsbestimmung | |
| Wird auf dem Geldmarkt bestimmt, der als Wertpapiermarkt interpretiert werden kann. Der Zins ist der kurzfristig erwartete. | Wird auf dem Kapitalmarkt bestimmt, der als (langfristiger) Wertpapiermarkt interpretiert werden kann. Der Zins ist langfristig. |

# D. Beschäftigung und Nachfrage (bei vollkommen elastischem Angebot)

Mit der Nachfragefunktion im **P-N-System** kann N noch nicht berechnet werden, denn das Preisniveau ist noch unbestimmt. Es **fehlt eine Gleichung**, die wir mit einer **vollkommen elastischen Angebotsfunktion** einführen. Diese Angebotsfunktion ist mit den neoklassischen Hypothesen (Vollbeschäftigung) nicht vereinbar. Das Ziel dieser Darstellung ist denn auch nicht, ein geschlossenes Lehrgebäude zu präsentieren, sondern zu zeigen, wie unterschiedliche Hypothesen über die Gesamtnachfrage auf die Beschäftigung wirken.

In **zwei Exkursen** vertiefen wir die Darstellung der **Multiplikatorwirkungen** und der **expansiven und kontraktiven Prozesse**.

Die Bundesregierung hat Beschlüsse gefaßt, die der „gesamtwirtschaftliche(n) Nachfrage erhebliche zusätzliche Anstöße" geben sollen (K14, S. 92). Es wird ein Ziel der folgenden Darstellung sein, zu prüfen, ob diese Aussage in vollem Umfang aufrecht erhalten werden kann.

## 1. Gesamtwirtschaftliches Gleichgewicht

Unter **vollkommen elastischem Angebot** soll verstanden werden, daß das gesamtwirtschaftliche Angebot bei gleichbleibendem Preisniveau ausgedehnt werden kann. Diese **Angebotsbedingungen** können vorliegen, wenn die Volkswirtschaft sich in einer deutlichen **Unterbeschäftigungssituation** befindet, eine Annahme, die Keynes angesichts der Depression Anfang der 30er Jahre machen konnte, ohne die Realität stark zu verzeichnen. Die **Angebotsfunktion** lautet dann

(II.D.1) $P_A = P_A^a$.

$P_A$ = Angebotspreisniveau
$P_A^a$ = Autonomes Angebotspreisniveau

Wie realistisch ist diese **Angebotsfunktion** für die Beschreibung des **Unterbeschäftigungsfalles?** Warum besteht keine Tendenz zu Preisniveausteigerungen bei einer Ausdehnung des Angebots und warum passen die Unternehmen das Angebot so schnell an die gestiegene Nachfrage an? Die gesamtwirtschaftliche Situation ist durch freie Kapazitäten gekennzeichnet. Es wird zum Teil Kurzarbeit gefahren und Maschinen sind stark unterausgelastet. Die durchschnittlichen Fixkosten sind recht hoch, weil die Bezugsgröße der Fixkosten, die Wertschöpfung, relativ klein ist. Daher sind auch die Stückgewinne recht niedrig. Es herrscht eine hohe Arbeitslosenquote vor mit einem großen konjunkturellen Anteil; dies drückt auf die Löhne. Eine Ausdehnung der Produktion (z.B. aufgrund gestiegener Nachfrage) könnte die freien Kapazitäten auslasten, Kurzarbeit beenden, wegen sinkender durchschnittlicher Fixkosten die Stückgewinne erhöhen. Wegen der Kostenentlastungen (auch Lohnseite!) bestünde kein Anlaß, das Preisniveau zu erhöhen.

Gesamtwirtschaftliches Angebot und aggregierte Nachfrage können nun in Abb. 31a dargestellt werden. In $AN_0$ und $P_A^a$ herrscht **gesamtwirtschaftliches Gleichgewicht**:

(II.D.2) $P_A^a = P_N = P$.

Die zum herrschenden Preisniveau $P_A^a$ angebotene Menge wird bei $P_A = P_N = P$ nachgefragt, die **Marktteilnehmer** auf den **Güter-, Geld- und Wertpapiermärkten** sind zufrieden; über die Situation auf dem **Arbeitsmarkt** ist an dieser Stelle noch nichts gesagt.

Die **Beschäftigung** kann erhöht werden, wenn es gelingt, die **Nachfragefunktion nach rechts** zu verlagern. Dabei können wir von den in K15 (S. 94) genannten **Maßnahmen** mit der gesamtwirtschaftlichen Nachfragefunktion die folgenden analysieren:

- Erleichterungen (Senkungen) der direkten Steuern für die privaten Haushalte (Lohn- und Einkommensteuer),
- Erleichterungen der direkten Steuern für die Unternehmen (Lohnsummen- und Gewerbeertragssteuer),
- Erhöhung des Kindergeldes (Transferzahlungen).

Die übrigen Maßnahmen wirken auf die Angebotsfunktion, sie sind aber mit der einfachen Hypothese vollkommen elastischer Anpassung (II.D.1) nicht zu analysieren. Dazu später.

Die Argumentation wird unterschiedlich verlaufen, je nachdem, ob die keynesianische oder die „neoklassische“ (monetaristische) Nachfragefunktion zugrundegelegt wird.

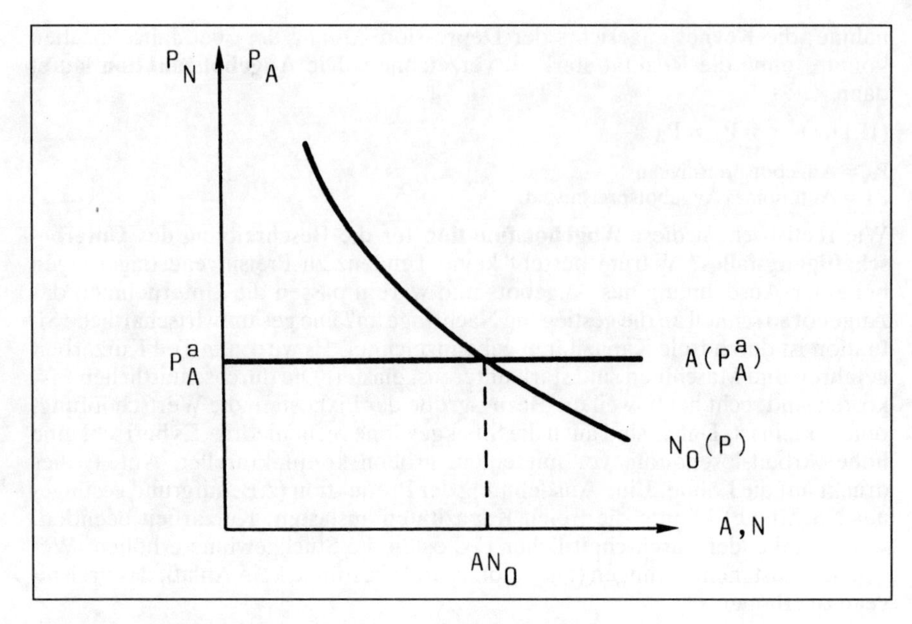


**Abb. 31a** Angebot und Nachfrage in der Gesamtwirtschaft

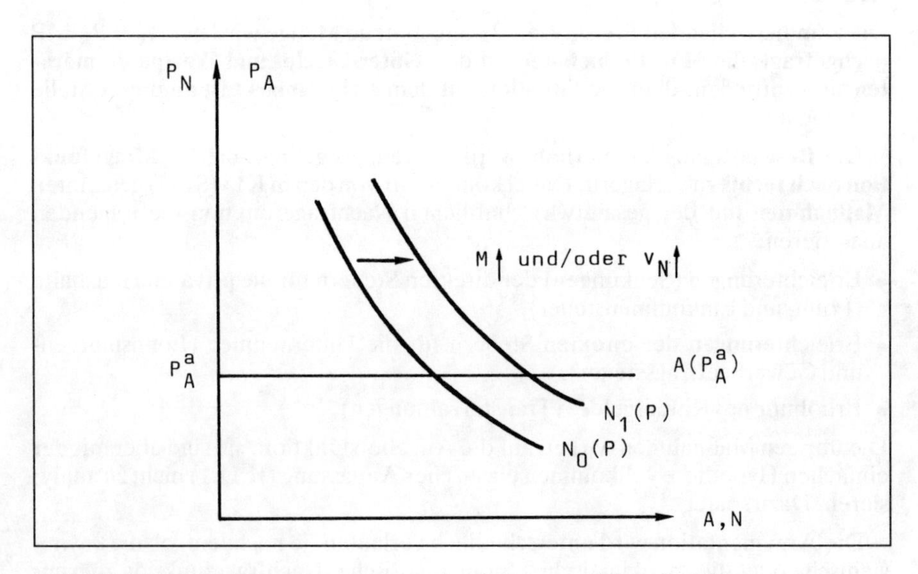


**Abb. 31b** Verlagerungen der „neoklassischen" Gesamtnachfragefunktion

## 2. Wirkungsanalyse mit der „neoklassischen" Nachfragefunktion

Rufen wir uns nochmals die **„neoklassische" Nachfragefunktion** ins Gedächtnis:

(II.C.8) $$N = v_N M_a \frac{1}{P_N}.$$

$N$ = Reale Gesamtnachfrage
$v_N$ = Umlaufgeschwindigkeit des Geldes
$M_a$ = Geldvolumen
$P_N$ = Nachfragepreisniveau

Die Steigerung der Nachfrage in Form einer Rechtsverlagerung der Funktion ist möglich, indem die

- Umlaufgeschwindigkeit des Geldes erhöht wird,
- die Geldmenge steigt.

Andere Maßnahmen für eine Steigerung der Beschäftigung als die oben genannten haben nach Ansicht der „Neoklassiker" (Monetaristen) keinen Effekt, sie wirken wie **Strohfeuer** (K13). Der analytische Grund ist klar: diese Größen erscheinen nicht in II.C.8. Die **ökonomische Interpretation** lautet:

- Steuererleichterungen (**Steuersenkungen**) bei den privaten Haushalten und Unternehmen können wohl die Konsumnachfrage steigern oder die Investitionen erhöhen (Grenzleistungsfähigkeit des Kapitals steigt), gleichzeitig entsteht jedoch ein **Defizit im Staatshaushalt**. Dieses führt zu einer erhöhten **Nachfrage** auf dem **Kapitalmarkt**, die $I(i) + (R - T^*)$-Funktion verschiebt sich nach rechts, der **Zins steigt** (Abb. 26, S. 76). Die gestiegenen Zinsen bewirken einen **Rückgang der zinsabhängigen Konsumnachfrage** (weil das Sparen steigt) und der Investitionsnachfrage. Der Gesamteffekt ist Null.
- „Um den Kapitalmarkt nicht zu überfordern, wurde gleichzeitig vorgesehen, die Mehrwertsteuersätze ... anzuheben", heißt es in K15 (S. 94). Dies bewirkt zunächst eine **Veränderung der Einkommensverteilung**: Die Bezieher niedriger Einkommen werden von der Mehrwertsteuererhöhung stärker getroffen, weil sie einen höheren Anteil ihres Einkommens für Konsum (der der Mehrwertsteuer unterliegt) ausgeben. Ob diese Strukturverschiebung eine Ausgabensteigerung bewirkt oder eine -senkung verhindert, ist ungewiß.
- Eine **Erhöhung des Kindergeldes** hätte die beschriebenen Effekte der Steuersenkungen.
- Jede **Erhöhung der Staatsausgaben** erhöht die Zinsen und drängt in gleicher Höhe die zinsabhängigen privaten Investitions- und Konsumausgaben zurück (**crowding out**), der Gesamteffekt ist gering oder im Extremfall Null.
- Eine **Erhöhung des autonomen Exports** zieht eine Aufwertung nach sich, diese erhöht die Inlandszinsen und verdrängt private Investitionen, etc.

Analog lautet die Argumentation für die anderen Größen. Dann hängen **Beschäftigungswirkungen** ausschließlich von der Bundesbank ab, die M erhöhen kann, und von denjenigen, die die Umlaufgeschwindigkeit des Geldes $v_N$ beeinflussen? Dies wäre der Fall, wenn die Haushalte und Unternehmen das zusätzliche Geld in **Käufe von Konsum- und Investitionsgütern** umsetzen würden, unter den Bedingungen eines **vollkommen elastischen Angebots**. Doch wie wir später sehen werden, unterstellen die „Neoklassiker" ein **vollkommen unelastisches**

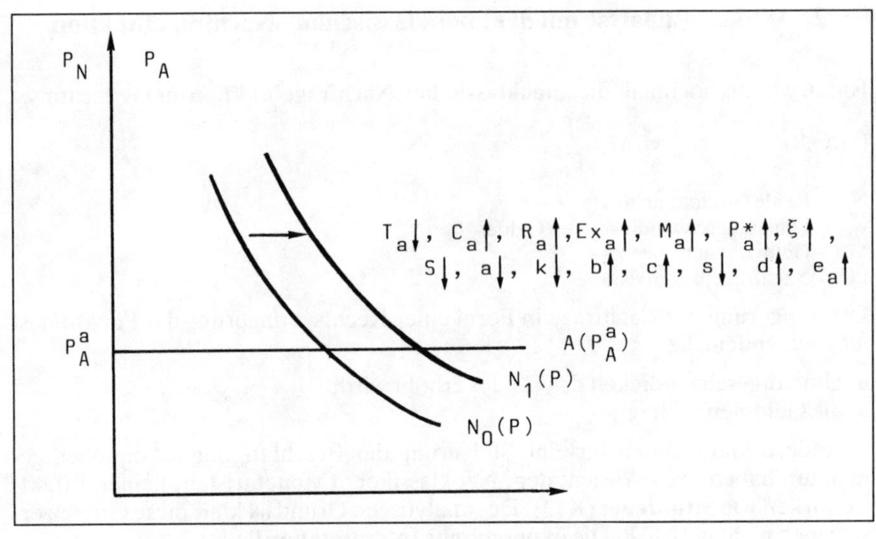


**Abb. 31c** Verlagerungen der keynesianischen Gesamtnachfragefunktion

K13

WELTWIRTSCHAFTSGIPFEL/Der Auftakt wurde von politischen Themen beherrscht

# Bonn will bei der Wachstumsförderung kein Konjunkturfeuerchen entfachen

sm. Venedig. Politische Themen wie die militärische Abrüstung, die Situation am Golf und die Bewältigung des internationalen Terrorismus beherrschten die Eröffnungsveranstaltung des Weltwirtschaftsgipfels gestern abend in Venedig. Am heutigen Dienstag werden die Probleme der Weltwirtschaft in den Vordergrund rücken.

Bei der Diskussion der Finanzminister der sieben führenden Industrieländer, die heute mittag mit Bundesminister Gerhard Stoltenberg beginnt, stehen nach Angaben von Regierungssprecher Friedhelm Ost folgende Punkte auf der Tagesordnung:

- Die Aufrechterhaltung und Förderung eines dauerhaften inflationsfeien Wachstums der Weltwirtschaft.
- Schritte zur Beseitigung der weltweiten Handelsbilanzungleichgewichte.
- Die Koordination der Finanz- und Geldpolitik zur Stabilisierung der Währungsparitäten.
- Die Stärkung des freien Welthandelssystems und des Gatt.
- Die Probleme, die sich aus den weltweiten Agrarüberschüssen für den Welthandel ergeben.
- Die Bewältigung der Schulden- und Armutsprobleme vieler Entwicklungsländer.
- Maßnahmen für die Erhaltung der Umwelt.

In kurzen Statements erläutern die Staats- und Regierungschefs Italiens, der Bundesrepublik, Frankreichs, Großbritanniens, Japans, Kanadas und der USA heute morgen die wirtschaftliche Lage in ihren Ländern und wie sie die Beschlüsse des Gipfels von vor einem Jahr in Tokio umgesetzt haben. Bundeskanzler Helmut Kohl weist dabei darauf hin, daß Bonn seine Hausaufgaben seit Tokio erfüllt habe.

Die Bundesregierung wolle Wachstum und Beschäftigung so gut es gehe fördern, aber kein Konjunkturfeuerchen entfachen. In diesem Rahmen würden die finanz- und geldpolitischen Möglichkeiten in der Bundesrepublik bis an die Grenzen des Möglichen ausgeschöpft. Die Expansion der Geldmenge liege bei 8 bis 10% und die Kreditzinsen hätten einen Tiefpunkt erreicht. Besonders eindringlich wirbt Kohl bei seinen Partnern in Venedig für Erleichterungen für die hoch verschuldeten Entwicklungsländer.

Handelsblatt Nr. 108 v. 9.6.87, S. 1

**Angebot**, d.h. die Angebotsfunktion in Abb. 31a verläuft senkrecht zur AN-Achse. Eine Rechtsverlagerung der Nachfragefunktion erhöht in diesem Bereich nur das Preisniveau.

## 3. Wirkungsanalyse mit der keynesianischen Nachfragefunktion

Ganz anders die Wirkungen der **keynesianischen Nachfragefunktion**.

(II.C.1) $$N = \varepsilon (C_a + b\xi + R_a + Ex_a - b\delta) + \varepsilon\left(\frac{b}{a} mH_a + dP_a^* e_a - cT_a\right) \frac{1}{P_N}.$$

Variablenerklärung siehe Seite 81.

Die **wirtschaftspolitische Therapie** ist eindeutig. Die **Gesamtnachfragefunktion** verlagert sich nach **rechts**, wenn

- das verfügbare Einkommen steigt, weil die **direkten Steuern sinken** oder die **Transferzahlungen steigen,**
- der **autonome Konsum** oder die **Konsumneigung steigt**, weil dann die Konsumausgaben steigen,
- die **Grenzleistungsfähigkeit des Kapitals** oder die **Investitionsneigung steigt**, weil dann die Investitionsnachfrage steigt,
- **Staatsausgaben steigen,**
- der **autonome Export steigt,** weil dann die Exportnachfrage steigt,
- der **Prohibitivzins** oder die **Spekulationsneigung sinkt,** weil dann mehr Geld für Transaktionszwecke zur Verfügung steht,
- der **Geldangebotsmultiplikator** oder die **Zentralbankgeldmenge** (Basisgeld) **steigt**, weil dann mehr Geld zur Verfügung steht,
- die **Exportneigung** oder das **Auslandspreisniveau** oder der **Wechselkurs steigen**, weil dann mehr exportiert werden kann; steigendes Auslandspreisniveau und Abwertung bedeuten Wettbewerbsvorteile.

Auch die keynesianische Nachfragefunktion verschiebt sich bei Erhöhungen von Umlaufgeschwindigkeit ($v_N = 1/k$) und Geldmenge im P-AN-Diagramm nach rechts (vgl. Abb. 31c). Zusätzlich tritt jedoch aufgrund der Veränderung aller in II.C.1 enthaltenen Parameter eine Verlagerung der Gesamtnachfragefunktion auf. Je nach Vorzeichen oder Zähler/Nenngröße verlagert sich $N_0$ ($P_N$) nach links oder rechts. In Abb. 31c sind die entsprechenden Wirkungen nochmals aufgeführt. Daraus wird deutlich, daß eine Wirtschaftspolitik, die die N-Kurve nach rechts verlagern will, sowohl an den autonomen Größen (z.B. autonomer Konsum, autonome Steuern, autonome Geldmenge) als auch an den Verhaltensparametern (z.B. Konsumneigung, Investitionsneigung) ansetzen kann. Das Nachfragemodell liefert also die **Ansatzpunkte für wirtschaftspolitische Maßnahmen**. Dabei hat ein Wirtschaftspolitiker, der dem keynesianischen Gedankengut nähersteht, ein weit größeres „Arsenal" von Möglichkeiten der gesamtwirtschaftlichen Steuerung (Globalsteuerung). Der „Neoklassiker" hingegen ist auf geldpolitische Maßnahmen begrenzt. Er verläßt sich weniger auf die „Weisheit" der globalsteuernden Wirtschaftspolitiker als auf die selbstregulierende Funktionsfähigkeit von Märkten (Gütermarkt, Geldmarkt).

K14

KONJUNKTUR / Prognose für 1987 und 1988 – Impulse durch Finanzpolitik

# DIW rechnet mit nur geringem Wachstum und weiterhin hoher Arbeitslosigkeit

as. BERLIN. **Vor einer „unangebrachten Euphorie" über die deutliche Beschleunigung der wirtschaftlichen Entwicklung warnt das Deutsche Institut für Wirtschaftsforschung (DIW), Berlin, in seiner jüngsten Konjunkturprognose.**

Vielmehr bleibe die sehr verhaltene Konjunkturentwicklung und die damit weiterhin hohe oder sogar noch steigende Arbeitslosigkeit mit 2,25 Millionen zum Jahresende 1987 eine Herausforderung für die Wirtschaftspolitik, der nicht durch Zurückhaltung zu begegnen sei.

Zwar werde sich, wie Dr. Horst Seidler von DIW vor der Presse in Berlin erläuterte, das langsame Wachstum in den westlichen Industrieländern insgesamt mit 2,4% in 1987 und 2,3% in 1988 fortsetzen. Doch während die USA ihre Wachstumsrate mit 2,5% stabilisieren könnten, werde sich der Anstieg des realen Bruttosozialprodukts in Westeuropa auf 1,8% (1986: 2,4%) abflachen, was freilich nicht ausreiche, die Ungleichgewichte zu beseitigen.

Kritisiert wird von den Berliner Wirtschaftswissenschaftlern, daß in den westeuropäischen Industrieländern bisher – im Gegensatz zu Japan – keine zusätzlichen konjunkturstützenden Maßnahmen erwogen werden, obwohl inzwischen bei einigen genügend wirtschaftspolitischer Spielraum vorhanden sei, um die gegenwärtige wirtschaftliche Stagnation zu überwinden. Dieser Spielraum könnte aber nur genutzt werden, wenn die Bundesrepublik Deutschland als wichtigste europäische Wirtschaftsnation einer entsprechenden Strategie aufgeschlossen gegenüberstünde.

Im übrigen läge ein europäischer Beitrag zu einem stärkeren Wachstum der Weltwirtschaft nicht nur im amerikanischen, sondern auch im eigenen, europäischen Interesse, so das DIW, weil nur dadurch die Arbeitsmarktlage verbessert werden könne. Dem erheblichen internationalen Druck auf die Bundesrepublik, mehr für eine Stärkung des Wachstums zu tun, halten die Berliner Konjunkturforscher für „nur verständlich". Angesichts ihres noch immer hohen Leistungsbilanzüberschusses, der Lage bei den öffentlichen Defiziten und relativ hoher Preisstabilität, sei die wirtschaftliche Ausgangssituation in der Bundesrepublik vergleichsweise mit am günstigsten. Damit stelle sich für die Wirtschaftspolitik der Bundesrepublik die Aufgabe, das heimische Wachstum auf ein Niveau oberhalb des Wachstumspfades der wichtigsten Handelspartner zu bringen.

**Wachstumsträger ist der private Verbrauch**

Allerdings – und dies sei längerfristig entscheidend für den Erfolg einer solchen Strategie – müßten dabei die Impulse für stärkeres Wachstum vor allem aus dem Inland kommen. Ein erneut mit Schwerpunkt auf Exportsteigerung gestützter Wachstumsprozeß sei sicherlich nicht über mehrere Jahre hinweg tragfähig.

Nach Einschätzung des DIW wird das reale Bruttosozialprodukt in der Bundesrepublik 1987 um 1% und 1988 um 2% wachsen. Dabei werde das gesamtwirtschaftliche Wachstum auch 1987 von der Inlandsnachfrage – vor allem vom privaten Verbrauch – getragen. Mit einem Anstieg um real 2,5% werde der Zuwachs des privaten Verbrauchs aber deutlich geringer als 1986 (plus 4%) ausfallen. Da der Export in der Grundtendenz schwach bleibe, werde sich die Investitionsnachfrage der Unternehmen nur sehr allmählich beleben. Gestützt werde die Investitionsneigung von der weiteren Verbesserung der Fremdfinanzierungsbedingungen.

Von der Finanzpolitik erwartet das DIW für 1987 insgesamt stützende Einflüsse auf die Gesamtwirtschaft. Während die Staatsausgaben um reichlich 4% zunehmen, werden die Einnahmen mit weniger als 3% deutlich hinter den zuletzt realisierten Zuwachsraten zurückbleiben, so daß sich das staatliche Finanzierungsdefizit merklich auf fast 40 Mrd. DM von 24 Mrd. DM vergrößert. Als erfreulich bezeichnete es Seidler, daß sich der überhohe Leistungsbilanzüberschuß 1987 um etwa 20 Mrd. DM auf 55 Mrd. DM und 1988 weiter auf 35 Mrd. DM verringern werde.

Für 1988 geht das DIW davon aus, daß der Welthandel wie bereits im laufenden Jahr um etwa 2,5% wächst. Der Dollarkurs wird sich nach Einschätzung des DIW von 1,80 im Durchschnitt dieses Jahres auf 1,70 DM im nächsten Jahr weiter verringern, wärend sich die Wechselkursrelationen im Europäischen Währungssystem nur wenig ändern.

Hinsichtlich des Verhaltens der Finanz- und Geldpolitik gehen die Berliner Konjunkturforscher von „relativ optimistischen Annahmen" aus. Danach wird auf die im Rahmen der Steuerreform zu erwartenden Einnahmeausfälle von etwa 12 Mrd. DM nicht mit harten Sparmaßnahmen bei den Ausgaben reagiert. Die indirekten Steuern werden nicht zur Finanzierung dieser Ausfälle erhöht. Denn ihre volle Wirkung werde die Steuersenkung nur entfalten, wenn der mit ihr verbundene Anstieg des Finanzierungssaldos der öffentlichen Haushalte auf rund 50 Mrd. DM hingenommen werde.

Nicht nur im Hinblick auf die internationalen Verpflichtungen, sondern auch stabilitätspolitisch gibt es nach Auffassung des DIW keinen Anlaß, den geldpolitischen Kurs zu verschärfen. Denn weder von der Nachfrage noch von der Kostenseite her seien in diesem und im nächsten Jahr Anstöße zu einer inflatorischen Entwicklung zu erwarten.

Handelsblatt Nr. 119 v. 26./27.7.87, S. 8

Gerade beim Auftreten von **Arbeitslosigkeit** sind die Therapien der beiden Schulen völlig verschieden. Die Keynesianer unterstellen die Beschäftigungsfunktion (I.D.1) $B = B(N)$. Bei Arbeitslosigkeit lautet die beschäftigungspolitische Strategie, durch Globalsteuerung (Maßnahmen der Abb. 31c) die Gesamtnachfrage zu erhöhen und damit die Beschäftigung zu steigern. Denn die **Keynesianer** gehen von einer instabilen Volkswirtschaft aus, die nach Krisen (hohe Arbeitslosigkeit) nicht mehr aus eigener Kraft zu Vollbeschäftigung zurückfindet. Die Selbstheilungskräfte der Märkte schlagen nach ihrer Ansicht nicht durch. Der Staat muß helfend, unterstützend eingreifen.

Ganz anders die **„Neoklassiker“**: da die Globalsteuerung nach ihrer Ansicht versagt (Strohfeuer!), müssen gerade die Selbstheilungskräfte der Märkte gestärkt werden. Die Geldpolitik hat die Expansion der Wirtschaft durch eine stetige Ausweitung der Geldmenge zu unterstützen.

Im Bericht in K15 wird demnach auf der Grundlage **keynesianischer Annahmen** argumentiert. Danach erhöht die Steigerung einer autonomen Größe (eines **Verschiebungsparameters**) die Nachfrage und das Angebot (das sich elastisch anpaßt) um ein Vielfaches. Wenn die **autonome Größe** mit einem **negativen Vorzeichen** in der Nachfragefunktion erscheint, dann erhöht sich die Nachfrage bei einer Senkung der autonomen Größe um ein Vielfaches. In einer Pressenotiz heißt es z.B.: „So werde zusätzlich eine halbe Milliarde Mark ... zur Verfügung gestellt; das habe einen hohen Multiplikatoreffekt.“ Was versteht man unter einem **Multiplikatoreffekt**? Wir wollen für den keynesianischen Fall $C_a$ erhöhen und fragen, um wieviel N steigt.

Der **„Multiplikator“**, der Vervielfacher, läßt sich wie folgt ableiten: wir setzen in II.C.1 $P_N = P_Ä^a$ (denn $P_N$ kann wegen $P_A = P_Ä^a$ nicht steigen). Nun gehen wir von einer **Gleichgewichtssituation** in der Periode 0 aus. Wir **stören** dieses Gleichgewicht, indem $C_a$ erhöht wird, alle anderen Größen sollen konstant bleiben. Die neue Nachfrage (im Gleichgewicht) der Periode 1 ist dann

$$N_1 = \varepsilon\,(C_a^1 + \Delta C_a + b\xi^1 + R_a^1 + Ex_a^1 - b\delta^1) + \\ + \varepsilon\,(\frac{b}{a} mH_a^1 + dP_a^{*1} e_a^1 - cT_a^1)\frac{1}{P_Ä^a}.$$

Ziehen wir von dieser Gleichung die Nachfrage der Periode 0 ab, nämlich

$$N_0 = \varepsilon\,(C_a^0 + b\xi^0 + R_a^0 + Ex_a^0 - b\delta^0) + \varepsilon\,(\frac{b}{a} mH_a^0 + dP_a^{*0} e_a^0 - cT_a^0)\frac{1}{P_Ä^a},$$

dann bleibt

(II.D.3) $$N_1 - N_0 = \Delta N = \varepsilon \Delta C_a.$$

Man nennt ε auch den Multiplikator[14]. Dieser Multiplikator ist nicht bei jeder autonomen Größe gleich. Bei einer Änderung der Zentralbankgeldmenge z.B. gilt

(II.D.4) $$\Delta N = \varepsilon m \,\frac{b}{a}\,\frac{\Delta H_a}{P_{A^a}},$$

bei einer Steuersenkung (bei konstanten Transfers)

(II.D.5) $$\Delta N = -\varepsilon c\,\frac{\Delta T_a}{P_{A^a}}.$$

Diese Zusammenhänge sollen im folgenden vertieft werden.

[14] Hier handelt es sich um den sog. Hicksschen Supermultiplikator.

K15

## Die wirtschaftliche Lage in der Bundesrepublik Deutschland Monatsbericht August 1978

Tagesnachrichten des Bundesministers für Wirtschaft, Bonn, vom 29. August 1978

...Die deutsche Delegation hatte auf dem Treffen der Staats- und Regierungschefs vom 16./17. Juli 1978 in Bonn angekündigt, daß die Bundesregierung als Beitrag einer gemeinsamen umfassenden Strategie zur Abwehr der Störung des weltweiten wirtschaftlichen Gleichgewichts ihren gesetzgebenden Körperschaften bis Ende August zusätzliche, quantitativ substantielle Maßnahmen um bis zu 1% des Bruttosozialprodukts vorschlagen werde. Diese Ankündigung hat die Bundesregierung inzwischen durch die Beschlüsse vom 28. Juli 1978 zur Stärkung der Nachfrage und zur Verbesserung des Wirtschaftswachstums konkretisiert, die folgendes vorsehen:

– Erleichterungen bei der Einkommen- und Lohnsteuer durch Änderungen des Steuertarifs, Einführung eines begrenzten Realsplittings bei Unterhaltszahlungen und Erhöhung des Vorwegabzugs bei den Sonderausgaben,

– Abschaffung der Lohnsummensteuer und Anhebung des Freibetrags bei der Gewerbeertragsteuer,

– zusätzliche Ausgaben zur Förderung von Forschung, Entwicklung und Innovation, insbesondere auch für kleine und mittlere Unternehmen, sowie weitere Verstärkung investiver Ausgaben im Bundeshaushaltsplan 1979 gegenüber den ursprünglichen Ansätzen,

– Erhöhung des Kindergeldes, Einführung eines zusätzlichen Mutterschaftsurlaubs und Herabsetzung der flexiblen Altersgrenze für Schwerbehinderte,

– Verwirklichung von Maßnahmen des Berlin-Programms der Parteien.

Um den Kapitalmarkt nicht zu überfordern, wurde gleichzeitig vorgesehen, die Mehrwertsteuersätze ab 1. Juli 1979 von 12 auf 13 v.H. und 6 auf 6,5 v.H. anzuheben.

Der Gesamtbetrag dieser Maßnahmen beläuft sich für 1979 auf mehr als 12 Mrd DM (netto), d.h. knapp 1% des Bruttosozialprodukts. Für 1980 ergeben sich weitere finanzpolitische Impulse. Hierdurch erhält die gesamtwirtschaftliche Nachfrage erhebliche zusätzliche Anstöße. Gleichzeitig wird damit die Politik der Verbesserung der Rahmenbedingungen für die private Investitionstätigkeit fortgesetzt. Die Beschlüsse können das Wirtschaftsklima schon 1978 günstig beeinflussen. Dies setzt allerdings eine möglichst rasche Verabschiedung durch die gesetzgebenden Körperschaften voraus. ...

K16

## Die Ökonomen in der Krise – ratlos

von Klaus Peter Schmid

... Schon 1969 war die Zahl der Arbeitslosen auf einen „normalen" Sockel, 180000, zurückgegangen. Minister Schiller, der in seinem Vorzimmer ein Keynes-Porträt hängen hatte, konnte triumphieren. Die Grundlage seiner Politik, das „Gesetz zur Förderung der Stabilität und des Wachstums der Wirtschaft" vom Juni 1967, erregte Bewunderung in der gesamten westlichen Welt. Der Glaube an die Lenkbarkeit der Konjunktur ging so weit, daß Willy Brandt noch Anfang der siebziger Jahre meinte, jedem Bürger einen Arbeitsplatz garantieren zu können.

Doch Ende 1973 geriet die Wirtschaft plötzlich wieder aus den Fugen. Ende 1974 überschritt die Zahl der Arbeitslosen die Millionengrenze, während gleichzeitig die Preissteigerungen beängstigende Ausmaße annahmen.

Plötzlich redete alle Welt von der Krise. Da sie fast alle Industrienationen erfaßte, ging gar das Wort von der „Krise des Kapitalismus" um. Der Eindruck eines fatalen Schicksalsschlages war um so stärker, als diesmal gegen das Unheil kein Mittel zu helfen schien. Natürlich traten die Keynesianer auf den Plan und versuchten es mit der bewährten Globalsteuerung. Doch welche Anstrengungen die Regierungen auch unternahmen, nichts ging mehr.

Zusätzliche öffentliche Investitionen, billige Kredite für die Industrie, Investitionsanreize aller Art – keine Medizin verschaffte anhaltende Linderung. Allein 1974 schüttete die Bundesregierung über fünf Milliarden Mark aus, um der lahmenden Konjunktur auf die Beine zu helfen – vergeblich. Lediglich 1976 wurden die verzweifelten Anstrengungen durch einen Mini-Aufschwung belohnt; doch er brach alsbald wieder in sich zusammen. Seitdem heißt es in den Bonner Ministerien resignierend: „Die Pferde saufen nicht mehr."

Die Zeit, Nr. 48 vom 24.11.1978

Die **gesamtwirtschaftliche Nachfrage** läßt sich berechnen, wenn das Preisniveau bestimmt wird. Das **Preisniveau** läßt sich durch die Einführung einer **unendlich elastischen Angebotsfunktion** angeben. Im Schnittpunkt von Angebots- und Nachfragefunktion herrscht, für die unterstellten Hypothesen, **gesamtwirtschaftliches Gleichgewicht**.

Eine **Verlagerung der Nachfragefunktion** nach rechts (im P-AN-System) erhöht Nachfrage und Angebot.

Die mit **„neoklassischen" Prämissen** abgeleitete Nachfragefunktion verlagert sich nur nach rechts, wenn **Geldvolumen** oder **Umlaufgeschwindigkeit** des Geldes steigen. Alle anderen Veränderungen von autonomen Größen lassen die Nachfragefunktion unverändert („**Strohfeuer**"). Die wichtigste **Ursache** liegt darin, daß die **Erhöhung eines Parameters** (z.B. der Staatsausgaben) eine Änderung von Variablen bewirkt (z.B. Zinssteigerung), die **andere Größen** (z.B. privater Konsum, private Investitionen) **kompensatorisch senkt** („**crowding-out**").

Die mit „**keynesianischen" Hypothesen** abgeleitete Nachfragefunktion verlagert sich bei einer **Veränderung aller** in der Konsum-, Investitions-, Staatsausgaben- und Exportfunktion enthaltenen **autonomen Größen** oder **Verhaltensparameter**; die **Richtung** der Verlagerung wird vom **Vorzeichen** des Parameters bestimmt. Positives (negatives) Vorzeichen bedeutet Rechts-(Links-)Verlagerung bei einer Erhöhung der autonomen Größe.

## 1. Exkurs: Der Multiplikatorprozeß

Wovon hängt der Multiplikator ab? Der Multiplikator wird ausschließlich von den Verhaltensannahmen für ein wirtschaftstheoretisches Modell bestimmt. Ändert man die Hypothesen der Verhaltensgleichungen, dann ändert sich auch der Multiplikator. Nehmen wir z.B. für

$$\varepsilon = \frac{1}{s + \frac{bk}{a}}$$

an, die Investitionsneigung b sei Null, die Investitionen seien demnach nicht zinsabhängig, also autonom, dann reduziert sich der Multiplikator auf 1/s. Gleiches trifft zu, wenn

- der Kassenhaltungskoeffizient k Null wird, also kein Geldmarkt berücksichtigt ist, oder
- die Spekulationsneigung a unendlich ist, wir also den Bereich der Liquiditätsfalle betrachten.

Man sieht am Bruch bk/a aber auch, daß im keynesianischen Modell Investitionshypothese und Geldmarktannahmen unverbrüchlich miteinander zusammenhängen.

Der einfache Multiplikator 1/s läßt sich mit einem einfachen Gütermarktmodell ableiten. Setzen wir z.B. statt II.A.9

(II.A.9a) $I = I_a$

und gehen wir von einer geschlossenen Volkswirtschaft (kein Export!) ohne Staat ($T = 0$; $R = 0$) aus, dann reduziert sich unser Modell im Kapitel II.A.6 auf:

(II.D.6) $N = C + I$

(II.D.7) $C = C_a + cA$

(II.A.9a) $I = I_a$

(II.A.19) $N = A$,

$N$ = Reale Gesamtnachfrage
$C$ = Reale Konsumnachfrage
$I$ = Reale Investitionsnachfrage
$C_a$ = Autonomer Konsum
$c$ = Konsumneigung
$A$ = Reales Angebot (Einkommen)
$I_a$ = (Autonome) Investitionen

vier Gleichungen für die vier Variablen N, C, I und A. Die Lösung heißt

(II.D.8) $N = \frac{1}{s}(C_a + I_a).$

$s$ = Sparneigung

Der Multiplikator lautet $1/s$: für $\Delta I_a = 0$ und $\Delta C_a > 0$

(II.D.9) $\Delta N = \frac{1}{s}\Delta C_a.$

Oder für $\Delta C_a = 0$ und $I_a > 0$ heißt der sog. Investitionsmultiplikator

(II.D.10) $\Delta N = \frac{1}{s}\Delta I_a,$

eine Erhöhung der autonomen Investitionen in Höhe von $\Delta I_a$ erhöht die reale Nachfrage multiplikativ um den Faktor $1/s$, die reziproke Sparneigung.

Dieser Multiplikatorprozeß soll an einem Beispiel erläutert werden. Angenommen, wir erhöhen die autonomen Investitionen um 10000 DM, indem wir an unser Haus eine zweite Garage bauen. Wir wollen ferner annehmen, unsere Investition sei vorher Null gewesen. Dann gilt:

$$\Delta I = 10000.$$

Nun wollen wir annehmen, der Bauunternehmer habe einen Gewinnanteil einbehalten und den Rest vollständig an seine Arbeiter weiterbezahlt (es entstehen also keine Fremdleistungen). Wenn die Konsumneigung aller gleich $c = 0.5$ ist, dann werden diese Haushalte 5000 ausgeben und 5000 sparen. Die Ausgaben schaffen Einkommen bei den Unternehmen, die für die getätigten Ausgaben ($c\Delta A$) Güter und Dienstleistungen angeboten und produziert hatten. Werden die dort entstandenen Einkommen wieder mit einem Anteil von $c = 0.5$ ausgegeben, dann entstehen neue Einkommen in Höhe von $c^2\Delta A$, das Gesparte verschwindet aus dem Einkommenskreislauf. Oder: Die Grenze des Prozesses liegt bei den Sickerverlusten durch Sparen, je höher $s = dS/dA$ desto höher ist der Sickerverlust.

Man kann diesen Prozeß nur mit Hilfe eines dynamischen Modells darstellen. Ein einfaches Modell wäre:

(II.D.6a) $N_t = C_t + I_t,$

(II.D.7a) $C_t = C_a + cA_{t-1}$,

(II.A.9b) $I_t = I_{at}$,

(II.A.19a) $N_t = A_t$.

t und t − 1 bedeutet die Zeitindizierung der Modellvariablen

Die Verhaltenshypothesen bestimmen den Anpassungs- (und Multiplikator-) Prozeß: Die Konsumenten richten ihre laufenden Konsumausgaben am Einkommen (Angebot) der letzten Periode (t − 1) aus (II.D.7a), die Unternehmer passen ihre Produktion (A) sofort (in der gleichen Periode t) an die herrschende Nachfrage an (II.A.19a).

**Übersicht 5** Der Multiplikatorprozeß bei einmaligem Investitionsstoß

| Periode | $A_t = N_t$ | $C_t = C_a + cA_{t-1}$ | $I_t = I_{at}$<br>$\Delta I_{t+1} = 30$ | $\Delta A$ |
|---|---|---|---|---|
| 0 | 100 | 70 | 30 | – |
| 1 | 130 | 70 | 60 | 30 |
| 2 | 115 | 85 | 30 | −15 |
| 3 | 107.5 | 77.5 | 30 | −7.5 |
| 4 | 103.75 | 73.75 | 30 | −3.75 |
| ⋮ | ⋮ | ⋮ | ⋮ | ⋮ |
| ∞ | 100 | 70 | 30 | 0 |

In der Ausgangssituation (Periode 0) befinde sich das System im Gleichgewicht, es gelte N = A = 100, C = 70 und I = 30, ferner $C_a = 20$ und c = 0.5. In der Periode 1 finde eine Störung statt: Die Investitionen werden um 30 erhöht ($\Delta I = 30$). Aus der vorhergehenden Sequenztabelle geht hervor, wie die Wirtschaftssubjekte nach dieser Störung konsumieren und investieren: Die Produktion wird sofort angepaßt (A = 130), der Konsum richtet sich nach dem Einkommen (Angebot) der Vorperiode und bleibt deshalb gleich.

Für die nächste Runde ist es entscheidend, ob die Erhöhung der Investitionen einmalig oder dauerhaft war. In der Übersicht 5 ist eine **einmalige** Erhöhung unterstellt; die Einkommen gehen wieder zurück und sie nähern sich schließlich wieder dem Ausgangseinkommen an (Abb. 32a).

Diese Entwicklung verläuft vollständig anders, wenn eine **dauerhafte** Störung unterstellt wird. Die Investitionen bleiben nach der Periode 1 auf dem erhöhten Niveau von 60. Die Nachfrage wird dauerhaft erhöht und strebt gegen ein neues, höheres Gleichgewicht (Abb. 32b). Aus der Multiplikatorformel für das betrachtete Modell läßt sich der Nachfragezuwachs berechnen:

$$\Delta N = \frac{1}{s}\Delta I$$

$$\Delta N = \frac{1}{0.5} \cdot 30 = 60$$

Das neue Gleichgewicht liegt bei N = A = 160.

Dieser beispielhaft am einfachsten Modell dargestellte Multiplikatorprozeß wirkt in analoger Weise immer dann, wenn das Gleichgewicht der Volkswirt-

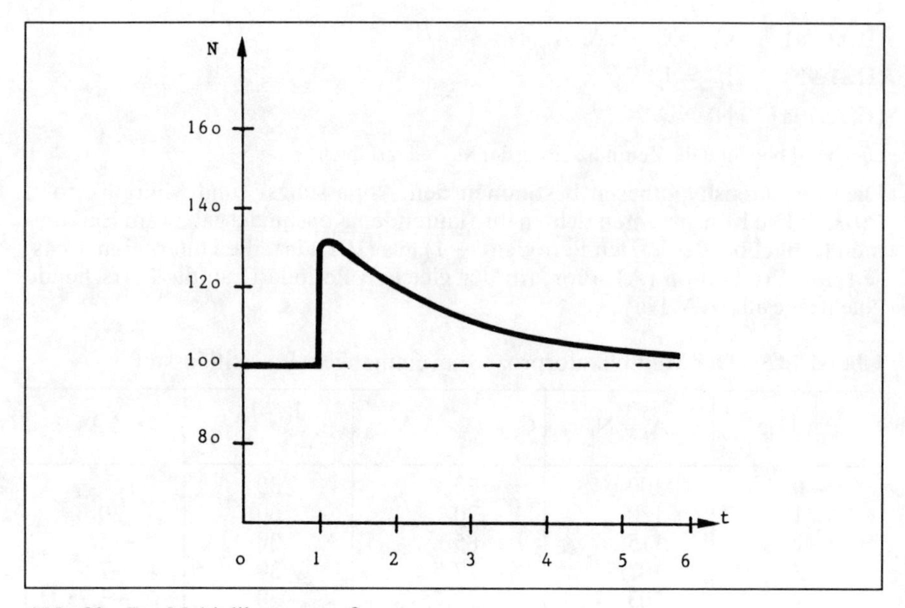


**Abb. 32** Der Multiplikatorprozeß
a) bei einmaliger Investitionserhöhung

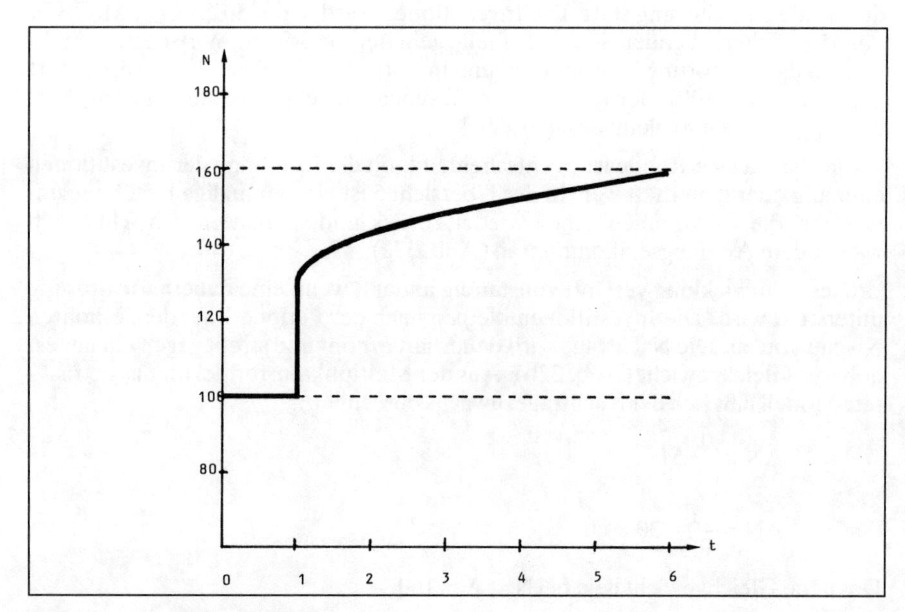


**Abb. 32** Der Multiplikatorprozeß
b) bei dauerhafter Investitionserhöhung

schaft durch die Veränderung einer autonomen Größe gestört wird. Der Multiplikator selbst hängt ab von den Verhaltenshypothesen, die über die Wirtschaftssubjekte im Modell getroffen worden sind. Ein neues Gleichgewicht entsteht nach einer Störung dann, wenn bestimmte Stabilitätsbedingungen erfüllt sind. Im betrachteten Modell lauten diese, daß $0 < c < 1$.

Wir haben bisher ausschließlich positive Multiplikatoren betrachtet. Negative Multiplikatoren treten auf, wenn eine zu verändernde autonome Größe in der Nachfragegleichung II.C.1 ein negatives Vorzeichen aufweist, wie etwa die Terme $b\delta$ und $cT_a$. Wie lautet der Steuermultiplikator? Das Ausgangsgleichgewicht $N_0$ wird gestört durch eine Steuererhöhung $\Delta T_a$. Subtrahieren wir, wie auf S. 93 $N_0$ von $N_1$, dann ergibt sich

(II.D.5) $\quad \Delta N = -\varepsilon c \Delta T,$

und für autonome Investitionen ($b = 0$)

(II.D.11) $\quad \Delta N = -\frac{c}{s}\Delta T_a.$

In analoger Weise läßt sich der Staatsausgabenmultiplikator ableiten:

(II.D.12) $\quad \Delta N = \varepsilon \Delta R_a.$

Für $b = 0$ gilt

(II.D.12a) $\quad \Delta N = \frac{1}{s}\Delta R_a.$

Werden nun zwei autonome Größen gleichzeitig verändert, die entgegengesetzte Multiplikatorwirkungen aufweisen, dann wird nur der Nettoeffekt wirksam. Hierzu ein Beispiel: Es soll angenommen werden, daß die Erhöhung der Staatsausgaben $\Delta R_a$ durch eine Erhöhung der Steuern $\Delta T_a$ finanziert wird, es gilt also $\Delta R_a = \Delta T_a$. Ist der Nettoeffekt der Multiplikatorwirkungen negativ oder positiv? Ein Vergleich der Multiplikatoren $1/s$ und $-c/s$ zeigt, daß der Nettoeffekt positiv sein muß, denn $1/s > |c/s|$. Genauer: Der Nettoeffekt $\Delta\eta$ ist $1/s \, \Delta R_a - c/s \, \Delta T_a = \Delta R_a$. Bei vorher ausgeglichenem Staatshaushalt wirkt also eine steuerfinanzierte Ausgabensteigerung trotzdem expansiv (Haavelmo-Theorem).

Diese expansiven und kontraktiven Wirkungen sollen im folgenden vertieft werden.

## 2. Exkurs: Expansive und kontraktive Prozesse

Eine „deflatorische Lücke ... schränkt die Inlandsnachfrage ein“. Wie ist dieser Kommentar zu verstehen? Im folgenden geht es darum zu erläutern, was man unter diesem Begriff versteht, und, daß damit ein kontraktiver Prozeß der Wirtschaft ausgelöst wird.

Die Erklärung von expansiven und kontraktiven Prozessen in der Volkswirtschaft ist Aufgabe der Konjunkturtheorie; die Phasen der gesamtwirtschaftlichen Expansion und Kontraktion werden Konjunkturschwankungen genannt. Diese Konjunkturschwankungen lassen sich mit der Darstellung von Wachstumsraten gut erkennen (vgl. Abb.4). Verwendet man Daten für die reale Gesamtnachfrage in Mrd. DM (Abb. 33), dann zeigen sich nur die Krisen von 1967, 1975 und 1981 deutlich. Die wirtschaftliche Kontraktion (absoluter Rückgang bzw. Stagnation der Gesamtnachfrage) dieser Jahre wurde allerdings dominiert von langen ex-

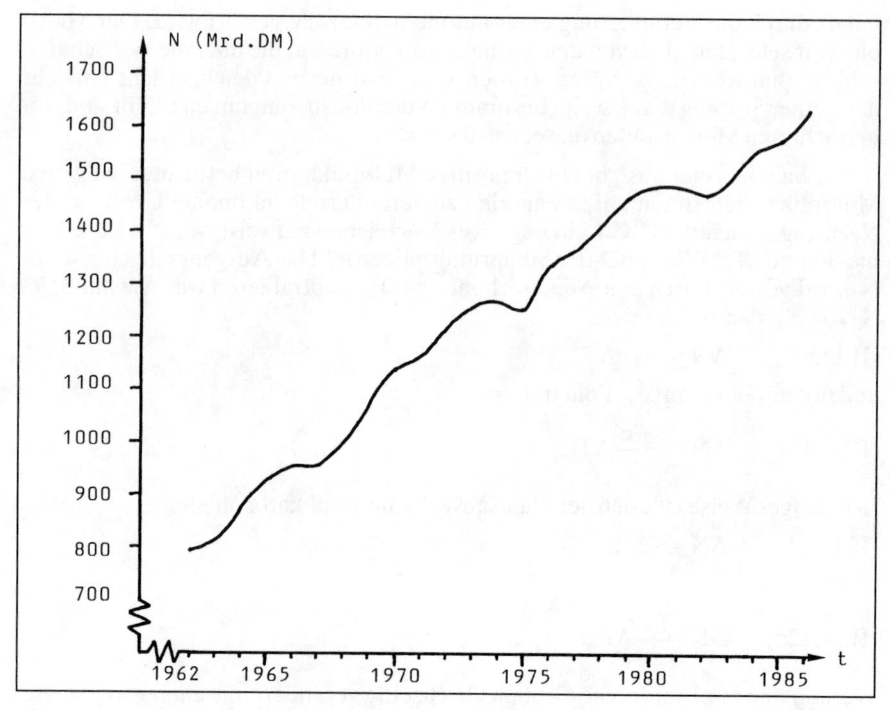


**Abb. 33** Reale Gesamtnachfrage, Bundesrepublik Deutschland, 1962-1986, Mrd DM[15]

pansiven Phasen, in denen die Gesamtnachfrage immer gestiegen ist[16]. Bei diesen Prozessen handelt es sich um wirtschaftliche Ungleichgewichtssituationen, bei denen die Multiplikatorwirkungen eine wichtige Rolle spielen. Dies soll mit Hilfe der Abb. 34a und b verdeutlicht werden.

In Abb. 34 sind drei unterschiedliche Situationen eingezeichnet: $AN_G$, $AN_{IL}$ und $AN_{DL}$.

Wir bezeichnen die Situation $AN_G/P^a_{ÄG}$ als gesamtwirtschaftliches Gleichgewicht. In dieser Situation wird gesamtwirtschaftlich gerade so viel Angebot zur Verfügung gestellt, wie nachgefragt wird. Da alle Wirtschaftssubjekte mit dieser Situation zufrieden sind, besteht keine Veranlassung, davon abzuweichen.

Wie steht es mit der Situation $AN_{IL}/P^a_{ÄG}$ in Abb. 34a? Die Nachfrager wollen zum vorherrschenden Preisniveau $AN_{IL}$ nachfragen, die Anbieter stellen aber nur $AN_G$ an Gütern und Dienstleistungen zur Verfügung. Es besteht eine Tendenz zu Preisniveausteigerungen (die wegen $P_A$ = konstant aber nicht stattfinden können) als Reaktion auf diesen Nachfrageüberhang, man sagt, es liege eine in-

[15] **Quelle:** SVR, Gutachten 1986/87, Tab. 25*.

[16] Wie die Abb. 4 zeigt, ist dies bei den Wachstumsraten nicht der Fall. Einem Abflachen (Rückgang) der Nachfrage entsprechen abnehmende (negative) Wachstumsraten.

flatorische Lücke vor[17]. Fragt man, ob diese Situation stabil sein kann, dann wird die Antwort für eine marktwirtschaftlich organisierte Volkswirtschaft wie folgt lauten: (1) Die Anbieter können ihre Preise erhöhen und somit die Knappheitssituation ($A < N$) ausnützen, das Preisniveau steigt (auf $P^a_{IL}$). (2) Die Anbieter erhöhen ihre Angebotsmengen so lange, bis das Gleichgewicht in $AN_{IL}$ wieder hergestellt ist. Es wird (3) noch Reaktionsmöglichkeiten geben, die zwischen den Extremen (1) und (2) liegen. Welche Anpassung findet im betrachteten Modell statt? Durch das vorgegebene konstante Preisniveau $P^a_{ÄG}$ ist in diesem System nur die Mengenausdehnung zugelassen. Wären Preisniveausteigerungen (z.B. auf der gestrichelten senkrechten kurzfristigen Angebotsfunktion) möglich, dann könnte eine geeignete Strategie wirtschaftspolitischer Entscheidungsträger zur Verhinderung der Preisniveausteigerungen darin bestehen, die Nachfragefunktion nach links zu verlagern, bis sie $P^a_{ÄG}/AN_G$ schneidet. Das Schließen der inflatorischen Lücke könnte darin bestehen (stabilitätspolitische Maßnahmen), daß

- die Staatsausgaben eingeschränkt,
- die Steuern erhöht,
- die Geldmenge gesenkt, etc.,

kurzum: Maßnahmen ergriffen würden, die negative Multiplikatorwirkungen haben. Das heißt, daß

- autonome Faktoren mit positiven Multiplikatoren gesenkt (z.B. $R_a$),
- autonome Faktoren mit negativen Multiplikatoren erhöht (z.B. $T_a$) werden müssen.

Jede Aufschwungphase der Konjunkturentwicklung (Abb. 33) stellt einen expansiven Prozeß dar, der durch eine inflatorische Lücke gekennzeichnet werden kann. Oder: Dieser expansive Prozeß wird dadurch in Gang gehalten, daß stets eine inflatorische Lücke besteht. M. a. W.: Es müssen ständig positiv wirkende Veränderungen autonomer Größen auftreten, die ständig Multiplikatorwirkungen in expansiver Richtung auslösen. Bei abflachendem Aufschwung werden die negativen Impulse immer größeres Gewicht erlangen. Der Abschwung wird eingeleitet durch ein Übergewicht der negativen Impulse: die negativen Multiplikatorwirkungen haben die Überhand über die positiven gewonnen. Eine Konjunkturtheorie hat daher zu erklären, warum eine bestimmte Bewegungsrichtung des Wirtschaftsablaufs vorherrscht (Expansion oder Kontraktion) und warum diese Bewegung umschlägt, und dies unter Berücksichtigung aller Märkte. Die Multiplikatoranalyse kann hierzu wichtige Erkenntnisse beitragen[18].

Nun zur näheren Skizzierung kontraktiver Prozesse. Die Situation $AN_{DL}/P^a_{DL}$ in Abb. 34b ist durch eine sog. deflatorische Lücke gekennzeichnet (vgl. K15): das gesamtwirtschaftliche Angebot übersteigt die Nachfrage. Bei diesem Angebotsüberhang besteht eine Tendenz zu Preissenkungen, zu Deflation (Preisni-

---

[17] In traditionellen Lehrbüchern ist diese Situation (für eine geschlossene Volkswirtschaft ohne Staat) dadurch gekennzeichnet, daß die geplanten Investitionen die geplanten Ersparnisse übersteigen. Dies bedeutet nichts anderes als einen Nachfragemengenüberschuß.

[18] Mit Hilfe eines dynamischen Modells, in dem eine Wechselwirkung zwischen Akzelerator (vgl. Kapitel II.A.3) und Multiplikator formuliert ist, können Konjunkturschwankungen „erzeugt“ werden (Hicks-Samuelson-Modell).

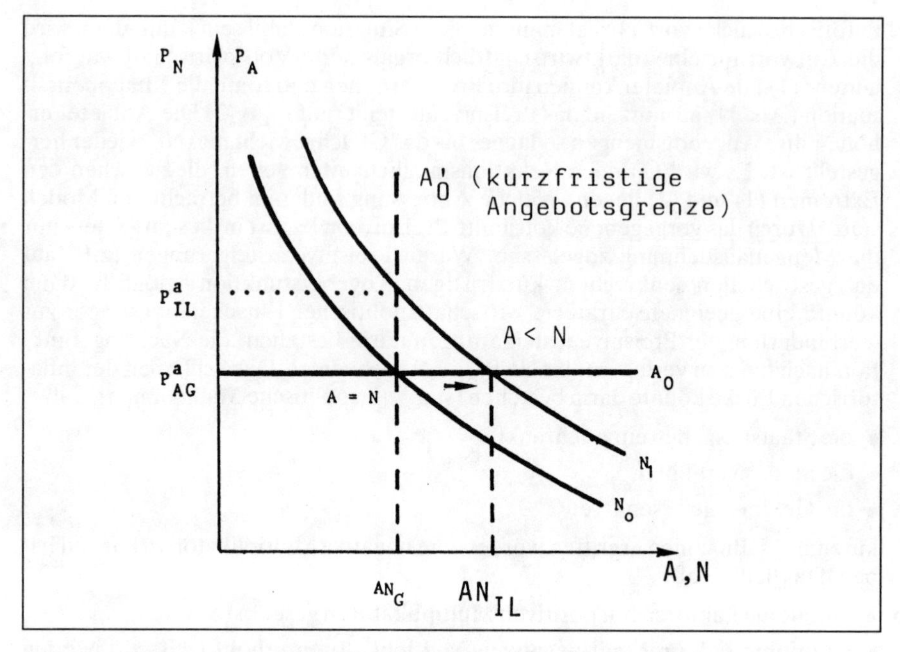


**Abb. 34** Gesamtwirtschaftliche Gleichgewichts- und Ungleichgewichtssituationen
a) Inflatorische Lücke

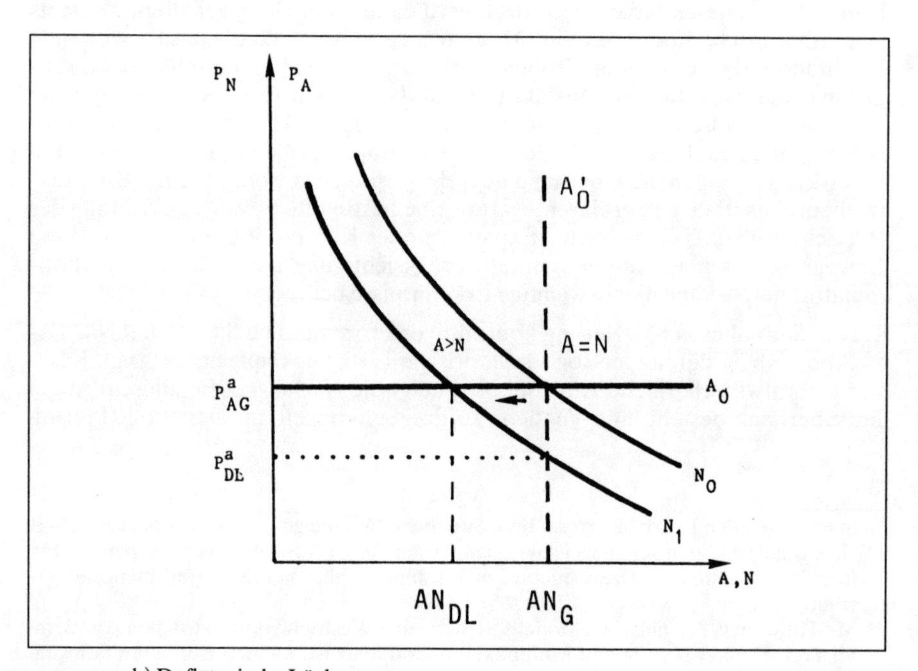


b) Deflatorische Lücke

veaurückgang), die wegen der Konstanz von $P^{a}_{\ddot{A}G}$ wiederum nicht stattfinden können. Welche Reaktionen können in einem marktwirtschaftlichen System erwartet werden? (1) Die Anbieter können ihre Lager dadurch abbauen, daß sie die Produktion drosseln, bis wieder das Gleichgewicht $AN_G$ erreicht ist. (2) Sie können ihre Preise senken. (3) Sie können beides tun. Bei konstantem Preisniveau wird die Anpassung wieder ausschließlich über die Mengen laufen: es entsteht ein kontraktiver Prozeß, der von $AN_G$ nach $AN_{DL}$ führt[19].

Diese kontraktiven Prozesse sind im Konjunkturverlauf mit den Abschwungphasen verbunden. Auch hier kann versucht werden, durch konjunkturpolitische Maßnahmen die deflatorische Lücke zu schließen: die gesamtwirtschaftliche Nachfragefunktion muß nach rechts verlagert werden durch

- Erhöhung der Staatsausgaben,
- Senkung der Steuern,
- Erhöhung der Geldmenge, etc.,

eine Änderung von Faktoren also, die einen positiven Multiplikatorprozeß auslösen.

Daraus ergibt sich die Konzeption der **antizyklischen Konjunktursteuerung:** Im Aufschwung (= inflatorische Lücke) den expansiven Prozeß bremsen, also kontraktive Maßnahmen (mit negativen Multiplikatoreffekten) ergreifen. Im Abschwung (= deflatorische Lücke) den kontraktiven Prozeß umkehren („ankurbeln"), also expansive Maßnahmen (mit positiven Multiplikatoreffekten) ergreifen.

Diese Konzeption hat zwei wichtige Grenzen, wie wir wissen: (1) Die konjunkturpolitischen Maßnahmen müssen wirken („Strohfeuer"argument der „Neoklassiker"). (2) Das Preisniveau darf nicht steigen; bei einer positiv geneigten Angebotsfunktion steigt bei einer inflatorischen Lücke das Preisniveau tatsächlich, der realistischere Fall.

Wir wollen nun einen solchen Prozeß, hier den expansiven, modelltheoretisch analysieren, um zu verdeutlichen, daß über die Anpassungsreaktionen ganz konkrete Hypothesen getroffen werden müssen. Das Modell bezieht sich auf den Geld- und Gütermarkt. Als zentrale Hypothese für die Anpassung beschreibt das Modell

- in der Konsumfunktion das Verhalten, daß sich die Konsumenten mit ihrem Konsum immer um eine Periode verzögert an das verfügbare Einkommen anpassen (Robertson-Lag) und aus ihren laufenden Irrtümern auch nicht lernen,
- die Anbieter immer sofort das Angebot bereitstellen, das in der laufenden Periode nachgefragt wird; das Angebot reagiert also unendlich elastisch.

Wir versehen alle Gleichungen des keynesianischen Modells in der Übersicht 4 (S. 78) mit Zeitindizes t, außer der Konsumfunktion und der Nachfrage nach Transaktionskasse, die wie folgt lauten

(II.D.7a) $C_t = C_a + cA_{t-1},$

(II.B.13a) $L_{Tt} = kP_{Nt-1}N_{t-1}.$

[19] Die deflatorische Lücke kann in einer geschlossenen Volkswirtschaft ohne Staat auch dadurch gekennzeichnet werden, daß das geplante Sparen die geplanten Investitionen übersteigt.

**Übersicht 6** Die Sequenz eines expansiven Prozesses*)

| Periode | $N_t = C_t + I_t + R_t + Ex$ | $C_t = C_a + cN_{t-1} - cT_{at} \frac{1}{P^a_{At}}$ | $I_t = b(\xi - i_t)$ | $R_{at}$ | $Ex_t = Ex_a + dP^*_a l_a \frac{1}{P^a_{At}}$ | $i_t = \frac{k}{a} N_{t-1} + \delta - \frac{1}{a} M_a \cdot \frac{1}{P^a_{At}}$ |
|---|---|---|---|---|---|---|
| 0 | 1977.5 | 1295.5 | 56 | 300 | 326 | 0.116 |
| 1 | 2027.5 | 1295.5 | 56 | 350 | 326 | 0.116 |
| 2 | 2050.5 | 1330.5 | 44 | 350 | 326 | 0.119 |
| 3 | 2062.6 | 1346.6 | 40 | 350 | 326 | 0.12 |
| 4 | 2067.1 | 1355.1 | 36 | 350 | 326 | 0.121 |
| 5 | 2070.3 | 1358.3 | 36 | 350 | 326 | 0.121 |
| ⋮ | ⋮ | ⋮ | ⋮ | ⋮ | ⋮ | ⋮ |
| ∞ | 2077.5 | 1365.5 | 36 | 350 | 326 | 0.121 |

*) Rundungsfehler sind in $Ex_t$ aufgefangen

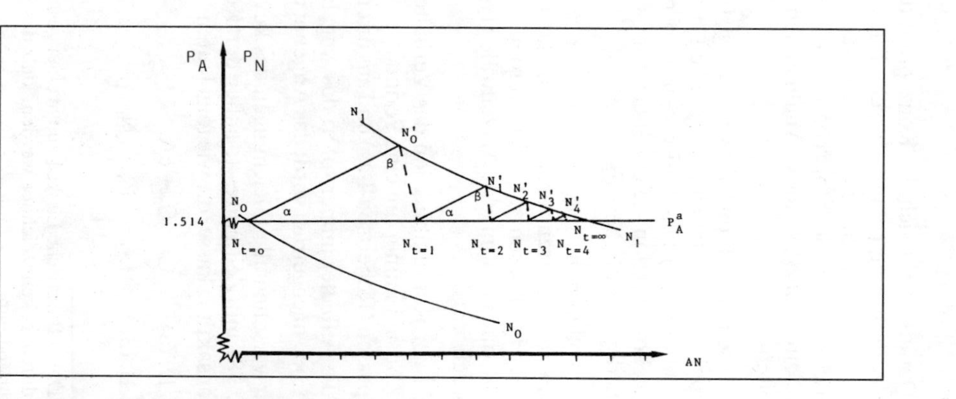


**Abb. 35** Sequenz eines expansiven Prozesses

Im Ausgangszeitpunkt t = 0 herrsche gesamtwirtschaftliches Gleichgewicht, so daß $N_t = N_{t-1}$, $T_{at-1} = T_{at}$ und $P_{Nt} = P_{Nt-1} = P^a_{At}$. Zur Berechnung des Ausgangsgleichgewichts unterstellen wir die folgenden Parameterwerte[20]:

| | | | | |
|---|---|---|---|---|
| $a = 4000$ | $C_a = 50$ | $Ex_a = 30$ | $P^*_a = 1$ | $T_a = 300$ |
| $b = 4000$ | $d = 180$ | $P^a_{At} = 1.514$ | $R_a = 300$ | $\delta = 0.1$ |
| $c = 0.7$ | $e_a = 2.5$ | $M_a = 500$ | $s = 0.3$ | $k = 0.2$ |

Setzt man diese Parameterwerte ein, dann ergibt sich die Nachfragefunktion

$$N_t = 1000 + 1480\ \frac{1}{P_{Nt}}.$$

$P^a_{At} = P_{Nt} = 1.514$ eingesetzt ergibt $N_t = 1977.5$.

In der Sequenztabelle auf der nächsten Seite gehen wir von diesem Ausgangsgleichgewicht aus. Eine Störung erfolge durch dauerhaft steigende Staatsausgaben $\Delta R_a = 50$. Durch diese inflatorische Lücke (Nachfrageüberschuß) wird ein expansiver Prozeß ausgelöst, der schließlich zu einem neuen Gleichgewichtseinkommen N = 2077.5 führt ($\Delta N = \varepsilon \Delta R_a$, $\Delta N = 100$). Die Anpassung des Systems erfolgt ausschließlich über eine Mengenausdehnung, denn das Preisniveau ist annahmegemäß konstant. Der Nachfragemengenüberschuß wird dadurch sukzessive verkleinert, weil sich die Konsumenten immer wieder dem gestiegenen Realeinkommen der Nachfrage der Vorperiode anpassen; die Unternehmen gleichen sich mit ihrer Produktion (Angebot) sofort der aktuellen Nachfrage an.

Grafisch ist der Anpassungsprozeß in Abb. 35 dargestellt. Dabei sind die numerischen Werte der Übersicht zugrunde gelegt. Das System befindet sich bei N = 1977.5 im Gleichgewicht. Der Multiplikator ε ist geometrisch darstellbar als der ctg eines Winkels α, der in $N_0$ errichtet ist. Auf dem mit $N_0$ gebildeten Strahl mit dem Winkel α ist die Ausdehnung der Nachfrage abzutragen: $\Delta R = 50$. Man erhält einen Punkt der Polarkoordinaten $N_0'$. Ferner gilt ε = ctg = 2 = 26.5°. In der ersten Periode steigt die Nachfrage lediglich aufgrund der Staatsausgabenausweitung; $\Delta R = \Delta N_1 = 50$. Die Unternehmen passen sich sofort an, so daß sie auf der Angebotsfunktion $P^a_A$ den Punkt $N_1 = N_0 + \Delta N_1 = 2027.5$ aufsuchen. In der Periode 2 passen die Konsumenten ihren Konsum an das gestiegene Einkommen ($N_1 = 2027.5 = A_1$) an. Der Konsum steigt um $\Delta C_1 = c\Delta N_1 = 35$ an. Allerdings ist durch die gestiegene Nachfrage auch die Nachfrage nach Transaktionskasse gestiegen[21]; bei konstantem Geldangebot steigt der Zins (von 11.6% auf 11.9%), dies verursacht einen Rückgang der Investitionen um 12 Einheiten, so daß als Nettonachfragesteigerung übrigbleibt $\Delta N_2 = \Delta C_1 - \Delta I = 23$. Dieser Wert abgetragen auf dem „Multiplikatorstrahl" mit dem Winkel α in $N_1$ ergibt den Polarpunkt $N_1'$. Die Unternehmen passen sich sofort an und suchen auf der Angebotsfunktion $P^a_A$ den Punkt $N_2 = A_2 = N_1 + \Delta N_2 = 2050.5$ auf. Die Konsumenten passen sich an, dann die Unternehmen, etc.. Der Prozeß kommt im neuen Gleichgewicht $N_\infty$ zum Stillstand, denn die Konsumenten stellen fest, daß das Einkommen der letzten Periode dem der laufenden Periode entspricht: Sie haben keinen Anlaß mehr, ihre Pläne zu revidieren.

---

[20] Entnommen aus Majer (1982), S. 79f., das Nachfragemodell ist ebenfalls von dort übernommen.

[21] Aus $\varepsilon = \dfrac{1}{s + \dfrac{b \cdot k}{a}}$ wird deutlich: je höher k, desto größer ist der Einfluß von Nachfrageänderungen auf die Transaktionskasse, desto größer ist die Zinssteigerung, desto mehr sinken die Investitionen und desto mehr wird der expansive Prozeß gebremst.

# Kapitel III: Beschäftigung und Gesamtangebot

## A. Definitorische Grundlagen

Wir haben bisher die gesamtwirtschaftliche Nachfrage in den Mittelpunkt der Darstellung gestellt und haben dabei die **Produktions-, Kosten-** und **Angebotsbedingungen** außer Acht gelassen. Hilfsweise wurde eine **unendlich elastische Angebotsfunktion** eingeführt, bei der das Angebot bei konstantem Preisniveau beliebig ausgedehnt und eingeschränkt werden konnte. In diesem gesamtwirtschaftlichen Angebots-Nachfragesystem wurden die Beschäftigungswirkungen bei variablem N (und A) und konstantem P untersucht.

**Im anderen Extrem** können Angebotsbedingungen unterstellt werden, die bei Vollbeschäftigung herrschen. Dann ist das Preisniveau P variabel und das Angebot (und die Nachfrage) sind konstant; wegen Vollbeschäftigung ist keine weitere Ausdehnung mehr möglich. In beiden extremen Fällen kann man somit eine wichtige Variable vernachlässigen, einmal P bei vollkommen elastischem Angebot, zum anderen A (und N) bei **vollkommen unelastischem Angebot**. Das vereinfacht die Analyse ganz wesentlich. Dies ist einer der Gründe dafür, warum sich die makroökonomische Theorie vor allem mit diesen beiden Fällen beschäftigt hat.

Der **realistische Fall** ist aber der, bei dem sowohl Preisniveau, als auch Angebot und Nachfrage variabel sind. Das Angebot kann nur ausgedehnt werden bei erhöhtem Preisniveau. Die damit beschriebenen Angebotsbedingungen müssen erklärt werden. Es muß begründet werden, warum und in welchem Ausmaß das Preisniveau steigt, wenn das Angebot erhöht wird (oder umgekehrt). Dies ist die Aufgabe einer **makroökonomischen Angebotstheorie**.

Es gibt heute noch keine solche Angebotstheorie, die „lehrbuchreif" wäre. Es gibt eine **gesamtwirtschaftliche Produktionstheorie** und die damit ermittelte physische Produktion (ein Gut!) wird dem Angebot gleichgesetzt. Sie verwendet ferner Darstellungen des Arbeitsmarktes, um das Preisniveau in das System einzuführen. Doch dies ist keine Angebotstheorie. Insbesondere berücksichtigt sie nicht die offene Volkswirtschaft, die für die Bundesrepublik unterstellt werden muß. Sie gibt allerdings einige Grundlagen für eine solche Angebotstheorie. Wir werden in diesem Kapitel einen **Grundriß einer Angebotstheorie** darstellen und die Erkenntnisse der Produktionstheorie einpassen.

### Produktion, Kosten und Angebot

Bei der Definition der gesamtwirtschaftlichen Nachfrage waren wir von der rechten Seite des **volkswirtschaftlichen Produktionskontos** ausgegangen, der Verwendungsseite, um die Nachfragekomponenten zu bestimmen. Ganz analog ge-

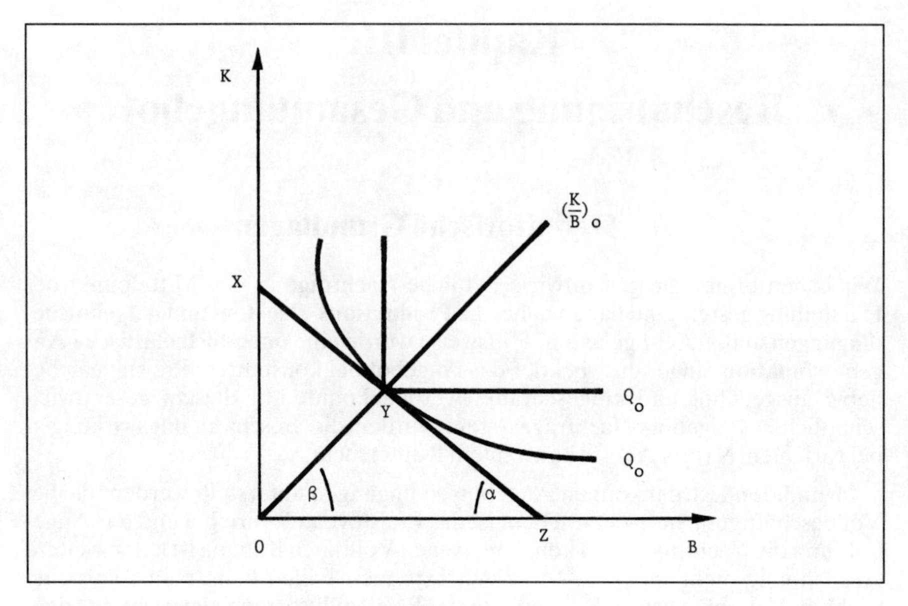


**Abb. 36** Produktionsbedingungen und Kosten

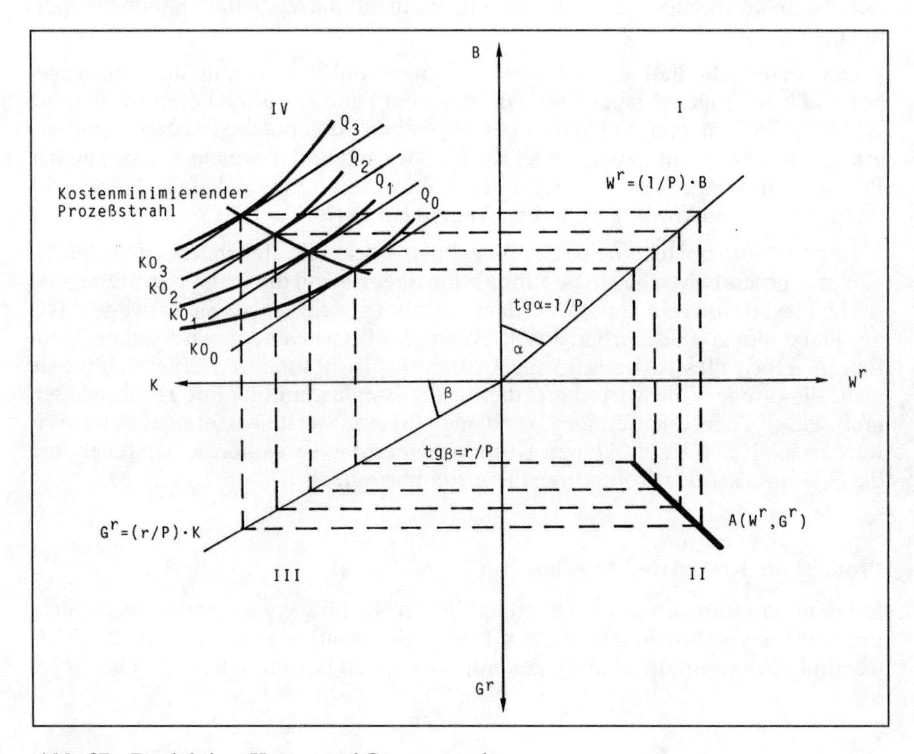


**Abb. 37** Produktion, Kosten und Gesamtangebot

hen wir nun bei der **Definition des Angebots** vor: Die linke Seite des volkswirtschaftlichen Produktionskontos enthält die **Kostenkomponenten**[1]. Dies ergibt

$$\text{(III.A.1)} \qquad A = \frac{W}{P_A} + \frac{G}{P_A} + \frac{Im}{P_A}$$

A = Reales gesamtwirtschaftliches Angebot zu Faktorkosten
W = Nominale Lohnsumme
G = Nominale Gewinnsumme
Im = Nominales Importangebot
$P_A$ = Angebotspreisniveau

Kann man diese **Kostengleichung** als Angebotsfunktion interpretieren[2]? In der Form von III.A.1, als ex post Identität, nicht. Sie muß durch **Hypothesen** über die **Produktionsbedingungen** und das gesamtwirtschaftliche **Angebotsverhalten** zu einer ex ante Beziehung werden. Vernachlässigen wir einmal die Importe, dann können diese Zusammenhänge in der Abb. 36 deutlich gemacht werden.

Mit der (Isokosten-) Linie XYZ ist III.A.1 ohne die Importkomponente dargestellt. Denn es gilt

$$\text{(III.A.2)} \qquad W = l \cdot B$$

W = Nominale Lohnsumme
l = Geldlohnsatz
B = Beschäftigte

und

$$\text{(III.A.3)} \qquad G = r \cdot K$$

G = Nominale Gewinnsumme
r = Nominaler Kapitalkostensatz
K = Kapitalstock (genutzter Bestand an Maschinen und Bauten)

Auf der **Isokostenlinie** liegen alle Produktionsmöglichkeiten für eine gegebene Kostensumme bei unterschiedlicher Kombination der **Produktionsfaktoren** B und K. Die Steigung dieser Linie wird durch den tg $\alpha$ bestimmt, und dieser ist das **Lohnsatz-Kapitalkostenverhältnis** l/r. Welche Kombination (welcher **Produktionsprozeß**) wird verwirklicht? Am besten wohl die (der), für die (den) bei gegebenen Kosten die höchstmögliche Produktionsmenge erzielt werden kann. Dies ist in Abb. 36 der Punkt Y. Die Produktionsmenge Q wird mit den **Isoquanten** (Kurven gleicher Produktionsmenge) $Q_0$ angegeben; je weiter die Isoquanten vom Ursprung des Koordinatensystems entfernt liegen, desto höher ist Q. Mit den Kosten

$$A_0 = l_0 B + r_0 K,$$

dargestellt durch XYZ läßt sich maximal $Q_0$ produzieren, bei konstanten Faktorpreisen $l_0$ und $r_0$. Die **optimale (kostenminimierende) Kombination** der Produktionsfaktoren ist $(K/B)_0$, dargestellt durch tg $\beta$.

Um den Punkt optimaler Produktion abzuleiten bedarf es demnach einer Beschreibung der **Produktionsbedingungen**. In Abb. 36 sind die zwei wichtigsten

[1] Damit nehmen wir einen Ansatz wieder auf, den J. M. Keynes für die Ableitung der Angebotsfunktion schon in seiner „Allgemeinen Theorie" verwendete.

[2] Indirekte Steuern und Subventionen sind auf die rechte Seite des Kontos gebracht und auch auf der Nachfrageseite abgezogen. Die Abschreibungen sind in G enthalten.

Alternativen dargestellt, die Isoquante einer **limitationalen Produktionsfunktion** ($Q_0$ auf dem Winkelzug mit der Spitze in Y), für die die Produktionsfaktoren in einem festen Verhältnis zueinander stehen und nur der **Prozeßstrahl** $(K/B)_0$ (kostenminimierend) in Frage kommt, und die Isoquante einer **substitutiven Produktionsfunktion** ($Q_0$ auf dem negativ geneigten Kurvenzug), für die die Produktionsfaktoren in einem variablen (substituierbaren) Verhältnis zueinander stehen, der Prozeßstrahl $(K/B)_0$ demnach variieren kann.

Nachdem wir nun die Produktions- und Kostensphären dargestellt haben, läßt sich die **Verbindung zum Angebot** herstellen. Dies ist in Abb. 37 mit Hilfe der Faktorpreise gezeigt.

Im IV. Quadranten sind mit $KO_0 = l_0B_0 + r_0K_0$ die **Angebots- oder Kostengleichung** (für eine geschlossene Volkswirtschaft) dargestellt, (geometrischer Ort aller Punkte gleicher Kosten) ferner die Isoquanten der Produktionsfunktion $Q_0 = B^\alpha K^\beta$ (geometrischer Ort aller Punkte gleicher Produktionsmengen $Q_0$). Der Expansionspfad gibt mit seiner Verbindung aller Tangentialpunkte von Isokostenlinien und Isoquanten den geometrischen Ort aller Punkte wieder für kostenminimierende oder produktionsmaximierende Kombinationen. Die Unternehmen sind in der hier betrachteten Volkswirtschaft in Abb. 37 gut beraten, wenn sie die Kombinationen von Arbeit und Kapital einsetzen, die auf den Prozeßstrahl (Expansionspfad) liegen, denn dort minimieren sie ihre Kosten. Wie hoch wird das Angebot sein? Wir verwenden die (realen) Faktorpreise l/P und r/P in den Quadranten I und III, um das Angebot (in konstanten) Preisen abzuleiten. Im Quadranten II ist die **allgemeinste** Form einer gesamtwirtschaftlichen **Angebotsfunktion** für eine geschlossene Volkswirtschaft dargestellt:

(III.A.4) $A = A(W^r, G^r)$.

Berücksichtigt man, daß $W^r$ und $G^r$ definitorisch mit l/P, P, r/P, B, K verbunden sind, dann sind mit diesen Größen (außer den Importen) die wichtigsten Determinanten des Angebots zusammengestellt:

(III.A.4a) $A = A\left(\frac{l}{P}, \frac{r}{P}, P, B, K, \pi, Q, \gamma, W^r, G^r\right)$.

Es ist offensichtlich, daß eine Angebotstheorie, die alle diese Größen berücksichtigen soll, sehr anspruchsvoll ist. Sie gibt es bis heute nicht. Die Nationalökonomen haben einzelne Teilerklärungen herausgenommen. Dabei dürfte die Erklärung des Angebots durch Gewinne und deren Erwartungen den höchsten Realitätsgehalt aufweisen. Dieser Ansatz wird in den herrschenden Angebotstheorien der Lehrbücher nur indirekt verfolgt. Hier spielt Gewinnmaximierung wohl eine Rolle bei der Ableitung der Arbeitsnachfragefunktion (welche Reallohn-Beschäftigungs-Kombination maximiert die Unternehmensgewinne?), doch erscheint als Hauptdeterminante des gesamtwirtschaftlichen Angebots der Reallohn. Wir wollen diesen Ansatz im folgenden kritisch darstellen und soweit wie möglich verbessern und erweitern. Dem **Arbeitsmarkt** fällt dabei eine wichtige Rolle für die Erklärung des **Gesamtangebots** zu.

Die **gesamtwirtschaftliche Angebotsfunktion** wird aus der **Kostenfunktion** abgeleitet und diese aus der **Produktionsfunktion**.

Die **Produktionsfunktion** beschreibt die Beziehungen zwischen den (physischen) Faktoreinsatzmengen (z.B. Arbeits und Kapital), den technischen Bedingungen (Durchschnitts- und Grenzproduktivitäten) und der (physischen) Produktionsmenge. Die **Produktionsfunktion** ist der geometrische Ort der maximal produzierbaren Mengen bei gegebenen Faktoreinsätzen.

Die **Kostenfunktion** beschreibt den Zusammenhang zwischen den Produktionsmengen (der Produktionsfunktion) und den mit ihren Preisen bewerteten Produktionsfaktoren (Lohnsatz, Kapitalkostensatz). Die Kostenfunktion ist der geometrische Ort aller optimal (z.B. kostenminimierend) kombinierten Produktionsfaktoren, für die Produktionsmenge und Kosten gleich sind.

Die **Angebotsfunktion** beschreibt den Zusammenhang zwischen angebotenen Mengen und Kosten. Diese Beziehung hängt vom Verhalten der Unternehmen ab. Sie wird üblicherweise in einem Mengen-Preisniveau-Diagramm dargestellt.

Geht man bei der **Definition des gesamtwirtschaftlichen Angebots** von einer **Kostengleichung** aus (linke Seite des **volkswirtschaftlichen Produktionskontos**), dann muß diese mit **Hypothesen** über die **Produktionsbedingungen** und das **Angebotsverhalten** gefüllt werden.

## B. Der Arbeitsmarkt

Das Angebot und die Nachfrage nach Arbeitskräften bestimmen den **Arbeitsmarkt. Arbeitslosigkeit** herrscht, wenn das Angebot die Nachfrage übersteigt. „Neoklassiker“ und Keynesianer interpretieren die Funktionsweise des Arbeitsmarktes vollkommen verschieden. Sie gelangen damit auch zu ganz unterschiedlichen Einschätzungen darüber, wie man Arbeitslosigkeit beseitigen könnte.

Zunächst wird die **Arbeitsnachfrage** dargestellt. Es zeigt sich, daß es hier keine fundamentalen Streitpunkte zwischen den Wirtschaftstheoretikern gibt. Diese beginnen bei der Ableitung einer **Angebotsfunktion** und der Einschätzung der Frage, ob der **Geldlohn** durch **Konkurrenz** oder **institutionell** (z.B. durch Verhandlungen) gebildet wird. Damit hängt die Antwort auf die Frage zusammen, ob die Geldlöhne nach unten und oben **flexibel** sind oder nicht.

Diese unterschiedlichen Hypothesen über den Arbeitsmarkt resultieren in einer **keynesianischen** und einer **„neoklassischen“ Gesamt-Angebotsfunktion**.

K17

# „Hüten wir uns vor einer Ideologisierung der Tarifpolitik"

**Döding plädiert für ein verläßliches und starkes Gegenüber / Zur Kampf- gehört die Gesprächsbereitschaft**

Klr. Frankfurt. „Die bewährte Tarifautonomie, in der ganzen Welt als Stützpfeiler des funktionierenden Miteinanders in der Bundesrepublik immer wieder bewundert, ist plötzlich ins Gerede geraten", wundert sich Günter Döding, der Vorsitzende der Gewerkschaft Nahrung-Genuß-Gaststätten (NGG). Die Gründe dafür sieht er in Veränderungen in der Gesellschaft, in Unternehmen und in der Arbeitnehmerschaft, vor allem jedoch in einer veränderten Einstellung der Unternehmer: „Nicht mehr dem Menschen gilt die Aufmerksamkeit, sondern der Apparatur. Ganze Managementschulen mit ihren Humanrelation-Theorien gingen über Bord."

„Warum soll eigentlich die Tarifpolitik sich den neuen Herausforderungen nicht stellen können?" fragt Döding in einem Gespräch mit der Frankfurter Allgemeinen Zeitung. Nachdrücklich setzt sich der NGG-Vorsitzende dafür ein, die Tarifautonomie zu hüten und als Aufgabe zu bewahren: „Hüten wir uns vor einer Ideologisierung der Tarifpolitik", warnt er. Sie sei schlecht geeignet, politische Entscheidungen zu korrigieren; sie eigne sich auch schlecht zur gesellschaftspolitischen Frage des Seins oder Nichtseins, aber sie trage entscheidend zum sozialen Frieden bei. Den Verbänden mißt er ein hohes Maß an Verantwortung zu: „Aber sie dürfen sich nicht verselbständigen und in Zentralismus erstarren. Sie dürfen nicht zum Selbstzweck in eigener Sache werden, sondern müssen stets aus einer Gesamtverantwortung heraus handeln."

Döding mahnt für die Zukunft vor allem ein vorurteilsfreies, enttabuisiertes Handeln sowie tragfähige, pragmatische Lösungen an: „Tabus, das hat spätestens die Tarifrunde 1984 gezeigt, führen zu Glaubenskriegen mit allen unnötigen Belastungen." Tabu-Kataloge, „egal auf welcher Seite", dienten letztlich nur den Faulen und Phantasielosen, förderten eine bestimmte Geschäftsführer-Mentalität, die zu Immobilismus führen könne. Tarifautonomie, betont Döding, könne nur funktionieren, wenn die Beteiligten mit ihrem sozialen Gegenspieler und nicht gegen ihn handeln. Dabei müsse man auch den Mut aufbringen, einmal gemeinsam „hinter den Ofen" zu gehen und nach Lösungen zu suchen. Interessenkonflikte müßten so ausgetragen werden, daß es nicht zur dauerhaften Beschädigung komme: „Zur Kampfbereitschaft gehört deshalb auch die Gesprächsbereitschaft."

Der Postmaterialismus und der Wertewandel machen es für Döding erforderlich, andere Wege zu gehen, ohne Bewährtes aufzugeben. Das schließt für ihn auch – wie bisher – einen bestimmten Freiraum für betriebliche Regelungen ein. Aber dabei dürfe man nicht so weit gehen, originäre Aufgaben der Tarifparteien auf die Schultern der Betriebsparteien abzuladen: „Die Konfliktlösung-Kompetenz, die die Tarifautonomie den Tarifparteien gibt, darf nicht auf die Betriebsebene verlagert werden." So habe er, sagt Döding, durchaus Verständnis für den Wunsch nach einer gewissen Flexibilisierung der Arbeitszeit. Aber diese dürfe nicht gewissermaßen zum Casus belli hochstilisiert werden.

Grundsätzlich gibt Döding einer regelmäßigen, gleichmäßig verteilten Arbeitszeit den Vorrang. Vertretbare Abweichungen könnten eingeführt werden, wenn der Acht-Stunden-Regel-Arbeitstag und das Prinzip der Fünf-Tage-Woche erhalten bleiben, die Regelungskompetenz der Tarifparteien gewährleistet ist, Betriebsräte über Lage und Verteilung der Arbeitszeit mitbestimmen können und die Arbeitszeitwünsche der Arbeitnehmer berücksichtigt werden. Dabei dürften bestehende Vollzeitarbeitsplätze nicht abgebaut werden, Dauerüberstunden müßten entfallen. Die Behauptung, Samstagsarbeit würde Arbeitsplätze schaffen, nennt Döding einen Trugschluß.

Der NGG-Vorsitzende setzt sich ferner für Technik-Vereinbarungen mit Rahmenregelungen für die Planung und Einführung neuer Techniken zwischen den Tarifparteien ein; diese gäben dann Raum für von den Betriebsräten zu praktizierende Regelungen. Diese betrieblichen Rahmenvereinbarungen sollten sich mehr auf die Beteiligung an der Planung des Einsatzes beziehen als auf einzelne Regelungstatbestände. Es dürfe dabei auch kein Sakrileg sein, den Betriebsräten ein „Recht auf Rückholbarkeit" bei technischen Fehlentwicklungen einzuräumen. „Angst motiviert nicht, sondern blockiert", untermauert Döding seine Forderung nach Mitbestimmung der Betriebsräte, die ja Praktiker seien. Aus Auszuführenden müßten Mitwirkende werden, was die Angst vor neuen Techniken zumindest vermindere.

Döding hält es auch für an der Zeit, gemeinsame Entgelttarifverträge für Arbeiter und Angestellte zu schaffen. Für sie liefert seine Organisation Vorbilder; in der Chemie wurden sie dieses Jahr erstmals für einen großen Industriezweig tariflich vereinbart. Das, meint Döding, koste nur guten Willen und etwas Mühe. Denn es handle sich doch um ein „stinknormales Nachvollziehen von Entwicklungen und einen Schuß Gesellschaftspolitik", was nicht zu einem „Jahrhundertwerk" hochstilisiert werden sollte.

FAZ Nr. 210 v. 11.9.87, S. 17

## 1. Die Nachfrage nach Arbeitskräften

### Determinanten

Wodurch wird die **Arbeitsnachfrage** bestimmt? Wovon hängt es ab, wieviele Arbeitskräfte von privaten und öffentlichen Unternehmen nachgefragt werden? Die Pressenotizen nennen die wesentlichen **Determinanten**: (1) Gesamtwirtschaftliche Nachfrage (Wirtschaftslage, Wirtschaftswachstum), (2) Lohnsatz (Reallohn), (3) Rationalisierung, (4) Soziales Netz. Eine empirisch gehaltvolle **Arbeitsnachfragefunktion** könnte dann lauten:

$$B_d = B_d\left(\frac{l}{P_A}, \pi, K^*, \gamma, \lambda\right). \qquad \text{(III.B.1)}$$

$B_d$ = Nachfrage nach Arbeitskräften (in Stunden)
$l/P_A$ = Reallohnsatz
$\pi$ = Technologieniveau
$K^*$ = Kapitalstunden bei maximaler Auslastung
$\gamma$ = Auslastungsgrad
$\lambda$ = Sonstige Faktoren

Der **Reallohn** $l/P$ setzt die nominalen Bruttostundenlöhne zum Preisniveau in Beziehung. Der Unterschied zwischen den Brutto- und Nettolöhnen besteht in direkten Steuern (Lohn- und Einkommensteuer) und Sozialversicherungsleistungen. Die **Lohnnebenkosten** (Kosten für Urlaub, Lohnfortzahlung im Krankheitsfall etc.) sind in $l$ nicht enthalten. Diese Kosten des **„sozialen Netzes"** (K16, S. 94) müssen im Faktor $\lambda$, sonstige Einflußgrößen, berücksichtigt werden. Ferner handelt es sich bei $l$ um die effektiv gezahlten Geldlöhne. Die **Tarifparteien** Arbeitnehmer- und Arbeitgeberverbände handeln **Tariflöhne** aus, die um den sog. **„Lohngap"** von den **Effektivlöhnen** nach unten abweichen[3]. Die Beziehung zwischen $l/P_A$ und B wird negativ sein: Steigen die Reallöhne, dann fragen die Unternehmen weniger Arbeitskräfte nach. Z.B. wird der Beschäftigtenrückgang in der amerikanischen Stahlindustrie den hohen Löhnen zur Last gelegt.

Das **Technologieniveau** $\pi$ und die (maximalen) **Kapitalstunden** $K^*$ sollen den Mechanisierungs-, Automatisierungs- und Effizienzgrad bei den Produktionsbedingungen widerspiegeln (es gilt $K = \gamma K^*$). Die Beziehung zur Arbeitsnachfrage B wird ebenfalls negativ sein: Je höher $\pi$ und $K^*$, desto weniger Arbeitskräfte werden im Produktionsprozeß benötigt und nachgefragt.

Mit der **Kapazitätsauslastung** $\gamma$ ist der Einfluß der Nachfrage, der **Wirtschaftslage** berücksichtigt (K18). Dabei ist unterstellt, daß eine Änderung der Nachfrage sofort zu einer Anpassung der Kapazitätsauslastung führt; Lager- und Preisveränderungen sowie Lieferzeiten treten nicht als **Puffer** auf. Die Beziehung ist positiv: steigende Kapazitätsauslastung führt zu steigender Beschäftigung.

Und die **sonstigen Faktoren** $\lambda$, welche Größen enthalten sie noch? Ohne Frage müssen wir hier die **Erwartungen** der Arbeitgeber in Bezug auf $\pi$, $K^*$, insbesondere aber auf $\gamma$ und $l/P_A$ berücksichtigen. Ferner ist mit dem Ausbau des **sozialen Netzes** in den letzten 20 Jahren ein Element der Inflexibilität bei Einstellungen und Entlassungen von Arbeitskräften aufgetreten: Bestimmungen des Kündigungsschutzes, der Arbeitnehmermitbestimmung (Personalrat, Betriebsrat,

---

[3] Als „Lohndrift" bezeichnet man demgegenüber die Abweichung zwischen den Wachstumsraten von Effektiv- und Tariflöhnen.

K18

# Ferien und Konjunktur belasten den Arbeitsmarkt

**Erwerbslosigkeit um 4 Prozent gestiegen / Unternehmen halten sich mit Einstellungen zurück**

Sch. Die Sommerferien, aber auch die gedämpfte konjunkturelle Lage haben die Arbeitslosigkeit wieder erhöht. Ende Juli wurden von den Arbeitsämtern 2,175 Millionen Erwerbslose gezählt, das sind 78900 oder 4 Prozent mehr als im Vormonat und 44000 oder 2 Prozent mehr als im Vorjahr zur gleichen Zeit. Die Arbeitslosenquote, die das Verhältnis der Erwerbslosen zur Gesamtzahl der abhängig beschäftigten Erwerbspersonen anzeigt, ist damit von 8,3 auf 8,7 Prozent gestiegen. Vor einem Jahr hatte diese Quote bei 8,6 Prozent gelegen. Der Präsident der Bundesanstalt für Arbeit, Heinrich Franke, erklärt die ungünstige Entwicklung mit dem „fehlenden Schwung" am Arbeitsmarkt. Die Zunahme der Erwerbstätigkeit habe zwar bis zuletzt angehalten, aber es gehe deutlich langsamer aufwärts als im Vorjahr. Nach den Berechnungen des Statistischen Bundesamtes in Wiesbaden lag die Zahl der Erwerbstätigen (abhängig Beschäftigte, Selbständige, mithelfende Familienangehörige) im Durchschnitt des zweiten Quartals um knapp 180000 höher als vor einem Jahr. Im ersten Vierteljahr war sie noch um gut 230000 über den Stand von 1986 hinausgegangen. Der Beschäftigungsanstieg wird zur Zeit ausschließlich vom Dienstleistungsbereich getragen.

Nach Ansicht der Bundesanstalt ist der Anstieg der Arbeitslosigkeit weniger auf die Zunahme der Entlassung als vielmehr auf das vorsichtige Verhalten der Wirtschaft bei Neueinstellungen zurückzuführen. So hat sich die Zahl der Abgänge aus der Arbeitslosigkeit zwischen Januar und Juli im Vergleich zum Vorjahr um 6 Prozent verringert, während im gleichen Zeitraum der Zugang an Arbeitslosen nicht viel größer gewesen ist als damals. Im Juli meldeten Betriebe und Verwaltungen den Arbeitsämtern 172300 Stellenangebote, 5 Prozent weniger als vor einem Jahr.

Die Lage am Arbeitsmarkt wäre noch ungünstiger, wenn er nicht durch Maßnahmen der Arbeitsverwaltung zur beruflichen Fortbildung, Umschulung, betrieblichen Einarbeitung oder zur Arbeitsbeschaffung sowie durch den vorgezogenen Ruhestand entlastet worden wäre. Im Juli begannen 43500 Personen eine berufliche Fortbildung, Umschulung oder betriebliche Einarbeitung, die Zahl der in Arbeitsbeschaffungsmaßnahmen tätigen Personen hat sich inzwischen auf 122300 erhöht.

Auch die Kurzarbeit hat wieder zugenommen. Im Juli waren 215700 Kurzarbeiter gemeldet, das sind 17 Prozent mehr als im Juni. Gegenüber dem Vorjahr hat sich die Kurzarbeit mehr als verdoppelt. Der Anstieg war vor allem durch Feierschichten im Kohlenbergbau (86000 Arbeitnehmer) bestimmt. In allen anderen Wirtschaftszweigen ist die Kurzarbeit dagegen zurückgegangen, besonders in der Bauwirtschaft, wo mit 13900 Kurzarbeitern der niedrigste Stand in einem Juli seit 1981 gemeldet wird. Auch bei den ausländischen Arbeitnehmern hält die ungünstige Entwicklung an. Die Zahl der arbeitslosen Ausländer ist um 1000 auf 254600 gestiegen.

*Wie immer im Sommer hat im Juli auch die Zahl der arbeitslosen Jugendlichen unter 20 Jahren zugenommen und zwar um 20000 oder 17 Prozent auf 137400. Der Zuwachs ist damit freilich merklich geringer als in den Vorjahren ausgefallen. Maßgebend dafür ist, daß die Zahl der Schulabgänger abnimmt, während gleichzeitig mehr Lehrstellen angeboten werden. Dafür könnten nach Meinung der Arbeitsverwaltung die Probleme beim Übergang von der Ausbildung in den Beruf wachsen, da 1987 der ausbildungsstärkste Jahrgang das Berufsbildungssystem verlasse. Auch aus schulischen Berufsausbildungen drängten eher mehr Absolventen als im Vorjahr in den Beruf, andererseits habe die Nachfrage nachgelassen.*

FAZ Nr. 178 v. 5.8.87, S. 11

K19

# Schlimme Lage

Frankfurter Allgemeine Zeitung, Frankfurt am Main, vom 8. Januar 1982

Sch. – ... Die Arbeitslosigkeit ist schließlich nicht nur Folge eines strengen Winters oder fehlender Nachfrage, sondern hängt entscheidend davon ab, wie teuer die angebotene Arbeit ist. Der Faktor Arbeit ist in den letzten Jahren aber so teuer geworden, daß Unternehmen wie öffentliche Hände geradezu gezwungen sind, sparsam mit seinem Einsatz umzugehen. Wir leisten uns ein kostspieliges soziales Netz, wir denken ständig darüber nach, wie wir es weiter ausbauen, wie wir es noch engmaschiger knüpfen können; jetzt sollte endlich auch einmal über die Kosten dieses Netzes nachgedacht werden, vor allem darüber, womit es letztlich bezahlt wird: mit steigender Arbeitslosigkeit.

Aufsichtsrat) lassen die Arbeitskräfte zu einem **fixen Faktor** werden, dessen Anpassung in Qualität und Menge an geänderte Bedingungen (der Nachfrage, Produktion, Technologie) nur schwer möglich ist.

**Hypothesen: Die Beschäftigungsfunktion**

Die Wirtschaftstheorie versucht, vor allem mit zwei Hypothesensätzen die Gleichung III.B.1 mit Gehalt zu füllen. Ein erster Ansatz geht von einer sog. **Beschäftigungsfunktion** aus, die aus einer **gesamtwirtschaftlichen Produktionsfunktion** abgeleitet wird. Aus der Cobb-Douglas-Produktionsfunktion

(III.B.2) $Q = \pi B^{\alpha} K^{\beta}$

Q = (Physische) Produktionsmenge
$\pi$ = Technologieniveau
B = Beschäftigte

kann abgeleitet werden

(III.B.3) $B = \left(\frac{Q}{\pi K^{\beta}}\right)^{\frac{1}{\alpha}}$

Die **Produktionsbedingungen**, d.h. Durchschnitts- und Grenzproduktivitäten, sind mit den **Produktionselastizitäten** der Arbeit $\alpha$ und des Kapitals $\beta$ beschrieben. Es gilt z.B.

(III.B.4) $\alpha = \frac{\partial Q}{Q} \Big/ \frac{\partial B}{B} = \frac{w_Q}{w_B} = \frac{\partial Q}{\partial B} \Big/ \frac{Q}{B}$, und analog für $\beta$,

wobei w Wachstumsraten angeben. Bei gegebenen technischen Faktoren $\alpha$, $\beta$, $\pi$ und konstantem Kapitalstock hängt die Nachfrage nach Arbeitskräften von der Produktionsmenge Q ab. Wenn sich Q immer sofort an die reale Gesamtnachfrage anpaßt, ist mit III.B.2 die **Beschäftigungstheorie der Keynesianer** beschrieben: B = B(N), bei gegebenen Produktionsbedingungen.

In III.B.2 sind die vier Variablen Q, $\pi$, B und K enthalten, für eine Lösung benötigen wir noch drei Gleichungen, und diese sind

(III.B.5) $\pi = \pi_a$,

(III.B.6) $K = K_a$,

(III.B.7) $Q = A = N$,

$\pi$ = Technologieniveau
K = Kapitalstock
Q = Produktionsmenge
A = Reales gesamtwirtschaftliches Angebot
N = Reale gesamtwirtschaftliche Nachfrage

wobei der Übergang von der physischen Dimension Q in die wertmäßige von A und N durch einen **Bewertungsfaktor**, das Angebotspreisniveau $P_A^0$ der Periode 0, das 1 gesetzt wird, hergestellt ist. Aus III.B.3 ergibt sich dann

(III.B.8) $B = \left(\frac{N}{\pi_a K_a^{\beta}}\right)^{\frac{1}{\alpha}}$.

Diese Formulierung erlaubt es, einige wichtige **Einschränkungen der keynesianischen Theorie** zu berücksichtigen. Die Beschäftigungswirkung einer Nachfragesteigerung ist danach an **Ceteris-paribus-Prämissen** geknüpft: Steigt mit der Nachfrage auch $\pi_a$ und $K_a$, wird also die Nachfrageerhöhung von Rationalisierungsinvestitionen begleitet, dann kann der Beschäftigungseffekt verpuffen. Den positiven Beschäftigungswirkungen der Nachfragesteigerung im Investitionsgütersektor stehen die **Freisetzungseffekte** im Konsum- und/oder Investitionssektor gegenüber. Die gegenläufigen Wirkungen können sich aufheben.

Die **keynesianische Theorie** gilt demnach ausschließlich für die **kurze Frist** (so ist sie auch angelegt), in der **Kapazitätseffekte** noch nicht wirksam werden.

Der skizzierte Ansatz wird vor allem von (empirisch arbeitenden) wirtschaftswissenschaftlichen Forschungsinstituten zugrunde gelegt[4]. In den makroökonomischen Lehrbüchern hingegen dominiert ein zweiter Ansatz: die Arbeitsnachfrage hängt vom Reallohn ab.

### Hypothesen: Die reallohnabhängige Arbeitsnachfragefunktion

Setzt man bestimmte Bedingungen, dann lassen sich in diese Hypothese

$$\text{(III.B.9)} \qquad B_d = B_d\left(\frac{l}{P_A}\right)$$

$B_d$ = Nachfrage nach Arbeitskräften
$l$ = Geldlohnsatz
$P_A$ = Angebotspreisniveau

auch Aussagen über die Produktionsbedingungen integrieren. Bei **vollkommener Konkurrenz auf den Güter- und Faktormärkten** fragen **gewinnmaximierende Unternehmen** gerade so viele Arbeitskräfte nach, bis die sog. **Inputregel** erfüllt ist[5]:

$$\text{(III.B.10)} \qquad l = P_A \frac{\partial Q}{\partial B};$$

$l$ = Geldlohnsatz
$P_A$ = Angebotspreisniveau
$\partial Q/\partial B$ = (Partielle) Grenzproduktivität der Arbeit

der **Faktorpreis** muß gleich sein dem **Grenzwertprodukt** (Produktpreis $*$ Grenzproduktivität der Arbeit). Man kann diese Bedingung auch wie folgt formulieren: Die Unternehmer maximieren ihren Gewinn, wenn sie den Arbeitskräften einen Reallohn $l/P_A$ bezahlen, der der Grenzproduktivität entspricht. So lange der Reallohn unter der Grenzproduktivität liegt, lohnt es sich, Arbeitskräfte einzustellen. Oder: So lange eine zusätzlich eingestellte Arbeitskraft $\Delta B$ (= 1) noch mehr erwirtschaftet ( $\Delta Q/\Delta B$) als $l/P$, lohnt es sich, noch Arbeitskräfte einzustellen. Damit wird aus III.B.9

$$\text{(III.B.11)} \qquad B_d = B_d\left(\frac{\partial Q}{\partial B}\right).$$

[4] Dieser Ansatz kommt ohne die Prämisse vollkommener Konkurrenz aus. Er wurde in Majer (1982) verwendet, um seine Brauchbarkeit für die Angebots-Nachfrageanalyse im Vergleich zum traditionellen Ansatz aufzuzeigen.

[5] Vgl. hierzu z.B. A. E. Ott, Grundzüge der Preistheorie, 3. Aufl., Göttingen 1979, S. 276ff.

Bei der Ableitung von $\partial Q/\partial B$ aus III.B.2 wird von konstanten $\pi$ und K ausgegangen, so daß diese beiden Größen als **Verschiebungsparameter** in III.B.11 erscheinen. Setzt man ferner $K = \gamma K^*$, wobei $K^*$ den Kapitalstock bei Vollauslastung bedeutet, und berücksichtigt man die Faktoren in $\lambda$ im Verhaltenskoeffizienten der Funktion, dann ergibt sich

$$\text{(III.B.12)} \qquad B_d = B_d\left(\frac{l}{P_A}, \pi_a, \gamma_a, K_a^*\right),$$

$B_d$ = Nachfrage nach Beschäftigte
$l/P_A$ = Reallohnsatz
$\pi_a$ = (Autonomes) Technologieniveau
$\gamma_a$ = (Autonome) Kapazitätsauslastung des Kapitals
$K_a^*$ = (Autonome) maximaler Kapitalstock

eine Funktion, die alle Faktoren von III.B.1 enthält. Dabei sind (ceteris paribus) die folgenden Beziehungen zwischen den Variablen unterstellt: **Steigt der Reallohn, dann sinkt die Beschäftigung**, denn Arbeitskräfte werden teurer, oder: (wegen der sinkenden Grenzerträge) die Grenzproduktivität der verbleibenden Arbeitskräfte ist gestiegen. Oder: Um weiterhin den Gewinn zu maximieren, müssen die Unternehmen die Beschäftigung einschränken (und die Produktion drosseln). Argumentiert man von dieser Seite, dann läßt sich sagen: Die Unternehmen fragen die Menge an Beschäftigten nach, die den Gewinn maximiert. Steigt der Reallohn – ohne Produktivitätssteigerung (diese ist durch das Ceteris paribus ausgeschlossen) – dann sinkt die Nachfrage nach Beschäftigten. Damit ist auch die Antwort auf die Beziehung zwischen $\pi$ und $B_d$ fast gegeben: Wenn das **Technologieniveau** (die Produktivität) steigt, dann steigt die Grenzproduktivität, ebenso der Reallohn (bei Gewinnmaximierung); bei konstantem Reallohn (und steigender Produktion) steigt die **Beschäftigung**. Dies gilt analog für eine Erhöhung des **Auslastungsgrades** $\gamma$ und der (maximalen) **Kapitalstunden** $K^*$. Unbefriedigend ist gegenüber III.B.1, daß nur der Reallohn als Variable auftritt; dem Ziel einer zweidimensionalen Darstellung kommt dies natürlich entgegen (Abb. 38).

Die **Inputregel** ist sehr eng; man wird kaum ein realistisches Unternehmerverhalten damit unterstellen, wenn man sie **strikt** anwendet. Der Tendenz nach werden die Unternehmen sich aber wohl nach der Inputregel richten. Um diese Abweichung im Verhalten einzufangen, führen wir den **Verhaltensparameter x („Einstellungsneigung" der Unternehmen)** ein, der in der mikroökonomischen Darstellung als Elastizität interpretiert wird und die Marktunvollkommenheiten ausdrückt. Für diese „modifizierte" Inputregel gilt nun:

$$\text{(III.B.10a)} \qquad \frac{l}{P_A} = x\,\frac{\partial Q}{\partial B}.$$

Für die **Ableitung** einer konkreten **Arbeitsnachfragefunktion** setzen wir in diese Beziehung die Grenzproduktivität ein, die sich aus

$$\text{(III.B.2)} \qquad Q = \pi B^{\alpha} \gamma^{\beta} K^{*\beta}$$

Q = (Physische) Produktionsmenge
$\pi$ = Technologieniveau
B = Beschäftigte
$\gamma$ = Auslastungsgrad des Kapitalstocks
$K^*$ = Maximaler Kapitalstock

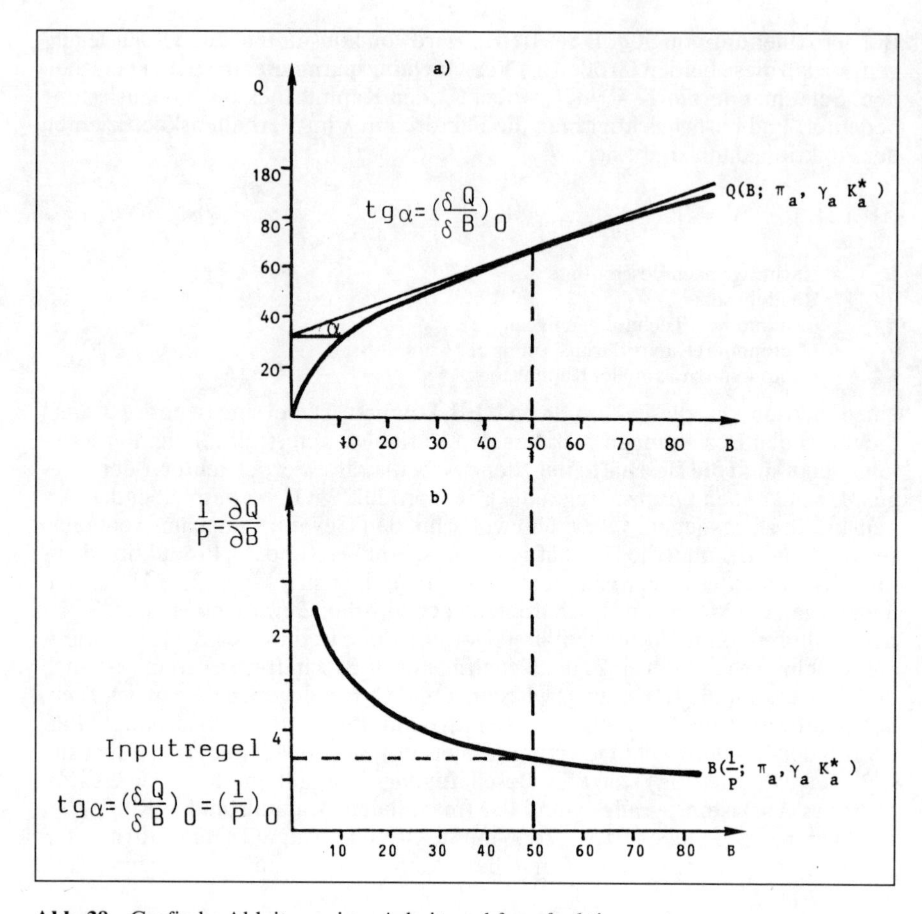


**Abb. 38** Grafische Ableitung einer Arbeitsnachfragefunktion

$\alpha, \beta$ = Produktionselastizitäten der Arbeit bzw. des Kapitals

berechnen läßt:

(III.B.13) $$\frac{\partial Q}{\partial B} = \alpha \pi \gamma^{\beta} K^{*\beta} B^{\alpha - 1}$$

Damit gilt für x = 1 die Inputregel, die Unternehmen betreiben Gewinnmaximierung, indem sie nach einem kostenminimierenden Kalkül handeln. Durch die Einführung des Verhaltensparameters x können noch weitere Einflüsse berücksichtigt werden, insbesondere die in λ diskutierten Größen. Die **Arbeitsnachfragefunktion** lautet dann (III.B.13 in III.B.10a eingesetzt)

(III.B.14a) $$B_d = \left(\frac{x \alpha \pi \gamma^{\beta} K^{*\beta}}{\frac{1}{P_A}}\right)^{\frac{1}{1-\alpha}},$$

$B_d$ = Nachfrage nach Beschäftigte
x = „Einstellungs"-neigung

$\alpha, \beta$ = Produktionselastizitäten von Arbeit bzw. Kapital
$\pi$ = Technologieniveau
$K^*$ = (Maximaler) Kapitalstock
$l/P_A$ = Reallohnsatz
$\gamma$ = Auslastungsgrad des Kapitalstocks

oder mit den oben gemachten einschränkenden Annahmen für konstante $\pi$, $K^*$ und $\gamma$

$$\text{(III.B.14b)} \quad B_d = \left( \frac{x\, \alpha\, \pi_a\, \gamma_a^{\beta}\, K_a^{*\beta}}{\frac{l}{P_A}} \right)^{\frac{1}{1-\alpha}}$$

Für die grafische Ableitung (in Abb. 38) wurde unterstellt: $x = 1$, $\pi_a = 1$, $K^* = 100$, $\alpha = \beta = 1/2$, $\gamma_a = 1$. Das Modell unterstellt Grenzproduktivitätsentlohnung (vollkommene Konkurrenz), Konstanz der Einkommensverteilung ($\alpha + \beta = 1$) und Vollauslastung des Kapitalstocks ($\gamma_a = 1$). Die **Steigung der Arbeitsnachfragefunktion** hängt ab vom **Verhalten** der Unternehmen und dem der Arbeitsanbieter. Das Verhalten wird wiederum bestimmt von den Zielsetzungen dieser „Wirtschaftssubjekte", vom sozio-ökonomischen und politischen Umfeld und von den institutionellen Bedingungen. Bei den Arbeitsnachfragern (den Unternehmen) werden diese Einflußgrößen für das Verhalten in der Einstellungsneigung x erfaßt. Mit den **Zielsetzungen** der Unternehmen ist z.B. die Gewinnmaximierung angesprochen. Das soziale **Umfeld** betrifft die für die Unternehmen „relevante" öffentliche Meinung, die aber auch bei persönlichen Gesprächen, über Vorträge, Messen etc. verbreitet, abgeschwächt, umgelenkt, verstärkt wird, ferner Wirtschaftslage, Erwartungen, Produktionsbedingungen, etc.). Dieses „unternehmerische Klima" ist ein wichtiger Bestimmungsfaktor dafür, ob und wie die Unternehmen auf Reallohnänderungen mit ihrer Beschäftigungsnachfrage reagieren. Als ökonomisch-technische Bedingung ist die **Grenzproduktivität** entscheidend (vgl. Abb. 38). Schließlich die **institutionellen Bedingungen**: Mitbestimmungs-, Betriebsverfassungsgesetz, regionaler Standort der Unternehmen, Zugangsbeschränkungen zu einzelnen Märkten, Exportanteile, Vertragsbeziehungen zu Vorlieferanten, etc. Man wird in Bezug auf den Arbeitsmarkt sagen können, daß die **Regelungen des sozialen Netzes** im weitesten Sinne bestimmen, ob Unternehmen Arbeitskräfte einstellen oder entlassen. Dabei lassen sich zwei wichtige Gruppen von Faktoren unterscheiden: Solche, die finanzielle Lasten mit sich bringen (Einschränkungen für die Unternehmen, von denen sie sich sozusagen freikaufen können) wie z.B. Lohnfortzahlung im Krankheitsfall, Mutterschutz, ferner solche, die die Entscheidungsfreiheit der Unternehmen einschränken, wie z.B. Kündigungsschutz, Mitbestimmung. In der Bundesrepublik sind in den letzten 15-20 Jahren die Maschen des sozialen Netzes immer enger geknüpft worden. Es ist offensichtlich, daß sich dadurch die „Einstellungsneigung" der Unternehmen geändert hat; in Abb. 39 ist die Arbeitsnachfragefunktion steiler geworden. Diese Bewegung wurde durch die gesunkene **Grenzproduktivität** gestützt.

Die **Lage dieser Funktion** hängt von den autonomen Größen ab, das sind insbesondere Technologieniveau $\pi$, Auslastungsgrad $\gamma$, Kapitalstock $K^*$, und sonstige Faktoren $\lambda$. Das Technologieniveau $\pi$ bezieht sich dabei auf die Qualität der Beschäftigten und des Kapitalstocks. Die **Arbeitsnachfragefunktion verlagert** sich nach links, wenn

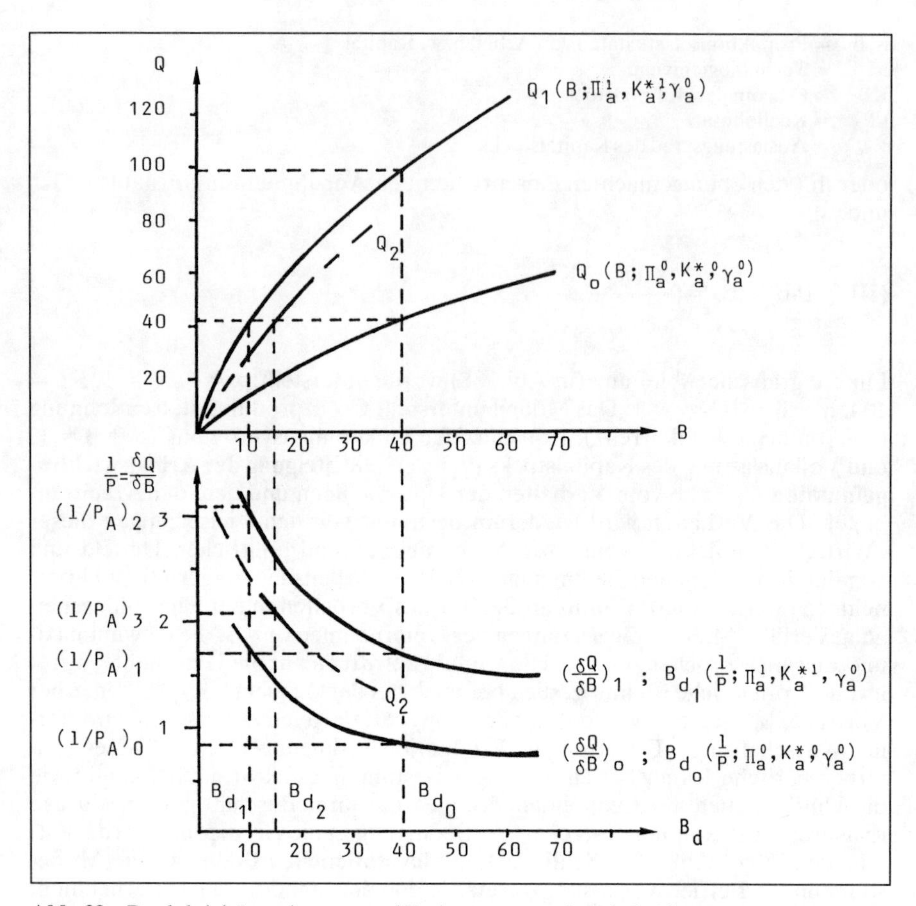


**Abb. 39** Produktivitätssteigerung und Freisetzung von Arbeitskräften

- vollausgelasteter **Kapitalstock** und/oder **Technologieniveau sinken**,
- der **Auslastungsgrad sinkt**,
- die Möglichkeit, Arbeitskräfte **einzustellen** oder zu **entlassen** schwieriger wird.

## Arbeitsnachfrage und Produktivitätssteigerung

Nun ist noch eine Ergänzung notwendig. Eine Steigerung von $\pi$ und K verschiebt die **Grenzproduktivitätsfunktion** in Abb. 37b nach außen. Bei konstantem Reallohn steigt die Beschäftigung. Dieses Ergebnis widerspricht aller empirischen Erfahrung: Steigerungen des Technologieniveaus sind in der Regel **arbeitssparend**, Kapitalstocksteigerungen ersetzen oft Arbeit (die **Kapitalintensität** steigt). Wie kann dieser Widerspruch aufgelöst werden?

Die Auflösung ist einfach: Durch die Erhöhung von $\pi$ und/oder K steigt auch die **Grenzproduktivität**, dies bedeutet gleichzeitig eine Erhöhung der **Reallöhne** und diese Steigerung senkt die **Beschäftigung** (Reallohn und Beschäftigung hängen negativ miteinander zusammen), so daß per Saldo ein Rückgang möglich ist.

Wenn die Unternehmen die Steigerung der Grenzproduktivität in Reallohnsteigerungen vollkommen an die Beschäftigten weitergeben – und dies tun sie annahmegemäß –, dann bleibt die Beschäftigung konstant. Die Abb. 39 zeigt diese Zusammenhänge auf: Wir gehen aus von $B_{d0}$, $Q_0$, $(l/P_a)_0$. Durch die Erhöhung von Produktivität $\pi$ und Kapitalstock K werden theoretisch $B_{d0} - B_{d1}$ Arbeitskräfte freigesetzt: die Produktion $Q_0$ ist mit weniger Arbeitseinsatz möglich. Die **theoretisch Freigesetzten** können aber weiter beschäftigt werden, wenn die Produktion von $Q_0$ auf $Q_1$ steigt (**Kompensationstheorie**). Wenn diese Produktionsmenge hergestellt wird (weil die Unternehmen meinen, sie absetzen zu können), dann bleibt die Beschäftigung konstant, und zwar bei höherem Reallohn $(l/P_A)_1$.

Das ist der **erste Fall**: Produktivitätssteigerungen bei kompensatorischem Wachstum.

Tritt kein kompensatorisches Wachstum auf und die Produktion verharrt auf dem Niveau von $Q_0$, dann wird $Q_0$ mit $B_{d1}$ Beschäftigten produziert. Es entsteht technologische Arbeitslosigkeit in Höhe von $B_{d0} - B_{d1}$; die theoretisch Freigesetzten werden tatsächlich freigesetzt. Die Beschäftigten $B_{d1}$ werden zu einem Reallohn von $(l/P)_2$ entlohnt. Dies ist der zweite Fall: Produktivitätssteigerung ohne Wachstum mit technologischer Arbeitslosigkeit.

In diesem **zweiten Fall** steigen die Reallöhne für die „Arbeitsbesitzer“ sehr stark an. Könnte die technologische Arbeitslosigkeit gelindert werden durch **Lohnverzicht**? Kann mit den eingesparten Löhnen Mehrbeschäftigung (von den Arbeitnehmern) „subventioniert“ werden? Die Abb. 39 zeigt, daß dies im Modell nur möglich ist, wenn die Unternehmen auf (mögliche) Produktivitätssteigerungen verzichten. Dann könnte mit $(l/P)_3$ ein Teil der technologischen Arbeitslosigkeit vermieden werden.

Eine weitere Möglichkeit, die Beschäftigung nahe $B_{d0}$ (ohne kompensatorisches Wachstum) zu halten, wäre verstärkte **Arbeitszeitverkürzung**. Ein Teil der mit der Grenzproduktivitätsfunktion $B_d^1$ möglichen Reallohnsteigung würde statt in Geld in Arbeitszeit ausgezahlt. Die Wirkungen dieser Strategie lassen sich mit der Abb. 39 nicht explizit darstellen.

### Prognose der Arbeitsnachfrage

Das Arbeitsnachfragemodell III.B.14b soll als **Prognosegrundlage** dienen. Gehen wir in Abb. 40 von dem dargestellten Zusammenhang aus, der Kapitalstock sei entsprechend einem $\gamma_a$ von $\gamma_a^0$ ausgelastet, und von einem Reallohn $(l/P_A)_0$, dem eine Beschäftigungsnachfrage $B_{d0}$ zugeordnet ist. Für die Prognose soll angenommen werden, daß ein **Rückgang der Reallöhne** (wie 1980-85) für 1987 eintritt, ferner soll der **Auslastungsgrad** zunehmen, weil die Wirtschaft wieder positives Realwachstum (der Nachfrage) aufweist. Danach müßte die Arbeitsnachfrage auf $B_{d1}$ steigen (Abb. 40). Und wenn wir am Jahresende feststellen, daß nach wie vor $B_{d0}$ Arbeitskräfte nachgefragt werden? Woran könnte das liegen?

Dann könnte dies daran liegen, daß sich die Arbeitsnachfragefunktion $B_d^0$ $(l/P_A;\ \pi_a^0, K_a^0, \gamma_a^0)$ nach links verlagert hat, daß sie bei $(l/P)_1$ die Senkrechte in $B_{d0}$ schneidet (gestrichelte Linie).

(1) Der **Reallohn** ist nicht gesunken, weil entweder entgegen den ursprünglichen Erwartungen l nicht konstant geblieben oder $P_A$ zu wenig gestiegen ist.

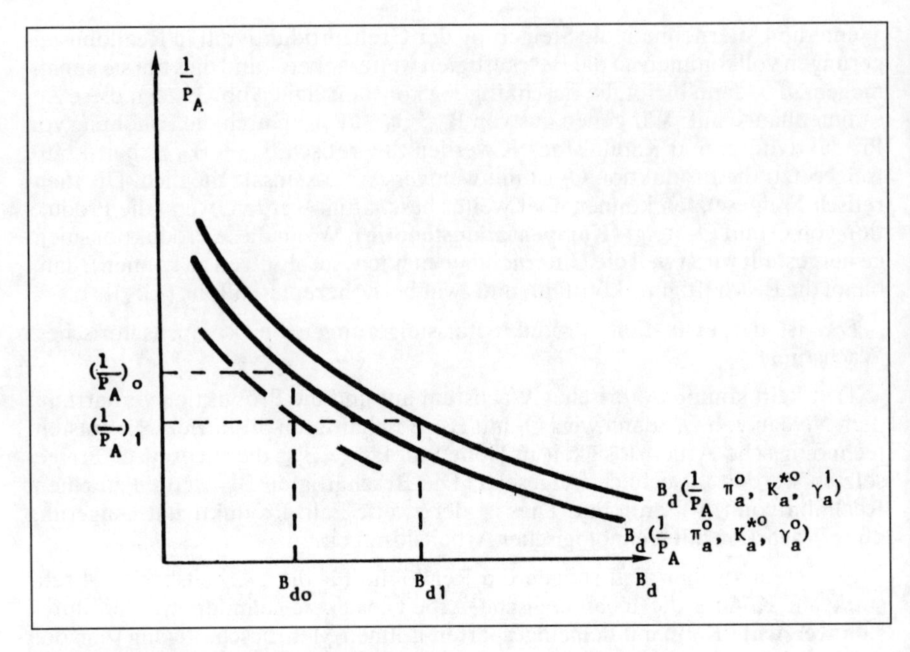


**Abb. 40** Prognose der Arbeitsnachfrage

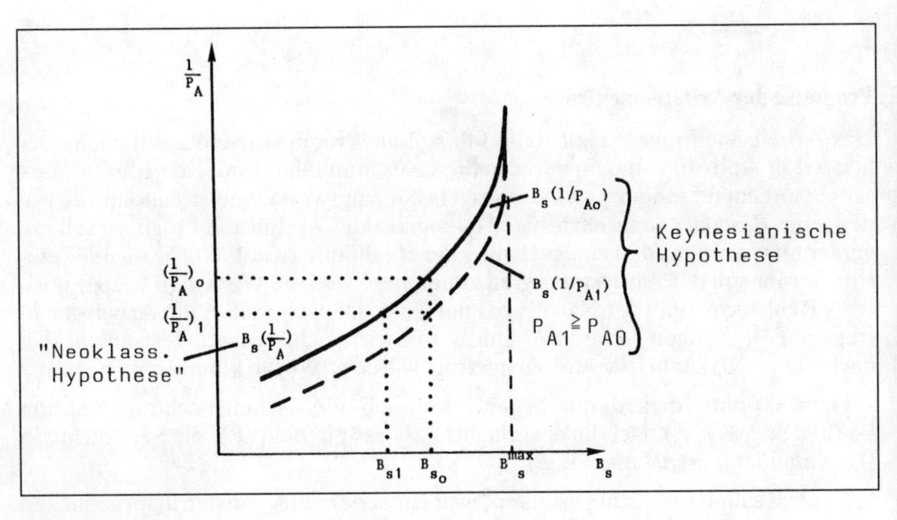


**Abb. 41** Lohnabhängiges Angebot an Arbeitskräften

(2) Die **Produktivität** ist zurückgegangen. Dies ist allerdings eine unwahrscheinliche Entwicklung für eine Volkswirtschaft, die aus der Talsohle der Konjunktur kommt.

(3) Der **Kapitalstock** ist gesunken, weil sich hier die geringen **Investitionen** der Vergangenheit auswirken und die **Abschreibungen** wegen des überalterten Maschinen- und Anlagenparks überproportional hoch sind.

(4) Der **Konjunkturaufschwung** ist entgegen den ursprünglichen Erwartungen nicht eingetreten, die **Kapazitätsauslastung** bleibt konstant.

(5) Die Funktion wird nach links verlagert, weil **die Einstellungsneigung** x gesunken ist und die Unternehmen vorsichtiger geworden sind, neue Arbeitskräfte einzustellen.

(6) Weitere, im Modell nicht berücksichtigte Faktoren sind aufgetreten. Z.B. ein Rückgang der Unternehmen, die Arbeitskräfte einstellen können, durch Konkurse, Zurückhaltung der öffentlichen Arbeitgeber wegen angespannter Haushaltslage oder abnehmender Klassenstärken (Lehrer).

### Ansatzpunkte für wirtschaftspolitische Maßnahmen

Die **wirtschaftspolitischen Maßnahmen** zur Stärkung der Arbeitsnachfrage werden daran deutlich:

(1) Die **Lage** der Arbeitsnachfragefunktion kann über die autonomen Größen so beeinflußt werden, daß sie sich nach rechts verlagert. (2) Die **Steigung** der Arbeitsnachfragefunktion kann flacher werden, indem man das Verhalten der Unternehmen entsprechend beeinflußt. (3) Der **Reallohn** kann sinken.

Der Reallohn sinkt durch Inflationspolitik, P steigt. Diese könnte durchaus beabsichtigt sein, um über die Reallohnsenkung die Beschäftigung zu stimulieren (vgl. Phillipskurve). Dies wird jedoch kaum offiziell erklärte Politik sein. Die zweite Möglichkeit besteht darin, den Nominallohn zu senken. Gegen diese, von manchen neo-liberalen Politikern geforderte beschäftigungspolitische Strategie gibt es starke Widerstände vor allem von Seiten der Gewerkschaften.

Die Steigung der Arbeitsnachfragefunktion verändert sich, wenn sich das Verhalten der Unternehmer ändert. Das Verhalten kann beeinflußt werden durch Einflüsse auf die Zielsetzungen der Unternehmen („soziale Verantwortung"), auf das sozio-ökonomische und politische Umfeld (Wirtschaftslage, Produktivität, öffentliche Meinung) und auf die institutionellen Bedingungen (Sozialgesetze, Mitbestimmung, Arbeitsförderungsgesetz o.ä.).

Die Lage der Arbeitsnachfragefunktion ist am besten über den Auslastungsgrad zu steuern. Das ist im wesentlichen eine keynesianische Politik der Globalsteuerung; über die Nachfragesteigerung wird der Auslastungsgrad erhöht.

## 2. Das Angebot an Arbeitskräften

### Determinanten

Von welchen Größen hängt das **Angebot an Arbeitskräften** ab? Einige wichtige **Faktoren** seien genannt: Urlaub, Arbeitszeit(-verkürzung), Eintritt ins Rentenalter, geburtenstarke Jahrgänge, „job-sharing". Diese Faktoren sind in eine systematische Betrachtung einzuschließen. Diese kann folgende Ausgangstatbestände berücksichtigen: Das Angebot an Arbeitskräften entspricht den **Erwerbspersonen**. Das sind die Menschen im erwerbsfähigen Alter zwischen 16 und 64 Jahren, die willig und fähig sind, eine Beschäftigung aufzunehmen. Den Anteil der Erwerbspersonen an der Bevölkerung bezeichnet man als **Erwerbsquote;** sie ist nach Alter und Geschlecht, aber auch nach Region sehr verschieden.

Als die zwei entscheidenden **Bestimmungsgründe** des Arbeitsangebots sind somit die **Bevölkerung** und die Anzahl an **Erwerbspersonen** (= Erwerbstätige + Arbeitslose) isoliert. Die **Bevölkerungsentwicklung**, die abhängt von Fertilität, Mortalität und Wanderungssaldo, ist dabei sozusagen die vorgelagerte Determinante der Erwerbspersonen. Die zu einem bestimmten Zeitpunkt Geborenen treten frühestens im Alter von 16 Jahren in das Berufsleben ein, sie scheiden bei Erwerbsunfähigkeit oder Verrentung aus. Lange Schulzeit und frühe Pensionsaltersgrenze verringern die Zahl der Erwerbspersonen. In den letzten Jahren haben **geburtenstarke Jahrgänge** (die Anfang der 60er Jahre geboren sind) die Zahl der Erwerbspersonen stark erhöht. Da gleichzeitig die aus dem Erwerbsleben ausscheidenden älteren Arbeitnehmerjahrgänge im zweiten Weltkrieg stark „dezimiert" wurden, stand dem starken Zuwachs an Jungen ein schwacher Abgang von Alten gegenüber: Die Zahl der Erwerbspersonen nahm überdurchschnittlich zu.

Auch **Wanderungen** können die Bevölkerungs- und Erwerbspersonenzahl stark beeinflussen. Die Bewohner und Bewohnerinnen von Spanien und Portugal können seit ihrer Aufnahme in die Europäische Gemeinschaft ihr Recht auf Freizügigkeit wahrnehmen und in der Bundesrepublik Arbeit anbieten. Auch Regelungen in anderen Abkommen (z.B. Assoziierungsabkommen mit der Türkei) können solche Arbeitskräftewanderungen auslösen. Ferner wird das Arbeitsvolumen (B*h) umso geringer sein, je mehr Freizeit und je weniger Arbeitszeit von den Arbeitsanbietern gewünscht wird. Es ist plausibel anzunehmen, daß die Entscheidung zwischen **Arbeits- und Freizeit** stark vom Lohn abhängt.

**Hypothesen: „Neoklassische" und keynesianische Arbeitsangebotsfunktion**

Die widerstreitenden theoretischen Schulen „Neoklassiker" und Keynesianer gehen beide von der oben beschriebenen Beziehung aus: Je höher der **Lohn**,desto höher ist das **Angebot** (der privaten Haushalte) an **Arbeitskraft**. Allerdings besteht fundamentaler Dissens darüber, um welchen Lohn es sich handelt und ob dieser nach oben und unten flexibel ist oder nur nach oben flexibel und nach unten starr.

Die **„Neoklassiker"** vertreten die Ansicht, daß das Arbeitskräfteangebot vom **Reallohn** $l/P_A$ abhängt und daß der **Geldlohn** l nach oben und unten **flexibel** ist. In Gleichungsform geschrieben

$$\text{(III.B.15)} \qquad B_s = B_s\left(\frac{l}{P_A}\right).$$

$B_s$ = Angebot an Arbeitskräftestunden

$\frac{l}{P_A}$ = Reallohnsatz

Es existiert demnach im $l/P$-$B_s$-Diagramm eine positiv geneigte Funktion, wie die durchgezogene Kurve in Abb. 39. Geht man von einer Ausgangssituation $(l/P_A)_0 - B_{s0}$ aus, dann sinkt $B_{s0}$ auf $B_{s1}$, wenn der Reallohn von $(l/P_A)_0$ auf $(l/P_A)_1$ sinkt.

Vollständig anders die **keynesianische Hypothese**: Das Arbeitskräfteangebot hängt vom **Geldlohnsatz** ab, der nach oben **flexibel** und nach unten **starr** ist:

(III.B.16) $B_s = B_s(l; P_A^a)$, mit $l \geq l_a$

$B_s$ = Angebot an Arbeitskräftestunden
$l$ = Geldlohnsatz
$P_A^a$ = Alternative feste Angebotspreisniveaus

(III.B.16a) $B_s = B_s(\frac{l}{P_A^a})$.

Schreibt man diese Gleichung mit dem Reallohn als unabhängiger Variablen, dann erhält man eine **Schar von Angebotskurven** mit alternativen Preisniveaus (Abb. 41). Geht man auch hier von einer Situation $(l/P_A)_0 - B_{s0}$ (auf der Kurve $B_s$ $(l/P_A)$) aus und sinkt der Reallohn wegen einer Steigerung des Angebotspreisniveaus von $P_{A0}$ auf $P_{A1}$ auf $(l/P_A)_1$, dann bleibt das Arbeitsangebot gleich ($B_{s0}$), weil die Arbeitsanbieter sich am konstant gebliebenen Geldlohn ausrichten. Sie haben nicht erkannt, daß das steigende Preisniveau ihre **Kaufkraft (Reallohn)** schmälert. Man sagt auch, die Wirtschaftssubjekte handelten unter **Geldillusion**, unter der Illusion, der Geldwert sei stabil geblieben. Dies ist ein Grund für die ausbleibende Anpassung an die Reallohnsenkung. Ein zweiter Komplex von Gründen kann in **Unvollkommenheiten des Arbeitsmarktes** liegen: Die Arbeitsanbieter können oder wollen ihren Arbeitsplatz aufgrund der Reallohnsenkung nicht aufgeben, weil sie z.B. einen Arbeitsvertrag haben oder nicht mit Kind und Kegel umziehen wollen.

Die Annahme der Geldillusion auf dem Arbeitsmarkt führt wohl zu der beschriebenen Schar von Arbeitsangebotsfunktionen, sie ist jedoch nicht konsistent mit unserer früheren Darstellung: Warum „leiden“ die Arbeitnehmer in ihrer Rolle als Arbeitsanbieter unter Geldillusion, während sie in ihren Rollen als Konsumenten oder als Geldnachfrager davon frei sind? Es erscheint mir daher plausibler, mit den erwähnten Unvollkommenheiten des Arbeitsmarktes zu argumentieren, die verhindern, daß sich die Arbeitsanbieter sofort an Senkungen des Reallohns anpassen können.

Wovon hängen **Steigung und Lage der Arbeitsangebotsfunktion** ab? Die Steigung wird durch das Verhalten der Arbeitsanbieter bestimmt, und dieses beruht auf den individuellen Zielsetzungen, auf dem sozio-ökonomischen und politischen Umfeld und auf den institutionellen Bedingungen. Konkrete Beispiele hierfür sind: die Einstellung zu Arbeit und Freizeit; Arbeit als Lebenssinn, zur Selbstverwirklichung; Arbeit als Möglichkeit, Einkommen zu erzielen, diese Faktoren betreffen die individuellen Zielsetzungen. Einige dieser Einflußfaktoren treffen auch auf das Umfeld zu: Arbeit und Fleiß als religiös begründeter Wert (z.B. aufgrund calvinistischer Vorstellungen, so Max Weber). Arbeit als „notwendiges Übel“ in einigen hochentwickelten Industriegesellschaften (das Ende der Arbeitsgesellschaft, so R. Dahrendorf). Die institutionellen Bedingungen betreffen: Anteil der Frauen in Bildungseinrichtungen, Bestimmungen des Arbeitsförderungsgesetzes über flexible Arbeitszeiten, Laufzeit von Arbeitsverträgen, Teilzeitverträge; Märkte als Monopol der Arbeitsverwaltung.

Ferner können in beiden Arbeitsangebotsfunktionen die oben diskutierten Angebotsdeterminanten als **Lageparameter** berücksichtigt werden. Die Funktionen verschieben sich nach rechts, wenn

- die Haushalte eine niedrigere **Präferenz für Freizeit** haben,

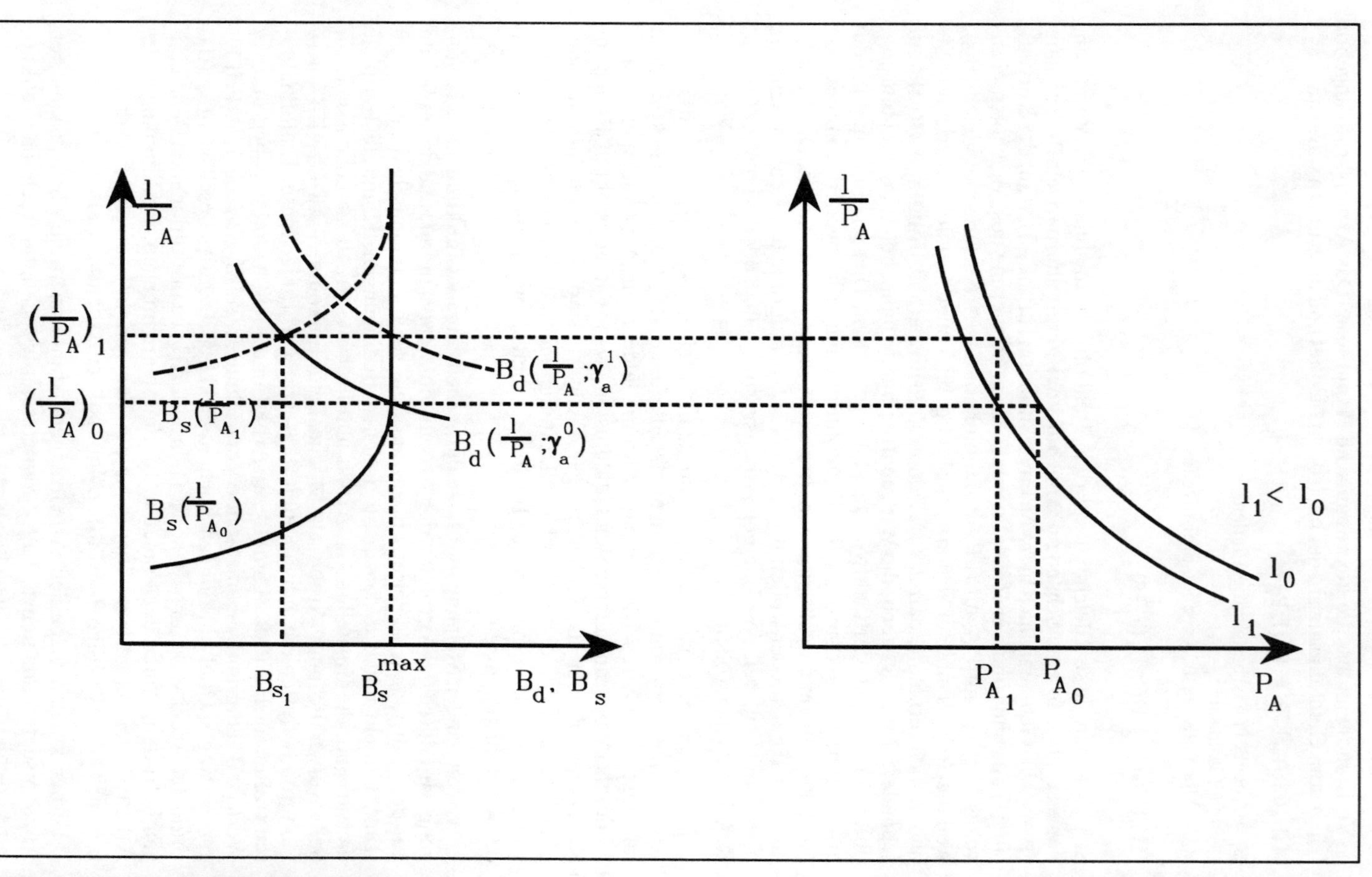


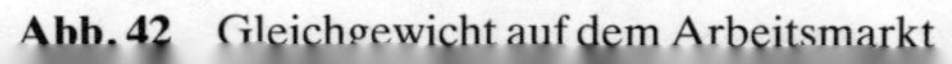
**Abb. 42** Gleichgewicht auf dem Arbeitsmarkt

- die **Bevölkerung** steigt, weil die Geburtenrate oder der Wanderungssaldo steigt oder die Sterberate sinkt,
- sich die **Bevölkerungsstruktur** ändert, so daß viele Jugendliche ins Erwerbsleben eintreten (z.B. geburtenstarke Jahrgänge) oder weniger Ältere aus dem Erwerbsleben ausscheiden (z.B. Kriegsgeneration),
- sich die **Erwerbsquote** aus anderen Gründen erhöht, weil z.B. die Frauenerwerbstätigkeit wegen besserer Ausbildung steigt.

## 3. Gleichgewicht und Ungleichgewicht auf dem Arbeitsmarkt

Damit ist der Arbeitsmarkt durch Angebot und Nachfrage beschrieben. **Gleichgewicht** liegt vor, wenn Arbeitskräfteangebot und -nachfrage bei einem bestimmten Reallohn übereinstimmen; dieser Reallohn ist der **Gleichgewichtsreallohn**. Diese Situation ist in Abb. 42a grafisch mit $(l/P_A)_0$ und $B_{s\,max}$ für Vollbeschäftigung dargestellt. Bei der Interpretation dieser Gleichgewichtssituation liegen zwischen „Neoklassikern" und Keynesianern wiederum fundamentale Unterschiede vor.

Der erste **Streitpunkt** liegt in der Bezeichnung der **Gleichgewichtssituation**. Die **„Neoklassiker"** bezeichnen nur die Situation als Gleichgewicht, in der Arbeitsangebot und -nachfrage bei **Vollbeschäftigung** gleich sind. Demgegenüber gibt es nach **keynesianischer Ansicht** auch Gleichgewichtssituationen bei **Unterbeschäftigung**. Der zweite – und wichtigere – Streitpunkt liegt in der **Interpretation der Anpassungsprozesse**.

### Anpassung mit „neoklassischen" Annahmen

Die „Neoklassiker" behaupten, das **Vollbeschäftigungsgleichgewicht** sei **stabil**. Nach einer Störung wirkten die Systemkräfte aufgrund der Annahme **vollkommener Konkurrenz** auf dem Arbeitsmarkt auf eine Wiederherstellung der alten Situation hin. Erfolgt die Störung zum Beispiel durch einen Rückgang des Preisniveaus von $P_{A0}$ auf $P_{A1}$, dann steigt der Reallohn bei konstantem Nominallohn $l_0$ auf $(l/P_A)_1$, Arbeitskräfte werden entlassen und es entsteht **Arbeitslosigkeit** in Höhe von $B_{s0}^{max} - B_{s1}$. Dieser **Angebotsmengenüberschuß** bewirkt nun, daß sich die Anbieter von Arbeitskraft gegenseitig unterbieten, der Geldlohn sinkt von $l_0$ auf $l_1$ (Abb. 42b), das alte Gleichgewicht wird beim alten Gleichgewichts-Reallohn wiederhergestellt. Dem gesunkenen Preisniveau ist der sinkende Geldlohn gefolgt, der **Reallohn bleibt gleich**. Nach oben und unten flexible Geldlöhne und die Konkurrenz zwischen den Anbietern sorgen dafür, daß ein Ausgleich stattfindet.

### Anpassung mit keynesianischen Annahmen

Die Keynesianer sind mit dieser Beschreibung nicht einverstanden: Erstens könne es auch **Unterbeschäftigungsgleichgewichte** geben, wie die Situation in $(l/P_A)_1$ und $B_{s1}$ (Abb. 42a) zeigt. Zweitens sei es eine empirische Tatsache, daß die **Geldlöhne** nach unten **starr** sind, eine Verschiebung der Hyperbel in Abb. 42b von $l_0$ nach $l_1$ sei gar nicht möglich (wohl aber eine Verschiebung nach außen). Es gebe keine Kräfte im System, die selbständig auf ein Vollbeschäftigungsgleichgewicht hinwirken würden. Man kann allenfalls versuchen, durch eine Erhöhung des **Auslastungsgrades** von $\gamma_a^0$ nach $\gamma_a^1$ die Arbeitskräftenachfragefunktion nach außen zu verschieben, um dadurch die Arbeitslosigkeit zu beseitigen (Abb. 42a).

**Bewertung**

Beurteilen wir diese beiden Positionen vor dem Hintergrund des Realitätsgehalts ihrer **Prämissen**. Der Arbeitsmarkt ist kein **Konkurrenzmarkt**, auf dem die Lohnbildung durch das Zusammenspiel von Angebot und Nachfrage erfolgt; vielmehr werden die Geldlöhne von den **Tarifparteien** ausgehandelt. Allerdings können die Knappheitsverhältnisse sich im sog. **Lohngap**, der Differenz zwischen Effektiv- und Tariflöhnen, auswirken. Mit den Tariflöhnen ist dann aber i.a. eine untere Grenze gesetzt. Dieser schmale **Wettbewerbsspielraum** kann bei geringen Abweichungen von $B_d$ und $B_s$ wohl für einen Ausgleich sorgen. Die Arbeitslosigkeit hat aber in den 80er Jahren eine Größenordnung angenommen, die diesen **Ausgleichsmechanismus** als viel zu schwach erscheinen läßt. Für eine Erklärung der aktuellen Arbeitsmarktsituation scheint daher die keynesianische Position besser geeignet.

Welche **wirtschaftspolitischen Implikationen** haben diese unterschiedlichen Beschreibungen des Arbeitsmarktes? Es ergeben sich daraus zwei vollständig verschiedene **Strategien** zur Beseitigung von **Arbeitslosigkeit**. Die „neoklassische" Strategie zielt darauf ab, über eine Senkung der Reallöhne die Beschäftigung zu erhöhen. Mit Abb. 42 gesprochen bedeutet dies, daß versucht werden soll, den Reallohn von $(l/P_A)_1$ auf $(l/P_A)_0$ zu senken. Als wesentlich wird hierbei angesehen, die starre Lohnuntergrenze zu beseitigen, damit sich ein Überfluß an Arbeitskräften auch wieder in entsprechend niedrigen Löhnen niederschlagen kann. Der Konkurrenzmechanismus müsse dadurch wieder zu seiner Lenkungsfunktion gebracht werden, indem die Marktkräfte zugunsten der Verkrustungen („Rigiditäten") auf dem Arbeitsmarkt gestärkt werden. Dieser Mechanismus sorgt dann dafür, daß Vollbeschäftigung hergestellt wird, so die „Neoklassiker". Dabei werden auch längere Anpassungszeiten in Kauf genommen. Außerdem werden Arbeitskräfte eher als „Produktionsfaktoren", als Sachen oder Waren gesehen, denn als Menschen.

Ganz anders die Strategie der Keynesianer. Der Arbeitsmarkt ist kein Konkurrenzmarkt, sondern stark institutionalisiert. Bei Unterbeschäftigung stellt sich von selbst (durch die Marktkräfte) keine Vollbeschäftigung ein; der Staat muß eingreifen. Durch erhöhte Staatsaufträge („Beschäftigungsprogramm") soll der Auslastungsgrad erhöht werden. In Abb. 42 verlagert sich die Arbeitsnachfragefunktion dann durch steigendes $\gamma$ (von $\gamma_a^0$ auf $\gamma_a^1$) nach oben, idealerweise so, wie mit der gestrichelten Kurve dargestellt. Das Beschäftigungsprogramm sorgt dann schnell dafür, daß wieder Vollbeschäftigung hergestellt wird. Wäre die Arbeitslosigkeit heute geringer bei nach unten flexiblen Geldlöhnen? Entscheidend für die Antwort ist, ob die Unternehmen seit 1975 in dem Maße **rationalisiert** hätten, wie dies geschehen ist, wenn die Lohnkosten (und der Geldlohnsatz) durch die steigende Arbeitslosigkeit nach unten gedrückt worden wären. Hier stehen zwei **kontroverse Einschätzungen** einander gegenüber: (1) Die Unternehmen hätten so oder so rationalisiert, das ist die Ansicht der Gewerkschaften, (2) die Unternehmen hätten weniger rationalisiert, weil das **Lohn/Kapitalkostenverhältnis** l/r und damit die **Kapitalintensität** K/B weniger gestiegen wäre. Denn die Kapitalintensität steigt, wenn K durch Investitionen $\Delta K = I$ steigt und B durch **Freisetzung von Arbeitskräften** sinkt.

Dies rollt jedoch wieder die Problematik auf, die wir mit Abb. 39 diskutiert haben; darauf sei verwiesen (vgl. auch Kapitel IV.B.3).

## 4. Zwischenergebnis: Arbeitsmarkt und gesamtwirtschaftliche Angebotsfunktion

Für die Ableitung der **gesamtwirtschaftlichen Angebotsfunktion**

$$\text{(III.A.1a)} \qquad A = \frac{l}{P_A}B + \frac{r}{P_A}K + Im^*$$

$A$ = Gesamtwirtschaftliches reales Angebot
$l$ = Geldlohnsatz
$P_A$ = Angebotspreisniveau
$B$ = Beschäftigte
$r$ = Kapitalkostensatz
$K$ = Kapitalstock
$Im^*$ = Reale Importe

bedeutet dies, daß für die Erklärung von B zwei verschiedene Hypothesen verwendet werden können.

### „Neoklassische" Arbeitsmarkthypothesen

Die „neoklassische" lautet, daß für B der **gleichgewichtige Reallohn** einzusetzen ist, (wobei die „Einstellungsneigung" der Unternehmen $x = 1$), der einer **Vollbeschäftigungssituation** entspricht und diese auch garantiert. Dabei gehen wir wie folgt vor: Wir unterstellen für die **Arbeitsangebotsfunktion** III.B.15 die konkrete Version

$$\text{(III.B.15a)} \qquad B_s = q\frac{l}{P_A}.$$

$B_s$ = Arbeitskräfteangebot
$q$ = Angebotsneigung der Arbeitskräfte
$l/P_A$ = Reallohnsatz

q, die **Angebotsneigung der Arbeitskräfte** in Bezug auf Reallohnveränderungen, ist positiv und gibt die Steigung der Arbeitsangebotsfunktion wieder. q sagt aus, wie die privaten Haushalte auf Änderungen des Reallohnsatzes mit Änderungen des Arbeitsangebots reagieren[6].

Dann setzen wir $B_s = B_d = B$, weil wir den **Arbeitsmarkt** im **Gleichgewicht** betrachten wollen und (um Rechenaufwand zu vermeiden) $\alpha = \beta = 1/2$. Man kann dann mit der **Nachfragefunktion für Arbeitskräfte** mit $x = 1$ und $\gamma_a = 1$ (Vollbeschäftigung)

$$\text{(III.B.14b)} \qquad B_d = \frac{\frac{1}{4}\,\pi_a^2 K_a^*}{\left(\frac{l}{P_A}\right)^2}$$

$B_d$ = Arbeitskräftenachfrage
$\pi_a$ = (Autonomes) Technologieniveau
$K_a^*$ = (Autonome) maximaler Kapitalstock

---

[6] Zur Vereinfachung ist angenommen, daß die Arbeitsangebotsfunktion linear ist und durch den Nullpunkt verläuft.

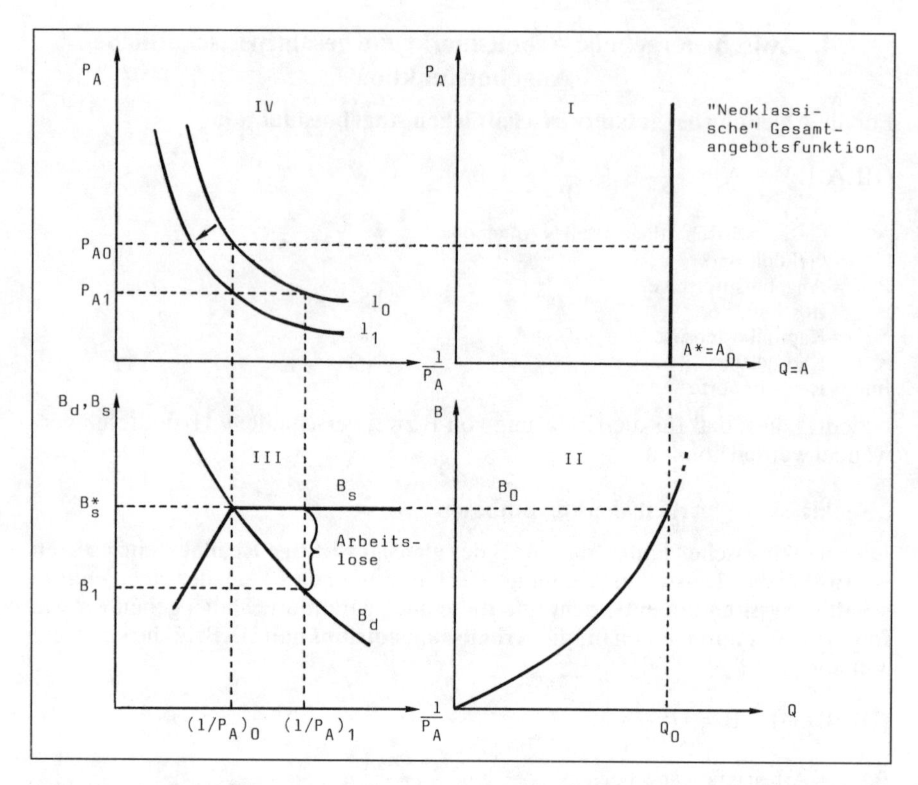


**Abb. 43** Grafische Ableitung einer „neoklassischen" Angebotsfunktion aus dem Arbeitsmarkt

die Beschäftigten berechnen, indem man III.B.15a und III.B.14b nach $l/P_A$ auflöst und gleichsetzt. Diese entsprechen natürlich $B_s^{max}$, also Vollbeschäftigung (weil sich diese in der „neoklassischen" Welt immer einspielt), und können für den angenommenen Fall mit $(1/2\, q\, \pi_a\, K_a^{*1/2})^{2/3}$ angegeben werden. Dies ergibt für die Lohnsummenkomponente der gesamtwirtschaftlichen Angebotsfunktion

$$\text{(III.B.17)} \qquad \frac{W}{P_A} = \left(\frac{l}{P_A}\right)_0 \left(\frac{1}{2}\, q\, \pi_a\, K_a^{*1/2}\right)^{2/3}.$$

Aus dieser Gleichung geht hervor, daß W konstant ist, denn der **neoklassische Anpassungsmechanismus** sorgt immer dafür, daß der Reallohn dem gleichgewichtigen $(l/P_A)_0$ entspricht, und dies bei **Vollbeschäftigung**. Die Größen in der Klammer sind ebenfalls alle konstant. **Störungen** von l und/oder $P_A$ „verpuffen" daher im System; allenfalls kurzfristig kann sich W ändern, bis das Ausgangsgleichgewicht wieder erreicht ist.

### Keynesianische Arbeitsmarkthypothesen

Bei der keynesianischen Hypothese für die Erklärung von B genügt es, für die Zwecke der gesamtwirtschaftlichen Angebotsfunktion nur die **Nachfragefunktion nach Arbeitskräften** zu betrachten. Denn das Arbeitsangebot paßt sich so an, daß immer ein **Gleichgewicht** besteht; dies kann auch bei **Unterbeschäftigung** vorliegen. Die Geldlohnsätze werden durch die **Tarifparteien** ausgehandelt, sie sind also „**institutionell**" bestimmt[7]. Wir verwenden die Nachfragefunktion für Arbeitskräfte III.B.14b und setzen diese für $\alpha = \beta = 1/2$, $l = l_a$ und $B_d = B$ in $W/P_A$ ein, dann erhalten wir

$$\text{(III.B.18)} \qquad \frac{W}{P_A} = \frac{x^2 \pi_a^2 K_a}{4 l_a} P_A.$$

Steigt der Geldlohn $l_a$, dann sinkt ceteris paribus die reale Lohnsumme $W/P_A$, weil durch den gestiegenen Reallohn Arbeitskräfte entlassen werden. Steigt das Preisniveau, dann steigt c.p. die Lohnsumme, denn der sinkende Reallohn führt zu mehr Arbeitsnachfrage. Wir werden diese Aussagen unten ausführlich diskutieren.

## Grafische Ableitungen

Dies soll mit Hilfe von grafischen Ableitungen der gesamtwirtschaftlichen Angebotsfunktion verdeutlicht werden. Da wir in (III.A.1a) nur die Lohnsummenkomponente des Gesamtangebots $W/P_A = (l/P_A) \cdot B$ betrachten, bestimmen ausschließlich der Arbeitsmarkt (genauer: die Arbeitsnachfrage) und die mögliche Produktion das Gesamtangebot. Wir leiten mit Abb. 43 zunächst die **„neoklassische" Angebotsfunktion** ab.

Arbeitsmarkt und Produktionsbedingungen sind im III. und II. Quadranten der Abb. 43 dargestellt. Die Gesamtangebotsfunktion soll im I. Quadranten abgeleitet werden. Es fehlt daher noch die Beziehung zwischen $P_A$ und Reallohn $(l/P_A)$ in IV. Es gilt $l^r = l/P_A$; der Reallohn $l^r$ ist als Quotient von $l$ und $P_A$ definiert. Von den drei Größen $l^r$, $l$ und $P_A$ steht $l^r$ auf der Ordinaten. Tragen wir $P_A$ auf der Abzisse ab, dann läßt sich $l$ mit Hilfe einer Schar von Hyperbeln abbilden. Je größer $l_a$, desto weiter liegt diese Lohn-Hyperbel $l^r = l_a/P_A$ vom Nullpunkt weg. Aus den Funktionen in II, III und IV kann nun die „neoklassische" Gesamtangebotsfunktion abgeleitet werden.

Wir gehen in Abb. 43 von dem Reallohn $(l/P_A)_0$ auf dem Arbeitsmarkt (III.) aus. Hier herrscht **Vollbeschäftigungsgleichgewicht** ($B_s^*$ bedeutet Vollbeschäftigung) bei $B_s^* = B_0$. Mit $B_0$ Beschäftigung läßt sich eine Produktionsmenge von $Q_0$ herstellen (II.), die dem Angebot $A_0$ (= $A^*$, Vollbeschäftigungsangebot) entspricht. (Diese Annahme ($Q_0 = A_0$) stellt eine starke Vereinfachung dar! Sie bedeutet, daß $P_A$ auf eins normiert ist, was aber dem Folgenden widerspricht.) Das zugehörige Preisniveau $P_{A0}$ ermitteln wir aus der Hyperbel für den Geldlohn $l_0$ in IV.

Wir wollen nun annehmen, das Preisniveau sei auf $P_{A1}$ (z.B. wegen einer inflationsbekämpfenden Maßnahme der Bundesbank), gestiegen, der Reallohn steigt bei konstantem Geldlohn $l_0$ auf $(l/P_A)_1$. Die Unternehmen reagieren auf diese Reallohnerhöhung mit einem Rückgang der Nachfrage nach Beschäftigten: es entsteht Arbeitslosigkeit in Höhe von $B_0 = B_s^* - B_1$. Das Arbeitsangebot ist größer als die Arbeitsnachfrage. Dieser Überschuß an Arbeitskräften führt nach „neoklassischer" Vorstellung aufgrund der **Konkurrenz um die knappen Arbeitskräf-**

[7] Die Vertreter dieser Arbeitsmarkttheorie werden denn auch „Institutionalisten" genannt.

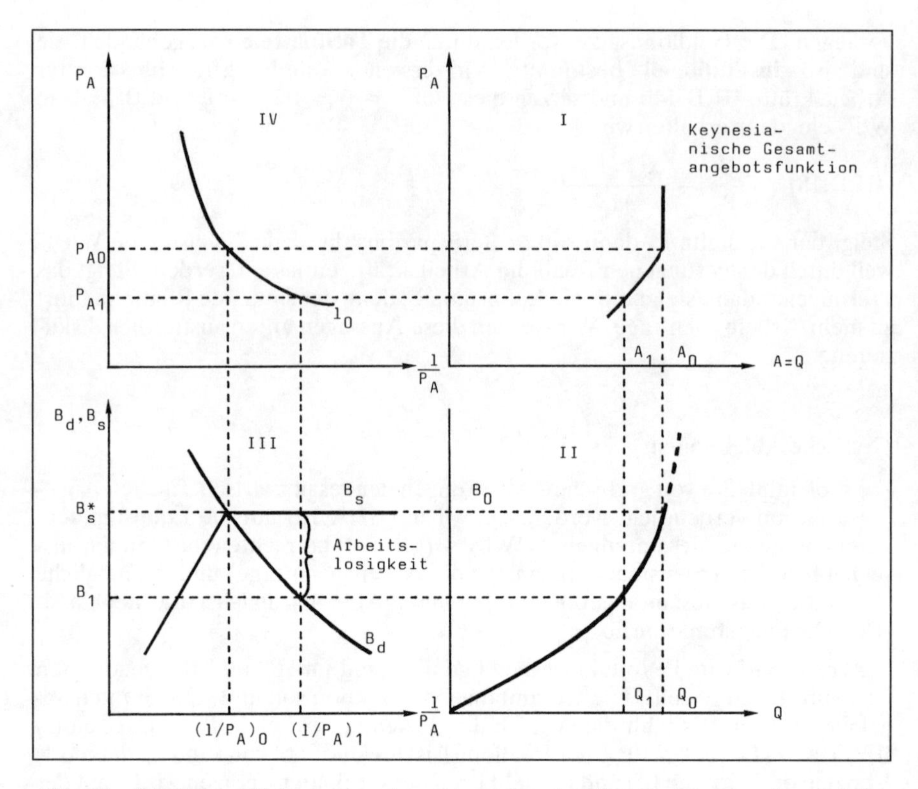


**Abb. 44** Grafische Ableitung einer keynesianischen Angebotsfunktion aus dem Arbeitsmarkt

**te** zu einem Sinken der **Geld**löhne von $l_0$ auf $l_1$; die Lohnhyperbel in IV. verlagert sich nach links. Dadurch wird wieder der Gleichgewichtslohn $(l/P_A)_0$ erreicht, nun für einen geringeren Lohn und bei geringerem Preisniveau als vorher. Für diese Gleichgewichtssituation $(l/P)_0$ gilt nun die alte (Voll-)Beschäftigung $B_s^* = B_0$, ferner $Q_0$ und $A_0$ und das neue Preisniveau $P_{A1}$. Damit ist die „neoklassische" Gesamtangebotsfunktion der **geometrische Ort aller Vollbeschäftigungsgleichgewichte** auf dem Arbeitsmarkt bei unterschiedlichen Preisniveaus. Dieses Vollbeschäftigungsgleichgewicht ist **stabil**, weil es nach Störungen des Systems (z.B. durch Änderungen von $P_A$) immer wieder erreicht wird. Entscheidend ist dabei, daß der Konkurrenzmechanismus wirkt.

Auf dem **keynesianischen Arbeitsmarkt** kann der Konkurrenzmechanismus den Geldlohn nicht senken, weil dieser institutionell vorgegeben ist. Wir müssen daher eine andere Gesamtangebotsfunktion erhalten. In Abb. 44 sind die einzelnen Funktionen der Quadranten II. bis IV. analog zur Abb. 43 dargestellt. Auch der Gleichgewichtspunkt läßt sich in allen Quadranten analog ableiten. Wir nehmen nun auch hier an, das Ausgangsgleichgewicht $(l/P_A/_0 - B_0, Q_0, A_0, P_{A0})$ werde gestört durch einen Rückgang von $P_{A0}$ auf $(l/P_A)_1$. Es entsteht Arbeitslosigkeit in Höhe von $B_0 = B_s^* - B_1$. Soweit ist die Argumentation des „neoklassischen" und des keynesianischen Falles identisch. Nun kommt der **wesentliche Unterschied**: Im keynesianischen Fall herrscht in $B_1 - (l/P_A)_1$ ein Unterbeschäftigungs-

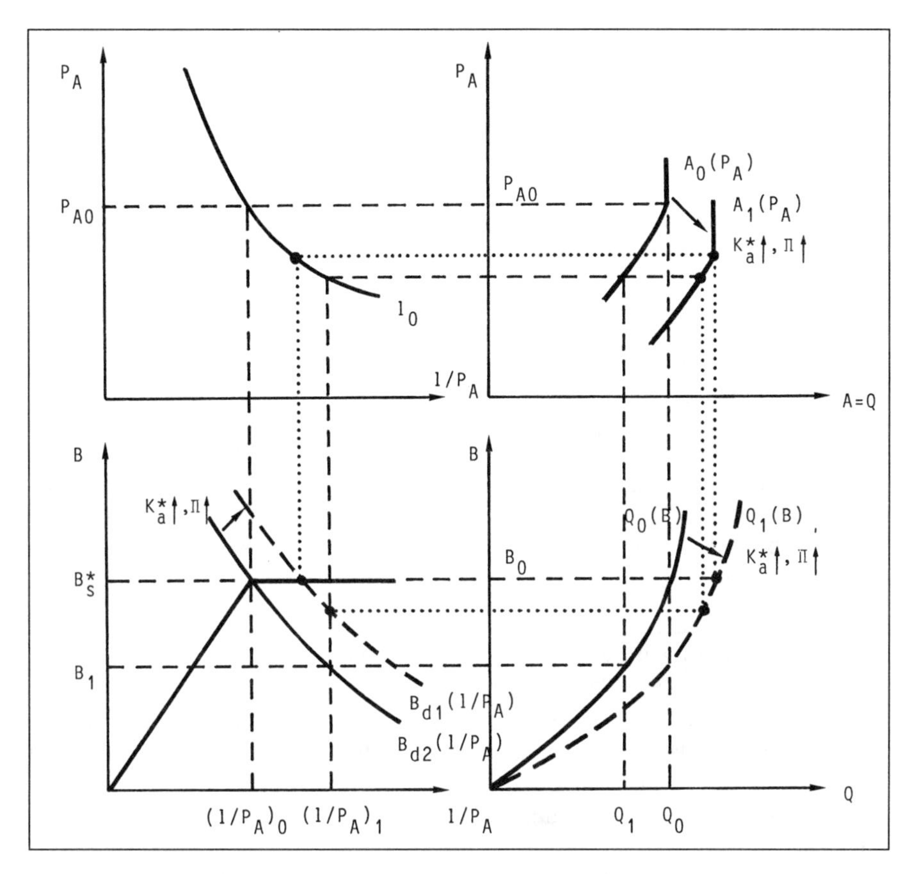


**Abb. 45** Verlagerungen der keynesianischen Gesamtangebotsfunktion durch Erhöhungen der Menge und Qualität des Kapitalstocks

gleichgewicht (keynesianische Arbeitslosigkeit) vor. Diese Sitution ist kurzfristig stabil, so daß die zu $(l/P_A)_1$ nachgefragten Beschäftigten $B_1$ auch die Produktion $(Q_1)$ und das Gesamtangebot $(A_1)$ bestimmen; das Preisniveau liegt bei $P_{A1}$. Damit ist die keynesianische Gesamtangebotsfunktion gleich dem **geometrischen Ort aller Unterbeschäftigungsgleichgewichte** auf dem Arbeitsmarkt. Da aber die Arbeitsnachfragefunktion der geometrische Ort aller gewinnmaximalen Kombinationen von Reallohn und Beschäftigung ist (Inputregel!), gilt dies auch für die daraus abgeleitete Gesamtangebotsfunktion. Die Arbeitsnachfragefunktion determiniert mit Steigung und Lage entscheidend die Gesamtangebotsfunktion; außerdem spielen die Produktionsbedingungen im Quadranten II. eine Rolle. Je flexibler Arbeitsnachfrage- und Produktionsfunktion (je flacher beide Funktionen in Abb. 44 verlaufen), desto flacher (elastischer) verläuft die Gesamtangebotsfunktion.

Die **Lage der A-Kurve** hängt, wie aus (III.B.18) zu sehen, von den autonomen Größen $\pi_a$, $K_a^*$ und $l_a$ ab. Diese Größen stehen für Faktorqualität $(\pi_a)$, Faktormenge $(K_a^*)$ und Faktorpreis $(l_a)$. Aus (III.B.18) sieht man, daß eine Erhöhung von Faktorqualität (bessere Maschinen) und Faktormenge (mehr Maschinen) das Gesamtangebot erhöhen; die Angebotsfunktion wird nach rechts außen (vom Ursprung weg) verschoben. Erhöhen sich die Faktorpreise (teurere Maschinen oder Arbeitskräfte), dann sinkt das Gesamtangebot; die Angebotsfunktion verlagert sich nach links zum Ursprung hin.

Diese Ergebnisse können die Leserinnen und Leser anhand der Abb. 44 selbst nachvollziehen. Die Referenz-Angebots-Funktion mit den entsprechenden Kurven auf dem Arbeitsmarkt, der Produktionsfunktion und der Lohnhyperbel sind nochmals zu zeichnen. Wie verändert sich die Gesamtangebotsfunktion, wenn (ceteris paribus!) der Geldlohn steigt? Wir zeichnen nun für die neue Geldlohnhyperbel zusammen mit altem Arbeitsmarkt und alter Produktionsfunktion die neuen Gleichgewichte. Die neue Angebotsfunktion liegt im $P_A$-A-Diagramm links von der alten Funktion.

Mit der Abb. 45 will ich zeigen, wie sich die Angebotsfunktion im keynesianischen System (!) verändert, wenn Faktormenge und -qualität von Kapital steigt. Hier ist zu beachten, daß Produktions- und Arbeitsnachfragefunktion (= Produktivitätsfunktion) miteinander zusammenhängen (vgl. Abb. 38). Ceteris paribus bedeutet hier, daß die Geldlohnhyperbel sich nicht verändert.

Der **Arbeitsmarkt** wird durch das Zusammenspiel von Arbeitskräfteangebot und Arbeitskräftenachfrage bestimmt.

Die **Arbeitsnachfrage** hängt ab von Produktion und Güternachfrage, Reallohn, Produktionsbedingungen (Technologieniveau, Kapital etc.) und von einem Bündel sonstiger Faktoren (z.B. Tarifparteien, soziales Netz).

Die zwei wichtigsten **Erklärungsansätze** sind: (1) **Beschäftigungsfunktion**. Danach hängt die Arbeitsnachfrage positiv ab von der Produktion (bzw. Güternachfrage) und den technischen Produktionsbedingungen. (2) **Reallohnfunktion**. Danach hängt die Arbeitsnachfrage negativ ab vom Reallohn, und von den Produktionsbedingungen. Diese Version verwenden „Neoklassiker" und Keynesianer gleichermaßen.

Bei steigendem **Technologieniveau** steigt (bei angenommener Grenzproduktivitätsentlohnung) der Reallohn, weil sich die Arbeitsnachfragefunktion (die Grenzproduktivitätsfunktion) verschiebt. Bleibt die Produktionsmenge dabei gleich, dann sinkt die Nachfrage nach Arbeitskräften. Steigende Produktion kann diese **Freisetzung** kompensieren (**Kompensationstheorie**).

Das **Arbeitsangebot** (der privaten Haushalte) hängt ab vom Lohnsatz, von den Präferenzen für Freizeit und Arbeitszeit und von der Erwerbsquote.

Die zwei wichtigsten **Erklärungsansätze** sind: (1) Die „**Neoklassiker**" unterstellen einen positiven Zusammenhang zwischen Arbeitsangebot und Reallohnsatz. Der Geldlohn ist nach oben und unten flexibel. (2) Die **Keynesianer** unterstellen einen positiven Zusammenhang zwischen Arbeitsangebot und Geldlohnsatz. Der Geldlohn ist nach oben flexibel und nach unten starr. Die Anbieter von Arbeitskraft haben Geldillusion.

Der Arbeitsmarkt ist im **Gleichgewicht**, wenn bei einem bestimmten Reallohn Arbeitsangebot und Arbeitsnachfrage gleich sind. Von einem solchen Gleichgewicht kann man (1) nur bei **Vollbeschäftigung** („Neoklassiker"), (2) auch bei **Unterbeschäftigung** mit unfreiwilliger bzw. keynesianischer Arbeitslosigkeit (Keynesianer) sprechen. Der **„neoklassische" Arbeitsmarkt** ist ein **Konkurrenzmarkt**: Bei Arbeitslosigkeit bringen die konkurrierenden (arbeitslosen) Arbeitskraftanbieter den Geldlohn zum Sinken, der Reallohn sinkt, die Arbeitsnachfrage steigt, bis ein neues Konkurrenzgleichgewicht erreicht ist. Der **keynesianische Arbeitsmarkt** ist unvollkommen. Der nach unten starre Geldlohn kann nicht für einen Ausgleich auf dem Markt sorgen. Steigende Gesamtnachfrage (und Kapazitätsauslastung) könnte die Arbeitsnachfragefunktion (nach rechts) verschieben und (konjunkturelle) Vollbeschäftigung herstellen.

Die unterschiedlichen **Arbeitsmarkthypothesen** der „Neoklassiker" und Keynesianer bestimmen den Verlauf der **gesamtwirtschaftlichen Angebotsfunktion**. Betrachtet man vorerst nur die Lohnsummenkomponente, dann verläuft die **„neoklassische" Angebotsfunktion senkrecht zur A-Achse** im P-A-Diagramm, die **keynesianische positiv geneigt**.

## C. Gewinn, Importe und Staat

Mit dem Arbeitsmarkt haben wir im letzten Abschnitt die **Lohnsummenkomponente** der gesamtwirtschaftlichen Angebotsfunktion erklärt. Nun müssen **Gewinn- und Importkomponente** folgen; ferner ist der Einfluß des **Staates** auf das Gesamtangebot zu klären.

Der **Gewinn** spielt bei der Bestimmung des Angebots eine **zentrale Rolle**, denn die Unternehmen werden nur dann die Mühen und Risiken auf sich nehmen, Güter und Dienstleistungen zu produzieren und auf den Märkten anzubieten, wenn ein „ausreichender" (was immer das sei) Gewinn abfällt.

Dieser zentralen Rolle ist die Behandlung des Gewinns in der makroökonomischen Theorie nicht angemessen. Die Analyse wird noch dominiert von der **neoklassischen Produktionstheorie bei vollkommener Konkurrenz auf Güter- und Faktormärkten**. In dieser Welt hängt der Gewinn vor allem von technischen Faktoren ab, weil alle Unternehmen im **Durchschnittskostenminimum** produzieren. Wir werden in diesem Buch ein Aufschlaggewinnverhalten unterstellen, das für viele Sektoren der Wirtschaft (und damit für die Gesamtwirtschaft) realistisch sein dürfte.

Der **Staat** spielt in unseren entwickelten Volkswirtschaften eine wichtige, oft dominierende Rolle; wir sprechen auch von **„gemischter Volkswirtschaft"** (mixed economy). Dennoch gibt es über das **Angebotsverhalten des Staates** kaum etwas nachzulesen. Der Staat hat in der Makrotheorie vor allem die Nachfrageseite belegt. Das läßt für diesen Abschnitt wenig Allgemeines erwarten.

Das **Importangebot** wird in keiner Angebotstheorie explizit behandelt. Dennoch liegt hier kein analytisches oder empirisches Neuland vor; wir können auf allgemein akzeptierte Hypothesen zurückgreifen.

Insgesamt ist festzuhalten, daß wir mit dem vorliegenden Abschnitt **tastende** Versuche unternehmen, Gewinn, Staat und Importe in die gesamtwirtschaftliche Angebotsfunktion aufzunehmen.

## 1. Gewinn, Kapitalkostensatz und Kapitalbildung

Mit Gleichung III.A.3 hatten wir den Zusammenhang zwischen den drei in der Überschrift genannten Größen definiert. Real gilt dann:

$$\text{(III.A.3a)} \qquad \frac{G}{P_A} = \frac{r}{P_A} K.$$

G = Nominale gesamtwirtschaftliche Gewinnsumme
$P_A$ = Angebotspreisniveau
r = Kapitalkostensatz
K = Kapitalstock

**Der Kapitalstock**

Bei der weiteren Erklärung dieser Gleichung sind wir durch die vorangegangene Analyse schon teils festgelegt, denn der **Kapitalstock** K wurde **konstant** gesetzt. Diese Vereinfachung soll auch für den Rest unserer Analyse vorgenommen werden. Eine realistischere Analyse müßte davon ausgehen, daß sich der **Kapitalstock** (als in DM ausgedrückter Wert des Maschinen- und Anlagenbestandes[8]) der Periode t berechnen läßt aus

$$\text{(III.C.1)} \qquad K_t = K_{t-1} + \Delta K - D.$$

K = Kapitalstock
$\Delta K$ = Absolute Veränderung des Kapitalstocks (Zuwachs in einer Periode)
D = Abschreibungen

Der jährliche Zuwachs $\Delta K$ ist gleich den Investitionen in einem Jahr, D gibt die **Abschreibungen** oder den **Kapitalverschleiß** (Abnutzung) an. Damit wäre die **Kapitalbildung** aus der Investitionstätigkeit (und den steuerlichen Abschreibungsmöglichkeiten) zu erklären. Dies kann aber hier nicht weiter verfolgt werden, obgleich später in der verbalen Analyse wieder und wieder auf diese Zusammenhänge zurückzukommen sein wird.

**Der Kapitalkostensatz**

Es bleibt, entweder für r oder für G eine Erklärung zu finden. Doch auch bei r sind wir festgelegt, wenn wir die Annahme **vollkommener Konkurrenz** aufrechterhalten. Denn für diesen Fall gilt laut erwähnter Inputregel analog zu III.B.10

$$\text{(III.C.2)} \qquad r = P_A \frac{\partial Q}{\partial K}.$$

[8] Es ist in der sog. Cambridge-Cambridge-Kontroverse heiß diskutiert worden, ob diese Berechnung überhaupt möglich ist.

$r$ = Kapitalkostensatz
$P_A$ = Angebotspreisniveau
$\frac{\partial Q}{\partial K}$ = (Partielle) Grenzproduktivität des Kapitals

Wir hatten uns der strengen Gültigkeit dieser **Inputregel** entzogen durch die Einführung eines Verhaltensparameters x, der das „Einstellungsverhalten" der Unternehmen ausdrücken sollte. Analog dazu ließe sich an dieser Stelle der Analyse ein **Verhaltensparameter** y einführen, der eine (unternehmerische) Abweichung von der Grenzproduktivitätsentlohnung des Faktors Kapital zuläßt. Die Schwierigkeit dieser Formulierung liegt jedoch darin, daß sich wegen der Annahme konstanter Kapitalstunden der **Differentialquotient** in III.C.2 gar nicht bilden läßt. Um ad-hoc-Aussagen über r zu vermeiden, müssen wir versuchen, eine möglichst realistische Gewinnhypothese zu finden, die über das konstante K auch plausible Aussagen über r zuläßt.

**Die Gewinnhypothese**

Für den Gewinn soll angenommen werden, daß in einer **gesamtwirtschaftlichen Aufschlaghypothese** (gewichtete Summe „branchenüblicher Gewinnaufschläge") die Gewinnbildung aus einem Zusammenspiel von **Angebotspreisniveau** und **gesamtwirtschaftlichen Durchschnittskosten** erfolgt. Für die Ableitung dieser Hypothese gehen wir davon aus, daß der **Gewinn** als Differenz zwischen **Umsatz** (bzw. bewerteter Produktion Q) und **Kosten** (KO) definiert ist. Der **Stückgewinn** ist dann

$$\text{(III.C.3a)} \qquad \frac{G}{Q} = \frac{Q\,P_A}{Q} - \frac{KO}{Q}.$$

G = Nominaler Gewinn
Q = Physische Produktion
$P_A$ = Angebotspreisniveau
KO = Kosten

Die **Durchschnittskosten** drücken wir durch den **Totalproduktivitätsindex** (Kendrick-Ott-Index) aus

$$\text{(III.C.3b)} \qquad \pi = \frac{Q}{lB + rK} = \frac{Q}{KO}.$$

Dies ergibt als **Gewinngleichung**

$$\text{(III.C.3c)} \qquad G = Q\left(P_A - \frac{1}{\pi}\right).$$

Dabei ist r die mit dem Stückgewinn gewichtete Kapitalproduktivität[9]. Bei vollkommener Konkurrenz wird $r = \partial Q/\partial K$, denn dort gilt, daß $P_A$ gleich den Durchschnittskosten ist; es können keine Zusatzgewinne auftreten.

Steigt die Totalproduktivität und/oder das Angebotspreisniveau, dann steigt auch die gesamtwirtschaftliche Gewinnsumme.

---

[9] $G = Q\,(P_A - \frac{1}{\pi})$ in $G = rK$ eingesetzt und nach r aufgelöst ergibt $r = \frac{Q}{K}(P_A - \frac{1}{\pi})$.

K20

USA / Beschleunigtes Konjunkturtempo saugt Importe an

## Handelsbilanz mit Rekorddefizit

pmr. Washington. Die US-Handelsbilanz hat den Devisenmärkten in Europa am Wochenende einen Schock versetzt. Der Dollar sackte um mehr als zwei Pfennig, als für Juni ein neues monatliches Rekorddefizit im Außenhandel von 15,71 Mrd. $ meldete. Die Märkte hatten eine Schrumpfung des Mai-Defizits von 14,04 Mrd. auf rd. 13 Mrd. $ erwartet. Im späten Handel in New York beruhigte sich der Dollar aber wieder und schloß mit 1,8770 DM.

Der bisher höchste Importüberhang war mit 16,05 Mrd. $ im Juli 1986 verzeichnet worden. Ohne die für Juni dieses Jahres erstmals angewendete Verbesserung der Exportstatistiken nach Kanada wäre das Minus diesmal jedoch auf 16,32 Mrd. $ hinaufgeschnellt. Im Juni nahmen die Importe um 5,8% auf 36,8 Mrd. $ und die Exporte um 1,6% auf 21,1 Mrd. $ zu. Für das erste Halbjahr wies der Warenaustausch bei um 11% steigenden Exporten und um 8,2% erhöhten Importen ein gegenüber dem Vorjahr noch leicht von 78,6 Mrd. auf 81,9 Mrd. $ zunehmendes Minus aus.

Handelsblatt Nr. 155 v. 17.8.87, S. 1

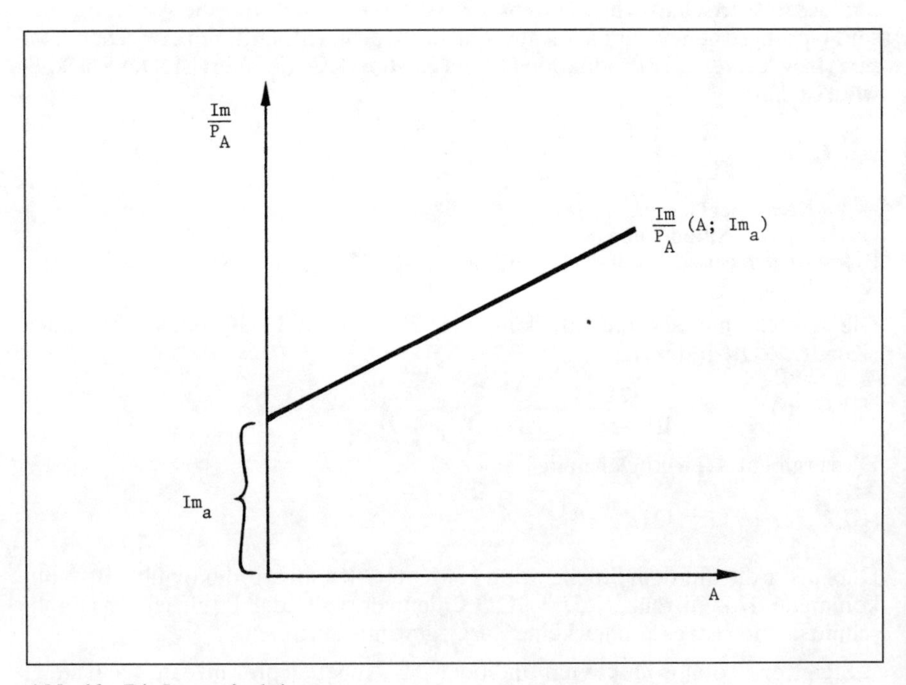


**Abb. 46** Die Importfunktion

## 2. Das Importangebot

Das Angebot an Gütern und Dienstleistungen, die im Ausland produziert wurden, entspricht (im Gleichgewicht) der inländischen Nachfrage nach Importgütern. Die Importnachfrage ist bei der Gesamtnachfrage in C, I und R berücksichtigt. Von welchen Größen hängt das **Importangebot** ab? In der Literatur geht man vor allem von **drei Faktoren** aus: (1) die inländische **Wirtschaftstätigkeit**, (2) der Wechselkurs bzw. die **realen Austauschverhältnisse**, (3) die sog. Importgüterkonkurrenz, also: inwieweit stoßen auf dem Binnenmarkt die importierten Güter, Dienste und Vorleistungen auf **Wettbewerb** mit inländischen Gütern. Wenn die ausländischen Hersteller die Wirtschaftslage, den Wechselkurs und die Wettbewerbssituation als günstig ansehen, dann werden sie ihre Importanstrengungen steigern. Dabei ist es für die Importeure (aus dem $-Land) günstig, wenn der DM/$-**Devisenkurs** niedrig ist. Bei Nichtmitgliedsländern der Europäischen Gemeinschaft müssen ferner **Zölle** berücksichtigt werden.

Die inländische Wirtschaftstätigkeit läßt sich gut mit dem gesamtwirtschaftlichen Angebot ausdrücken[10]. Um die Analyse einfach zu halten, sollen die anderen Einflußgrößen in einem Bündel $Im_a$, **autonome Importe**, berücksichtigt werden. Dies ergibt

(III.C.4) $$\frac{Im}{P_A} = Im_a + m^*A.$$

$Im$ = Nominales Importvolumen (in DM)
$P_A$ = Angebotspreisniveau
$Im_a$ = Autonomes Importvolumen
$m^*$ = Importneigung
$A$ = Reales gesamtwirtschaftliches Angebot

Die **Importneigung** $m^*$ gibt an, wie stark die realen Importe steigen, wenn das Gesamtangebot steigt; $m^*$ ist die Steigung der Importfunktion (Abb. 46), sie wird als konstant angenommen.

## 3. Staatseinfluß und Gesamtangebotskomponenten

Auf der Angebotsseite spielen **direkte** und **indirekte Steuern** eine Rolle. Wie sind diese bei den Angebotskomponenten berücksichtigt? Die direkten Steuern sind im Geldlohn- und Kapitalkostensatz enthalten, es handelt sich demnach um Bruttogrößen. Die indirekten Steuern (minus Subventionen) werden jedoch im gesamtwirtschaftlichen Produktionskonto auf der Aufwandseite separat ausgewiesen, auf der Ertragsseite (Gesamtnachfrage) sind die Mengen mit Marktpreisen bewertet. Wird auch das Angebot zu Marktpreisen bewertet, dann müssen die indirekten Steuern in $P_A$ berücksichtigt werden, und zwar so, daß der „**Durchlaufcharakter**" erhalten bleibt. Eine Erhöhung der **Mehrwertsteuer** wird Angebots- und Nachfragefunktionen verschieben, so daß bei gleicher Menge das Preisniveau um den Mehrwertsteuersatz höher liegt.

[10] In den meisten Arbeiten wird hier das Bruttosozialprodukt gewählt.

**Durchlaufcharakter** heißt also, daß die indirekten Steuern auf die Verkaufspreise aufgeschlagen werden und von den verkaufenden Stellen (insbes. Groß- und Einzelhandel) an die Finanzämter weitergeleitet werden. Unsere Entscheidung, sowohl **Gesamtangebot als auch -nachfrage in Faktorkosten** auszuweisen, also den Term (Indirekte Steuern – Subventionen) von der linken Seite des gesamtwirtschaftlichen Produktionskontos (mit Minus) auf die rechte Seite zu bringen, scheint also bei oberflächlicher Betrachtung nur einen Faktor, der Angebot und Nachfrage lediglich aufbläht, nicht zu berücksichtigen.

Allerdings geht diese Betrachtung davon aus, daß die Mehrwertsteuersätze gleich sind und auf alle Güter und Dienste erhoben werden. Sofern diese Annahme nicht zutrifft, können über die Veränderung der relativen Preise **Substitutionsprozesse** stattfinden, die als **Mengenwirkungen** zusätzlich berücksichtigt werden müssen. Solche Prozesse werden vor allem bei Veränderungen der anderen Verbrauchssteuern (Tabak-, Sektsteuer etc.) auftreten. Ferner belastet die Mehrwertsteuer die privaten Haushalte mit niedrigem Einkommen mehr als die mit hohem, weil letztere einen höheren Anteil mehrwertsteuerpflichtiger Käufe tätigen. Die Veränderung der Mehrwertsteuersätze beeinflußt demnach auch die **Einkommensverteilung** zu Ungunsten der kleinen und mittleren Einkommensbezieher. Diese Wirkungen können in einem hochaggregierten Modell explizit nicht berücksichtigt werden.

Die Berücksichtigung der direkten Steuern auf der Aufwandseite des gesamtwirtschaftlichen Produktionskontos und damit bei den Angebotsfaktoren ist ein Ausdruck dafür, daß der **Staat Güter und Dienstleistungen anbietet**, die aber durch ihre Kosten bewertet sind und deren „**Produktion**" und Inhalt nicht näher erläutert wird.

Die **gesamtwirtschaftliche Gewinnsumme** ist definiert durch

$$G = r\,K$$

Es wird angenommen, daß K konstant ist. Es ist zu beachten, daß Kapitalverschleiß (Abschreibungen) und Kapitalbildung aus Investitionstätigkeit den Kapitalstock bestimmen. Als **Gewinnhypothese** wird eine (gesamtwirtschaftliche) Aufschlagskalkulation unterstellt. Die Stückkosten werden der reziproken Totalproduktivität gleichgesetzt. Die **Gewinngleichung** lautet

$$G = Q\,(P_A - \frac{1}{\pi})$$

Das **Importangebot** hängt ab von der inländischen Wirtschaftstätigkeit, den Terms of trade und der Importgütersubstitution.

Für die **Importfunktion** wurde das gesamtwirtschaftliche Angebot als dominierende Einflußgröße gewählt:

$$\frac{Im}{P_A} = Im_a + m^*A.$$

Der **Staatseinfluß** auf das gesamtwirtschaftliche Angebot ist nur durch die Steuern erfaßt. Die **indirekten Steuern** haben nur Durchlaufcharakter, sie werden daher **nicht berücksichtigt**. Es ergeben sich dadurch einige Vergröberungen.

# D. Gesamtangebot und Beschäftigung

Die **Bausteine** für eine Berechnung des **gesamtwirtschaftlichen Angebots** sind nun zusammengetragen und die gesamtwirtschaftliche Angebotsfunktion kann berechnet werden.

Es wird sich zeigen, daß diese Funktion für **„neoklassische" Annahmen** keinerlei Schwierigkeiten bereitet: Sie ist im P-A-Diagramm eine **Senkrechte auf A**, und zwar bei der gesamtwirtschaftlichen **Kapazitäts-** oder Vollbeschäftigungs**grenze**. Anders die **keynesianische**, positiv geneigte Angebotsfunktion. Hier bedarf es **vereinfachender Annahmen**, um im P-A-Diagramm die Drei-Variablen-Funktion, die das Angebot beschreibt, darzustellen. Doch die Kenntnis der Annahmen gestattet es auch, mögliche Fehler bei der Analyse abzuschätzen.

Diese **gesamtwirtschaftliche Angebotsfunktion** wird dann Grundlage sein für die Diskussion der **Beschäftigungswirkungen**, und zwar isoliert von der Nachfrageseite, ganz unter der Ceteris-paribus-Annahme. Diese Beschränkung ist unbefriedigend, doch läßt sie als Vorbereitung der Gesamtbetrachtung im nächsten Kapitel einige Zusammenhänge deutlicher werden.

## 1. Die gesamtwirtschaftliche Angebotsfunktion

Für das **Angebotsmodell** lassen sich nun die folgenden Gleichungen zusammenstellen:

(III.A.1a) $A = \frac{l}{P_A} B + \frac{r}{P_A} K^* + Im^*$

(III.B.14a) $B_d = \left( \frac{x \alpha \pi \gamma^\beta K^{*\beta}}{\frac{l}{P_A}} \right)^{1/1-\alpha}$

(III.B.5) $\pi = \pi_a$

(III.B.6) $K = K_a = \gamma_a K^*$

(III.B.15a) $B_s = q \frac{l}{P_A}$

(III.C.5) $B_d = B_s = B$

(III.C.3c) $G = Q\left(P_A - \frac{l}{\pi}\right)$

(III.C.4) $Im^* = Im_a + m^* A$

(III.D.1) $Q = A.$

$A$ = Reales gesamtwirtschaftliches Angebot
$l$ = Nominallohnsatz
$P_A$ = Angebotspreisniveau
$B$ = Beschäftigte
$r$ = Kapitalkostensatz
$K^*$ = (maximaler) Kapitalstock
$Im^*$ = Reales Importvolumen
$B_d$ = Nachfrage nach Beschäftigten
$x$ = Einstellungsneigung

$\alpha, \beta$ = Produktionselastizität von Arbeit bzw. Kapital
$\pi$ = Technologieniveau
$\gamma$ = Auslastungsgrad des Kapitals
$B_s$ = Angebot an Beschäftigten
q = Angebotsneigung der Arbeitskräfte
G = Nominale Gewinnsumme
Q = (Physische) Produktionsmenge
$Im_a$ = Autonome Importe
$m^*$ = Importneigung

Den 12 Variablen A, l, K*, B, r, K, Im*, B, $B_s$, G, Q und $P_A$ stehen 9 Gleichungen gegenüber. Soll die Angebotsfunktion in einem P-A-System dargestellt werden, dann fehlen noch zwei Gleichungen. Da ist einmal die Definitionsgleichung für den Kapitalkostensatz

$$\text{(III.A.3)} \qquad r = \frac{G}{K}$$

und eine Lohngleichung zur Erklärung von l.

**Die Lohngleichung**

Die **Lohngleichung** würde auf der Grundlage eines **Verhandlungsmodells** den Ausgang der **Tarifverhandlungen** erklären müssen; ferner müßte für den Lohngap eine Arbeitsmarktvariable (z.B. der Auslastungsgrad der Arbeit bzw. die Arbeitslosenquote) berücksichtigt werden. Diese in der Literatur allgemein verwendete Lohngleichung[11] kann wie folgt formuliert werden:

$$\text{(III.D.2)} \qquad l = l(P, \pi, \gamma, \lambda_1),$$

l = Geldlohnsatz
P = Preisniveau
$\pi$ = Technologieniveau
$\gamma$ = Auslastungsgrad
$\lambda_1$ = Sonstige Faktoren

je höher Preisniveau, Technologieniveau und Auslastungsgrad, desto höher liegt der Geldlohnsatz, Konstanz der sonstigen Faktoren $\lambda_1$ (Gewerkschaftsmacht, politische Parteienkonstellation etc.) vorausgesetzt.

Diese Gleichung kann man sich entstanden denken aus der Berechnung des Arbeitsmarktgleichgewichts, indem III.B.14a und III.B.15 gleichgesetzt und nach l aufgelöst werden:

$$\text{(III.D.3)} \qquad l = l(P_A, \alpha, \beta, x, q, \gamma, K^*).$$

$\alpha, \beta$ = Produktionselastizität der Arbeit bzw. des Kapitals
x = Einstellungsneigung der Unternehmen
q = Angebotsneigung der Arbeitskräfte
K* = (maximaler) Kapitalstock

In der vorhergehenden Analyse waren alle Größen in der Klammer, außer $P_A$, konstant gesetzt worden. Mit $P_A$ wäre dann l bestimmt.

Um das Modell zu schließen, wird i.a. eine **Preisgleichung** eingeführt, die $P_A$ (oder dessen Wachstumsrate) erklärt. Diesem Vorgehen folgen wir hier nicht,

[11] In Wachstumsraten formuliert.

denn das Preisniveau wird durch das gesamtwirtschaftliche Angebots-Nachfrage-system bestimmt.

Im **„neoklassischen" Arbeitsmarktmodell** war unterstellt, daß l nach oben und unten flexibel ist und damit dafür sorgt, daß bei einem gleichgewichtigen Reallohn $l/P_A$ Vollbeschäftigung herrscht. Dividieren wir III.D.3 durch $P_A$ und setzen $\gamma = 1$ (Vollbeschäftigung), dann läßt sich der Gleichgewichtsreallohn berechnen[12]. In der „neoklassischen" Version kann im Modell demnach $(l/P_A)$ = konstant eingesetzt werden.

Im **keynesianischen Arbeitsmarktmodell** war Starrheit des Geldlohnsatzes nach unten unterstellt, also $l_{a0} \leq l$. Ferner war angenommen, daß der Geldlohn institutionell bestimmt wird, daß die Größen in III.D.2 bzw. III.D.3 die ausschlaggebende Rolle spielen, für $P_A$ aber nicht das aktuelle, sondern das erwartete Preisniveau der Tarifvertragslaufzeit berücksichtigt wird[13]. Damit wird l zur Konstanten $l_a$:

(III.D.4) $\quad l = l_a.$

$l$ = Geldlohnsatz
$l_a$ = Autonomer Geldlohnsatz

## Die „neoklassische" Angebotsfunktion

Wie lautet nun die **gesamtwirtschaftliche Angebotsfunktion** mit **„neoklassischen" Hypothesen**? Wir setzen in

$$A = \frac{W}{P_A} + \frac{G}{P_A} + \frac{Im}{P_A}$$

den schon errechneten Lohnsummenterm

(III.B.17) $$\frac{W}{P_A} = \left(\frac{l}{P_A}\right)_0 \left(\frac{1}{2} q \pi_a K_a^{*1/2}\right)^{2/3}$$

ein. $(l/P_A)_0$ gibt den **gleichgewichtigen** (und konstanten) „neoklassischen" **Reallohn** an. Bezüglich der realen Gewinnsumme gilt

(III.C.3d) $$\frac{G}{P_A} = \frac{Q}{P_A}\left(P_A - \frac{1}{\pi}\right).$$

Dieser Ausdruck ist Null, weil im Modell **vollkommener Konkurrenz** das Preisniveau immer gleich dem Durchschnittskostenminimum ist, und dort entstehen keine Gewinne über die Kapitalverzinsung und weitere Kapitalkosten hinaus.

Schließlich ist

(III.C.4) $$\frac{Im}{P_A} = Im_a + m^* A$$

zu berücksichtigen. Dies ergibt die **„neoklassische" gesamtwirtschaftliche Angebotsfunktion**

---

[12] Es gilt dann $\frac{l}{P_A} = l^*(l; \alpha, \beta, x, q, K_a^*)$.

[13] Folgt man R. Pohl (Theorie der Inflation), dann ist das keine keynesianische Hypothese, denn das keynesianische Arbeitsmarktmodell enthalte „statische" Erwartungen.

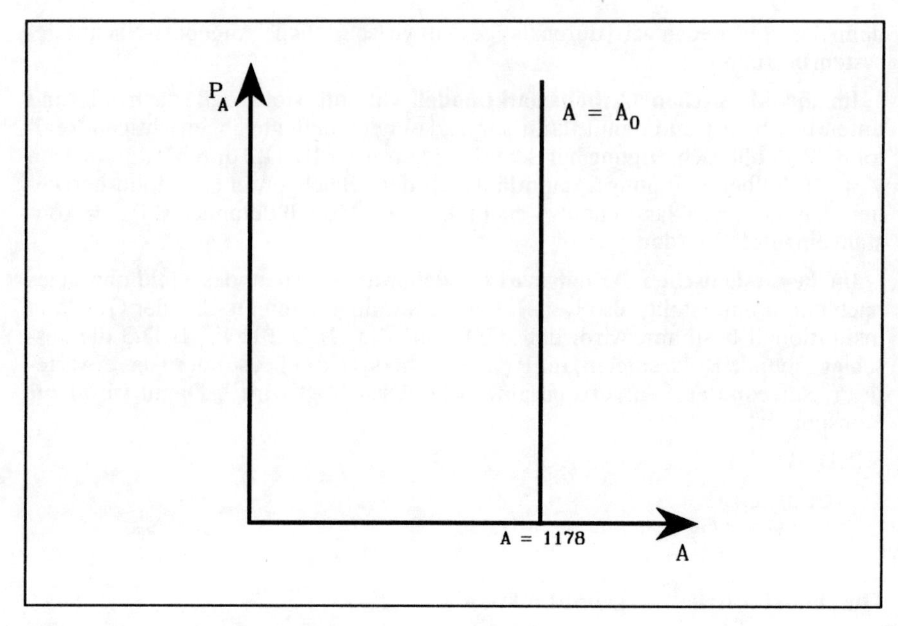


**Abb. 47** Die „neoklassische" Gesamtangebotsfunktion

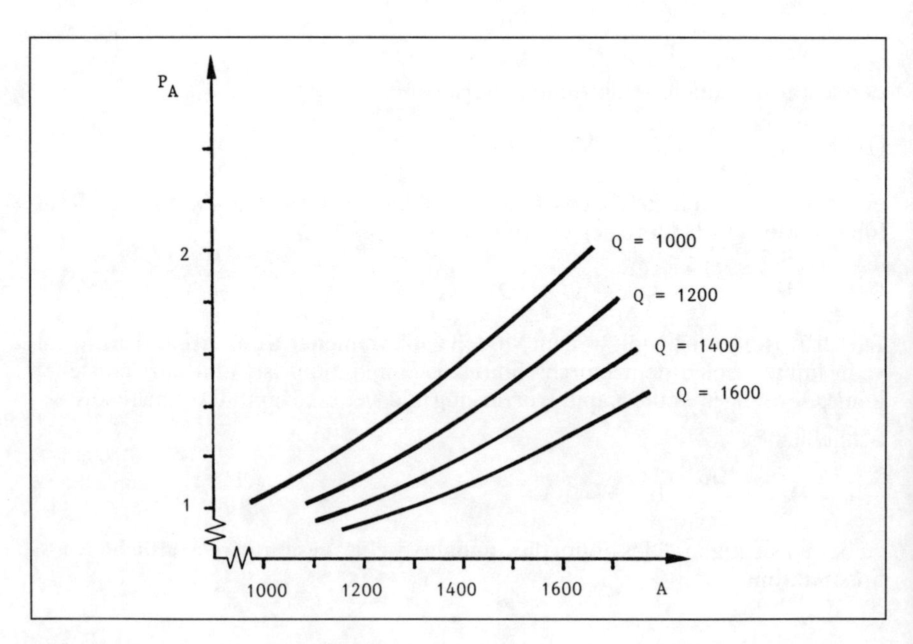


**Abb. 48** Angebot, Produktion und Preisniveau

(III.D.5) $$A = \frac{1}{1-m^*}\{Im_a + (\frac{1}{P_A})_0 (q\,x\,\alpha\,\pi\,\gamma^\beta K^{*\beta})^{\frac{1}{2-\alpha}}\}$$

oder für $\alpha = \beta = 1/2$ und die exogenen (konstanten) Größen berücksichtigt

(III.D.5a) $$A = \frac{1}{1-m^*}\{Im_a + (\frac{1}{P_A})_0 (\frac{1}{2} q\,x\,\pi_\alpha \gamma_a{}^{1/2} K_a^{*1/2})^{2/3}\}$$

$A$ = Reales gesamtwirtschaftliches Angebot
$m^*$ = Importneigung
$Im_a$ = autonome Importe
$(\frac{1}{P_A})_0$ = „Neoklassischer" Gleichgewichtsreallohn
$q$ = Angebotsneigung der Arbeitskräfte
$x$ = Einstellungsneigung der Unternehmen
$\pi_a$ = (Autonomes) Technologieniveau
$\gamma_a$ = (Autonomer) Auslastungsgrad des Kapitals
$K_a^*$ = (Autonomer) maximaler Kapitalstock

Setzen wir in diese Funktion die folgenden (angenommenen) Parameterwerte ein,

$m^* = 0.12$
$Im_a = 25$
$\pi_a = 2$
$q = 1$
$x = 1.2$

und

$K_a^* = 3500$
$\gamma_a = 1$
$(\frac{1}{P_A})_0 = 17.1$[14]

dann erhalten wir A = 1178, im P-A-Diagramm eine Senkrechte zur A-Achse (Abb. 47). Diese Angebotsfunktion entspricht der **gesamtwirtschaftlichen Kapazitäts-** oder **Vollbeschäftigungsgrenze**.

Diese Angebotsfunktion verschiebt sich im P-A-Diagramm nach rechts, wenn die Parameter in III.D.5 steigen; dies wird unten ausführlicher erläutert.

**Die keynesianische Angebotsfunktion**

Wie lautet die **gesamtwirtschaftliche Angebotsfunktion** mit **keynesianischen Hypothesen**? Wir setzen in

$$A = \frac{W}{P_A} + \frac{G}{P_A} + \frac{Im}{P_A}$$

den schon errechneten Lohnsummenterm

(III.B.18) $$\frac{W}{P_A} = \frac{x^2 \pi_a^2 \gamma_a K_a^*}{4 l_a} P_A$$

[14] Dieser Gleichgewichtsreallohn ist wie folgt berechnet: man setzt $B_s = q\frac{1}{P_A}$ und $B_d = \frac{\frac{1}{4}x^2\pi^2\gamma K^*}{(\frac{1}{P_A})^2}$ gleich und berechnet $\frac{1}{P_A} = (\frac{1}{4q}\cdot x^2\pi^2\gamma K^*)^{1/3}$ mit den obigen Parameterwerten. Hierbei ist $\alpha = \beta = 1/2$ angenommen.

mit $K = \gamma K^*$ ein. Dabei ist der konstante Geldlohn von III.D.4 $l_a$ berücksichtigt. Ferner hatten wir abgeleitet

$$\text{(III.C.3d)} \qquad \frac{G}{P_A} = \frac{Q}{P_A}\left(P_A - \frac{1}{\pi}\right) \text{ und}$$

$$\text{(III.C.4)} \qquad \frac{Im}{P_A} = Im_a + m^* A.$$

Dies ergibt die **keynesianische gesamtwirtschaftliche Angebotsfunktion**

$$\text{(III.D.6)} \qquad A = \frac{1}{1-m^*}\left\{Im_a + \frac{(x\alpha\pi_a)^{1/1-\alpha}(\gamma_a K_a^*)^{\beta/1-\alpha}}{l_a^{\alpha/1-\alpha}} P_A^{\alpha/1-\alpha} + Q\left(1 - \frac{1}{\pi_a P_A}\right)\right\},$$

oder mit $\alpha = \beta = 1/2$

$$\text{(III.D.6a)} \qquad A = \frac{1}{1-m^*}\left\{Im_a + \frac{x^2 \pi_a^2 \gamma_a K_a^*}{4 l_a} P_A + Q\left(1 - \frac{1}{\pi_a P_A}\right)\right\},$$

$A$ = Reales gesamtwirtschaftliches Angebot
$m^*$ = Importneigung
$Im_a$ = Autonome Importe
$x$ = Einstellungsneigung der Unternehmen
$\pi_a$ = (Autonomes) Technologieniveau
$\gamma_a$ = (Autonomer) Auslastungsgrad des Kapitals
$K_a^*$ = (Autonomer) maximaler Kapitalstock
$l_a$ = (Autonomer) Geldlohnsatz
$P_A$ = Angebotspreisniveau
$Q$ = Physische Produktionsmenge

Diese Funktion kann nur im P-A-Diagramm dargestellt werden,

- wenn entweder die oben eingeführte Gleichgewichtsbedingung III.D.1 $Q = A$ verwendet wird,
- oder wenn wir für alternative Produktionsniveaus eine Schar von Angebotsfunktionen zeichnen.

Im ersten Fall nimmt man für die Vereinfachung einen Fehler in Höhe von dA/dQ in Kauf. Dieser Faktor ist nicht konstant (da mit $P_A$ verbunden), so daß der Fehler nur bei kleinen Variationen von $P_A$ tolerabel ist.

Der zweite Fall ist in Abb. 48 dargestellt, und zwar mit den oben angegebenen Parameterwerten. Welche dieser Funktionen kann nun als die gesamtwirtschaftliche Angebotsfunktion bezeichnet werden? Wir interpretieren[15] Q als die **geplante oder erwartete Produktionsmenge**. Planen die Unternehmen z.B. eine Produktionsmenge, die der Vollbeschäftigungsproduktion entspricht, also die „neoklassische" Situation beschreibt, und sind sie mit dem dort unterstellten Gewinn zufrieden, dann liegt Q bei 1178 (vgl. Abb. 49).

Wovon hängen **Steigung und Lage** dieser gesamtwirtschaftlichen **Angebotsfunktion** ab? Die Steigung wird vom Verhalten der Anbieter bestimmt. Dieses Verhalten ist im abgeleiteten Angebotsmodell vor allem auf dem Arbeitsmarkt mit der Arbeitsnachfragefunktion beschrieben („Einstellungsneigung"). Doch

[15] Ganz in der Tradition von J. M. Keynes' „General Theory", aber auch von eher monetaristisch orientierten neueren Lehrbüchern wie etwa Dornbusch/Fischer (1980) oder Parkin/Bade (1983).

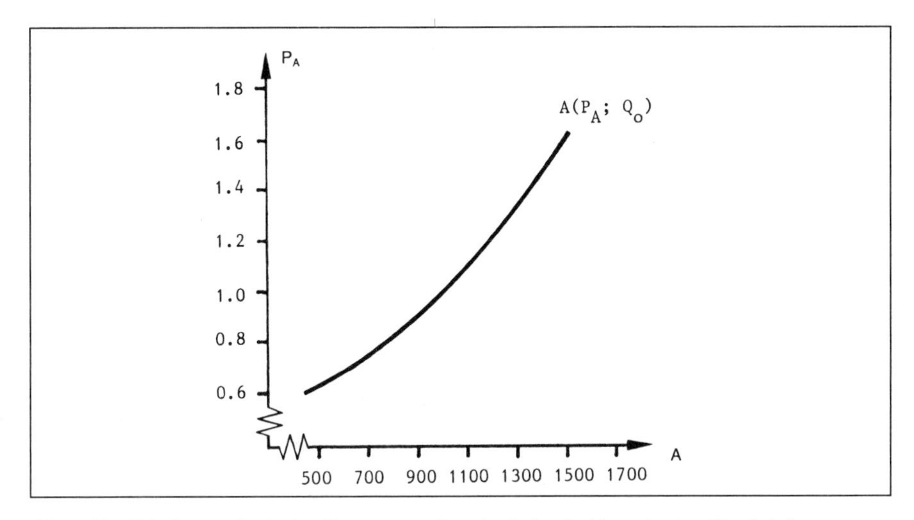


**Abb. 49** Die keynesianische Gesamtangebotsfunktion bei konstanten Produktionserwartungen

auch Entscheidungen in Bezug auf die Produktivität, die Produktionserwartungen sowie die Importneigung gehören dazu. Dieses Verhalten wiederum hängt ab von den individuellen Zielsetzungen der Unternehmen, vom sozio-ökonomischen und politischen Umfeld sowie von den institutionellen Bedingungen. Beispiele für den Arbeitsmarkt habe ich an der entsprechenden Stelle schon gebracht. Ich will dies noch etwas weiter ausführen.

Aus der Abb. 50 wird deutlich, daß die Beschreibung der **Steigung der Angebotsfunktion** in zwei Schritte aufgespalten werden kann, in eine Preisniveauveränderung ($\Delta P$) und eine Angebotsmengenveränderung $\Delta A$. Aus dem Angebotsmodell ist nun eine **Ursache-Wirkungskette** herzustellen, die den Zusammenhang zwischen Preisniveau- und Angebotsänderung beschreibt:

$$P_a \uparrow \rightarrow l_a/P_A \downarrow \rightarrow B_d \uparrow \rightarrow Q \uparrow \rightarrow A \uparrow .$$

Steigt das Angebotspreisniveau, dann sinkt – bei konstantem Geldlohn $l_a$ – der Reallohn. Die Unternehmen fragen mehr Beschäftigte nach (nach Maßgabe der Arbeitsnachfragefunktion). Diese Beschäftigten ermöglichen eine höhere Produktion Q und ein höheres Angebot. Mit dieser Ursache-Wirkungskette sind zwei Entscheidungsbereiche angesprochen, die Arbeitsnachfrage (wie reagieren die Unternehmen auf Reallohnsenkungen?) und der Produktions- und Vertriebsbereich (welche Produktionsmenge kann mit den Beschäftigten erzeugt und wieviel kann zu welchem Preisniveau abgesetzt werden?) Je unelastischer die Arbeitsnachfrage in Bezug auf Reallohnveränderungen, desto steiler verläuft die gesamtwirtschaftliche Angebotsfunktion. Hierzu ein Beispiel: Die Nachfrage des Staates nach Arbeitskräften ist mit Sicherheit nicht so stark reallohnabhängig wie die der privaten Unternehmen. Das bedeutet, daß bei hohem Anteil des Staates am Gesamtangebot die Angebotsfunktion steiler verläuft als im Fall geringen Staatsanteils.

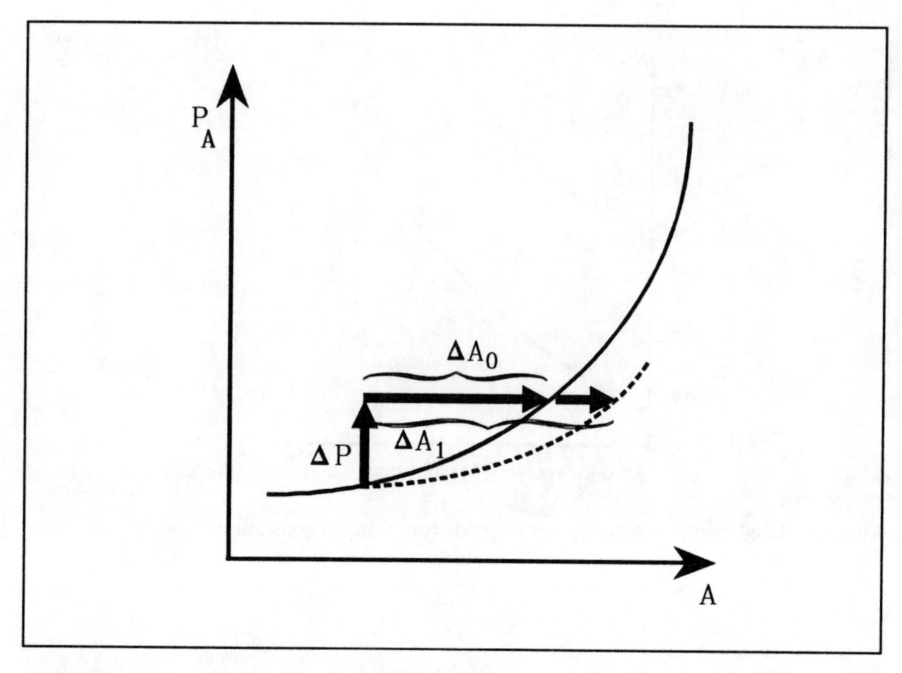


**Abb. 50** Die Steigung der Gesamtangebotsfunktion

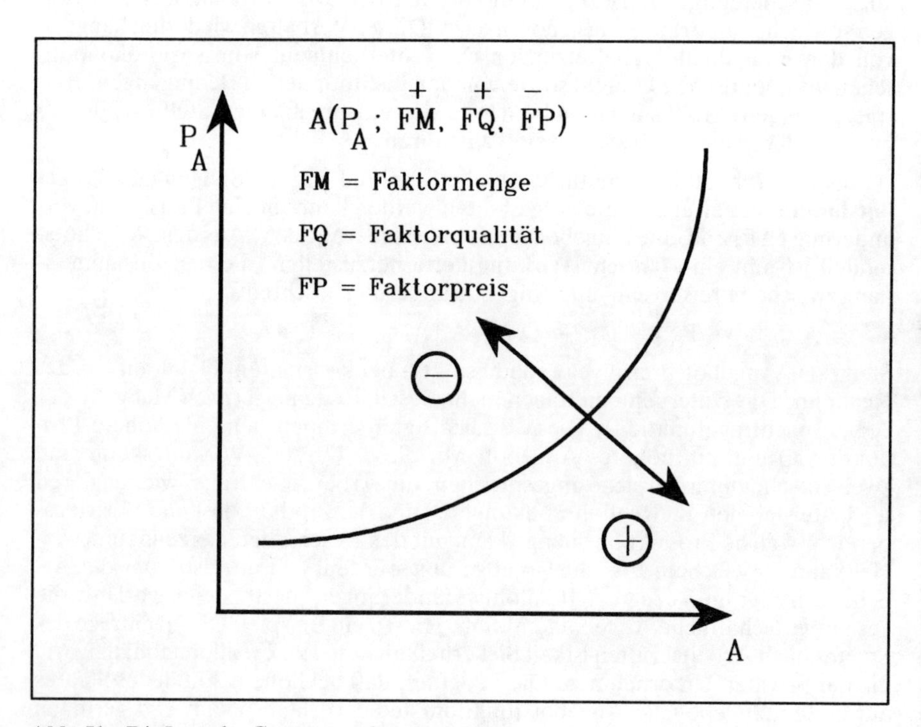


**Abb. 51** Die Lage der Gesamtangebotsfunktion

Eine **zweite** plausible **Wirkungskette** läuft über die Gewinnabhängigkeit des Gesamtangebots:

$$P_a \uparrow \rightarrow G \uparrow \text{(bei } \frac{KO}{Q} = \text{konst.)} \rightarrow Q \uparrow \rightarrow A \uparrow.$$

Diese Argumentation setzt am Gewinnterm der Angebotsfunktion an.

Damit ist vor allem die Steigung des **mittleren Bereichs** der in Abb. 50 dargestellten Angebotsfunktion beschrieben. Wie läßt sich der Verlauf der anderen beiden Bereiche begründen? Im **ersten Bereich** ist das Gesamtangebot vollkommen elastisch, die Anbieter können ihr Angebot ausdehnen, ohne das Preisniveau erhöhen zu müssen. Wir hatten diese Angebotsfunktion im Abschnitt II.D.1 für die Beschreibung einer unterbeschäftigten Volkswirtschaft verwendet. Wir wollen vor dem Hintergrund der oben dargestellten Wirkungsketten nochmals auf das damit unterstellte Verhalten der Unternehmen eingehen. Es ist sinnvoll, auf diese Situation die letztgenannte Kausalkette anzuwenden: die Preise brauchen nicht zu steigen, damit sich die Gewinne erhöhen, denn die zusätzliche Auslastung der großen ungenutzten Kapazitäten läßt die gesamten Stückkosten (fixe und variable Kosten) sinken; dadurch steigen die Stückgewinne. Auf dem Arbeitsmarkt herrscht Angebotsmengenüberschuß, der die Reallöhne drückt. Jede Ausdehnung der Produktion kann die Situation der Unternehmen nur bessern.

Ganz anders sind die Bedingungen und das daraus resultierende Verhalten im **vollkommen unelastischen Bereich** der Angebotsfunktion in Abb. 50. Die Kapazitäten sind vollständig ausgelastet, der Arbeitsmarkt ist leergefegt; es gibt keine geeigneten Mitarbeiter(innen). Die Gesamtangebotsmenge kann nicht mehr ausgedehnt werden. Verläuft die Gesamtnachfragefunktion in diesem Bereich, dann kann sich das Angebot nur noch über Preisniveausteigerungen erhöhen.

Nun zur **Lage der gesamtwirtschaftlichen Angebotsfunktion.** Jede Veränderung einer autonomen Größe in Gleichung (III.D.6a) verlagert die Funktion. Im einzelnen:

Die **gesamtwirtschaftliche Angebotsfunktion** verlagert sich nach rechts, wenn

- die **erwartete Produktionsmenge** (Q) steigt,
- die **autonomen Importe** ($Im_a$) steigen,
- sich die **marginale Importneigung** ($m^*$) erhöht,
- sich das **Technologieniveau** ($\pi$) erhöht,
- die **Einstellungsneigung der Unternehmen** (x) steigt,
- der **Kapitalstock** $K^*$ oder die **Kapazitätsauslastung** $\gamma$ steigt,
- der **Geldlohnsatz** sinkt.

Man kann also sagen, daß alle **kapazitätserweiternden Faktoren** wie Produktionserwartungen, Technologieniveau, Kapitalstock, Auslastungsgrad die Angebotsfunktion nach rechts, und alle **faktorpreissteigernden Größen** wie Geldlohnsteigerungen die Angebotsfunktion nach links verschieben. **Allgemein** läßt sich die **Verschiebung der gesamtwirtschaftlichen Angebotsfunktion** auf drei Arten von Einflußfaktoren zurückführen: Veränderung von **Faktormenge, Faktorqualität** und **Faktorpreisen**. Als Faktoren (= Produktionsfaktoren) gelten etwa: Arbeit, Kapital, Boden, Energie, (andere) natürliche Ressourcen. Deren Mengen- und Qualitätssteigerung verlagert die gesamtwirtschaftliche Angebotsfunktion im $P_A$-A-Diagramm (Abb. 51) nach rechts (+), wobei die Qualitätsniveaus im

Technologieniveau $\pi$ zusammengefaßt sind. Faktorpreissteigerungen (z.B. Steigerungen von Löhnen, Ölpreisen, Rohstoffpreisen) verlagern die Angebotsfunktion nach links (−).

$$A = A(P_A;\ \overset{+}{FM}, \overset{+}{FQ}, \overset{-}{FP})$$

FM = Faktormengen
FQ = Faktorqualitäten
FP = Faktorpreise

## 2. Gesamtangebot und Beschäftigung

Für **„Neoklassiker"** ist **Unterbeschäftigung** – zumindest mittel- oder langfristig – kein Problem: man stelle **die (neoklassischen) Bedingungen** her und die **Marktkräfte** sorgen von selbst dafür, daß wieder Vollbeschäftigung herrscht. Diese Bedingungen sind insbesondere flexible Preise (Güter- und Faktorpreise) nach oben und unten, ferner funktionsfähige Märkte mit wenig Staatseinfluß, also niedrige Steuern und wenig Vorschriften. Im Falle einer Unterbeschäftigung wird die **Konkurrenz** zwischen den Anbietern von Arbeitskraft, den Haushalten, für einen Rückgang der Geldlohnsätze sorgen; dies steigert die Nachfrage nach Arbeitskräften, bis wieder Vollbeschäftigung erreicht ist. Die Unterbeschäftigungssituation dauert so lange an, bis der Anpassungsprozeß abgeschlossen ist.

Auch in der **keynesianischen Theorie** steigt die Nachfrage nach Arbeitskräften, wenn der **Reallohn** $l/P_A$ **sinkt**. Da $l_a$ nach unten starr ist, kann $l_a/P_A$ nur über ein Ansteigen von $P_A$ sinken. Falls die Preisniveausteigerung durch eine Rechtsverlagerung der gesamtwirtschaftlichen Nachfragefunktion verursacht wurde[16], kann die Anpassung des Gesamtangebots an die gestiegene Nachfrage über einen gesunkenen Reallohn erfolgen (wenn die Produktion nicht durch andere Produktionsfaktoren ausgedehnt wird), der die Arbeitsnachfrage steigert und mit der steigenden Beschäftigung über steigende Produktion die gestiegene Nachfrage befriedigt. Die Arbeitsnachfragefunktion bleibt konstant. Steigen dagegen Technologieniveau, Kapitalstock oder Auslastungsgrad, dann verschiebt sich die Arbeitsnachfragefunktion nach rechts (Abb. 39). Bleibt der Reallohn konstant, dann wird die Nachfrage nach Arbeitskräften steigen, dadurch steigt dann auch die Produktionsmenge und es muß genügend Nachfrage bereitstehen, um die gestiegene Produktionsmenge aufzunehmen.

Der **technische Fortschritt** – die Wachstumsrate des Technologieniveaus $\pi$ – drückt sich über ein Steigen der Reallöhne aus; höheres Technologieniveau bedeutet also auch höheren Reallohn für die Beschäftigten. Dieser kann jedoch nur über steigende Produktionsmengen finanziert werden (Abb. 39). Wie jedoch die Arbeitsnachfragefunktion III.B.14b zeigt, gelten alle oben abgeleiteten Ergebnisse nur **ceteris paribus**. Da aber die Veränderung des Technologieparameters die Funktion verschiebt, ändert sich auch die Zuordnung von B und $l/P_A$, das Ceteris paribus ist aufgehoben. Dies muß bei der Einschätzung der Beschäftigungswirkungen beachtet werden. Z.B. wird eine Reallohnsenkung bei gleichzeitig sinkendem $\pi$, K und/oder $\gamma$ keine Beschäftigungseffekte haben. Sinkt außerdem x, d.h. verläuft die Arbeitsnachfragefunktion steiler, weil die Unternehmen fürchten, sie könnten die neu Einzustellenden bei einer Nachfrageschwäche nicht

[16] Man zeichne in Abb. 49 eine Nachfragefunktion ein und verschiebe sie nach rechts.

wieder entlassen (Kündigungsschutz, Personalrat etc.), dann „verpufft" die Reallohnsenkung ebenfalls.

Wie wirkt eine Erhöhung der **Produktionserwartungen** und des **Gewinnes** auf die Beschäftigung? Wenn die Gewinne steigen, dann steigt auch die Grenzleistungsfähigkeit des Kapitals, Investitionen und Nachfrage steigen, und bei konstanter Kapitalauslastung steigt auch die Nachfrage nach Arbeitskräften. Mit steigenden Produktionserwartungen erhöht sich die Beschäftigung ebenfalls.

Eine Erhöhung der beiden **Parameter $Im_a$ und m*** steigert wohl das Gesamtangebot. Die inländische Beschäftigung bleibt jedoch gleich, wenn nicht durch Importgütersubstitution das inländische Angebot zugunsten des ausländischen sinkt.

**Zusammenfassend** kann man feststellen, daß in wesentlichen Fällen Beschäftigungswirkungen auf der Angebotsseite nur auftreten, wenn die Nachfrage sich verändert. Es ist daher notwendig, sowohl das Angebot, als auch die Nachfrage in ihren Wirkungen auf die Beschäftigung zu betrachten. Zunächst müssen wir zur Vorbereitung dieser Analyse zusätzlich zu den beiden abgeleiteten Funktionen, der A-Kurve und der N-Kurve, zwei weitere Beziehungen einführen, die Okun-Kurve und die NL-Kurve.

# E. Beschäftigung, Wachstum und Umwelt

Mit den gesamtwirtschaftlichen Angebots- Nachfragefunktionen (A- und N-Kurve) haben wir eine Darstellung des volkswirtschaftlichen Systems in einem P-AN-Diagramm abgeleitet. In dieser Darstellung erscheint jedoch die Beschäftigung nicht explizit. Wir benötigen eine „Übersetzung" von Sozialproduktseinheiten in Arbeitslosenquoten. Dies soll die Okun-Kurve (ON-Kurve) leisten. Dabei ist die **ON-Kurve** eine (geometrische) **Zusammenfassung aus Arbeitsmarkt und Produktionsbedingungen.** Denn natürlich könnte über Produktions- und Arbeitsnachfragefunktion die Beschäftigung „aufgesucht" werden (vgl. Abb. 44). Über ein weiteres Diagramm mit einer (definitorischen) Beziehung zwischen B und u ließe sich die Arbeitslosenquote bestimmen. Die ON-Kurve faßt diese drei Funktionen zusammen.

Das gesamtwirtschaftliche Ziel einer **Erhaltung der natürlichen Lebensgrundlagen** muß ebenfalls in das gesamtwirtschaftliche System eingeführt werden. Dies soll die **NL-Kurve** leisten. Damit haben wir dann die Grundlagen gelegt für eine gesamtwirtschaftliche Systemanalyse aller wichtigen volkswirtschaftlichen Ziele – außer der Einkommens- und Vermögensverteilung (die allerdings implizit in der Lohnsummen- und Gewinnkomponente des Angebots enthalten ist).

## 1. Beschäftigung und Wachstum: Die Okun-Kurve

Arthur Okun hat für die Vereinigten Staaten von Amerika eine negativ geneigte (empirisch gut fundierte) Beziehung zwischen der **konjunkturellen Arbeitslosenquote** $u_k$ und der **Vollbeschäftigungslücke** („full-employment gap") aufgestellt.

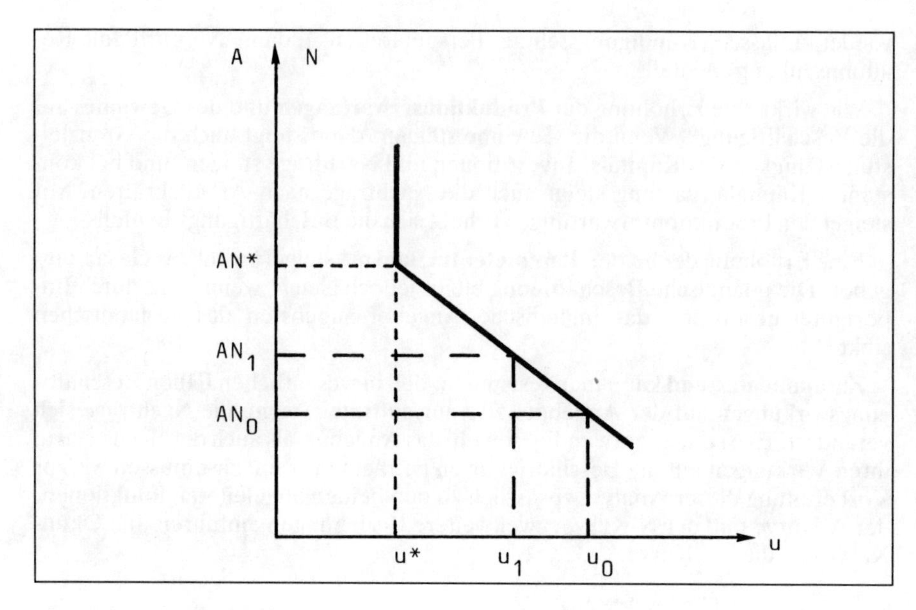


**Abb. 52** Die Okun-Kurve

$u_k$ ist dabei die Differenz zwischen der beobachteten Arbeitslosenquote u und der strukturellen u*. Die Vollbeschäftigungslücke ist als Differenz zwischen der möglichen und der tatsächlichen Produktion (Bruttosozialprodukt) definiert. Anstelle des Sozialprodukts verwenden wir AN, Angebot-Nachfrage. Dies ergibt die nebenstehende Kurve im u-AN-Diagramm, bei gegebenen u* und AN*: Die Kurve ist negativ geneigt, wenn man die Klammer ausmultipliziert und die Gleichung nach u auflöst.

(III.E.1) $u - u^* = \alpha^* (AN^* - AN).$

u = Beobachtete Arbeitslosenquote
u* = Strukturelle Arbeitslosenquote
*α = „Okun"-Parameter
AN* = Vollbeschäftigungs-Angebot-Nachfrage
AN = Tatsächliche(s) Angebot, Nachfrage

Dieses sog. „Okun-Gesetz" gibt auch mit Daten für die Bundesrepublik (für 1962-1981) recht befriedigende empirische Ergebnisse,

$$u - u^* = 0.03(AN^* - AN) \quad (r = 0.92; DW = 1.32)$$

In idealisierter Form ist diese Kurve in der Abb. 52 dargestellt.

Wie läßt sich die negative Neigung dieser Kurve begründen, wovon hängt also die **Steigung** ab? Wir gehen von der Situation $AN_0 - u_0$ aus. Angenommen, $AN_0$ steige auf $AN_1$ (z.B. durch eine Erhöhung der Staatsausgaben). Welche volkswirtschaftlichen Mechanismen laufen dann ab? Keine Frage: das Ausmaß der Erhöhung von u hängt vom **Verhalten** der Arbeitsnachfrager, und auch von dem der Arbeitsanbieter ab. Wie werden die Unternehmen reagieren? Erhöhte Gesamtnachfrage bedeutet steigende Auftragseingänge und höhere Produktion. Zunächst werden die Unternehmen versuchen, unterausgelastete Kapazitäten zu beseitigen. Es wird Kurzarbeit abgebaut, es werden Überstunden eingeführt. Vielleicht entstehen Lieferzeiten, es bestehen Möglichkeiten kurzfristiger organisatorischer Verbesserungen. Und es gibt die Möglichkeit, **zusätzliche Arbeitskräfte** einzustellen, je geringer die Grenzproduktivität, desto mehr Arbeitskräfte. Die Arbeitslosenquote

$$u = \left(\frac{B^* - B}{B}\right) \cdot 100$$

sinkt, wenn B*, das Arbeitsangebot, konstant bleibt. Diese Argumentationskette ist bekannt aus dem I. Kapitel: bei der Okun-Kurve **(ON-Kurve)** handelt es sich um nichts anderes als die mit der Arbeitslosenquote formulierte **Beschäftigungsfunktion** (I.D.1) von Keynes; statt $B = B(N)$ mit $dB/dN > 0$ nun

(III.E.1a) $u = u(N) \text{ mit } \frac{du}{dN} < 0.$

du/dN ist der **Okunparameter** $\alpha^*$. Dieser Verhaltensparameter hängt ab von den individuellen **Zielsetzungen** der Unternehmen (Arbeitsnachfrager) und privaten Haushalte (Arbeitsanbieter), vom sozio-ökonomischen und politischen **Umfeld** und von den **institutionellen** Bedingungen. Bei den individuellen Zielsetzungen dürfte Gewinnmaximierung, vor allem an Wirtschaftlichkeits- und Effizienzüberlegungen ausgerichtete Unternehmenspolitik die Realität in der Bundesrepublik gut beschreiben.

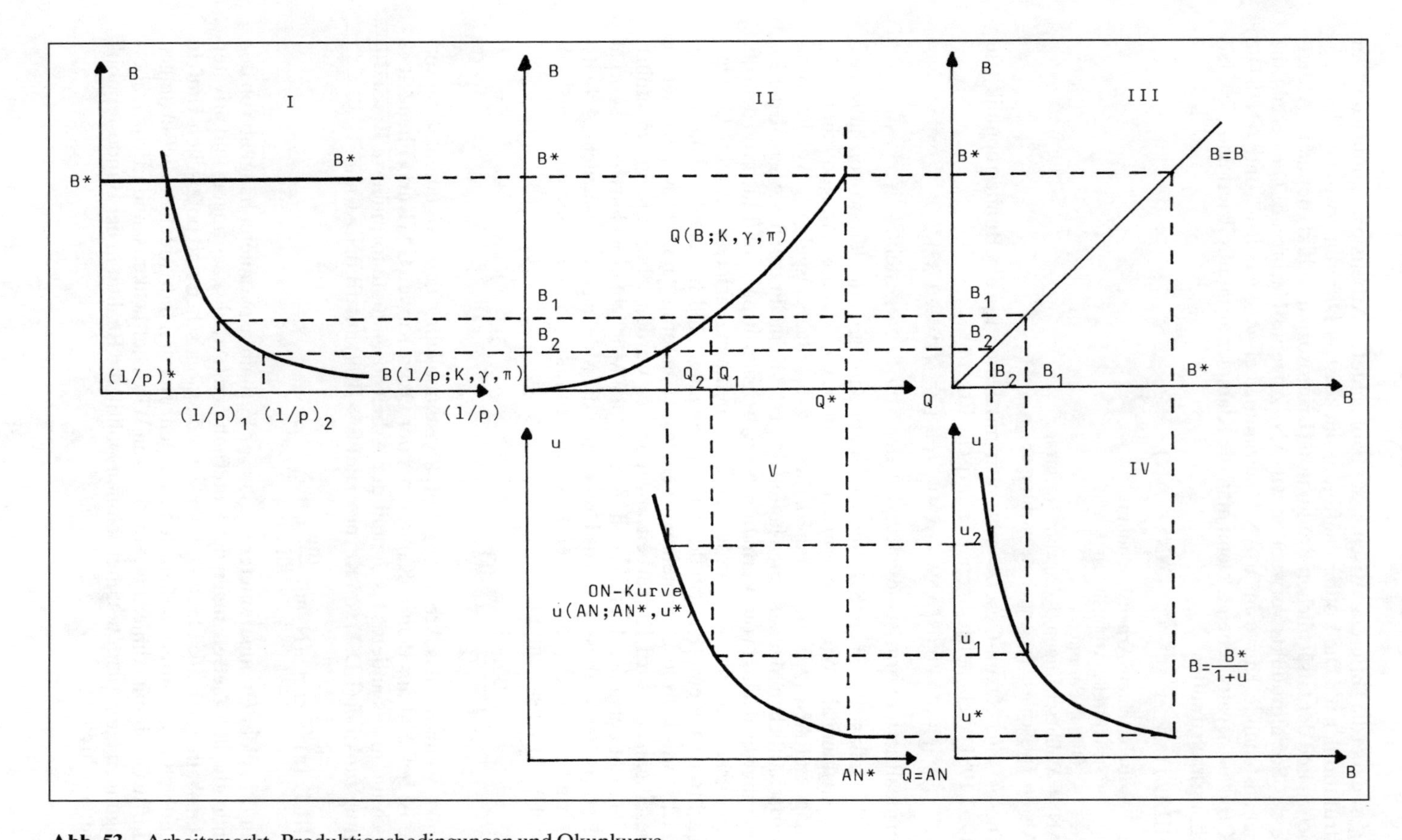


**Abb. 53** Arbeitsmarkt, Produktionsbedingungen und Okunkurve

Von den sozio-ökonomischen und politischen Bedingungen spielen Produktivitätsniveau, Wirtschaftslage (Konjunkturphase), Lohnniveau und -veränderung, Inflationsrate (Reallohnniveau und -veränderung) eine wichtige Rolle; für die Arbeitsanbieter Einstellung zur Arbeit, zur Arbeitsgesellschaft, und dergleichen.

Bei den institutionellen Bedingungen sind Unternehmensgröße und -konzentration angesprochen, die Bedingungen des Arbeitsmarktes (Suchprozesse, Markttransparenz, räumliche Mobilität, Qualifikationsengpässe), Verträge wie Teilzeit, Kündigungsklauseln, Gesetze wie Betriebsverfassungs- und Mitbestimmungsgesetz, Lohnfortzahlung im Krankheitsfall, etc. Vieles dieser institutionellen Bedingungen hat mit sozialer Absicherung der Arbeitnehmer zu tun, die sich in Geld und in Mitsprache auswirkt, aber auch mit der Produktivität und ihrer Veränderung.

Von dieser Vielzahl von Faktoren würde ich drei (Bereiche) besonders hervorheben: (1) den **Arbeitsmarkt**, insbesondere Lage und Steigung der Arbeitsnachfragefunktion, (2) das **Lohnniveau**, (3) die **Produktionsbedingungen** (Mechanisierungsgrad, Kapitalintensität). Diese Bereiche sollen in Abb. 53 in ihrem Einfluß auf die ON-Kurve dargestellt werden. Wir leiten die Okunkurve im Diagramm bei gegebener Arbeitsnachfragefunktion (I) und Produktionsfunktion (II) ab. Im Diagramm IV ist $u = (B^* - B)/B$ dargestellt. Es zeigt sich unmittelbar, daß Steigung (und Lage) der Okun-Kurve von Steigung und Lage der Arbeitsnachfrage- und -angebotsfunktion sowie der Produktionsfunktion abhängen. Je größer die Produktionsänderung auf Grund von Änderungen der Beschäftigung, desto elastischer ist die Okun-Kurve bei Nachfrageänderungen in Bezug auf die Arbeitslosenquote. Da die Arbeitsnachfragefunktion (Diagramm I in Abb. 53) aus der Produktionsfunktion (Diagramm II) abgeleitet wurde, bestimmt auch jene die Okun-Kurve in Steigung und Lage.

Das (Real-) Lohnniveau läßt sich für einzelne Punkte der ON-Kurve (Abb. 53) aus dem Diagramm I bestimmen. Hohen Lohnniveaus entspricht somit auch eine Kombination hoher Arbeitslosenquoten und niedriger Produktion. Damit kann der konvexe Verlauf der ON-Kurve plausibel gemacht werden: Je höher das Lohnniveau, desto weniger bereit sind die Unternehmen, für eine Steigerung der Produktion mehr Arbeitskräfte einzustellen.

Aus den Diagrammen I und II wird nicht nur die ON-Kurve abgeleitet, sondern auch die gesamtwirtschaftliche Angebotsfunktion (A-Kurve). Bringen wir die Abb. 44 und 53 zusammen, dann wird das Gesamtsystem deutlich, in das ON- und A-Kurve eingebettet sind. Die A-Kurve (ON-Kurve) ist der geometrische Ort aller Punkte gewinnmaximaler Kombinationen zwischen $l/P$ und $B$ ($u$ und $Q$).

Aus III.E.1 werden die Lageparameter der ON-Kurve unmittelbar deutlich: $AN^*$ und $u^*$. Mit $AN^*$ ist das Angebots-Nachfrageniveau bezeichnet, bei dem (konjunkturelle) Vollbeschäftigung herrscht. Eine weitere Ausdehnung ist durch eine Kapazitätssteigerung mit den verfügbaren Mengen und der vorhandenen Qualität von Produktionsfaktoren nicht möglich. Dieses gesamtwirtschaftliche Produktionspotential bestimmt den Beginn des vollkommen unelastischen Bereichs der Okun-Kurve. Es wird durch $B^*$ festgelegt (Abb. 53); das ist die Beschäftigung bei Vollauslastung aller Produktionskapazitäten.

Steigt $AN^*$, dann verschiebt sich die Okun-Kurve bei gleicher Steigung nach oben (vgl. Abb. 54a), die strukturelle Arbeitslosenquote $u^*$ bleibt gleich: $u^* = u_0^*$.

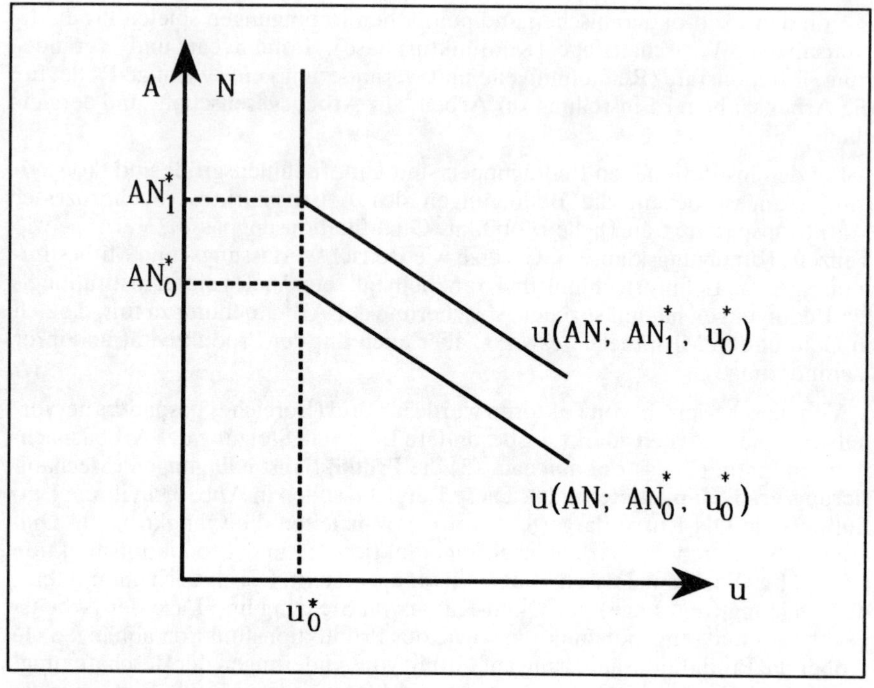


**Abb. 54a** Verlagerungen der Okun-Kurve: Fall 1

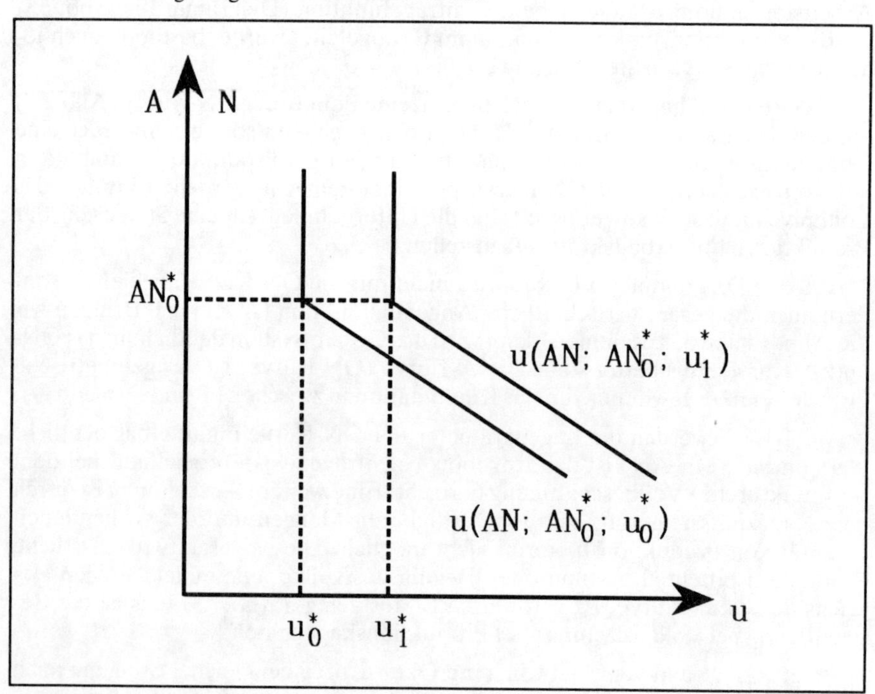


**Abb. 54b** Verlagerungen der Okun-Kurve: Fall 2

Der zweite Fall einer Verlagerung der Okun-Kurve tritt auf, wenn die strukturelle Arbeitslosenquote u* steigt (bei Konstanz von AN*). Die verschiedenen **Arten von struktureller Arbeitslosigkeit** lassen sich (in Anlehnung an W. Franz) mit „Mismatch"-Situationen kennzeichnen:

- Sektoraler Mismatch bedeutet, daß in schrumpfenden Wirtschaftszweigen (z.B. Textilindustrie) Menschen arbeitslos werden, die kurzfristig keinen Arbeitsplatz mehr finden. Oft liegt hier auch ein
- Qualifikations-Mismatch vor, der besagt, daß die Berufs- oder Qualifikationsstruktur des Arbeitsangebots mit der der Arbeitsnachfrage nicht übereinstimmt. Es werden z.B. EDV-Techniker gesucht, gleichzeitig gibt es eine Lehrerschwemme.
- Regionaler Mismatch heißt, daß in einer Region (z.B. in Baden-Württemberg) Arbeitskräfte einer bestimmten Qualifikation nachgefragt, in einer anderen (z.B. Bremen) aber angeboten werden. Sind diese Arbeitskräfte zu beruflichem und/oder familiärem Ortswechsel nicht bereit (Mobilitätsmangel), dann entsteht regionale Arbeitslosigkeit.
- Demografischer Mismatch bedeutet, daß Verwerfungen in der Altersstruktur der Erwerbspersonen auftreten. Z.B. bringen geburtenstarke Jahrgänge Anpassungsprobleme bei der Eingliederung ins Erwerbsleben mit sich.
- Ein Nachfrage-Mismatch liegt vor, wenn Verschiebungen in der Angebots-Nachfragestruktur auftreten. Werden z.B. Stahlrohre durch solche aus Kunststoffen ersetzt, dann werden Stahlarbeiter arbeitslos; oft finden diese nicht sofort wieder Arbeit (vgl. auch den sektoralen Mismatch).
- Ein Technologie-Mismatch bedeutet, daß die zur Produktion verwendeten Technologien nicht denen entsprechen, die von den Arbeitnehmern gewünscht werden. Wird in einem Betrieb eine arbeitssparende Technologie eingeführt, dann entsteht technologische Arbeitslosigkeit.
- Bei der sog. Mindestlohnarbeitslosigkeit klaffen die Vorstellungen der Arbeitsanbieter und -nachfrager in Bezug auf die Lohnhöhe auseinander. Wäre das Lohnniveau niedriger, dann würden die Unternehmen mehr Arbeitskräfte einstellen.

Diese Aufzählung von Arten der strukturellen Arbeitslosigkeit macht zweierlei deutlich: Erstens hängen viele dieser Ursachen miteinander zusammen. Zweitens lassen sich noch viele weitere Arten der strukturellen Arbeitslosigkeit bilden, sucht man nur entsprechende **Strukturkriterien** auf wie z.B. nach Bildung, Geschlecht, Staatsangehörigkeit, oder nach Vollarbeitszeit, Teilzeit, Wochenende, oder nach Unternehmensgröße.

Für die **ökonometrische Schätzung** der Gleichung III.E.1 gibt es vor allem zwei Probleme: (1) Die Bestimmung des Vollbeschäftigungs- bzw. Potentialeinkommens AN*, (2) die Berechnung der strukturellen Arbeitslosenquote u*. Bei (1) kann man sich auf Berechnungen des Sachverständigenrats stützen, für (2) sind wir mit dem Problem konfrontiert, daß seit etwa 1972/73 offenbar die strukturelle Arbeitslosenquote ansteigt (vgl. dazu Abb. 3). Der Verlauf der u*-Kurve ist allerdings nicht bekannt. Um davon eine Vorstellung zu erhalten, kann man darauf aufbauen, daß die Arbeitslosenquote u sich aus zwei Komponenten zusammensetzt, einer konjunkturellen $u_k$ und einer strukturellen u*: $u = u_k + u^*$. In Jahren starker „konjunktureller Anspannung", d.h. bei stark ausgelasteten Produktionskapazitäten (sog. Boomphase der Konjunktur) müßte $u_k$ Null sein; dann wird $u = u^*$. Betrachtet man solche Boomphasen (vgl. Abb. 4), dann zeigt sich,

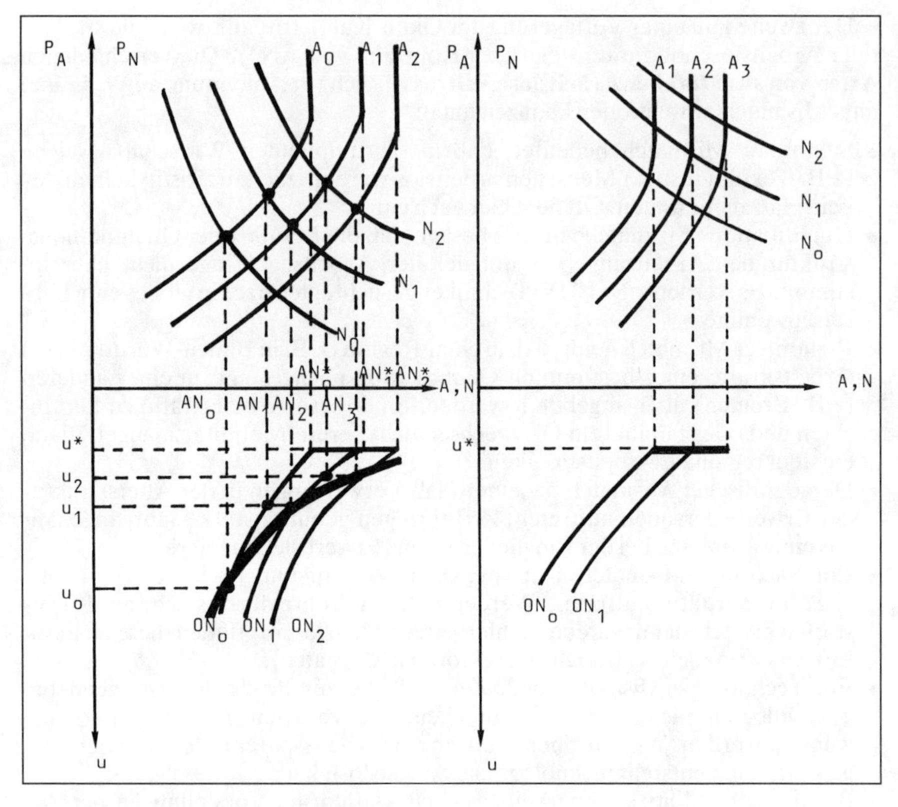


**Abb. 54** Die langfristige Okun-Kurve
c) im keynesianischen Fall d) im „neoklassischen" Fall

daß u bis Anfang der siebziger Jahre bei 0,8-1% liegt, dann aber exponentiell ansteigt. Für die obigen Schätzungen wurde eine stetig ansteigende Funktion für u* (t) unterstellt. Heute dürfte u* bei 5-6% liegen. Das bedeutet, daß sich die Okun-Kurve seit Mitte der 70er Jahre stark nach außen verlagert hat.

Die Steigung der Okun-Kurve ist nach der oben aufgeführten Schätzgleichung für die Bundesrepublik mit $\alpha^* = 0{,}03$ errechnet worden. Dagegen hat Okun für die USA ein $\alpha^*$ von 0,3 errechnet. Das bedeutet, daß eine einprozentige Erhöhung der Gesamtnachfrage in den USA die konjunkturelle Arbeitslosigkeit um 0,3% senkt, in der Bundesrepublik jedoch lediglich um 0,03%. Die US-Okunkurve verläuft in der Abb. 54b flacher als die deutsche.

Nach den Gründen hierfür gefragt müssen vor allem die Unterschiede in den institutionellen Bedingungen (auch das soziale Netz) und im Produktivitätswachstum angeführt werden. Ist in den USA das „Hire and fire", das Einstellen und Entlassen von Arbeitskräften für die Unternehmen (und z.T. auch für den öffentlichen Dienst) kein Problem (in Detroit werden bei einer Nachfrageschwäche für GM-Autos auch einmal 80-100000 Arbeitskräfte entlassen – und im Auto-Boom wieder eingestellt), müssen sich in bundesdeutschen Unternehmen wegen

Kurzarbeit oder Entlassungen die Vorstände mit Betriebs- und Personalräten oder – bei mitbestimmten Unternehmen – mit Arbeitnehmervertretern im Aufsichtsrat oder im Vorstand (Arbeitsdirektor) einigen. Andererseits sehen die Unternehmen oft nicht, daß soziale Sicherung wegen höherer Arbeitszufriedenheit auch höhere Grenzproduktivität bedeuten kann.

Mit der ON-Kurve haben wir nun drei wichtige gesamtwirtschaftliche Aspekte erfaßt. Erstens können wir nun die im Gesamtangebots-Nachfragediagramm ($P_A$, $P_N$ – A,N) ermittelten Gleichgewichtswerte für AN in Arbeitslosenquoten **„übersetzen“**. Zweitens lassen sich in der Steigung der ON-Kurve und im Niveau der Arbeitslosenquote besonders gut die **sozialen Aspekte** der Wachstums- und Beschäftigungspolitik festmachen. Drittens haben wir mit der Okun-Kurve die theoretisch begründete und empirisch abgestützte **Beziehung zwischen** zwei wichtigen gesamtwirtschaftlichen **Zielen**, dem „hohen Beschäftigungsstand und stetigem, angemessenem Wirtschaftswachstum“. Hier ist allerdings zu beachten, daß die Okun-Kurve einen kurzfristigen Zusammenhang wiedergibt, nämlich zwischen konjunktureller Arbeitslosenquote und Nachfrage. Für den **langfristigen Zusammenhang** zwischen u und AN ist zu beachten, daß sich die Okun-Kurve verlagert. Bei Unterbeschäftigung verläuft der Wachstumsprozeß mit einer Ausdehnung von AN auf einer langfristigen Okun-Kurve (dicke Kurve), die flacher ist als die kurzfristige (vgl. Abb. 54c). Bei Vollbeschäftigung findet das Wachstum hingegen bei einer konjunkturellen Arbeitslosigkeit von Null auf der u*-Linie statt (vgl. Abb. 54d). Der Wachstumsprozeß wird von einer Kapitalintensivierung getragen. In den beiden Abbildungen ist unterstellt, daß sich die strukturelle Arbeitslosigkeit u* nicht verändert. Dies ist eine sehr unrealistische Annahme, denn wirtschaftliches Wachstum ist immer mit Strukturwandel verbunden. Davon bleibt natürlich auch u* nicht unberührt.

## 2. Wirtschaftswachstum und Umwelt

Das Ziel einer Erhaltung der natürlichen Lebensgrundlagen, der Erhaltung einer Mindestqualität von Luft, Wasser und Boden, hat insbesondere seit dem Katastrophenjahr 1986 besondere Dringlichkeit erhalten. Es könnte vor allem durch wirtschaftliches Wachstum gefährdet sein. Dies gilt es, im folgenden darzustellen.

Die natürliche Umwelt wird sowohl von den **Outputs** als auch vom Einsatz von **Inputs** geschädigt. Im **ersten Fall** liegt die Umweltschädigung im Verbrauch und Gebrauch von Gütern und Dienstleistungen. Boden wird z.B. durch Müll, Wasser durch Schmutzstoffe, Luft durch Energieverbrauch belastet. Im **zweiten Fall** liegt die Umweltschädigung im Verbrauch von Produktionsmitteln zur Herstellung der Outputs. Boden wird durch den Abbau natürlicher Ressourcen, durch Düngung, Müll etc., Wasser durch Einleitung von industriellen Schadstoffen (Chemikalien, Schwermetallen, Säuren usw.), Luft durch Kohlendioxyd, Schwefel und Stickstoffverbindungen belastet. Der zweite Aspekt erscheint dabei als der wichtigere, wenn auch die Probleme der Müllerzeugung etc. bei den privaten Haushalten nicht heruntergespielt werden sollen. Dabei wird (auf der Grundlage von Material- und Energieflußdiagrammen) unterstellt, daß höhere Produktion über ein Mehr an Inputs (Boden, Material, Energie, Kapital, Arbeit) die natürlichen Lebensgrundlagen verschlechtert. Messen wir diese mit den vorne schon er-

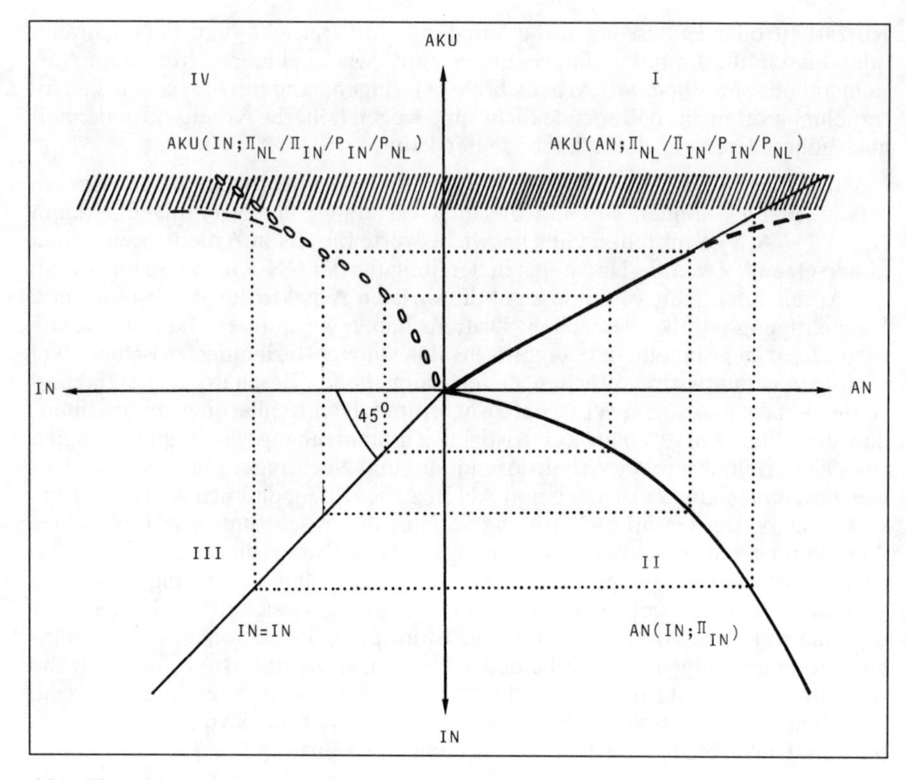


**Abb. 55** Ableitung der NL-Kurve

wähnten **Äquivalenzkennziffern** (vgl. Kap. I.A.6), bezeichnen diese mit AKU **(Äquivalenzkennziffern der Umwelt)**, dann läßt sich der Zusammenhang in Abb. 55 herstellen.

Die **NL-Kurve** (im I. Quadranten) wird aus der Produktionsfunktion (II.) und der Umweltbelastungsfunktion (IV.) abgeleitet. Dies sei im Detail erläutert.

Über die Produktionsfunktion AN(IN,$\pi_{IN}$) muß nicht viel zu dem in Kap. III Gesagten hinzugefügt werden. Mit IN sind alle Produktionsfaktormengen bezeichnet, mit deren Hilfe AN, die Güter und Dienstleistungen (Outputs), hergestellt werden. Es handelt sich um Arbeit, Kapital, Boden, Energie und natürliche Ressourcen. Mit $\pi_{IN}$ ist die Qualität dieser Inputs bezeichnet. Die Lage dieser Funktion wird von diesem Technologieniveau bestimmt, die Steigung hängt von den Produktionselastizitäten der Faktoren ab.

Die **Umweltbelastungsfunktion** im IV. Quadranten gibt an, wie der Einsatz der o.g. Inputs die Umweltmedien Luft, Wasser und Boden beeinflußt. Die Verschlechterung oder Zerstörung der Umwelt ist mit den AKU-Einheiten dargestellt. Ich bin dabei in der Abb. von einer **kritischen Umweltbelastung** ausgegangen, bei der sinnvolle Produktion und sinnvoller Verbrauch nicht mehr möglich sind. Natürlich kann diese Grenze nicht exakt angegeben werden; daher ist sie in Abb. 55 auch als Korridor skizziert. Doch unbestreitbar existiert eine solche Grenze; sie rückt auch immer deutlicher ins Blickfeld der Menschen.

Zum Verlauf **(Steigung)** dieser Umwelt- oder Schadstoffunktion können verschiedene Hypothesen vertreten werden. Da jedoch auf dieser gesamtwirtschaftlichen Ebene keine Daten verfügbar sind, kann eine empirische Begründung verschiedener Verläufe nicht gegeben werden. In der Abb. ist, von der AKU-Achse her betrachtet, eine **Sättigungsfunktion** angedeutet. Mit zunehmendem Einsatz von Inputs, insbesondere von Energie, nimmt die Zerstörung der Umwelt zunächst unterproportional zu, um dann ab einem bestimmten Produktionsniveau (das vielleicht in modernen Industriegesellschaften heute erreicht ist) überproportional zuzunehmen. Nähert sich die Gesellschaft an die Grenze kritischer Umweltbelastung an, dann werden verstärkte Anstrengungen unternommen, um die Umweltzerstörung anzuhalten: die Schadstoffunktion flacht vor der Grenze ab.

Die Lage dieser Funktion hängt ab von den relativen Preisniveaus der Umwelt und der Inputs sowie von den Umweltverbrauchskoeffizienten der einzelnen Produktionsfaktoren. Diese Koeffizienten werden natürlich wesentlich von der Wirtschaftsstruktur (Chemie oder Dienstleistungen), vom Energieverbrauchsniveau etc. bestimmt; sie schlagen sich in der Umweltqualität $\pi_{NL}$ nieder.

Ich will ausdrücklich betonen, daß mit der NL-Kurve ein sehr **grobes Referenzmuster** beschrieben ist, um den Zusammenhang zwischen Wirtschaftswachstum und Umweltzerstörung aufzuzeigen. Der Verlauf und die Lage hängen natürlich wesentlich davon ab, welche Struktur, welche Qualität also, das Sozialprodukt aufweist. Da ich die Umwelt auch nicht systematisch in den **ökonomisch-ökologischen Kreislauf** einbette, sind keine Rückkoppelungen darstellbar.

Aus der Ableitung der NL-Kurve in Abb. 55 wird deutlich, daß Steigung und Lage der NL-Kurve von den Steigungen und Lagen der Produktions- und Umweltbelastungsfunktion abhängen. Steigt z.B. die Qualität der Inputs ($\pi_{IN}$), tritt also technischer Fortschritt auf, der arbeits- oder kapitalsparend, besser aber energie- oder ressourcensparend ist, dann verlagert sich die Produktionsfunktion im Quadranten II. nach oben und die NL-Kurve nach links. Tritt umweltsparender Fortschritt auf (Erhöhung von $\pi_{NL}$) oder steigt das Preisverhältnis $P_{IN}/P_{NL}$, dann verlagert sich die Umweltbelastungsfunktion nach links (IV. Quadrant) und die NL-Kurve nach oben. Dabei kann $\pi_{NL}$ beeinflußt werden durch die Veränderung der relativen Preise (z.B. Besteuerung besonders umweltschädigender Produktionsprozesse) oder durch Verbote und Gebote (Emissionsgrenzen nach dem „Stand der Technik").

Die nochmals in Abb. 56 dargestellte NL-Kurve verlagert sich also nach rechts, wenn

- technischer Fortschritt auftritt, insbesondere aber energie-, ressourcen- oder umweltsparende technische Fortschritte,
- die Fortschritte durch eine Veränderung der relativen Preise induziert werden (Umwelt wird relativ teurer), oder durch staatliche Maßnahmen (Gebote oder Verbote),
- die Wirtschaftsstruktur sich verändert hin zu einem größeren Anteil an energiesparenden, ressourcensparenden Branchen,
- die steigende Umweltsensibilität der Bevölkerung sich in entsprechendem Verhalten als Manager und Arbeiter niederschlägt,
- Gesetze (z.B. Abgasbestimmungen, TA-Luft), Haftungsbestimmungen (Produzentenhaftung), und andere Bestimmungen vorliegen.

K21

ÖKOLOGIE/Die Weltkommission fordert ein neues Wachstumsdenken

# Eine dauerhafte Entwicklung durch ein verstärktes Umweltbewußtsein sichern

jh. Brüssel. Eine Umorientierung des weltweiten Wachstumsdenkens ist dringend notwendig, um eine dauerhafte Entwicklung in allen Ländern der Welt zu gewährleisten. Dabei muß zukünftig der ökologische Aspekt noch mehr an Bedeutung gewinnen. Die derzeitgen auf Wachstum setzenden Entscheidungen in den Industrienationen sind häufig zu kurzfristig ausgerichtet, obwohl in den Ländern der Europäischen Gemeinschaft und den übrigen Industrienationen schon Ansätze eines Umdenkens stattfinden. Zu diesem Ergebnis kommt ein Bericht der Weltkommission für Umwelt und Entwicklung, den die norwegische Premierministerin Gro Harlem Brundtland vergangene Woche in London vorstellte und nun in Brüssel Vertretern der EG und der Efta-Länder erläuterte.

Insbesondere die wirtschaftspolitische Zielsetzung der entwickelten Industrienationen muß sich an einer dauerhaften Entwicklung und Umwelterhaltung ausrichten. Dabei gelte es, die zukünftigen Entwicklungspotentiale der Weltgemeinschaft zu sichern und nicht, so die aufgezeigten Gefahren, abzubauen. Dabei spiele die Verantwortung der reichen gegenüber den armen Ländern eine entscheidende Rolle. Um der Verschuldungskrise in der Dritten Welt ein Ende zu setzen, müsse der Kapitaltransfer verstärkt werden. Dem umweltbewußten Einsatz muß eine größere Bedeutung geschenkt werden.

Nationale und internationale Institutionen werden aufgerufen, der umweltpolitischen Dimension die gleiche Bedeutung beizumessen wie wirtschaftlichen, energiepolitischen, landwirtschaftlichen und industriepolitischen Dimensionen. Notwendig sei ebenso eine stärkere personelle Besetzung und finanzielle Ausstattung von Umweltbehörden.

Handelsblatt Nr. 87 v. 7.5.87, S. 7

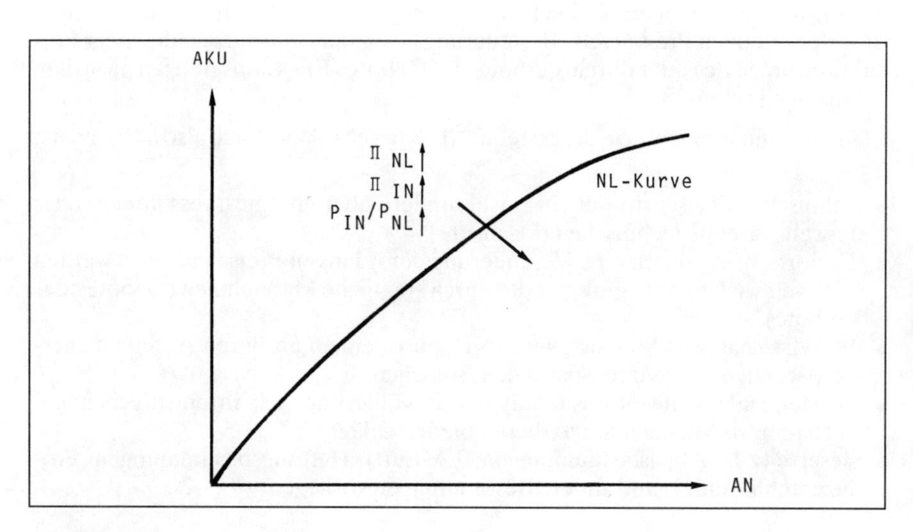


**Abb. 56** Die Lage der NL-Kurve

Form und Aussagen der **gesamtwirtschaftlichen Angebotsfunktion** werden durch die Strukturgleichungen über den Arbeitsmarkt, die Gewinnbildung und das Importangebot bestimmt.

Die **„neoklassische“ Angebotsfunktion** ist im P-A-Diagramm eine (senkrechte) Linie an der **gesamtwirtschaftlichen Kapazitätsgrenze**. In dieser Situation

- herrscht auf dem **Arbeitsmarkt Vollbeschäftigungsgleichgewicht** bei einem gleichgewichtigen Reallohn. Dieses Gleichgewicht ist **stabil**, weil bei Abweichungen der **Konkurrenzmechanismus** bei nach oben und unten flexiblen Geldlohnsätzen für einen Ausgleich sorgt. Bei einer Störung des Gleichgewichts durch sinkendes Preisniveau steigt der Reallohn, die Arbeitsnachfrage sinkt, es entsteht Arbeitslosigkeit. Konkurrenz zwischen den Arbeitslosen drückt den Geldlohn nach unten; er folgt somit dem gesunkenen Preisniveau und der Reallohn pendelt sich auf sein altes Niveau ein. Es herrscht wieder Vollbeschäftigung.
- **maximieren die Unternehmen ihre Gewinne**, weil sie Arbeitskräfte nach der **Inputregel** nachfragen, die Gewinnmaximierung unterstellt,
- ist der **Gewinnterm Null**, weil das Preisniveau immer in Höhe des Durchschnittskostenminimums liegt. Für dieses Verhalten sorgen die angenommenen Konkurrenzverhältnisse zwischen den Unternehmen. Durch die Annahme eines konstanten Kapitalstocks kann die Grenzproduktivität des Kapitals nicht berechnet werden. Diese entspricht im „neoklassischen“ Modell dem Kapitalkostensatz. Damit ist auch der Gewinn nicht definiert, denn es gilt $G = rK$.
- sind **Importangebot** und **-nachfrage** gleich.

Die **keynesianische Angebotsfunktion** ist im P-A-Diagramm eine **positiv geneigte Kurve**. Diese Kurve ist der geometrische Ort von Situationen, in denen

- **Unter- bzw. Vollbeschäftigungsgleichgewichte** auf dem **Arbeitsmarkt** herrschen, bei gleichgewichtigen Reallöhnen. Diese Gleichgewichte sind durch freiwillige (keynesianische) Arbeitslosigkeit gekennzeichnet, die aber wegen **Geldillusion, Unvollkommenheiten des Arbeitsmarktes** und nach unten starren Geldlöhnen ohne exogene Einwirkung nicht beseitigt werden können. Ein solcher exogener Schock wäre z.B. eine Steigerung der Gesamtnachfrage, die die Kapazitätsauslastung erhöhen und die Arbeitsnachfragefunktion durch den Vollbeschäftigungsgleichgewichtspunkt verschieben könnte, bei gestiegenem Gleichgewichtsreallohn.
- die Unternehmen ihre **Gewinne maximieren**, weil sie Arbeitskräfte nach der modifizierten Inputregel nachfragen.
- die **Gewinnsumme** von der erwarteten Produktionsmenge, dem durchsetzbaren Angebotspreisniveau und dem Technologieniveau abhängt, das **Unternehmerverhalten** also von der **Erwartungsgröße Produktion und den Gewinnen** abhängt.
- **Importangebot** und **Importnachfrage** gleich sind.

**Beschäftigungswirkungen** können unter

- **„neoklassischen“ Angebotsbedingungen** durch **Geldlohnsenkungen** auftreten. Dann sinkt der Reallohn und die Beschäftigung steigt.
- **keynesianischen Angebotsbedingungen** in Richtung Vollbeschäftigung nur von der **Gesamtnachfrageseite** ausgehen.

Die **gesamtwirtschaftliche Angebotsfunktion** verlagert sich im P-A-Diagramm nach **links**, wenn (ceteris paribus)

- Technologieniveau, Kapitalstock, Importneigung und autonome Importe sinken,
- im keynesianischen Fall ferner die erwartete Produktionsmenge und die Einstellungsneigung der Unternehmen sinken und der Geldlohn steigt,
- im „neoklassischen“ Fall ferner die Angebotsneigung der Arbeitskraftanbieter steigt.

Die **Okun-Kurve** (ON-Kurve) beschreibt die Beziehung zwischen der konjunkturellen Arbeitslosenquote und der Vollbeschäftigungslücke. Letztere ist die Differenz zwischen potentiellem und tatsächlichem Sozialprodukt (Angebot und Nachfrage). Mit der (Steigung der) ON-Kurve kann vieles von den sozialen Zielsetzungen einer Wirtschaftsgesellschaft eingefangen werden, die sich auf dem Arbeitsmarkt niederschlagen.

Die **NL-Kurve** gibt die Beziehung zwischen Wirtschaftsleistung (Sozialprodukt) und Umweltbelastung wieder. Mit ihr werden die natürlichen Lebensgrundlagen in die gesamtwirtschaftliche Analyse einbezogen.

# Kapitel IV: Gesamtwirtschaftliche Angebots-Nachfrage-Analyse (Das Sowohl-als-auch)

## A. Theoretische Grundlagen

In den vorangegangenen Kapiteln haben wir zwei **verschiedene** Interpretationen der **gesamtwirtschaftlichen Nachfragefunktion,** die „neoklassische“ und die keynesianische, sowie drei **verschiedene Angebotsfunktionen**, die vollkommen elastische (Preisniveau konstant), die vollkommen unelastische (Angebot konstant) und die unvollkommen elastische (Preisniveau und Angebot variabel) kennengelernt. Diese Teile sind nun in ein **Gesamtsystem** zu integrieren.

Dabei wird sich zeigen, daß die bisher (implizit) unterstellte **Unabhängigkeit zwischen Angebots- und Nachfragefunktion** nicht aufrecht erhalten werden kann, denn es bestehen mindestens drei wichtige Interaktionen.

### 1. Das gesamtwirtschaftliche Angebots-Nachfragesystem

Der Pressebericht in K22 gibt drei,von unterschiedlichen sozialen Gruppen vertretene Thesen wieder, wie die (konjunkturelle) **Arbeitslosigkeit** beseitigt werden könnte. In ihrer Einseitigkeit passen sie auch in die Kapitel II und III dieses Buches, in denen nur die Nachfrageseite und nur die Angebotsseite dargestellt wurden. Doch wir können Gesamtangebot und Gesamtnachfrage und ihren Einfluß auf die Beschäftigung nicht isoliert voneinander untersuchen. Wie wir gleich sehen werden, hängen beide miteinander zusammen und beeinflussen zusammen den Beschäftigungsstand. Insbesondere genügt es bei näherem Hinsehen nicht, von einem unendlich elastischen Angebot (mit konstantem Preisniveau) auszugehen. Wie die folgende Abb. 57 zeigt, müssen mindestens **drei Bereiche der gesamtwirtschaftlichen Angebotsfunktion** unterschieden werden, der

- **„keynesianische“ Bereich** mit P = konst. und A = variabel, der eine (extrem) unterbeschäftigte Volkswirtschaft beschreibt,
- **„klassische“ Bereich** mit P = variabel und A = konst., der eine vollbeschäftigte Volkswirtschaft beschreibt, in der A nicht mehr ausgedehnt werden kann,
- **„mittlere“ Bereich** mit P = variabel und A = variabel, der die seit einigen Jahren vorherrschende Situation beschreibt.

In der Abb. 57 sind Schnittpunkte zwischen der gesamtwirtschaftlichen Angebotsfunktion A und verschiedenen Nachfragefunktionen dargestellt ($N_0$, $N_1$, etc.). Diese Schnittpunkte stellen **gesamtwirtschaftliche Gleichgewichtssituationen** dar: bei einem herrschenden Preisniveau $P = P_A = P_N$ sind die Pläne der Anbieter und die der Nachfrager in Übereinstimmung, befinden sich **Arbeits-, Güter-, Geld- und Kapitalmarkt** in **(partiellen) Gleichgewichten**, die insgesamt ein **simultanes Gleichgewicht** bilden. Diese Gleichgewichtssituation kann gestört werden, wenn eine (oder mehrere) exogene (autonome) Größen (**Verschiebungsparameter**) in den Funktionen für Angebot und Nachfrage geändert werden.

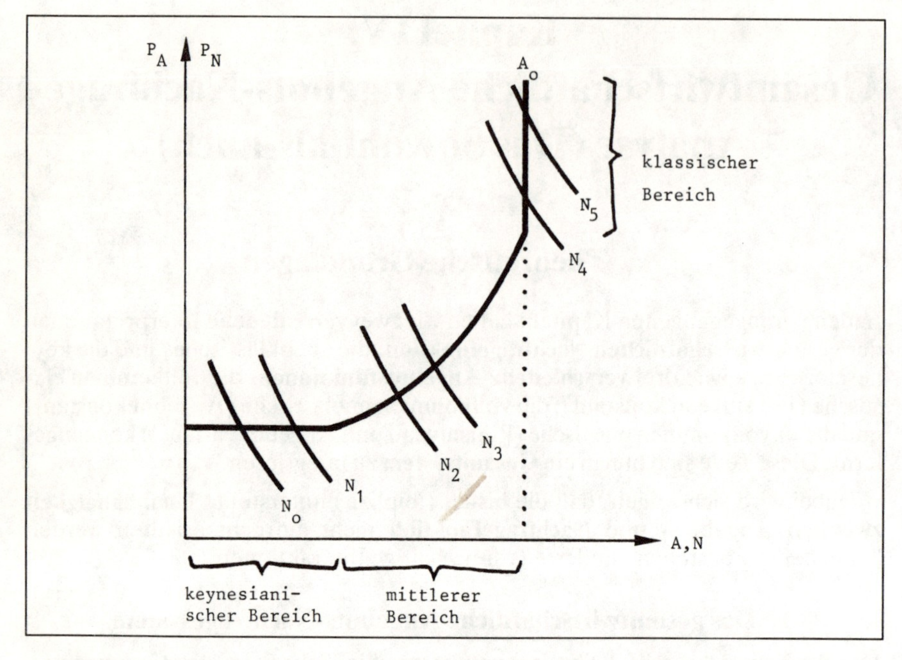


**Abb. 57** Die drei Bereiche der gesamtwirtschaftlichen Angebotsfunktion

Die **Wirkungen von Verlagerungen der Nachfragefunktion** auf Angebot, Nachfrage und Beschäftigung sind verschieden. Verlagert sich die Nachfragefunktion, z.B. durch eine Erhöhung des Geldangebots, von $N_0$ nach $N_1$, dann tritt (bei **vollkommen elastischem Angebot**) die größte Steigerung von Angebot und Nachfrage in den drei Fällen ein. Im **klassischen Bereich** findet keine Beschäftigungs-Angebots-Nachfrageerhöhung statt, nur das Preisniveau steigt. Im **mittleren Bereich** steigen Angebot und Nachfrage ($N_2 \rightarrow N_3$), aber durch die begleitende Preisniveauerhöhung werden die expansiven Wirkungen gebremst: Die reale Geldmenge (M/P) sinkt, c.p. steigt der Zins und die (zinsabhängigen) Investitionen gehen zurück. Die Expansion des Angebots ist möglich, weil durch das steigende Preisniveau der Reallohn (l/P) sinkt und die Nachfrage nach Arbeitskräften steigt, ebenfalls steigt der Gewinn (weil das Preisniveau steigt).

Daraus wird einmal mehr deutlich, daß das **Zusammenspiel von Gesamtangebot und -nachfrage** berücksichtigt werden muß. Die Thesen in K22 müssen vor dem Hintergrund dieses Zusammenspiels analysiert werden (vgl. unten, Abschnitt B).

## 2. Die Interaktion von Gesamtangebot und -nachfrage

In K23 heißt es, die **Therapie der einseitigen Angebotstheorie** (was immer das ist) sei schlecht, die der Kostenentlastung – bei Nachfragesteigerung – sei gut. Die Empfehlung erinnert an zwei Hals-Nasen-Ohren-Ärzte, die sich um die richtige Therapie für einen von ständigen Mandelentzündungen geplagten Patienten streiten: der eine behauptet steif und fest, man müsse die Rachenmandeln herausnehmen, der andere besteht nachdrücklich auf einer Resektion der Tonsillen. Die Analogie: Eine **einseitige Kostenentlastungsstrategie** ist nichts anderes als eine **einseitige Angebotssteuerung**. Wenn in K23 gegen die einseitige Angebotssteuerung plädiert wird, dann zieht der Autor damit gegen einen Teil seines eigenen Rezeptes zu Felde, den Angebotsteil. Dies ist im III. Kapitel deutlich geworden, als wir den Zusammenhang zwischen Produktion, Kosten und Angebot referierten. Nun kommt hinzu, daß die **Beziehungen zwischen Angebot und Nachfrage** beachtet werden müssen, denn beide können als verschiedene Seiten derselben Münze (des gesamtwirtschaftlichen Produktionskontos) angesehen werden. Auch dies wird in K23 nicht deutlich.

Wir unterscheiden einen direkten und einen indirekten Zusammenhang. Der **direkte Zusammenhang** verläuft über zwei Größen:

- Die **Geldlöhne** sind einerseits **Kosten** und bestimmen das Angebot (Kosteneffekt), sie sind andererseits **Kaufkraft** und bestimmen die Nachfrage (Kaufkrafteffekt),
- die **Investitionen** sind einerseits **Nachfrage** (Einkommenseffekt), andererseits erhöhen sie die **Kapazität** und somit das Angebot (Kapazitätseffekt).

**Indirekte Zusammenhänge** bestehen über die **Identität von Wirtschaftssubjekten**, die einmal die Angebotsseite, zum anderen die Nachfrageseite bestimmen (Staat, Ausland):

- Importe und Exporte fördern bzw. begrenzen ihr gegenseitiges Volumen, bestimmte Verschuldungsgrenzen vorausgesetzt, ebenso wie
- Staatsausgaben und Steuereinnahmen.

K22

## Zur beschäftigungspolitischen Diskussion

Rückbesinnung auf einige volkswirtschaftliche Grundwahrheiten
Von Prof. Heinz Haller, Zürich
Neue Züricher Zeitung, Zürich, vom 3. Februar 1982

Die hohen und immer noch weiter steigenden Arbeitslosenquoten in den westlichen Industrieländern – die Schweiz stellt hier glücklicherweise eine Oase dar – haben die Wirtschaftspolitiker in die höchste Alarmstufe versetzt. Daß unbedingt etwas getan werden muß, um die Beschäftigungssituation zu verbessern (von der Rückführung der Wirtschaft in die »Vollbeschäftigung« spricht schon lange niemand mehr), ist opinio communis. Hinsichtlich der Maßnahmen, die zu ergreifen sind, gehen jedoch die Ansichten weit auseinander. In den heftigen Diskussionen wurden und werden Thesen vertreten, die sich über fundamentale volkswirtschaftliche Zusammenhänge und – so möchte ich es formulieren – volkswirtschaftliche Grundwahrheiten hinwegsetzen. Zu einigen dieser Thesen soll hier Stellung genommen werden.

1. These: Eine auf Ausweitung der Gesamtnachfrage gerichtete Politik ist nicht (mehr) geeignet zur Herbeiführung eines höheren Beschäftigungsgrades; an die Stelle der überholten nachfrageorientierten Politik muß eine angebotsorientierte Politik treten, deren Maßnahmen darauf zielen, die Produktionsbedingungen zu verbessern und dadurch die Produktion zu stimulieren. ...

Für die generelle und nachhaltige Erhöhung des Beschäftigungsgrades genügt eine Politik der Stimulierung der Investitionsnachfrage, als die sich die angebotsorientierte Politik im Kern herausgestellt hat, nicht. Hierzu bedarf es einer Nachfrageausweitung im dominanten Konsumgüterbereich. Hierauf wird stets mit größtem Nachdruck von den Gewerkschaften hingewiesen, die höhere Löhne fordern, damit Kaufkraft für zusätzliche Konsumausgaben zur Verfügung steht.

2. These: Bei den Tarifverhandlungen müssen Löhne durchgesetzt werden, die den Arbeitnehmern zusätzliche reale Kaufkraft verschaffen. Die Arbeitnehmer sind im wesentlichen die Konsumnachfrager; zu einer Belebung der Konsumnachfrage kommt es also nur, wenn sie mit zusätzlicher Kaufkraft ausgestattet werden. ...

3. These: Über zusätzliche Staatsausgaben, also mit Hilfe eines besonderen Ausgabenprogramms zur Arbeitsbeschaffung, kann die erforderliche Zusatznachfrage herbeigeführt werden, die zur Wiederbeschäftigung derjenigen Arbeitslosen führt, für die Arbeitsplätze vorhanden sind; daher ist ein solches Programm zu beschließen und zu realisieren. ...

K23

## Doppelstrategie gegen die Arbeitslosigkeit

Der Dogmenstreit um die richtigen Rezepte im Kampf gegen die Wirtschafts- und Beschäftigungskrise vermindert die Chancen für einen Erfolg und gefährdet die marktwirtschaftliche Ordnung.
Von Lothar Czayka

Wenn die für die Wirtschaftspolitik Verantwortlichen sich nicht bald von der einseitigen Angebotstheorie abwenden und zu einer keynesianischen Doppel-Strategie der Kosten-Entlastung und der Nachfrage-Stützung zurückkehren, dürfte bald die Stunde der Verfechter einer staatlichen Investitionslenkung schlagen. Wir würden dann vielleicht weniger Beschäftigungsprobleme haben, mit Wohlstand und Freiheit wäre es jedoch weniger gut bestellt.

Ferner liegen indirekte Zusammenhänge durch **kausale oder sachliche Verknüpfungen** vor:

- Gewinn und Grenzleistungsfähigkeit des Kapitals hängen über die **Erwartungen** miteinander zusammen, weil die Grenzleistungsfähigkeit durch die erwarteten Gewinne bestimmt wird.
- **Investitionen** können als wichtige **Träger von technischen Fortschritten** (Qualitätsveränderungen) aufgefaßt werden; sie beeinflussen also das Technologieniveau.

Ferner müssen wir beachten, daß auch die ON-Kurve und die NL-Kurve bei Verlagerungen der Angebots- und Nachfragekurven beeinflußt werden. Beschränken wir uns hier auf die wichtigsten:

- Handelt es sich bei den Investitionen um Rationalisierungsinvestitionen, dann entsteht (trotz einiger kompensatorischer Effekte bei den Investitionsgüterherstellern, u.ä.) technologische Arbeitslosigkeit. $u^*$ steigt (Technologie-Mismatch) und die ON-Kurve verlagert sich nach außen.
- Sind mit den Investitionen technische Fortschritte verbunden (bessere Maschinen), so tritt mit dem Kapazitätseffekt auf der Angebotsseite auch ein Technologieeffekt auf, der die A-Kurve, aber auch die NL-Kurve, nach rechts verlagert. Umweltinvestitionen verlagern die NL-Kurve allemal nach rechts, denn diese sind mit umweltsparendem Fortschritt verbunden.
- Starke Lohnerhöhungen, die weit über dem Produktivitätswachstum liegen, können arbeitssparenden technischen Fortschritt induzieren (J. Hicks). Sie erhöhen die technologische Arbeitslosigkeit, damit $u^*$ und verlagern die ON-Kurve nach außen.

Die folgende Übersicht faßt die beschriebenen Zusammenhänge zwischen A-Kurve, N-Kurve, ON-Kurve und NL-Kurve zusammen.

**Übersicht 7** Die Interaktionen im gesamtwirtschaftlichen System

| Variablen | A-Kurve | N-Kurve | ON-Kurve | NL-Kurve |
|---|---|---|---|---|
| Investitionen steigen | (2) Rechtsverlagerung durch Kapazitäts- und Technologieeffekt | (1) Rechtsverlagerung durch Einkommenseffekt | (3) Rechtsverlagerung durch Kapazitätseffekt<br>(4) Bei Rationalisierungsinvestitionen Rechtsverlagerung | (5) Rechtsverlagerung durch technische Fortschritte, insbesondere bei Umweltinvestitionen |
| Geldlöhne steigen | (1) Linksverlagerung durch Kosteneffekt | (2) Rechtsverlagerung durch Kaufkrafteffekt | (3) Rechtsverlagerung durch arbeitssparende technische Fortschritte | |

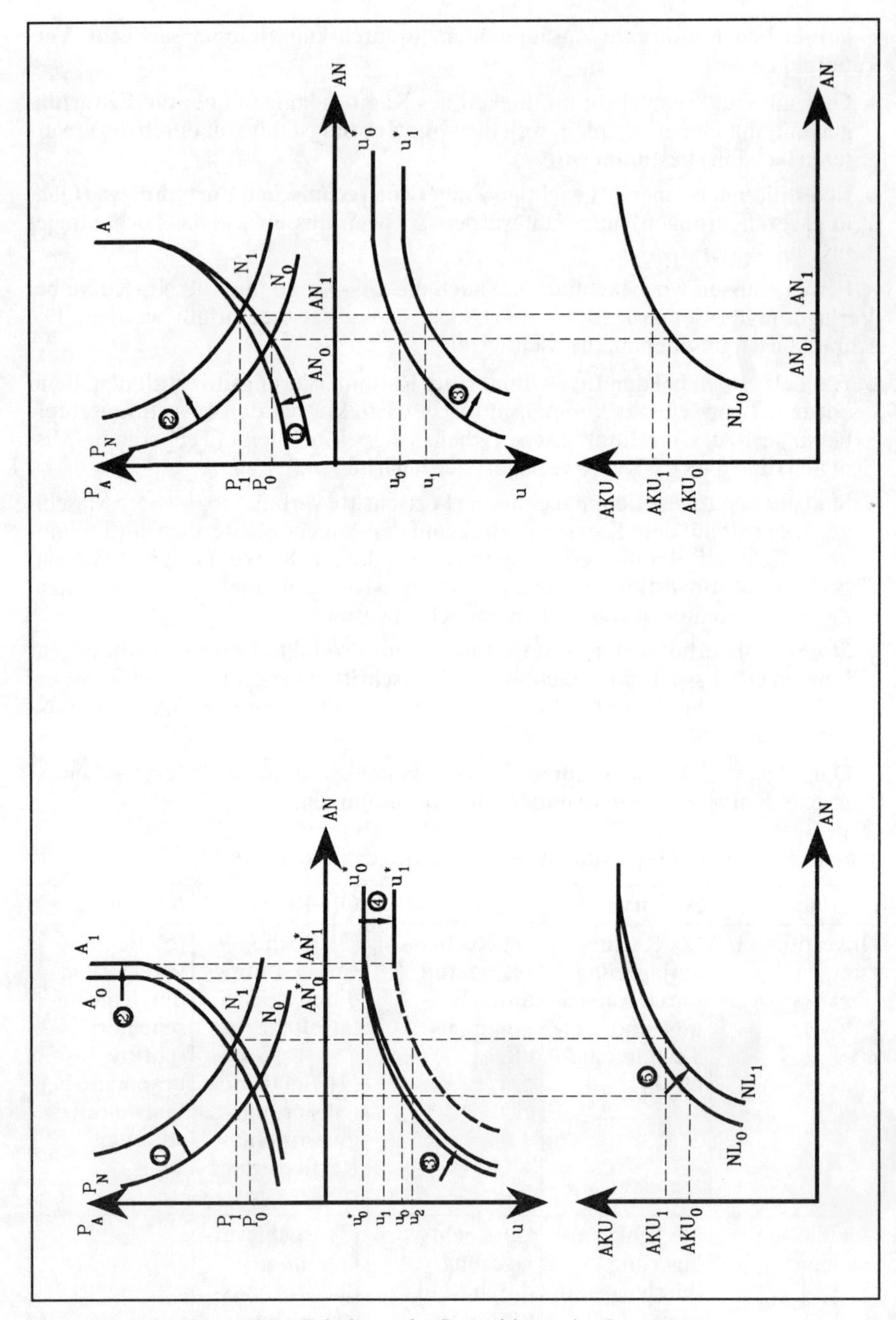


**Abb. 58** Wirkungen einer Erhöhung der Investitionen im Systemzusammenhang

**Abb. 59** Wirkungen einer Geldlohnsteigerung im Systemzusammenhang

Die graphischen Darstellungen in den Abb. 58 und 59 sollen diese Zusammenhänge nochmals veranschaulichen. Die Zeichnungen sind aufgrund von Zahlenbeispielen (Majer, 1982) angefertigt.

In der Abb. 58 zeigt sich für den Fall einer investitionsorientierten Wirtschaftspolitik, daß die technologische Arbeitslosigkeit wesentliche Wirkungen auf die Arbeitslosenquote hat: die strukturelle Arbeitslosenquote steigt von $u_0^*$ auf $u_1^*$. Außerdem sieht man an der NL-Kurve, daß die Umweltverschmutzung trotz einer Verlagerung der NL-Kurve zunimmt. Eine sozial-ökologische Politik wird Rationalisierungsinvestitionen meiden und die Erweiterungsinvestitionen durch Umweltinvestitionen gestalten. Mit einem Anteil von nicht einmal 7% an den Gesamtinvestitionen sind die für Umwelt ein Tropfen auf den heißen Stein (K24).

In der Abb. 59 ist der Fall einer lohnorientierten Politik dargestellt. Auch hier wurde ein realistisches Zahlenbeispiel unterstellt. Es zeigt sich, daß durch die lohninduzierte technologische Arbeitslosigkeit $u^*$ steigt; außerdem nimmt die Umweltverschmutzung zu. Hier ist das ökonomische Ziel wirtschaftlichen Wachstums erfüllt, aber dies auf Kosten von Inflation, Arbeitslosigkeit und Umweltzerstörung. Eine ausführliche Darstellung dieser beiden grundlegenden Fälle folgt später. Dabei wird sich auch zeigen, daß die lohninduzierte Arbeitslosigkeit erst mit einiger zeitlicher Verzögerung auftreten wird.

**Gesamtwirtschaftliches Gleichgewicht** liegt vor, wenn bei einem bestimmten Preisniveau ($P = P_A = P_N$) die Pläne der Anbieter mit denen der Nachfrager übereinstimmen; die **Teilmärkte** für Güter, Geld, Kapital und Arbeit sind im **Gleichgewicht**.

Die gesamtwirtschaftliche Nachfragefunktion kann in **drei Bereichen der Gesamtangebotsfunktion** schneiden, dem elastischen, dem unelastischen und dem mittleren Bereich. **Verschiebungen der Nachfragefunktion** bewirken in diesen Bereichen unterschiedliche Beschäftigungs- und Angebots-Nachfrageänderungen:

- im **vollkommen elastischen Bereich** steigen Angebot und Nachfrage ohne Preisniveauänderungen (vgl. Kapital II),
- im **vollkommen unelastischen Bereich** steigt nur das Preisniveau; Angebot, Nachfrage und Beschäftigung bleiben konstant,
- im **unvollkommen elastischen Bereich** steigen Preisniveau, Beschäftigung, Angebot und Nachfrage; die Steigerung des Preisniveaus bremst den Expansionsprozeß.

Der **Zusammenhang** zwischen Angebot und Nachfrage besteht **direkt** über

- Geldlöhne, die Kosten und Kaufkraft darstellen,
- Investitionen, die Nachfrage und Kapazität bedeuten.

**Indirekte Zusammenhänge** liegen durch Finanzierungsgrenzen (Einnahmen und Ausgaben), Identität von Wirtschaftssubjekten, die auf der Angebots- und Nachfrageseite agieren (Staat, Ausland, Haushalte, Unternehmen) und sachliche Tatbestände (Investition als Träger von Technologie) vor.

Veränderungen von Investitionen beeinflussen außer der Angebots- und Nachfragefunktion auch die ON- und die NL-Kurve. Steigen die Geldlöhne, dann sind Verlagerungen von Angebots-, Nachfrage- und Okun-Kurve in Betracht zu ziehen.

K24

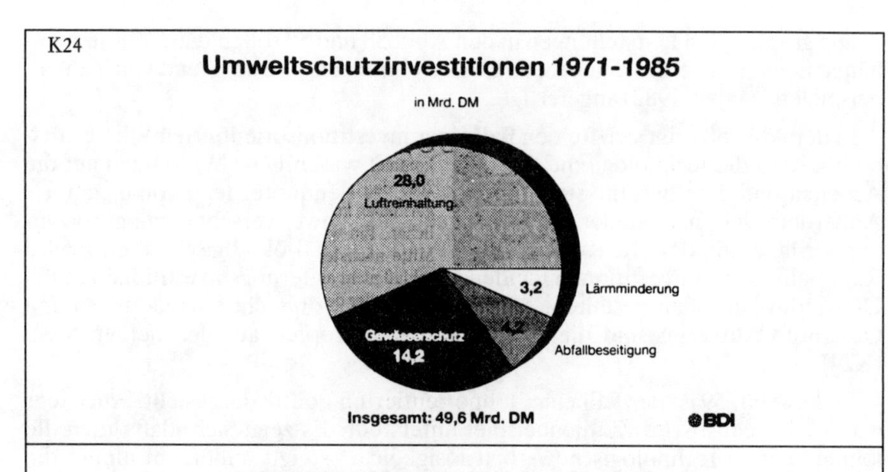


UMWELT / Erhöhte Abschreibung soll auslaufen

# Investitionen in Höhe von 3,8 Mrd. DM begünstigt

na Düsseldorf. Die Unternehmen des produzierenden Gewerbes haben 1985 Umweltschutzinvestitionen in Höhe von 5,6 Mrd. DM getätigt. Damit entfielen 6,4% aller getätigten Investitionen auf Umweltschutzmaßnahmen. Die steuerbegünstigten Investitionen für Umweltschutzmaßnahmen des produzierenden Gewerbes und anderer Bereiche betrugen 1985 insgesamt 3,82 Mrd. DM. Für Investitionen in dieser Höhe sind 1985 Bescheinigungen zur Inanspruchnahme von Steuervergünstigungen nach § 7d Einkommensteuergesetz über den Umweltschutz ausgestellt worden.

Nach dem § 7d EStG können Wirtschaftsgüter, die unmittelbar und zu mehr als 70 v.H. dem Umweltschutz dienen, im Wirtschaftsjahr der Anschaffung oder Herstellung bis zu 60 v.H. und in den folgenden Wirtschaftsjahren bis zur vollen Absetzung jeweils bis zu 10 v.H. der Anschaffungs- und Herstellungskosten abgesetzt werden. Nicht in Anspruch genommene erhöhte Absetzungen können nachgeholt werden.

Aufgrund unterschiedlicher Erhebungsmethoden können die insgesamt getätigten Umweltschutzinvestitionen mit den steuerbegünstigten Investitionen für den Umweltschutz nicht ins Verhältnis gesetzt werden.

Mit 61% oder 2,32 Mrd. DM entfiel der weitaus größte Teil der steuerbegünstigten Investitionen für den Umweltschutz auf Maßnahmen zur Luftreinhaltung. An zweiter Stelle folgen mit 26,1% oder knapp 1 Mrd. DM Investitionen zum Gewässerschutz, gefolgt von 10,5% (0,4 Mrd. DM) für Investitionen zur Abfallbeseitigung und 0,09 Mrd. DM (2,4%) für Maßnahmen zur Lärmbekämpfung.

Mit 1,843 Mrd. DM wurden 1985 die in der Summe höchsten Bescheinigungen zur Inanspruchnahme der § 7d EStG-Vergünstigung in der Elektrizitäts-, Gas-, Fernwärme- und Wasserversorgung ausgestellt, gefolgt vom verarbeitenden Gewerbe mit einem Gesamtbetrag von 1,66 Mrd. DM. Hiervon entfielen allein 1,067 Mrd. DM auf die chemische Industrie und die Mineralölverarbeitung.

Die Koalitionsparteien haben im Zusammenhang mit der Finanzierung der Steuerreform beschlossen, die erhöhten Absetzungen nach § 7d EStG für den Umweltschutz dienende Güter nicht über den 31.12.1990 hinaus zu verlängern, jedoch das entsprechende KFW-Förderprogramm zu verbessern. Durch das planmäßige Auslaufen der erhöhten Absetzungen sollen Mehreinnahmen von 700 Mill. DM erzielt werden. (Siehe HB v. 23./24.10.1987).

Prof. Wolfgang Ritter, Vorsitzender des Steuerausschusses des Bundesverbandes der Deutschen Industrie, schrieb in seiner Kritik am Finanzierungsteil der Steuerreform im Handelsblatt (vom 21.10.1987) zu diesem Punkt: „Die steuerlichen Erleichterungen für den Umweltschutz werden in einem Zeitpunkt beseitigt, wo die Umweltpolitik hierzulande kräftig draufsattelt und die Umweltminister deshalb flankierende Steuerschonung fordern, worüber der Bundesrat gerade berät".

Handelsblatt Nr. 205 v. 26.10.1987, S. 4

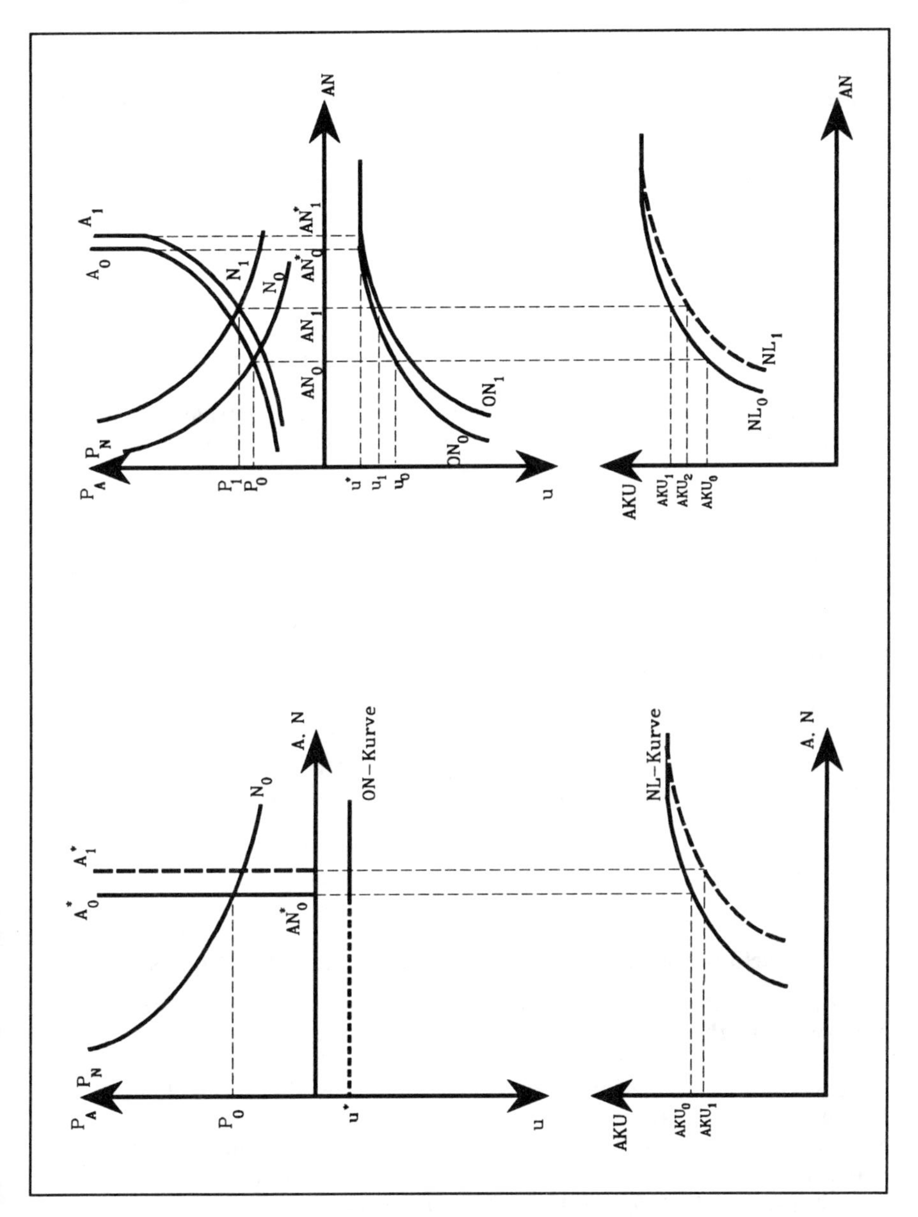


**Abb. 60a** Beschäftigungswirkungen einer Erhöhung der Staatsausgaben mit „neoklassischen" Annahmen

**Abb. 60b** Beschäftigungswirkungen einer Erhöhung der Staatsausgaben mit keynesianischen Annahmen

Wie kann durch eine **Steuerung von Angebot und Nachfrage** der **Beschäftigungsstand** verbessert werden ohne die natürlichen Lebensgrundlagen zu verschlechtern? In K22 (S. 168) waren die wichtigsten **Ansatzpunkte** (mit den drei Thesen) angesprochen: (1) Erhöhung von Staatsausgaben, (2) Investitionssteigerungen, (3) der Einfluß der Einkommenspolitik, insbesondere der Tarifabschlüsse. Diese Problembereiche werden im nächsten Abschnitt diskutiert.

## B. Analyse von Beschäftigungswirkungen

Nun soll das gesamtwirtschaftliche Angebots-Nachfragesystem auf **konkrete Fragestellungen der Wirtschaftspolitik** angewendet werden, und zwar zunächst ausschließlich auf das Problem der **(konjunkturellen) Arbeitslosigkeit**. Dabei wollen wir jedoch darauf achten, daß weder soziale noch ökologische Ziele verletzt werden.

Die Ergebnisse werden ganz wesentlich davon bestimmt sein, ob wir „neoklassische“ oder keynesianische **Erklärungsbilder** unterstellen. Ferner hängen die Ergebnisse von den übrigen **Modellannahmen** ab: Statisches System, komparativ-statische Betrachtung, hoher Aggregationsgrad, Existenz von gesamtwirtschaftlichen Gleichgewichten, Existenz einer negativ geneigten Nachfragefunktion und einer positiv geneigten Angebotsfunktion, etc.. Diese **Hinweise auf Einschränkungen** scheinen einiges bisher Erarbeitete in Frage zu stellen. In der Tat müssen wir davon ausgehen, daß es **die eine** allgemeine Theorie, raum- und zeitungebunden, in der Volkswirtschaftslehre nicht gibt. Aber wir haben mit dem erarbeiteten Angebots-Nachfragesystem genügend sicheren Grund unter den Füßen, um gegen die meisten Überraschungen gewappnet zu sein, zumal die beiden extremen Paradigmen der „Neoklassiker“ und Keynesianer ein sehr breites Feld abdecken.

### 1. Beschäftigungswirkungen einer Erhöhung der Staatsausgaben

Der zitierte Politiker in K25 (S. 180) hält nicht viel von den **Beschäftigungswirkungen einer Erhöhung der Staatsausgaben**. Dies ist eine sehr einseitige Darstellung, die sich vor allem „neoklassischer“ Argumente bedient. Sie ist aber heute, im Gegensatz zu 1982, sehr populär. Untersuchen wir die Auswirkungen einer Erhöhung der Staatsausgaben, dann sind auch die theoretischen Standpunkte der Keynesianer zu berücksichtigen. Eine Erhöhung der Staatsausgaben wird unter **neoklassischen Annahmen** kaum eine Erhöhung der Beschäftigung bewirken, unter **keynesianischen Annahmen** wird die Beschäftigung steigen.

#### „Neoklassische“ Analyse

Das gesamtwirtschaftliche System reduziert sich im „neoklassischen“ Fall auf die negativ geneigte Gesamtnachfragefunktion; Angebots- und ON-Kurve sind in ihren jeweiligen Diagrammen Parallelen zu einer der Achsen (vgl. Abb. 60a).

Die ON-Kurve ist im „neoklassischen“ Fall vollkommen unelastisch in bezug auf Nachfrageänderungen, weil der Arbeitsmarkt als Konkurrenzmarkt (nach oben und unten flexible Geldlöhne) immer für ein Vollbeschäftigungsgleichgewicht sorgt (vgl. Kapitel III.B.3). Bei konjunktureller Vollbeschäftigung liegt die Arbeitslosenquote u bei u*. Mit gleicher Argumentation kann begründet werden, daß die Gesamt-Angebotskurve vollkommen unelastisch in Bezug auf das Angebot ist (vgl. Kapitel III.D.1).

Die Wirkung hängt davon ab, ob es sich um **konsumtive** oder **investive Staatsausgaben** handelt. Erhöhungen des staatlichen Konsums ziehen keine Kapazitätseffekte auf der Angebotsseite nach sich. Mittelfristig ist allerdings zu beachten, daß das Akzelerationsprinzip wirkt (vgl. Kapitel II.A.3). Die A-Kurve verändert sich nicht.

Werden staatliche Investitionen erhöht, dann treten auf der Angebotsseite Kapazitätssteigerungen auf, die die Angebotskurve nach rechts verschieben. Dadurch steigt AN*, die Arbeitslosenquote u* bleibt gleich. Handelt es sich um Umweltinvestitionen, dann verlagert sich auch die NL-Kurve nach außen (vgl. die gestrichelten Kurven in Abb. 60a).

Die N-Kurve wird sich nicht verändern, weil die gestiegenen Staatsausgaben den Kapitalmarktzins nach oben treiben. Dies bewirkt, daß die zinsabhängigen Konsumausgaben und Investitionen sinken. Insgesamt kompensieren sich steigende Staats- und sinkende Konsum- und Investitionsausgaben durch diesen „crowding-out“ Effekt: Wir wissen aus dem II. Kapitel, daß sich die Nachfragefunktion nur unter keynesianischen Annahmen verschiebt, während nach den neoklassischen Prämissen eine **Verdrängung („crowding-out“)** der (zinsabhängigen) privaten Konsum- und Investitionsnachfrage durch Zinssteigerungen stattfindet, die die expansive Wirkung der Staatsausgabensteigerung gerade aufhebt. Dies zeigt die Abb. 61a.

In Abb. 61a ist das **neoklassische Modell** dargestellt. Entscheidend sind dabei die Funktionen in den Quadranten III und IV. In IV ist der **Kapitalmarkt** abgebildet, der im neoklassischen Modell den Zins bestimmt (vgl. auch Abb. 26).

Im III. Quadranten ist die **IS-Kurve** (vgl. Kap. II.A.6) abgebildet, die für den „neoklassischen“ Fall wie folgt abgeleitet werden kann:

Für eine **geschlossene Volkswirtschaft** (das sei hier unterstellt) gilt im Angebots-Nachfrage-Gleichgewicht

(IV.B.1) $S + T^* = I + R$,

S = Reales Sparen
$T^*$ = Reale Steuern
I = Reale Investitionsnachfrage
R = Reale Staatsausgaben

wobei S, T*, I und R als geplante Größen **ex ante** interpretiert werden.

Definieren wir ferner das **Sparen** als

(IV.B.2) $S = A - T^* - C$,

A = Reales gesamtwirtschaftliches Angebot (Einkommen)
C = Reale Konsumnachfrage

unterstellen, daß Konsum und Investitionsnachfrage nur vom Zins abhängig sei (klassische Annahme),

(IV.B.3) $C = C(i)$,

(IV.B.4) $I = I(i)$,

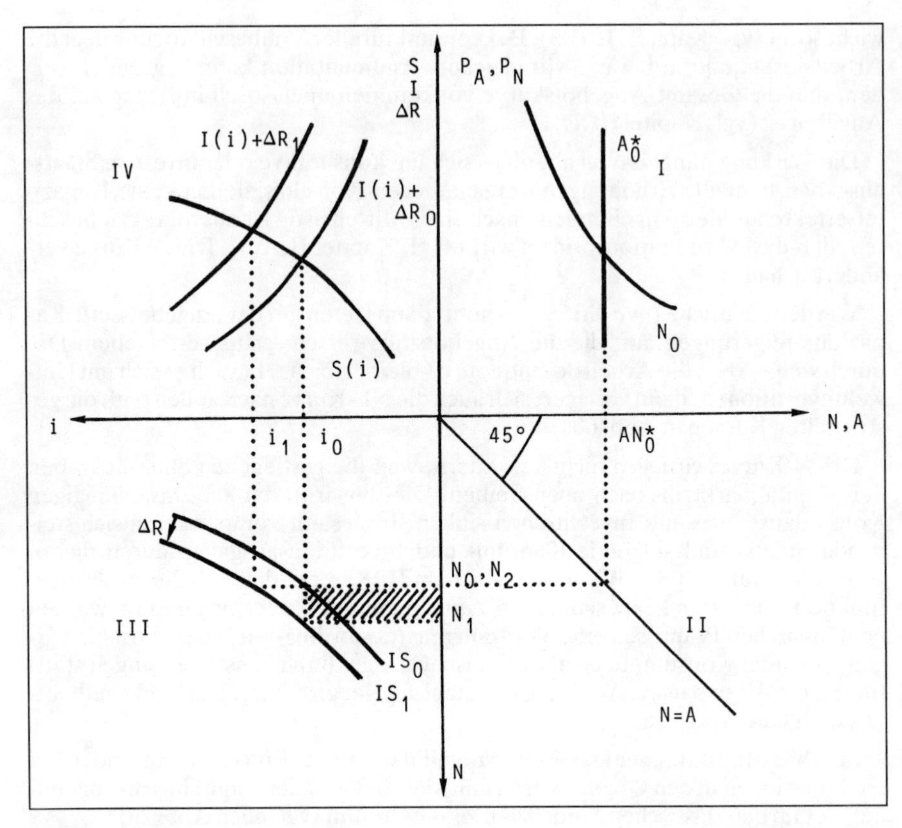


**Abb. 61** Wirkungen von Staatsausgabensteigerungen auf die Gesamtnachfragefunktion: „crowding-out"
a) Neoklassik

und setzen ferner $R = R_a$, $T^* = T^*_a$ und $A = N$, dann ergibt sich – all dies in IV.B.1 eingesetzt – eine Beziehung zwischen N und i, die **IS-Kurve**, die sich bei steigenden Staatsausgaben nach außen verschiebt. Die Steigung dieser Funktion ist negativ, weil sowohl Investitionen als auch Konsum bei steigenden Zinsen zurückgehen:

(IV.B.5) $N = R_a + C(i) + I(i)$.

Diese **IS-Kurve** ist der geometrische Ort aller Gleichgewichtspunkte auf dem Gütermarkt für alternative Kombinationen von Nachfrage und Zins.

Und nun zur **Analyse**: Wie verändern steigende Staatsausgaben die gesamtwirtschaftliche Nachfragefunktion (und die Beschäftigung)? Entscheidend ist dabei die Frage der **Kreditfinanzierung** (über den Kapitalmarkt).

Die **zusätzlichen Staatsausgaben** $\Delta R = \Delta R_1 - \Delta R_0$ verschieben die IS-Kurve (IV.B.5) von $IS_0$ nach $IS_1$. Bei $i_0$ würde die Nachfrage von $N_0$ auf $N_1$ steigen. Allerdings bleibt i nicht konstant: Der Finanzbedarf der öffentlichen Hand verlagert die Kapitalnachfragekurve von $I(i) + \Delta R_0$ nach $I(i) + \Delta R_1$, der Zins steigt auf $i_1$. Der gestiegene Zins erhöht das Sparen, senkt dabei aber den (zinsabhängigen) Konsum und ebenfalls die (zinsabhängigen) Investitionen, und zwar in genau dem Umfang von $\Delta R$. Es gilt also

(IV.B.6) $\Delta R = -(\Delta C + \Delta I)$.

Die zusätzlichen Staatsausgaben $\Delta R$ haben den Zins nach oben getrieben und private Ausgaben in gleicher Höhe verdrängt (**„crowding-out“**). Die neue Nachfrage liegt bei $N_2$, und diese entspricht der Ausgangssituation $N_0$. Der crowding-out-Effekt läßt sich darstellen, indem man die neue IS-Kurve ($IS_1$) mit dem alten Zins ($i_0$) zusammenbringt: $N_1 - N_2$. Die gesamtwirtschaftliche Nachfragefunktion verändert sich nicht; dieses Ergebnis kennen wir schon aus dem II. Kapitel. Allerdings waren wir dort von einem vollkommen elastischen Angebot ausgegangen, eine Annahme, die der neoklassischen Doktrin kraß widerspricht. Natürlich ändern Annahmen über die Elastizität des Angebots nichts an den Analyseergebnissen der Nachfrage, wenn sich diese nicht verändert. Doch mit Abb. 61a ist nun die **„neoklassische“ Welt** in aller Reinheit dargestellt; dies war nachzuholen.

**Keynesianische Analyse**

Mit keynesianischen Prämissen kann das gesamtwirtschaftliche Angebots-Nachfragesystem in Abb. 60b dargestellt werden. Wir gehen von der mit Null indizierten Unterbeschäftigungssituation aus. Auch hier ist es wieder wichtig, zwischen konsumtiven und investiven Staatsausgaben zu unterscheiden. Im **ersten Fall** verlagert sich nur die N-Kurve von $N_0$ nach $N_1$: Das Preisniveau steigt, ebenso Angebot und Nachfrage, die Arbeitslosenquote sinkt, die Umweltbelastung nimmt zu.

Bei investiven Staatsausgaben **(zweiter Fall)** tritt neben dem Einkommenseffekt (der die N-Kurve verlagert) ein Kapazitätseffekt auf (der die A-Kurve und die ON-Kurve verlagert). Handelt es sich um Umweltinvestitionen, dann verlagert sich auch die NL-Kurve (gestrichelte Kurven in Abb. 60b). Im Ergebnis steigt das Preisniveau, allerdings weniger als im ersten Fall, weil die Angebotsausweitung den Preisniveauanstieg dämpft. Angebot und Nachfrage erhalten sowohl von der Angebots- als auch von der Nachfrageseite einen Schub. Die Arbeitslosenquote sinkt, nun aber gedämpft durch die Kapazitätsausweitung von $AN^*_0$ auf $AN^*_1$, die die ON-Kurve nach außen verlagert. Wir nehmen an, daß die

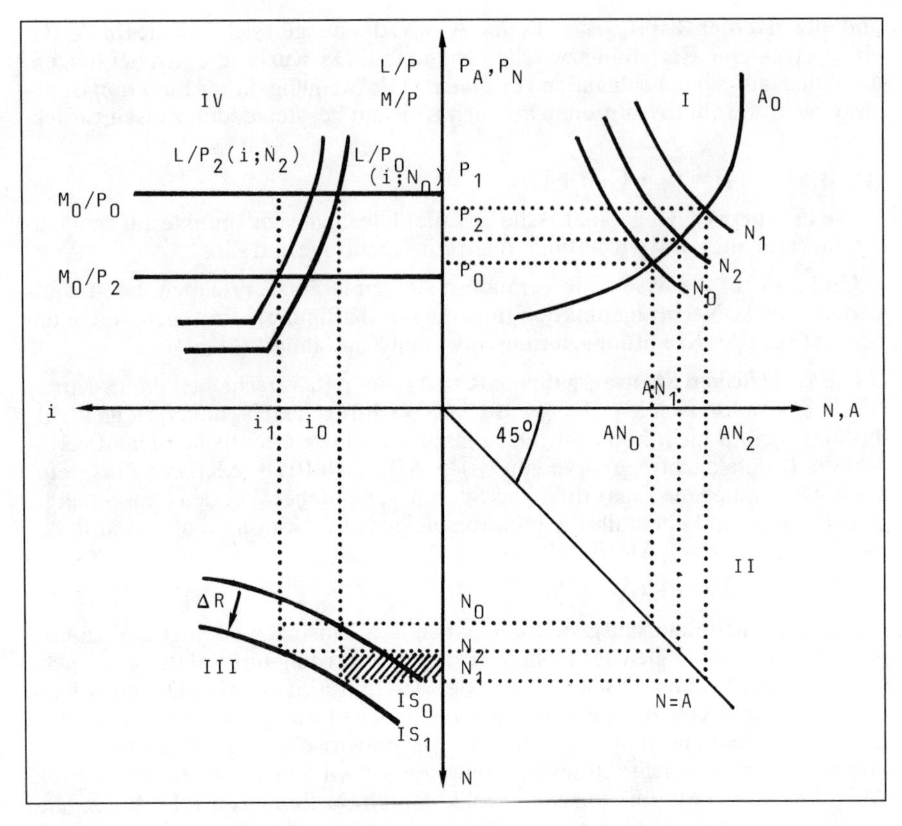


**Abb. 61** Wirkungen von Staatsausgabensteigerungen auf die Gesamtnachfragefunktion: „partielles crowding-out"
b) Keynesianismus

Umweltinvestitionen keine technologische Arbeitslosigkeit verursachen. Dies ist bei staatlichen Investitionen eher die Regel. Die Umweltbelastung sinkt wegen des umweltsparenden Fortschritts ($\pi_{NL}$).

Vergleichen wir die keynesianische mit der „neoklassischen" Analyse, dann zeigt sich, daß sich in beiden Fällen die A-Kurve aufgrund investiver Staatsausgaben verlagert. Die N-Kurve verlagert sich nur bei keynesianischen Hypothesen. Durch die gestiegenen Staatsausgaben erhöht sich der Geldmarktzins. Dies bewirkt, daß die zinsabhängigen Investitionen sinken; die vom Einkommen abhängigen Konsumausgaben werden nicht reduziert, sie steigen sogar durch die expansiven Multiplikatoreffekte. Es treten also Verdrängungseffekte auf, sie wirken aber nur partiell, d.h. sie bremsen die expansiven Effekte der Staatsausgabenerhöhung, würgen sie aber nicht ab. Dieses partielle crowding out sei im folgenden gezeigt (vgl. Abb. 61b). Auch hier sind die Quadranten III und IV entscheidend. Die **Zinsbildung** erfolgt in IV auf dem **Geldmarkt**. Im Quadranten III ist die **IS-Kurve** dargestellt, die nun aber von der „neoklassischen" abweicht, denn das Modell lautet nun:

(IV.B.1) $S + T^* = I + R,$

(IV.B.2) $S = A - T^* - C,$

(IV.B.3a) $C = C(A - T^*),$

(IV.B.4) $I = I(i).$

S = Reales, geplantes Sparen
$T^*$ = Reale Steuern
I = Reale Investitionsnachfrage
C = Reale Konsumnachfrage
i = Realzins

Setzen wir IV.B.2, 3a und 4 in IV.B.1 ein unter Verwendung von $R = R_a$, $T^* = T^*_a$ und $A = N$, dann ergibt sich für die IS-Kurve:

(IV.B.5a) $$N = \frac{1}{dS/dN} \{I(i) + R_a - \frac{dC}{dN} T^*_a\}.$$

Die **zusätzlichen Staatsausgaben** $\Delta R = \Delta R_1 - \Delta R_0$ verschieben die IS-Kurve von $IS_0$ nach $IS_1$ (III.), bei $i_0$ würde die Nachfrage von $AN_0$ auf $AN_1$ steigen, das Preisniveau von $P_0$ auf $P_1$ (I.). Allerdings bleibt i nicht konstant: Die zusätzlichen Staatsausgaben schaffen einen **Finanzierungsbedarf**, die Geldnachfrage (nach Transaktionskasse) steigt und verschiebt die Geldnachfragefunktion im IV. Quadranten $\frac{L}{P_0}(i; N_0)$. Zur Erinnerung: $P_0$ und $N_0$ müssen bei der Konstruktion der Geldnachfragefunktion als konstante Parameter eingesetzt werden. Wenn sie steigen (wie im betrachteten Fall), dann muß die Geldnachfragefunktion mit diesen neuen Parametern neu gezeichnet werden. Dabei verlagert die Erhöhung von P die Geldnachfragefunktion in IV. nach unten, die Erhöhung von N nach oben. Per Saldo resultiert die in Abb. 61b dargestellte Verlagerung.

Die Erhöhung des Preisniveaus von $P_0$ auf $P_1$ verlagert aber auch die Geldangebotskurve, und zwar nach unten, da die reale Geldmenge sinkt. Der Zins steigt und senkt die (zinsabhängigen) Investitionen von $i_0$ auf $i_1$. Die Gesamtnachfrage sinkt und pendelt sich nach einem hier nicht näher dargestellten Anpassungsprozeß bei $N_2$ ein. Im Endgleichgewicht $AN_2$ gilt dann die neue IS-Kurve $IS_1$ (mit höheren Staatsausgaben), es gilt ferner der Zins $i_1$, das Preisniveau $P_2$, die reale Geldmenge $M_0/P_2$ und die Geldnachfrage $L/P_2(i; N_2)$. Die staatsausgabenverursachte Expansion wird durch den **Investitionsrückgang** gebremst aber nicht vollständig rückgängig gemacht. Es gilt also

(IV.B.7) $\Delta R > -\Delta I.$

Dieser **„crowding-out"-Effekt** allein kann die expansiven Wirkungen der Staatsausgabenerhöhung nicht kompensieren. Entscheidend sind dabei die **Investitionsneigung** $b = dI/di$ und die **Verschiebung der Geldnachfragefunktion**. Letztere hängt von kNP ab. Je größer b und k, desto größer ist das crowding-out. Dies zeigt im übrigen auch der **Multiplikator**

$$\varepsilon = \frac{1}{s + \frac{bk}{a}}.$$

Hier wird deutlich, daß auch die **Spekulationsneigung** eine Rolle spielt, je kleiner a, desto weniger werden die Wertpapierkurse durch Wertpapiernachfrage beeinflußt, desto kleiner ist der **Zinseffekt**. Der **crowding-out-Effekt** ist in Abb. 61b durch die schraffierte Fläche dargestellt.

K25

# Schlecht: Keine Abstriche an Steuerreform

**2,5 Prozent Wachstumsziel / 1991 etwa 1,6 Millionen Arbeitslose**

Kg. BONN. Das von der Bundesregierung mittelfristig angestrebte Wirtschaftswachstum von real durchschnittlich 2,5 Prozent im Jahr ist nur zu erreichen, wenn die Rahmenbedingungen weiter verbessert werden und die Unternehmensinvestitionen um etwa fünf Prozent jährlich zunehmen. Dies sagte der Staatssekretär des Bundeswirtschaftsministeriums, Otto Schlecht, bei der Erläuterung der bis 1991 reichenden Projektion der gesamtwirtschaftlichen Entwicklung. Nur bei einer Wachstumsrate von über zwei Prozent sei mit positiven Beschäftigungseffekten zu rechnen. Bei der angestrebten Wachstumsrate könnte die Zahl der Beschäftigten jährlich um etwa ein Prozent oder um eine Million bis 1991 steigen und die Zahl der Arbeitslosen auf etwa 1,6 bis 1,8 Millionen abnehmen.

Das Wachstumsziel könne nur erreicht werden, so Schlecht, wenn die Steuerreform in dem vereinbarten Umfang und Zeitraum verwirklicht werde. Wirtschaftspolitisch sei wichtig, daß es bei dem Netto-Entlastungseffekt von 25 Milliarden DM bleibe. Im Herbst müsse das endgültige Finanzierungskonzept vorgelegt werden. Dazu gehöre der Abbau von Subventionen. Eine Erhöhung der Mehrwertsteuer wäre nicht wünschenswert. Es sei notwendig, die strikte Ausgabenbegrenzung durchzuhalten. Eine begrenzte Erhöhung der Neuverschuldung ist nach Ansicht von Schlecht vertretbar, zumal eine Überbeanspruchung des Kapitalmarktes nicht zu erwarten sei. Nach der Finanzierungsrechnung nimmt das verfügbare Einkommen der privaten Haushalte jährlich um 4,5 Prozent zu. Der Finanzierungssaldo der Vermögensbildung dürfte bis 1991 von jetzt 124 auf annähernd 150 Milliarden DM steigen. Es wird angenommen, daß sich der Leistungsbilanzüberschuß etwa halbiert und die Selbstfinanzierungsquote der Unternehmen von gegenwärtig etwa 92 Prozent auf 85 Prozent sinkt.

Die Politik habe die Deregulierung, den Subventionsabbau und die Privatisierung voranzutreiben. Sie habe zur strukturellen Anpassung beizutragen; strukturelle Umbrüche seien regional- und sozialpolitisch zu flankieren. Schlecht sieht auch die Tarifparteien in der Pflicht, inflationsfreies Wachstum und Beschäftigung durch mehrjährige Tarifverträge, Lohndifferenzierung und durch Flexibilität bei Arbeitszeitverkürzungen zu fördern. Die Sozialreformen müßten „per saldo“ mindestens zu einer Stabilisierung der Beitragssätze führen.

FAZ Nr. 169 v. 25.7.87, S. 9

K26

# Alternative Professoren erwarten Abschwung

**Milliarden-Programme vorgeschlagen / Einseitige Exportorientierung**

BONN (AP). Die Arbeitsgruppe Alternative Wirtschaftspolitik, die sich dem Kampf gegen einseitig orientierte Interessen von Unternehmerverbänden verschrieben hat, hat am Montag in einem Memorandum heftige Kritik an der Wirtschaftspolitik der Bundesregierung geübt. Sie zog eine negative Bilanz des vierjährigen Aufschwungs und sieht die deutsche Wirtschaft vor einem Abschwung. Sie bekräftigte daher die Forderung nach einem Beschäftigungsprogramm für 100 Milliarden DM über zwei Jahre und verlangte zusätzlich ein ökologisches Sofortprogramm über fünf Jahre, das noch einmal 260 Milliarden DM kosten soll. Die 35-Stunden-Woche bei vollem Lohnausgleich ist nach Ansicht der Arbeitsgruppe ohne weiteres finanzierbar.

Nach Ansicht der Gruppe, der linke Ökonomen und Gewerkschafter angehören, nehmen die Zeichen der kommenden Krise zu. Die Zahl der Arbeitslosen habe im Aufschwung eher zugenommen und werde im Abschwung vier bis fünf Millionen erreichen. Die Zahl der Armen sei dramatisch gestiegen. Der Aufschwung wäre ohne die Ölpreissenkung noch eher beendet worden. Nur die gesunkenen Importpreise hätten zu der Preisstabilität der vergangenen Jahre beigetragen. Bereits 1986 sei der private Verbrauch die wichtigste Konjunkturstütze gewesen.

In dem Memorandum wird die einseitige Exportorientierung der deutschen Wirtschaft bemängelt, die sich eher verfestigt und zu einer gefährlichen Verzerrung der Wirtschaftsstruktur geführt habe. In der weiteren Exportentwicklung lägen auch die größten Konjunkturrisiken. Als Ausgleich für stagnierende Exporte komme der Stabilisierung der Massenkaufkraft durch Lohn- und Beschäftigungszuwächse und der Staatsnachfrage besondere Bedeutung zu. Eine Verlangsamung des Wachstums des privaten und des öffentlichen Verbrauchs oder gar dessen Stagnation würde der Konjunktur die letzte Stütze nehmen und den Weg in die Rezession beschleunigen.

FAZ Nr. 98 v. 28.4.87, S. 13

Ohne die Zinssteigung wäre die Gesamtnachfrage auf $N_1$ gestiegen (alter Zins $i_0$ und neue IS-Kurve $IS_1$). Tatsächlich ist jedoch nur eine Nachfragesteigerung auf $N_2$ eingetreten; der gestiegene Zins hat Nachfrage in Höhe von $N_1 - N_2$ verdrängt.

In unserer Argumentation haben wir konsumtive Staatsausgaben unterstellt. Bei investiven Staatsausgaben würde die A-Kurve nach rechts verlagert (Kapazitätseffekt). Die Darstellung wird dadurch etwas unübersichtlicher, am oben abgeleiteten Ergebnis für den konsumtiven Fall ändert sich jedoch nichts.

Ein weiteres wird aus der Analyse der Abb. 61b deutlich: „Crowding out“ Effekte treten auf, weil die Zinsen steigen. Diese Effekte sind also zinsinduziert. Die Zinsen steigen jedoch auch aufgrund von Steigerungen des Preisniveaus. Damit kann man auch **preisniveauinduzierte Verdrängungseffekte** unterscheiden.

Dieser zusätzliche **preisinduzierte Effekt** tritt natürlich im **„keynesianischen“ Bereich** der Angebotsfunktion nicht auf (vgl. hierzu Kapitel II.D), im mittleren Bereich der Angebotsfunktion ist er der Expansion entgegengerichtet, bremst also die Expansion, würgt sie aber nicht ab. Der (negativ wirkende) **Verdrängungseffekt** ist kleiner als der positiv wirkende **Multiplikatoreffekt**. Im „klassischen“ Bereich ist der Effekt total.

Ein weiteres wird aber aus dieser Analyse auch deutlich: Je **steiler die Angebotsfunktion** verläuft, desto größer ist die Preisniveauwirkung, desto mehr steigt der Zins und desto mehr private (Investitions-)Nachfrage wird verdrängt. Eine Konsequenz daraus könnte lauten: Akzeptiert man die Hypothese, daß die **Angebotsfunktion** umso **unelastischer** (steiler) verläuft, je größer der Anteil des **(ineffizienteren) Staates** am Angebot, dann schafft sich die staatliche Tätigkeit selbst die **Wirkungslosigkeit** ihrer finanzpolitischen Instrumente. Denn: Je **steiler** die Angebotsfunktion verläuft, desto **wirkungsloser** sind Maßnahmen der Staatsausgabensteigerung auf Angebot und Nachfrage.

**Bewertung**

Wie können diese **Ergebnisse** bewertet werden? Erhöht nun ein **„Beschäftigungsprogramm“** (K28) mit steigenden Staatsausgaben die Beschäftigung oder nicht? Wie lauten die wichtigsten **Bedingungen**? Die Beschäftigungswirkungen steigender Staatsausgaben werden (ceteris paribus) umso geringer, der „crowding out“ Effekt um so höher sein, je

- höher die **Zinsabhängigkeit** der Nachfragekomponenten,
- höher die **Zinseffekte** steigender staatlicher Geld- oder Kapitalnachfrage,
- **unelastischer** die Angebots- und Nachfragefunktion und je höher die mit einer Nachfrageexpansion verbundenen Preisniveausteigerungen,
- geringer der aktuelle **Auslastungsgrad** des Kapitalstocks.

Dabei sind zwei dieser Bedingungen in ihrer extremen Ausgestaltung typisch **„neoklassisch“**, nämlich

- alle Nachfragekomponenten sind zinsabhängig,
- die Gesamtangebotsfunktion ist vollkommen unelastisch,

und die Beschäftigungswirkungen sind denn auch Null.

K27

## Gespräch mit Otto Esser: Es geht um Investitionen

Von Heinrich Rieker. Rheinischer Merkur, Christ und Welt, Bonn, vom 28. Januar 1983

*Frage:* Gegen die Arbeitslosigkeit helfen, so die Meinung der Arbeitgeber, nur mehr Investitionen. Wie soll aber der Investitionsmotor anspringen, wenn die Kapazitäten ohnehin nur zu drei Vierteln ausgelastet und viele Märkte gesättigt sind?

*Antwort:* Es geht in der Tat darum, die Leistungsfähigkeit der deutschen Wirtschaft insgesamt zu stärken, richtiger gesagt, zurückzugewinnen. Es geht also um Wachstum, und damit auch um Investitionen. Investitionen haben ganz sicher eine zentrale Bedeutung, wenn wir die Wirtschaft aus der jetzigen Lage herausführen wollen. Ich glaube nicht daran, daß die Märkte gesättigt sind. Bedürfnisse entstehen immer wieder neu, natürlich in einer qualitativ anderen Beschaffenheit. Märkte, die untergehen, werden ersetzt durch neue Märkte – das gilt sowohl im Ausland als auch selbstverständlich im Inland. Wir haben einen ausgesprochenen Bedarf an Modernisierungsinvestitionen, weil unsere Anlagen zu einem gewissen Teil überaltert sind. Es bestehen Investitionsbedürfnisse auf den verschiedensten Gebieten, nehmen Sie die Medientechnologie, die Verkehrsentwicklung, den Wohnungsbau. ...

K28

## Konjunkturspritze von 15 Milliarden erwartet

**Ruf nach zusätzlichen Maßnahmen zur Konjunkturbelebung**

Bonn (dpa). Das Bundeskabinett wird sich möglicherweise bereits am kommenden Mittwoch mit zusätzlichen „Konjunkturspritzen" beschäftigen. Dies verlautete gestern in Bonn. Zuständige Kreise wollten sich aber nicht zu Berichten äußern, wonach bereits ein 15-Milliarden-Mark-Programm abgesteckt worden sei. Nach diesen Informationen dürften zu Beginn der Woche noch Gespräche zwischen den Koalitionspartnern und den beteiligten Ressorts stattfinden. Wie es hieß, stehen dabei offenbar Überlegungen im Mittelpunkt, zusätzliche Mittel aus dem Sonderfonds „Kreditanstalt für Wiederaufbau" (KfW) bereitzustellen – etwa zur Zinsverbilligung oder zur Mobilisierung von Investitionen.

Als Träger solcher Maßnahmen insbesondere zur Finanzierung von Bauvorhaben zum Umweltschutz kämen vor allem die Gemeinden in Betracht, da sie zwei Drittel aller öffentlichen Investitionen leisten. Die Summe von 15 Milliarden Mark dürfte dabei das Gesamtvolumen möglicher zusätzlicher Anreize ausmachen, die etwaige Bonner Finanzierungshilfe aber weit darunter liegen.

Hintergrund der Bonner Überlegungen sind die gedämpften wirtschaftlichen Erwartungen für das kommende Jahr. Führende Vertreter der Industrie sowie Politiker von CDU/CSU, FDP und SPD forderten am Wochenende denn auch übereinstimmend zusätzliche Maßnahmen der Bundesregierung zur Belebung der Konjunktur.

**Unternehmen „entlasten"**

Die Präsidenten der Bundesvereinigung der Deutschen Arbeitgeberverbände und des Bundesverbandes der Deutschen Industrie, Murmann und Necker, setzten sich für eine besondere Reform zur Verringerung der Steuerlast von Unternehmen ein. Murmann nannte unter anderem steuerliche Erleichterungen für Investitionen sowie eine Senkung der Vermögenssteuerbelastung. Die Börsenumsatzsteuer bezeichnete er als „wirklich schädlich".

**Apel fordert Zinssenkung**

SPD-Bundesgeschäftsführerin Anke Fuchs verlangte, die Bundesregierung müsse endlich ihrer Verantwortung für die Beseitigung der Massenarbeitslosigkeit von über zwei Millionen Menschen gerecht werden. „Wenn schon namhafte Unternehmer dringend dazu auffordern, gegen Arbeitslosigkeit und Investitionsschwächen vorzugehen, dann ist es fünf vor zwölf". Der frühere SPD-Bundesfinanzminister Apel forderte Zinssenkungen, eine steuerfreie Investitionsrücklage für kleinere Unternehmen und mehr öffentliche Investitionen.

**Vogel und Lambsdorff: Steuern senken**

Für eine Senkung der Lohn-, Einkommens- und Körperschaftssteuer um zehn Prozent schon Anfang 1988 haben sich der rheinland-pfälzische Ministerpräsident Vogel (CDU) und der frühere FDP-Bundeswirtschaftsminister Graf Lambsdorff ausgesprochen. Vogel sagte: „Auf veränderte Wirtschaftslagen müssen wir flexibel reagieren. Deshalb ist gegen eine vorübergehende höhere Staatsverschuldung nichts einzuwenden". Lambsdorff sprach sich auch für Zinssenkungen der Bundesbank aus.

Der wirtschaftspolitische Sprecher der CDU/CSU-Fraktion, Wissmann, begrüßte die Absicht der Bundesregierung zu prüfen, welchen Beitrag Bonn zur Stärkung der internationalen Konjunktur leisten könne. Der Vorsitzende der CDU-Sozialausschüsse, Fink, meinte, das Vorziehen ohnehin geplanter öffentlicher Investitionen sei nicht „marktwirtschaftsfeindlich", zumal wenn damit zugleich Arbeit geschaffen werde.

**Umweltschutzprogramm**

Nach Angaben von Bundesumweltminister Töpfer sollen im kommenden Jahr Klein- und Mittelbetriebe mit Hilfe eines neuen Umweltschutz-Bürgschaftsprogramms des Bundes besser in die Lage versetzt werden, notwendige Investitionen für umweltschonende Produktionsanlagen oder Verbrauchsgüter vorzunehmen. Dabei werde zunächst von einem gesamten förderungsfähigen Investitionsvolumen von 100 Millionen Mark und einem Bürgschaftsrahmen von 20 Millionen Mark ausgegangen, sagte Töpfer.

LKZ Nr. 276 v. 30.11.1987, S. 1

Die beiden anderen Bedingungen könnten die **keynesianischen** Effekte auf die Beschäftigung aufheben:

- geringe **Spekulationsneigung** und starke Zinseffekte staatlicher Geldnachfrage (bei konstanter Geldmenge, ceteris paribus!),
- geringer **Auslastungsgrad** des Kapitalstocks.

Ergänzend ist insbesondere in bezug auf K27 anzumerken, daß **Art und Finanzierung der Staatsausgaben** für die Wirkung eine wichtige Rolle spielen. In Bezug auf die Finanzierung sind wir in der obigen Analyse davon ausgegangen, daß die öffentliche Hand den Geld- oder den Kapitalmarkt in Anspruch nimmt. In diesen Fällen treten die beschriebenen zins- und preisniveauinduzierten Verdrängungseffekte auf. Unterstellen wir mit K27 eine teils steuerfinanzierte Staatsausgabenerhöhung, dann müssen zusätzlich die negativen Multiplikatorwirkungen berücksichtigt werden. Zudem muß beachtet werden, daß die Einkommensverteilung zugunsten der Besserverdienenden verändert wird, wenn die Mehrwertsteuer steigt, weil bei diesen der mehrwertsteuerpflichtige Ausgabenanteil am Einkommen geringer ist.

Bei der Art des Staatsausgaben geht es darum, ob diese konsumtiv oder investiv sind, und ob diese Ausgaben für eigene (staatliche) Investitionen verwendet werden, oder ob sie solche von privaten Unternehmen mitfinanzieren sollen. Den letzteren Fall werden wir im nächsten Abschnitt analysieren. Er ist in K27 mit der „Investitionszulage" (auch K29) angesprochen. Typische staatliche Investitionsprogramme sind „Hochbaumaßnahmen ... für Energieeinsparung und Modernisierung" (K27), wie sie oben als Umweltinvestitionen analysiert wurden. Ferner kann die öffentliche Hand „ihre" Unternehmen z.B. die Bundespost, zu höheren Investitionen animieren. Entscheidend für die Wirkungen dieser investiven Staatsausgaben ist im Vergleich zu den konsumtiven (Erhöhungen der Beamtengehälter oder der Renten), daß die Inflationsimpulse im zweiten Fall höher sind.

Wir wenden uns nun den Wirkungen eines staatlichen Beschäftigungsprogramms zu, mit dem die Investitionen der Privaten erhöht werden sollen.

## 2. Beschäftigungswirkungen eines Investitionsförderungsprogramms

„Niedrige Zinsen sind besser als jedes Konjunkturprogramm", heißt es in einer älteren Pressemitteilung. Dieses Argument zielt darauf ab, daß niedrige **Zinsen** die privaten Unternehmen zu **Investitionen** ermuntern und damit **Beschäftigung** schaffen. Viele Wirtschaftswissenschaftler, insbesondere aber der Sachverständigenrat zur Begutachtung der gesamtwirtschaftlichen Entwicklung (die sog. fünf Weisen) oder die Arbeitgeberverbände, setzen bei der **Bekämpfung der Arbeitslosigkeit** auf **Investitionen** (K27); sie befürworten dieses Programm nachhaltig. Andere Fachleute, insbesondere von den Gewerkschaften, befürchten vor allem **Freisetzung von Arbeitskräften** durch diese Investitionen, die nach ihrer Ansicht vor allem der **Rationalisierung** dienen (K30). Im folgenden sollen diese beiden Meinungen analysiert werden.

Die **Ausgangssituation** ist in Abb. 62 mit den Null-indizierten Größen dargestellt. Das **Gleichgewicht** $P_0/AN_0$ im gesamtwirtschaftlichen System werde durch eine (autonome) Investitionserhöhung gestört, z.B. durch **Investitionszulagen**

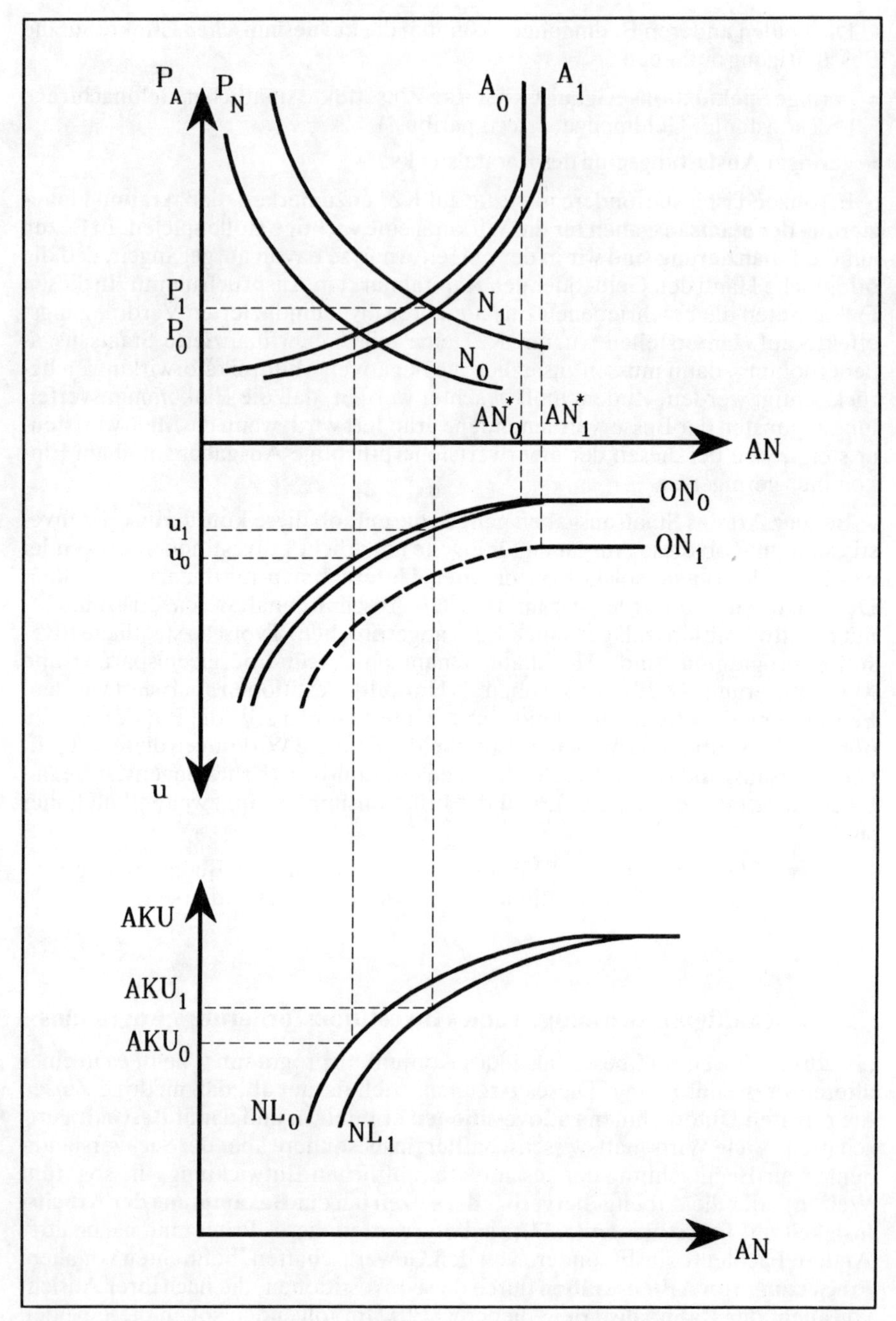


**Abb. 62** wirkungen eines Investitionsförderungsprogramms auf die gesamtwirtschaftlichen Ziele: angebotsorientierte Prozeßpolitik

(K29), die die erwarteten Gewinne (und die Produktionserwartungen) erhöhen bzw. den Anschaffungswert der Investitionen senken. Dadurch wird die **Grenzleistungsfähigkeit des Kapitals** erhöht, die Investitionen steigen und die Nachfragefunktion wird von $N_0$ nach $N_1$ verschoben. Ein neues Gleichgewicht ergibt sich mit dem Schnittpunkt $P_1/AN_1$.

Entscheidend für die Verschiebung der Nachfragefunktion ist, daß die **Unternehmen** wirklich auf die staatlichen Investitionsanreize **reagieren.** Dies ist im Modell der Fall, wenn die **Grenzleistungsfähigkeit des Kapitals** steigt. Wir gehen also davon aus, daß keine negativen Einflüsse auf die Grenzleistungsfähigkeit einwirken und die positiven Effekte der Investitionszulage überkompensieren. Solche **negativen Effekte** könnten steigende Steuern (zur Finanzierung des Programms) oder steigende Zinsen (wegen höherer Staatsverschuldung) oder deren Erwartung sein, und die ganze Vielzahl von Faktoren, die die Gewinnerwartungen (und damit die Produktions-, Umsatz- und Kostenerwartungen) beeinflußt.

Besondere Bedeutung kommt dabei der **Unterauslastung der Kapazitäten** zu: Warum sollen die Unternehmen neue Kapazitäten schaffen, wenn die alten nicht einmal ausgelastet sind? Weil nur „Massenkaufkraft ... Investitionen" fördert? Weil diese alten Anlagen unmodern sind (K27)? Weil die Unternehmen mit neuen Maschinen neue Produkte für „neue Märkte" (K27) produzieren sollen!

Solche Visionen werden wohl kaum allein durch staatliche Investitionszulagen befördert. So spricht aus den beiden Interviews des ehemaligen Arbeitgeberpräsidenten der Glaube an die positiven Wirkungen des Wachstums, für das das richtige Gesamtklima geschaffen werden muß. Es ist aber bezeichnend, daß er als Beispiele für Investitionsbedürfnisse auch solche des öffentlichen Verantwortungsbereichs nennt: „Medientechnologie, Verkehrsentwicklung und Wohnungsbau" (K27). Demgegenüber stellt der Vorsitzende des Gewerkschaftsbundes einerseits die Notwendigkeit von Massenkaufkraft und Gewinnen (für Investitionen) heraus, andererseits die Gefahr von technologischer Arbeitslosigkeit (K30).

Um die privaten **Investitionen** zu **stimulieren** gibt es, abgesehen von den erwähnten Investitionszulagen und dem Investitionsklima, verschiedene Möglichkeiten. Die **Geldpolitik** kann versuchen, durch Ausweiten der Geldmenge und/oder Senkung des Diskontsatzes die Zinsen zu senken. Die **Finanzpolitik** kann die Einkommens- und Körperschaftssteuern senken und somit die Gewinne nach Steuern verbessern. Die **Einkommenspolitik** kann über Lohnzurückhaltung die Gewinne stärken. Die beiden letztgenannten Maßnahmen erhöhen die Grenzleistungsfähigkeit des Kapitals.

Wie wirken die beschriebenen Maßnahmen im gesamtwirtschaftlichen Angebots-Nachfragesystem? Wir haben diesen Fall schon mit Abb. 13 untersucht. Mit der Abb. 62 ist das mit Null indizierte Ausgangsgleichgewicht durch eine Erhöhung der Grenzleistungsfähigkeit des Kapitals gestört. Dies hat die N-Kurve nach rechts verlagert. Der Kapazitätseffekt der Investitionen verlagert die A-Kurve nach rechts. Die ON-Kurve geht wegen $AN_0^* \rightarrow AN_1^*$ nach außen. Wirkt der mit den Investitionen verbundene technische Fortschritt arbeitssparend, dann verlagert sich die ON-Kurve wegen technologischer Arbeitslosigkeit ($u^*$ steigt) nochmals nach außen ($ON_1$). Dies gilt bei umweltsparendem Fortschritt auch für die NL-Kurve ($NL_1$).

K29

INVESTITIONSZULAGE/Stellungnahme des BMF

# Antragsteller müssen sich streng an die Fristen halten

HB Düsseldorf. Eine 1986 in das Investitionszulagengesetz eingeführte Fristenregelung wird von der Finanzverwaltung streng gehandhabt, wie aus einer Stellungnahme des Bundesfinanzministeriums (BMF) hervorgeht.

Nach § 1 Abs. 1 Satz 4 des Investitionszulagengesetzes in der 1986 geänderten Fassung werden Zulagen für Investitionen im Zonenrandgebiet und in anderen förderungsbedürftigen Gebieten dann nicht gewährt, soweit die Investition vor dem Zeitpunkt abgeschlossen worden ist, in dem das Unternehmen den Antrag auf Erteilung der Bescheinigung der Förderungswürdigkeit gestellt hat. Erstmals galt dies, wenn der Antrag auf Erteilung der Bescheinigung nach dem 30.6.86 gestellt wurde.

Dem BFM sind Beschwerden besonders aus dem Bereich mittelständischer Unternehmen vorgetragen worden, die gerade in der Übergangszeit Bescheinigungsanträge erst nach Abschluß der betreffenen Investitionen gestellt hatten, weil sie die gesetzliche Änderung noch nicht kannten. Dabei spielte auch eine Rolle, daß die Behörden – so die vorgebrachten Beschwerden – nach der Gesetzesänderung zunächst noch Merkblätter und Antragsformulare verwendet hätten, in denen darauf hingewiesen worden sei, daß für den Antrag auf Erteilung der Bescheinigung keine Frist bestehe. Dennoch seien Investitionszulagen verweigert bzw. die Bescheinigung nicht erteilt worden mit dem Hinweis, daß wegen Fristüberschreitung die Zulage nicht gewährt werden könne ...

Zu dem Problem der Information der Unternehmen über die Fristenfrage erklärt das BFM, der Bundesminister für Wirtschaft habe im Mai 1986 ein „Merkblatt zu den Änderungen der Vorschriften über die regionale Investitionszulage durch das Investitionszulagengesetz 1986" herausgegeben, in dem auch auf die hier in Rede stehende Fristenänderung und auf ihre erstmalige Anwendung hingewiesen werde. Der Vordruck für den Antrag auf Erteilung der Förderungswürdigkeit der Investition sei seit vielen Jahren unverändert und enthalte keinen Hinweis, daß für diesen Antrag keine Frist bestehe.

Handelsblatt Nr. 164 v. 28./29.8.87, S. 6

K30

ARBEITSLOSIGKEIT/DGB fordert Programm von jährlich 20 Mrd. DM

# Breit: Staatliche Investitionsoffensive wäre beschäftigungswirksamer als Steuerreform

hek Düsseldorf. Der DGB fordert eine öffentliche Investitionsoffensive von „jährlich mindestens 20 Mrd. DM". Stattdessen sollte die Bundesregierung auf die Steuersenkungspläne verzichten.

Wie der DGB-Vorsitzende Ernst Breit gestern im Anschluß an eine Sitzung des Bundesvorstandes in Düsseldorf erläuterte, sollten die Mittel je zur Hälfte für ein Investitionsprogramm sowie zur Wiederbelebung der öffentlichen, vor allem der kommunalen Investitionstätigkeit verwendet werden.

Im Mittelpunkt der Beschäftigungsoffensive sollten strukturschwache Regionen wie das Ruhrgebiet, die norddeutsche Küste, das Saarland und die Oberpfalz sowie Kommunen mit überdurchschnittlich hoher Arbeitslosigkeit stehen. Die Gewerkschaften könnten nicht zulassen, daß „das Ruhrgebiet abkippt, die Küste absäuft und eine neue Völkerwanderung von Nord nach Süd einsetzt", betonte Breit.

Heftige Angriffe richtete der DGB-Chef gegen die Bundesregierung. Zuerst habe sie eine Sparpolitik betrieben, die den sozial Schwachen milliardenschwere Opfer aufbürde. Dann seien Steuersenkungen beschlossen worden, die einem Millionär mehr zusätzliches Geld bescherten als der Durchschnittsverdiener pro Jahr überhaupt in der Lohntüte finde. Und schließlich würden die Steuersenkungen vielleicht noch dadurch finanziert, daß „man sich das Geld vor allem wieder bei den kleinen Leuten holt". Breit: „Eine Regierung, die so verfährt, nenne ich eine Regierung der Luxusklasse, die sich der Durchschnittsbürger eigentlich nicht leisten kann."

Der DGB hält dabei die von ihm geforderte Investitionsoffensive für beschäftigungswirksamer als allgemeine Steuersenkungen:

- Zum einen versickerten Steuersenkungen teilweise in zusätzlichen Ersparnissen. Dieser Gesichtspunkt erhalte besonderes Gewicht, weil die Steuerreform Einkommen mit hoher Sparquote besonders begünstige.
- Die Finanzierung eines großen Teils der Steuersenkungen durch Erhöhung der Mehrwertsteuer oder spezieller Verbrauchssteuern sei „nicht unwahrscheinlich".

**„Der Bund wird einseitig begünstigt**

Dadurch werde die Kaufkraftstärkung bei Kleinverdienern weitgehend wieder abgeschöpft, kritisiert Breit. Rentner, Arbeitslose und Sozialhilfeempfänger hätten von der Steuersenkung nichts, ihre Kaufkraft werde geschwächt.

- Durch den Abbau von Subventionen und die Erhöhung spezieller Verbrauchssteuern zur Finanzierung der Steuerpläne werde der Bund einseitig begünstigt. Länder und Gemeinden hingegen müßten ihren Anteil am Entlastungsvolumen selbst verkraften. Auf die Gemeinden kämen Steuerverluste von 10 Mrd. DM ab 1990 zu. Da zudem aufgrund der Konjunkturschwäche mit weiteren Steuerausfällen zu rechnen sei, erwarte der Deutsche Städtetag, daß die gerade erst wieder angesprungene Investitionstätigkeit der Kommunen ab 1990 erneut zusammenbreche. Genannt werde ein Rückgang des Investitionsvolumens der Gemeinden von 16 Mrd. DM. Das entspreche einem Verlust von etwa 240000 Arbeitsplätzen.

Handelsblatt Nr. 127 v. 8.7.87, S. 5

K31

# Kaufkraft und Löhne

Von Herbert Giersch

1. Was heute an Arbeitslosigkeit herrscht – überall im Westen –, deutet auf eine schwere Krankheit. Sie muß, damit es nicht zum Kollaps kommt, schnell und wirksam bekämpft werden. Dazu braucht man einen Konsens über die richtige Diagnose, die zur richtigen Therapie führt. ...

3. Dagegen hat die Diagnose, die Arbeitslosigkeit könnte lohnbedingt sein, sämtliche Argumente auf ihrer Seite, vor allem die generelle Erkenntnis, daß alles, was im Preis zu hoch ist, nicht genug Nachfrage findet, und alles, was zu billig ist, im Übermaß nachgefragt wird. Beleg: Als die Löhne bei uns international gesehen zu niedrig waren, herrschte Überschußnachfrage, die die Arbeitgeber nach Gastarbeitern suchen ließ wie nach Stecknadeln; heute sind es die Arbeitnehmer, die suchen müssen, gewiß subventioniert, was das Finden nicht so dringlich macht.

Wirtschaftswoche Nr. 45, 5.11.1982

K32

# Bei niedrigeren Löhnen wächst die Arbeitslosigkeit

Von Eugen Loderer, 1. Vorsitzender der IG Metall
Handelsblatt Wirtschafts- und Finanzzeitung, Düsseldorf, vom 31. Dezember 1982

Die kommende Tarifrunde, die in der Metallindustrie eine Lohnrunde sein wird, findet unter ausgesprochen ungünstigen Wirtschaftsbedingungen statt. Das gilt hauptsächlich für die Beschäftigungslage. Schon während der Stagnationsphase der letzten drei Jahre – ihrerseits ein Ausschnitt aus der schon acht Jahre währenden weltwirtschaftlichen Dauerkrise – hatten sich Personalabbau und Stillegungen beschleunigt ausgebreitet. Jetzt geht überdies der Absatz zurück. Das Krisenkarussell dreht sich immer schneller.

Es scheint auf den ersten Blick paradox; aber gerade diese Entwicklung hat die gewerkschaftliche Position in der anstehenden Tarifbewegung auch wiederum gestärkt. Unfreiwillig war nämlich in den letzten beiden Jahren die Lohnpolitik einem Test ausgesetzt worden, der das gewerkschaftliche Kaufkraftargument bestätigt, das Kostenargument der Arbeitgeberseite und ihrer konservativen Parteigänger widerlegt hat. Soweit auf Arbeitgeberseite wirtschaftliche Vernunft eine Rolle spielt und nicht bloß antigewerkschaftliche Strategie, müßte diese Erfahrung dort zu einer Auflockerung erstarrter Positionen führen.

Unser »Kaufkraftargument« besagt, daß die Sicherung und Steigerung der Reallöhne eine notwendige Voraussetzung für wirtschaftliches Wachstum ist. In der heutigen Situation, bei großen unausgelasteten Kapazitäten, kann es nur durch Absatzsteigerung zu einem grundlegenden Umschwung der Ertragslage kommen. Enorme Produktivitätsreserven stecken in den Betriebsanlagen. Mehrproduktion senkt deshalb die Kosten je Erzeugnis, zumal die Personalkosten.

Die Resultate dieser unfreiwilligen »Lohnzurückhaltung« liegen klar auf der Hand. Es wäre verantwortungslos, den Blick davon abzuwenden.

Erstens hat sich der Anstieg der Lohnkosten ständig verlangsamt; in der ersten Hälfte 1982 blieben die Lohnkosten je Erzeugnis stabil. Das Preisniveau aber ist weiter gestiegen. Die »hausgemachte« Teuerung, die sich mit den Lohnkosten direkt vergleichen läßt, hat sich sogar noch verstärkt.

Solche von der Kosten- und Absatzlage losgelösten Preiswellen haben sehr viel zu der Dauerkrise seit Anfang der 70er Jahre beigetragen. Es wäre gut, wenn die Wissenschaftler sich mit den Hintergründen dieses Preisverhaltens ähnlich intensiv beschäftigen würden wie mit der Lohnpolitik.

Zweitens nahmen Entlassungen und Betriebschließungen um so mehr zu, je geringer die Tariferhöhungen waren. Damit wurden nicht mehr, sondern weniger Arbeitsplätze »rentabel«, um es in der Arbeitgebersprache auszudrücken.

Drittens hatten es die Unternehmen mit Personalabbau und Preiserhöhungen bis Mitte 82 tatsächlich zu höheren Gewinnspannen gebracht; das ist nach den gesamtwirtschaftlichen Daten unstreitig. Resultat war eine Verschlechterung, nicht eine Verbesserung der Beschäftigungslage.

**Bewertung**

Die oben dargestellte **angebotsorientierte Prozeßpolitik** zeigt nur dann die gewünschten Wirkungen auf die gesamtwirtschaftlichen Ziele, wenn ein **unternehmerfreundliches Gesamtklima** vorherrscht, das Gewinne durch weitere Investitionen verheißt. Da die Investitionstätigkeit stark von Erwartungen beeinflußt wird (Grenzleistungsfähigkeit des Kapitals) und diese Erwartungen empfindlich reagieren auf Veränderungen der sozio-ökonomischen, politischen und institutionellen Bedingungen, ist dieses angesprochene unternehmerfreundliche Gesamtklima sehr wichtig dafür, daß die Unternehmen investieren. Dazu gehört natürlich auch eine **ausreichende Gesamtnachfrage**. Forderungen der Arbeitnehmervertretungen nach „sozialer Gerechtigkeit", Mitbestimmung, gerechter Einkommens- und Vermögensverteilung und dergleichen, gar nicht zu reden von Investitionslenkung, stoßen bei vielen Unternehmen und ihren Verbänden auf weitgehendes Unverständnis. Man sieht das Wachstumsziel gefährdet, das natürlich einerseits Gewinne beschert, das dann aber andererseits in seiner Rolle als Finanzier des sozialen Systems sowie als Arbeitsbeschaffer als arbeitnehmerfreundlich bezeichnet wird. In dieser Argumentation wird das ökonomische Prinzip sehr stark in den Vordergrund gestellt; eine soziale und ökologische Verantwortung der Unternehmen tritt vor der „Erhaltung der internationalen Wettbewerbsfähigkeit" in den Hintergrund.

Entwicklungsniveau und gesellschaftliche Grundeinstellungen in der Bundesrepublik zeigen jedoch, daß in der Bevölkerung soziale und ökologische Ziele sehr stark verankert sind, auch bei vorausschauenden Unternehmen. Es wird gesehen, daß soziale Sicherheit und humane Arbeitsbedingungen nicht konträr zu wirtschaftlichen Zielen stehen müssen, ja, daß sie sogar über höhere Leistungsbereitschaft der Arbeitnehmer die Produktivität fördern können. Und es wird gesehen, daß die Zerstörung der natürlichen Lebensgrundlagen allen schadet, auch den Unternehmen.

## 3. Beschäftigungswirkungen einer „Lohnpause"

Die Argumentation von H. Giersch ist (insbesondere bei den Gewerkschaften) auf starken Widerstand gestoßen. Es wird befürchtet, daß **Reallohnrückgang Kaufkraftausfall** und **Arbeitslosigkeit** bedeutet (K32). Ferner glaubt man, daß durch eine Lohnzurückhaltung die **Einkommensverteilung** zugunsten der Gewinnbezieher verändert wird und diese die zusätzlichen Gewinne für **Rationalisierungsinvestitionen** verwenden werden, die **Arbeitskräfte freisetzen**.

Überprüfen wir diese Argumente mit Hilfe der Abb. 63, wobei wir von einer **Senkung der Geldlöhne** aus argumentieren wollen. Außerdem gelte wieder: ceteris paribus. In den **Ausgangssituationen** sind alle Größen mit Null indiziert. Sinken die Geldlohnsätze von $l_0$ auf $l_1$ (im Quadranten IV), dann verlagert sich die Angebotsfunktion (Quadrant I) nach rechts (von $A_0$ nach $A_1$), das Preisniveau fällt von $P_0$ auf $P_1$, der Reallohnsatz fällt ebenfalls (Quadrant III) von $(l/P)_0$ auf $(l/P)_1$, die Beschäftigung steigt von $B_0$ auf $B_1$, Angebot und Nachfrage erhöhen sich von $AN_0$ auf $AN_1$.

Diese **Expansion** ist möglich, weil (1) auf der **Angebotsseite** durch die gesunkenen Reallöhne gewinnbringend zusätzliche Arbeitskräfte eingestellt werden kön-

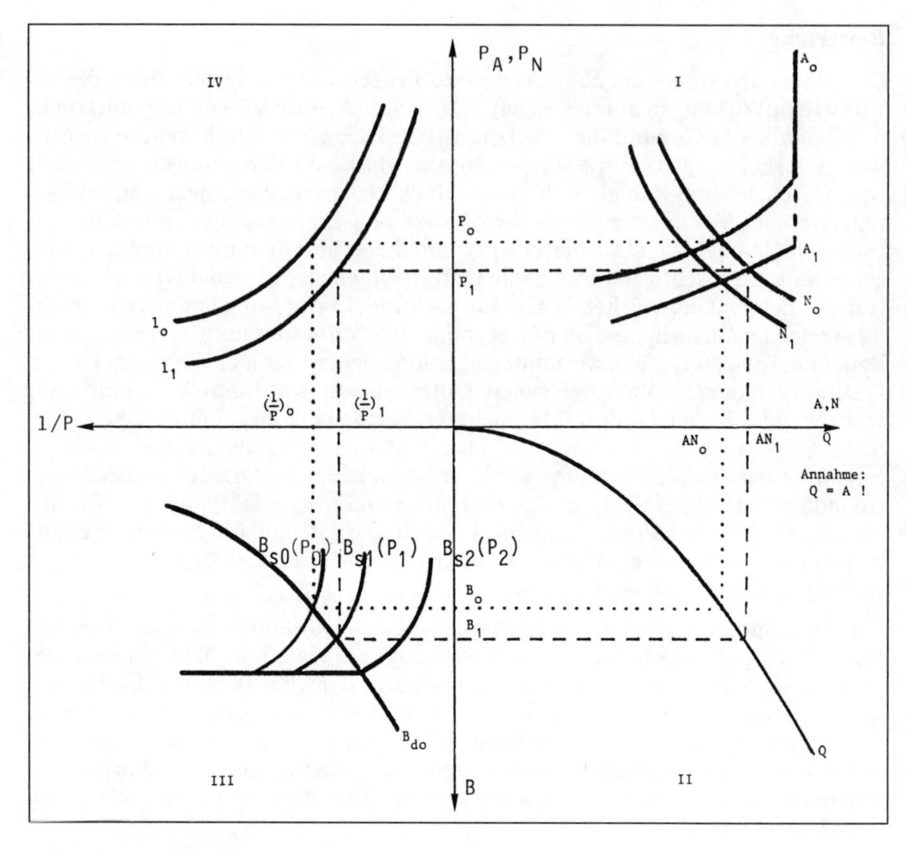


**Abb. 63** Beschäftigungswirkungen einer Geldlohnsenkung

nen, weil (2) auf der **Nachfrageseite** durch sinkendes Preisniveau das reale Geldangebot steigt, die Zinsen sinken und vermehrte Investitionstätigkeit die zusätzliche Nachfrage bereitstellt. Entscheidend ist hierbei die Annahme des **ceteris paribus**: Wenn z.B. die Kapazitätsauslastung steigt oder die Grenzleistungsfähigkeit des Kapitals sinkt, dann können die Beschäftigungswirkungen zunichte gemacht werden.

Nun das **Kaufkraftargument**: Sinkende Reallöhne verschieben die Nachfragefunktion nach links (dieser Effekt kann im Modell berücksichtigt werden, indem in der Konsumfunktion der autonome Konsum gesenkt wird), dadurch würde der Zuwachs an Beschäftigten zunichte gemacht. In der Abb. 63 ist dies durch eine Verlagerung der Nachfragefunktion von $N_0$ nach $N_1$ simuliert. Dieser Effekt hängt davon ab, wie die reale Lohnsumme $W = (l/P) \cdot B$ beeinflußt wird; die Wirkungsrichtung ist ungewiß, weil l/P sinkt, während B steigt. **Modellrechnungen** mit plausiblen Parameterwerten zeigen jedoch einen leichten Rückgang. Der Nachfrageausfall ist $c\Delta W$, wobei $\Delta W = W_1 - W_0$.

Eine entscheidende Frage lautet aufgrund dieser Situation sinkender Kaufkraft, ob die **Grenzleistungsfähigkeit des Kapitals** sinkt, weil die Absatzerwartungen der Unternehmen zurückgehen. Dies könnte die Linksverlagerung der

Nachfragefunktion verstärken, so daß der in Abb. 63 illustrierte Fall ($N_0 \rightarrow N_1$) auftritt: Die Beschäftigung bleibt gleich oder sie sinkt sogar.

Bei alledem spielen wieder die **Elastizitäten** (bzw. Steigungen) der Angebots- und Nachfragefunktionen eine wichtige Rolle. Je steiler beide Funktionen verlaufen – und vieles spricht für die empirische Relevanz dieses Falls –, desto geringer werden die Beschäftigungseffekte sein, die von einem Lohnrückgang (und erst recht von einer Lohnpause) erwartet werden können.

Auch bei der Frage der **Beschäftigungswirkungen von Geldlohnveränderungen** wird man also nicht mit einem Entweder-oder auskommen. Es gilt, einen **Kompromiß**, ein Optimum zu finden zwischen den Effekten (und Wünschen) der Kostenentlastung und Kaufkrafterhöhung.

**Bewertung**

Im Kapitel IV.A.2 hatten wir die Kosten- und Kaufkrafteffekte einer Lohnerhöhung (mit Hilfe von A-, N- und ON-Kurve) dargestellt. Dieser Fall ist für die herrschenden institutionellen Bedingungen des Arbeitsmarktes die Regel, während der hier analysierte Fall von Geldlohnsenkungen kaum praktische Relevanz besitzt. Allerdings ist das in K33 zitierte Argument heute (1987) nicht selten. Ergänzend zu der Befürchtung eines hohen Kosteneffekts wird von den Interessenvertretern der Unternehmen vorgebracht, daß dadurch die internationale Wettbewerbsfähigkeit der deutschen Wirtschaft beeinträchtigt werde. Dadurch werde ein **Exporteffekt** gedämpft oder verhindert, der, ähnlich wie der Kaufkrafteffekt beim privaten Konsum, die Gesamtnachfrage expansiv verlagert.

Andererseits kann eine Wachstumsstrategie, die sich ausschließlich auf Exportwachstum stützt, bei einer Exportquote von über einem Drittel nicht ohne Risiken sein. Die Konsumausgaben der privaten Haushalte werden immer das größere Gewicht haben. Allerdings dürfte in einer Wirtschaft mit hohem Einkommens- und Konsumniveau der Zuwachs der Geldlöhne als Nachfragekomponente immer unwichtiger werden. Hinzu kommt, daß seit einigen Jahren in den Tarifverhandlungen die Arbeitszeit und die Sicherheit der Arbeitsplätze eine größere Rolle spielen als die Geldlohnsteigerungen. Dies ist nicht nur für die Bundesrepublik zu beobachten. Das bedeutet, daß die Arbeitsnachfragefunktion in Abb. 38 parallel zur Ordinate verläuft.

K33

# Kaufkraftargument: Kein Wegweiser aus der Krise

IW – eil Presseinformationen des Instituts der deutschen Wirtschaft, Köln, vom 7. Januar 1983

Das Dauerargument der Gewerkschaften, die Konjunktur könne durch kräftige Lohnerhöhungen wieder in Schwung gebracht werden, ist in der gegenwärtigen Rezession kein taugliches Rezept. Denn Lohnerhöhungen, die den Produktivitätszuwachs übertreffen, haben nicht nur einen Einkommens-, sondern auch einen Kosteneffekt, der in der Rezession schwerer wiegt. In der Rezession führen Kostensteigerungen, je nach den Reaktionsmöglichkeiten der Unternehmen, zu höheren Preisen, weniger Beschäftigung und rückläufigen Gewinnen. Zu diesem Ergebnis kommt eine Studie des Instituts der deutschen Wirtschaft (IW) zur Stichhaltigkeit des Kaufkraftarguments.

Das Kaufkraftargument ist aus gewerkschaftlicher Sicht eine ideale Plattform für die Begründung hoher Lohnforderungen: Es ist einfach und eingängig, appelliert an die Solidarität mit den Arbeitslosen und scheint einen klaren Weg zur Sicherung des eigenen Arbeitsplatzes zu weisen. Dennoch zeigte sich bei einer vor drei Jahren durchgeführten Umfrage nur gut ein Drittel der befragten Arbeitnehmer vom Kaufkraftargument beeindruckt; dies ist eine erstaunlich niedrige Quote. Diese in der Öffentlichkeit offenbar vorhandene Skepsis deckt sich weitgehend mit den Erkenntnissen der Wirtschaftswissenschaften: Die Befürworter des Kaufkraftarguments befinden sich eindeutig in der Minderzahl.

Mit dem Fortschreiten der Rezession bestehen die unternehmerischen Reaktionen auf den Kosteneffekt der Lohnerhöhung immer deutlicher in entsprechenden Korrekturen der Beschäftigung. Gibt der Markt nämlich die notwendig gewordenen höheren Preise nicht mehr her, so kommt es direkt oder indirekt zu Beschäftigungsrückgängen: erstens als Folge von verstärkten Rationalisierungsbemühungen, zweitens wegen der rückläufigen Investitionsnachfrage aufgrund unzureichender Gewinne und drittens als Folge von Angebotseinschränkungen durch Betriebsstillegungen, Vergleiche und Konkurse.

Gegen die Gültigkeit des Kaufkraftarguments sprechen auch die gesamtwirtschaftlichen Erfahrungen: Die Lohnpolitik während der Rezession 1974/75 und 1980/82 war beide Male expansiv. Sie verursachte eine Zunahme der Lohnstückkosten um jeweils rund 15 Prozent. Diese für die Konjunktur schädlichen Kostenwirkungen haben gegenüber den Einkommenswirkungen der damaligen Lohnerhöhungen eindeutig die Oberhand behalten – insofern fehlt es also an erkennbaren Hinweisen aus der Praxis dafür, daß das Kaufkraftargument eine sinnvolle Strategie zur Krisenbekämpfung bieten könnte. Gegen das Kaufkraftargument spricht auch die Erfahrung, daß der Aufschwung von 1968 wie der von 1976 nicht etwa durch einen Lohnschub in Gang gesetzt wurde, sondern nach moderaten Lohnerhöhungen zustande kam. Sowohl die praktischen Erfahrungen als auch die theoretischen Erkenntnisse legen also eine Lohnpolitik nahe, die im Interesse einer Konjunkturerholung darauf abzielt, Kosteneffekte zu vermeiden.

**Beschäftigungswirkungen*)** von Steigerungen der Staatsausgaben, eines Investitionsförderungsprogramms und einer Lohnpause unter keynesianischen (k) und „neoklassischen" (n) Prämissen (ceteris paribus)

| Wirkung auf | Impuls | Erhöhung der Staatsausgaben | | Investitions-förderungspr. | | Senkung der Geldlöhne | |
|---|---|---|---|---|---|---|---|
| | | k | n | k | n | k | n |
| im „keynesian." Bereich der Angebotsfunktion P = konst. AN = var. | Beschäftigung | ++ | 0 | ++ | 0 | 0 | 0 |
| | Angebot – Nachfrage | ++ | 0 | ++ | 0 | 0 | 0 |
| | Preisniveau | 0 | 0 | 0 | 0 | 0 | 0 |
| im mittleren (unelastischen) Bereich d. Ang. P = var. AN = var. | Beschäftigung | + | 0 | + | 0 | + | 0 |
| | Angebot – Nachfrage | + | 0 | + | 0 | + | 0 |
| | Preisniveau | + | 0 | + | 0 | + | 0 |
| im „klassischen" Bereich der Angebotsfunktion P = var. AN = konst. | Beschäftigung | 0 | 0 | 0 | 0 | + | 0 |
| | Angebot – Nachfrage | 0 | 0 | 0 | 0 | + | 0 |
| | Preisniveau | + | 0 | + | 0 | – | 0 |
| Wichtigste Prämissen<br>Bemerkungen | | k: Expansiver Prozeß (Multiplikator) $P\uparrow$ und $i\uparrow$ senken I(i), partielles crowding out (im klass. Bereich vollständiges crowding out)<br>n: Expansiver Prozeß (Multiplikator) $P\uparrow$ und $i\uparrow$ senken I(i) und C(i) {erhöhen S(i)}. Vollkommenes crowding out Beschäftigungsproblem irrelevant, weil Glaube an stabiles Vollbeschäftigungsgleichgewicht | | | | k: $l\downarrow$ verlagert Angebotsfunktion nach rechts (nicht Kapaz.-grenze). Durch $l/P\downarrow$ steigt Beschäftigung<br>n: $l\downarrow$ läßt Afktn konstant $l\downarrow$ bedeutet Übernachfrage. Konk.: $l\uparrow$ | |

*): ++ starke + positive – negative 0 keine Wirkung

K34

IG TEXTIL/Forderung nach Rationalisierungsschutz

# Eine Investitionslenkung ist nicht beabsichtigt

HB Düsseldorf. Der Vorsitzende der Gewerkschaft Textil-Bekleidung, Berthold Keller, wirft Gesamttextil und den regionalen Arbeitgeberverbänden der Textilindustrie ein verantwortungsloses Verhalten vor.

Die Arbeitgeberverbände hätten die Forderungen der IG Textil nach einem wesentlich verbesserten Rationalisierungsschutzvertrag in den laufenden Tarifverhandlungen mit totaler Ablehnung beantwortet und als nicht verhandlungsfähig erklärt. Diese Forderungen wären nach Arbeitgebermeinung der Versuch einer gezielten und unerträglichen Investitionslenkung durch die Gewerkschaft.

Keller weist den Vorwurf der Arbeitgeberverbände nach versuchter Investitionslenkung oder Investitionsverhinderung „als bewußte und unverantwortliche Verfälschung der gewerkschaftlichen Forderungen zurück“. Die Arbeitgeber wüßten genau, daß sich die Gewerkschaft Textil-Bekleidung zu keinem Zeitpunkt der Anwendung des technologischen Fortschritts widersetzt habe.

Die Gewerkschaft Textil-Bekleidung verlange aber, daß bei der Anwendung neuer technologischer Verfahren die Auswirkungen auf die betroffenen Menschen zusammen mit den Betriebsräten rechtzeitig überprüft und die jeweils erforderlichen Maßnahmen zur Verhinderung von Nachteilen für die Arbeitnehmer verbindlich vereinbart würden.

Deshalb müsse das Mitbestimmungsrecht der Betriebsräte eine wesentliche Verbesserung durch einen neuen Rationalisierungsschutzvertrag erfahren. Das angestrebte Mitbestimmungsrecht für die Betriebsräte beziehe sich nicht – wie die Arbeitgeber bewußt fälschlich behaupteten – auf die Frage, ob und welche Maschinen ein Unternehmen anschaffen dürfe, sondern welche Auswirkungen diese Investitionen auf die betroffenen Menschen verursachen würden.

Die Arbeitgeberverbände der Textilindustrie lehnten eine solche Selbstverständlichkeit ab. Sie wollten den betroffenen Arbeitnehmern unter Berufung auf die völlig unzureichenden Bestimmungen des Betriebsverfassungsgesetzes lediglich Informations- und Mitwirkungsrechte zugestehen. Das heiße im Klartext, daß die alleinige Entscheidung über die sozialen Auswirkungen von Rationalisierungsmaßnahmen oder der Anwendung neuer Technologien beim Arbeitgeber verbleiben solle. Die Arbeitnehmer sollten damit zur rechtlosen Verfügungsmasse des Unternehmers gemacht werden.

Mit einer solchen unsozialen und verantwortungslosen Einstellung werde jede Verständigungsmöglichkeit zwischen den Tarifvertragsparteien von Anfang an zerstört. Der GTB-Vorsitzende stellt daher an die Arbeitgeberverbände der Textilindustrie die Frage, ob diese Politik der totalen Konfrontation ihr Beitrag zu einem neuen Abschnitt in der Politik der Wende werden soll.

Handelsblatt N. 86 v. 6.5.87, S. 4

K35

BESCHÄFTIGUNG / Studie zu den Auswirkungen der Arbeitszeitverkürzung in der Metallindustrie – Ausweichen in Überstunden

# DIW: 50000 neue Stellen durch Verkürzung der Arbeitszeit

as Berlin. Von der Arbeitszeitverkürzung in der Metallindustrie sind nach einer Untersuchung des Deutschen Instituts für Wirtschaftsforschung (DIW) positive Beschäftigungseffekte ausgegangen.

Nach den Erhebungen der Berliner Wissenschaftler dürften in der Metallindustrie im ersten Jahr nach Inkrafttreten des Tarifvertrages am 1. April 1985 infolge der Arbeitszeitverkürzung etwa 50000 Arbeiter eingestellt worden sein. Dies sei etwa die Hälfte der in diesem Zeitraum insgesamt zusätzlich eingestellten Arbeiter.

Die Berliner Forscher kommen damit zu anderen Ergebnissen als vorangegangene Untersuchungen, die von der IG Metall oder dem Arbeitgeberverband Gesamtmetall vorgelegt wurden. Während Gesamtmetall schätzt, daß sich die Beschäftigtenzahl aufgrund der Arbeitszeitverkürzung sowie der Flexibilisierung per Saldo um 24000 Personen erhöht hat, geht die IG Metall von rund 97000 geschaffenen Arbeitsplätzen aus.

Von den Beschäftigungseffekten seien die einzelnen Branchen zwar sicherlich in unterschiedlichem Ausmaß betroffen. Für erstaunlich halten es die Berliner Forscher jedoch, daß bei den schrumpfenden Branchen der Metallindustrie – trotz der nahezu stagnierenden Produktion – die Beschäftigung zeitgleich mit der tariflichen Arbeitszeitverkürzung nicht mehr abgebaut wurde.

Darüberhinaus müsse berücksichtigt werden, so das DIW, daß die Arbeitszeitverkürzung zu Überstunden geführt habe, deren Volumen immerhin ein Drittel der Arbeitszeitverkürzung ausmache. Zwei Drittel der tariflichen Arbeitszeitverkürzung von eineinhalb Stunden seien arbeitszeitwirksam geworden, das seien 2,4 Prozentpunkte. Veranschlage man den induzierten Produktivitätsanstieg auf etwa einen halben Prozentpunkt, so wäre mehr als die Hälfte der Reduzierung der tariflichen Arbeitszeit in Einstellungen umgesetzt worden.

Das Ausweichen in Überstunden dürfte in der derzeitgen Phase des Konjunkturabschwungs zur Folge haben, daß sich die Anpassung des Arbeitsvolumens stärker in der Reduzierung der individuellen Arbeitszeit und weniger in einem Abbau von Arbeitskräften niederschlage, schreibt das DIW. Problematisch sei allerdings, daß es schwer sei, konjunkturelle Faktoren von sonstigen Einflüssen auf die Beschäftigungsentwicklung zu isolieren.

Im übrigen dürfte der errechnete Beschäftigungseffekt bei der günstigen konjunkturellen Situation, in der die Arbeitszeitverkürzung wirksam geworden sei, deshalb recht hoch ausgefallen sein, weil die mit der Arbeitszeitreduzierung verbundenen zusätzlichen Produktivitätseffekte niedrig waren. Dies weise darauf hin, daß die Arbeitszeitverkürzung für die Unternehmen zusätzliche Kosten gebracht haben dürfte. Andererseits jedoch führe die gleichzeitig vereinbarte Flexibilisierung zu einer Kostenentlastung und zu einer Stärkung der Wettbewerbsfähigkeit, meint das DIW.

Handelsblatt Nr. 92 v. 14.5.87, S. 1

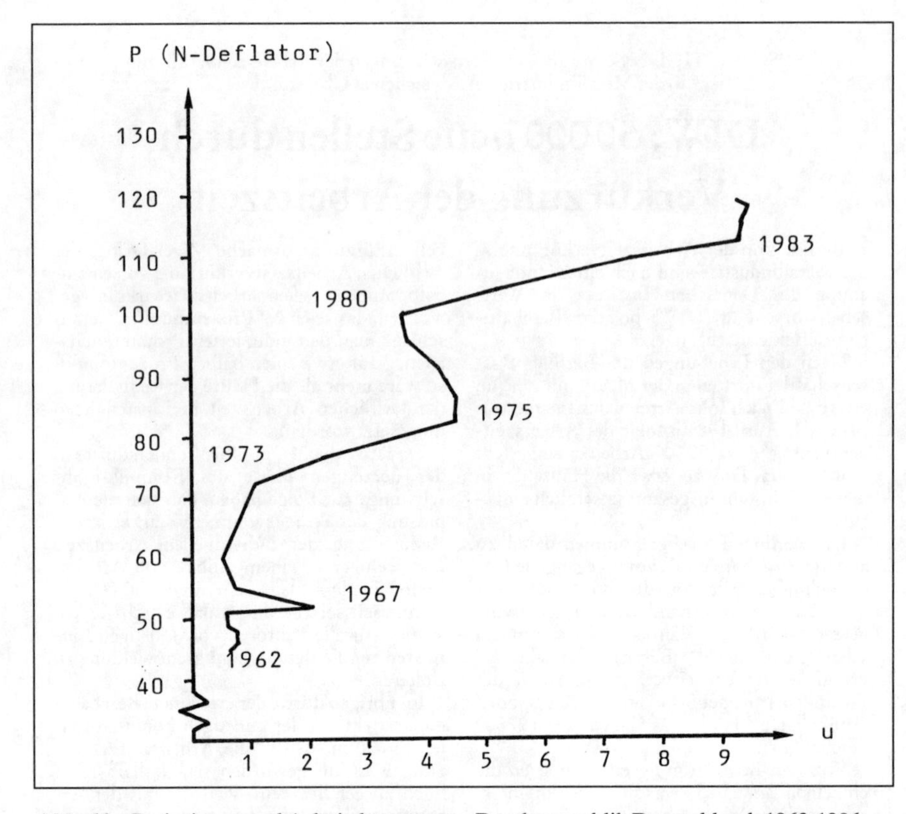


**Abb. 64** Preisniveau und Arbeitslosenquote, Bundesrepublik Deutschland, 1962-1986

# C. Preisniveaustabilität und Beschäftigungsstand: Analyse einer Zielbeziehung

In den vorangegangenen Kapiteln haben wir uns ausschließlich mit den **Wirkungen** von Veränderungen des gesamtwirtschaftlichen Systems auf den **Beschäftigungsstand** befaßt. Allerdings ist dabei auch deutlich geworden, daß bei einer positiv geneigten Gesamtangebotsfunktion immer auch **Preisniveauwirkungen** auftreten.

Sowohl Preisniveau als auch Beschäftigungsstand sind nach dem Stabilitäts- und Wachstumsgesetz **gesamtwirtschaftliche Ziele**, die gleichzeitig erreicht werden sollen. Die **gleichzeitige** Verwirklichung ist nur möglich, wenn kein **Konflikt** zwischen diesen beiden Zielen vorliegt; dieser wird aber von vielen Autoren behauptet. Es ist daher eine wichtige Aufgabe, zu untersuchen, welcher **Art die Beziehung** zwischen den Zielen Stabilität des Preisniveaus und hoher Beschäftigungsstand ist und, falls ein **Zielkonflikt** vorliegt, ob dieser unausweichlich oder vermeidbar ist.

Nach der Wirkungsanalyse zum Beschäftigungsproblem ist dies die zweite **Anwendung des gesamtwirtschaftlichen Angebots-Nachfragesystems** auf konkrete Problemstellungen.

## 1. Empirische und theoretische Grundlagen

Im I. Kapitel hatten wir schon einen empirischen Anhaltspunkt kennengelernt, der den „Glauben" stützen könnte, „mit etwas mehr Inflation ließe sich ... Vollbeschäftigung erkaufen", nämlich mit Abb. 7. Zeitweilig herrschte sogar der Glaube vor, man habe es bei dieser Zielbeziehung mit einer **wirtschaftspolitischen Menükarte** zu tun, auf der Kombinationen (Menüs) von Preisniveau und Beschäftigungsstand stünden, und es wäre ausschließlich in der Wahl des Wirtschaftspolitikers, vom einen Teil des Gerichts etwas mehr (Preisniveaustabilität), dafür vom anderen etwas weniger (Arbeitslosigkeit) zu geben (K36), je nach dem Geschmack des Publikums (Wahlbürgers). Diese Fragen sind wegen des alles verdrängenden Problems von über zwei Millionen Arbeitslosen in den Hintergrund getreten.

### Die empirische Zielbeziehung

Doch auch bei recht einseitiger Diskussion des Problems **Arbeitslosigkeit** sind sich wohl alle Analytiker und Politiker des **möglichen Konflikts** zwischen den gesamtwirtschaftlichen Zielen eines **hohen Beschäftigungsstandes** und der **Stabilität des Preisniveaus** nach wie vor bewußt. Auch die obige Diskussion über die Ursachen der Unterbeschäftigung und Maßnahmen für ihre Beseitigung hat gezeigt: in allen empirisch wichtigen Fällen wird durch wirtschaftspolitische Maßnahmen mit dem Beschäftigungsstand auch das Preisniveau beeinflußt.

Die **theoretische Begründung** dieser Zielbeziehung findet auf zwei Ebenen statt, (1) im Rahmen der inzwischen fast nicht mehr überschaubaren **Phillipskurven-Diskussion** (vgl. 3. Exkurs), (2) auf der Grundlage eines **gesamtwirtschaftlichen Systems**. Der zweite Ansatz wird im folgenden dargestellt.

Der **empirische Tatbestand** wird mit der Abb. 64 gezeigt. In diesem Diagramm ist für die Periode von 1962 bis 1986 der beobachtete Zusammenhang zwischen

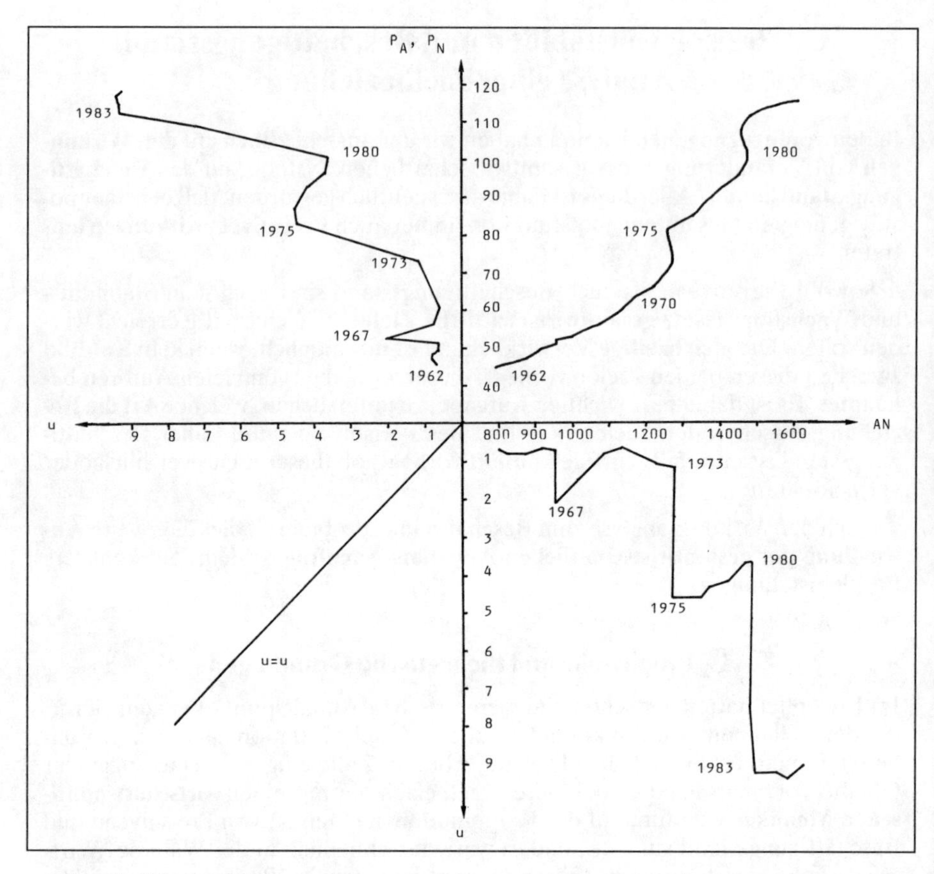


**Abb. 65** Die empirische Beziehung zwischen Arbeitslosenquote und Angebot-Nachfrage, Bundesrepublik Deutschland, 1962-1986

dem **Preisniveau** (Nachfragedeflator als Quotient aus nominaler und realer gesamtwirtschaftlicher Nachfrage) und der **Arbeitslosenquote** dargestellt. Wir finden eine **spiralförmige Bewegung** vor, die sich – offenbar schubweise – nach rechts verlagert[1].

Wie kann diese Bewegung der beiden Zielgrößen erklärt werden? Welche Konsequenzen ergeben sich daraus für die Wirtschaftspolitik?

**Zielbeziehungen und gesamtwirtschaftliches System**

Im folgenden soll versucht werden, diese **Zielbeziehung** (im P-u-Diagramm) mit Hilfe des **gesamtwirtschaftlichen Systems von Angebots- und Nachfragefunktionen** (im P-AN-Diagramm) zu erklären.

Um die Zielbeziehung aus dem P-u-System im gesamtwirtschaftlichen P-AN-System abbilden zu können, benötigt man eine Beziehung zwischen AN und u:

| | | |
|---|---|---|
| Zielsystem | P | u |
| Gesamtwirtschaftliches System | P | AN |

Da wir sowohl die empirische Beziehung im P-u-, als auch im P-AN-System kennen, läßt sich daraus der Zusammenhang zwischen u-AN konstruieren, wie Abb. 65 zeigt. Diese **empirische Kurve** für die Periode 1962-86 könnte die Vermutung nahelegen, daß zwischen Arbeitslosenquote (u) und Angebot-Nachfrage (AN) eine **positive Beziehung** existiert: Steigende Nachfrage (und steigendes Angebot) ist mit steigender Arbeitslosigkeit verbunden. Dies ist eine Korrelation, die jeder ökonomischen Einsicht zuwiderläuft. Denn wir würden vermuten, daß eine Ausdehnung von Nachfrage, Angebot und Produktion zu mehr Beschäftigung, also weniger Arbeitslosigkeit führt[2]. Von der **Theorie** her müßten wir eine **negativ geneigte Kurve** im u-AN-Diagramm finden. Das ist die Okun-Kurve (vgl. Kap. III.D.3).

Der bloße Augenschein der Abb. 65 (IV. Quadrant) zeigt, daß bei **negativem Verlauf der Okun-Kurve** der Zeitraum von 1962-86 nur dann damit abgebildet werden kann, wenn sich die Kurve nach links außen dreht (gestrichelte Kurven). Diese **Verschiebung** („shift“) könnte auf (autonomen) Verschiebungen von u* und AN* beruhen:

---

[1] Zwischen Inflationsrate (der Wachstumsrate des Preisniveaus) und Arbeitslosenquote lassen sich Schleifen ableiten: Die Spirale bewegt sich auch nach unten, weil die Inflationsrate (im Gegensatz zum Preisniveau) auch sinken kann.

[2] Diese Diskussion zeigt, wie wichtig es ist, den Augenschein empirischer Daten mit theoretischen Überlegungen zu kombinieren. Allzu leicht kann man sonst einer „Nonsense-Korrelation“ aufsitzen. Das klassische Beispiel hierfür ist die enge Korrelation zwischen der Anzahl an Geburten und der von Störchen. Der Nonsense: wegen des Rückgangs der Anzahl an Störchen nehmen die Geburten ab.

K36

# Falsche Leitbilder für die Politiker

Die Rechnung „mehr Inflation für weniger Arbeitslosigkeit" ging nicht auf

Von Karl Brunner

Vor etwa fünfzehn Jahren prophezeite *Time Magazine* ein neues Zeitalter. Man verkündete mit Zuversicht die planvolle Kontrolle der volkswirtschaftlichen Makroprozesse. Die staatliche Wirtschaftspolitik besitze die Einsicht und die notwendigen Mittel zur wirksamen Lenkung der Gesamtbeschäftigung und Gesamtproduktion. Konjunktureinbrüche oder anhaltend hohe Arbeitslosigkeit seien durch Manipulation der Gesamtnachfrage eindeutig vermeidbar.

Die von Time so verheißungsvoll verkündete „neue Einsicht" beruhte auf zwei wesentlichen „Bausteinen". Anfangs der sechziger Jahre hatte sich Keynes' intellektuelle Erbschaft weitgehend an den Universitäten durchgesetzt und beeinflußte zusehends Medien, wirtschaftspolitische Büros und Politiker. Die zentrale These des Keynesianischen Weltbildes behauptet, daß Bewegungen und Niveau der Gesamtbeschäftigung durch die Gesamtnachfrage dominiert sind.

Das in einer Unzahl von Lehrbüchern verankerte volkswirtschaftliche Bild behauptet weiterhin, daß die Gesamtnachfrage durch Geld- und vor allem durch Fiskalpolitik wirksam in der gewünschten Richtung und im notwendigen Ausmaß manipuliert werden kann. Gesamtbeschäftigung und volkswirtschaftliche Gesamtproduktion können durch gezielte nominelle Impulse (Geld- und Budgetpolitik) *anhaltend* beeinflußt werden. Eine höhere Gesamtgeldmenge, höhere Staatsausgaben oder reduzierte Steuerausgaben bewirken in dieser Sicht eine permanente Steigerung des Niveaus der Gesamtbeschäftigung. Die beliebige Ausdehnung der volkswirtschaftlichen Gesamtproduktion bis zu einem absoluten technischen Maximum (potential output) war nur beschränkt durch den mit der „Phillips-Kurve" bezeichneten Zusammenhang zwischen Inflation und Arbeitslosigkeitsgrad, oder Inflation und Gesamtbeschäftigung.

Die Phillips-Kurve kontrolliert das der Makro-Politik (die eine Steuerung der gesamtwirtschaftlichen Vorgänge versucht) zugängliche wirtschaftspolitische „Menü". Ihre Formulierung anerkennt, daß der Arbeitslosigkeitsgrad durch Manipulation der Gesamtnachfrage beliebig reduziert werden kann. Eine niedere Arbeitslosigkeit muß aber mit einer höheren Inflationsrate erkauft werden. Der volkswirtschaftliche Prozeß bestimmt in dieser Weise ein wirtschaftliches Dilemma. Diese Dilemma-Situation schien aber einen zuverlässigen und dauerhaften wirtschaftspolitischen Abtausch zwischen mehr (oder weniger) Inflation und tieferer (oder höherer) Inflationsrate zu erlauben.

Was sind nun aber die Erfahrungen des hoffnungsvoll verheißenen Zeitalters? Seit Jahren dominiert eine weltweite Inflation mit eingesessener Arbeitslosigkeit die volkswirtschaftliche Szene. Inflation und Arbeitslosigkeitsgrad sind im Durchschnitt der Jahre in vielen Ländern gemeinsam gestiegen. Beträchtliche Beschleunigungen oder Verlangsamungen der Inflation auferlegten schwere Anpassungslasten. Ähnliche Anpassungslasten entsprangen dem Zusammenbruch des in Bretton Woods ausgebauten internationalen Währungssystems. Die eingesessene Arbeitslosigkeit wurde in den letzten Jahren noch durch zögernde Investitionsausgaben und die sogenannte „Investitionsunlust" des privaten Sektors erschwert.

(Die Zeit, Nr. 50, 8.12.1978)

- u* ist in der Bundesrepublik gestiegen, weil die **strukturelle**, insbesondere wohl die technologisch bedingte und die „demografische“ **Arbeitslosigkeit** zugenommen haben.
- AN* steigt im Laufe des Wachstumsprozesses ebenfalls.

Auch die im II. Quadranten abgebildete „positive“ Kurve könnte man sich aus drei verschobenen negativ geneigten „Phillipskurven“ entstanden denken.

### „Reine“ Angebots- bzw. Nachfragesteuerung

Damit sind die **Bausteine** zusammengetragen, mit denen der Zusammenhang zwischen Zielbeziehung und gesamtwirtschaftlichem System aufgezeigt werden kann. Wie muß sich das gesamtwirtschaftliche System entwickeln, um typische Zielbeziehungen (Abb. 8) im P-u-System abzubilden?

Wir gehen zunächst von **idealtypischen** Fällen aus, um die Wirkungen von Verschiebungen eindeutig zuordnen zu können: (1) **reine Nachfragesteuerung** bei konstanter Angebotsfunktion, (2) **reine Angebotssteuerung** bei konstanter Nachfragefunktion. Aus der Abb. 66 geht das Resultat hervor:

Im vereinfachten Fall **reiner Nachfragesteuerung** wird die Zielbeziehung im P-u-System bei gegebener Okunkurve durch die **Angebotsbedingungen** des gesamtwirtschaftlichen Systems abgebildet. Die Zielbeziehungen $G_1'$ $G_2'$ ... $G_7'$ entsprechen daher der Angebotsfunktion $G_1$, $G_2$ ... $G_7$. Wir bezeichnen in Analogie zur Angebotsfunktion als **klassischen Bereich** dieser Kurve $G_6'$ $G_7'$; hier sind P und u voneinander unabhängig; die Arbeitslosenquote u* entspricht einer „natürlichen“ oder **strukturellen Arbeitslosenquote**[3]. Im sog. **keynesianischen Bereich** $G_1'$ $G_2'$ ist P ebenfalls unabhängig von u. Der **mittlere Bereich** $G_3'$ $G_4'$ $G_5'$ dagegen zeigt eine **Konfliktbeziehung** auf: wird in $G_3'$ die Beschäftigung als zu gering angesehen und will man diese durch eine Ausweitung der Nachfrage steigern, so gelingt dies durch eine Verschiebung von $N_3$ nach $N_4$, aber man muß in Kauf nehmen, daß das Preisniveau ebenfalls steigt.

Eine **reine Nachfragesteuerung** läßt sich natürlich nur für die ganz **kurze Frist** darstellen; dann kann der **Kapazitätseffekt** etc. vernachlässigt werden. Die **reine Angebotssteuerung** – der extreme Fall einer konstanten Nachfragefunktion – geht von $G_4$ aus. Wird eine Wirtschaftspolitik betrieben, die die **Angebotsbedingungen** insofern **verbessert**, daß die Angebotsfunktion in Bezug auf P elastischer wird, sich also von $A_0$ nach $A_2$ verlagert, dann verläuft die Zielbeziehung entsprechend $G_4$ $G_8$ im P-u-System in Richtung $G_4'$ $G_8'$; mit dieser Politik würden beide Ziele gleichzeitig verbessert, die Zielbeziehung ist **(positiv) komplementär. Verschlechtern** sich dagegen die **Angebotsbedingungen** durch Kostensteigerungen, Produktivitätsrückgang etc. ($A_0$ nach $A_1$), dann wandert das System auf dem Pfad $G_4'$ $G_9'$; beide Ziele werden **gleichzeitig verschlechtert** (negative Komplentarität). Die reine Angebotssteuerung dürfte ohne Wirkung oder Anstöße auf die (von der) Nachfrage schwer zu verwirklichen sein; ordnungspolitische Maßnahmen (z.B. Wettbewerbspolitik, Gestaltung des Staatseinflusses) kommen der reinen Angebotssteuerung noch am nächsten.

---

[3] Dieser Begriff der „natürlichen“ Arbeitslosenquote entspricht nicht der in der Phillips-Kurven-Diskussion verwendeten „natural rate of unemployment“. Dort ist nur die sog. friktionelle oder Sucharbeitslosigkeit (Suche nach einem neuen Arbeitsplatz) damit gemeint.

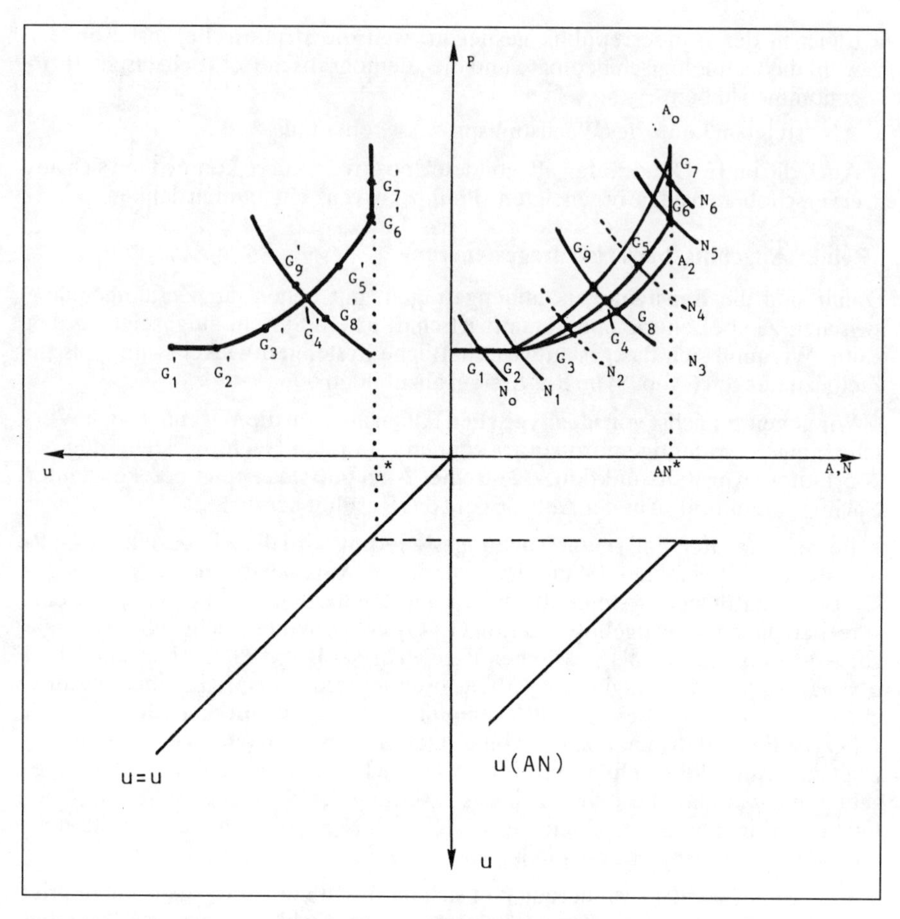


**Abb. 66** Zielbeziehungen und gesamtwirtschaftliches System

**Konsequenzen**

Die Darstellung zeigt deutlich: **Variationen des gesamtwirtschaftlichen Systems** können – innerhalb eines systembedingten Rahmens – jede **Zielkombination** im P-u-Diagramm **„herstellen“**. Der **systembedingte Rahmen** heißt, daß Wirtschaftspolitik als **Prozeßpolitik** möglich ist, d.h., daß der Wirtschaftsprozeß durch den Einsatz finanz-, geld- und kreditpolitischer Maßnahmen (wenn auch nicht fein –, so doch) gesteuert werden kann.

Diesen Aussagen würde ein Vertreter der **„Neoklassik“** (im hier gebrauchten Sinn) nicht zustimmen; die folgenden Sätze sind demnach im „Glauben“ an **keynesianische Ursache- Wirkungszusammenhänge** geschrieben. Allerdings könnten die beschriebenen Zielbeziehungen auch dadurch entstehen, daß **Verhaltensänderungen** der Wirtschaftssubjekte das gesamtwirtschaftliche System in der aufgezeigten Weise verändern; dies ist dann keine bewußte Steuerung. Akzeptiert man eine gewisse **Lenkbarkeit** der Wirtschaft, dann sind mit der obigen Darstellung die Grundlagen dafür geschaffen, die Spiralen von P und u durch die Variation von gesamtwirtschaftlichen Angebots- und Nachfragefunktionen zu erklären und aufgrund der gezeigten Ursache-Wirkungszusammenhänge auch zu beeinflussen. Zu beachten ist allerdings die Rolle des „Übersetzers" (der Okun-Kurve) im AN-u-System.

Es ist ferner deutlich geworden, daß die **Angebotsbedingungen** entscheidend die Art der Zielbeziehung prägen. Andererseits kann eine Nachfragepolitik, die den Keim für Veränderungen des Angebots in sich trägt, die z.B. Investitionen fördert, die Angebotsfunktion maßgeblich beeinflussen, wie wir im nächsten Abschnitt sehen werden. Die Steigung der Angebotskurve und die der Okunkurve bestimmt die Steigung der Phillips-Kurve. Dies gilt auch für die Lage: die Phillips-Kurve verschiebt sich nach außen (vom Ursprung weg), wenn sich die Angebots-Kurve nach links und/oder die Okunkurve nach rechts (beide vom Ursprung weg) verschieben.

## 3. Exkurs: Die Phillipskurve

In einem Aufsatz von 1958 legte W. A. Phillips Ergebnisse ausführlicher statistischer Untersuchungen vor, die eine sehr gute statistische Beziehung zwischen der Lohnänderungsrate und der Arbeitslosenquote für Großbritannien zeigte:

(IV.C.5) $\Delta l = a_0 + a_1 u.$

$$\text{mit } a_0 > 0, \quad a_1 < 0$$

$\Delta l$ = Absolute Änderung des Geldlohnsatzes
$a_0, a_1$ = Parameter
u = Arbeitslosenquote

Diese Beziehung ist in Abb. 67 dargestellt; sie ist nichts weiter als eine (eng korrelierte) statistische Beziehung.

Der Versuch, diese Beziehung näher zu erklären, führt zunächst zu einer „Lohngleichung".

(IV.C.6) $\Delta l = a_2 + a_3 w_\pi + a_4 w_P.$

$$\text{mit } a_2, a_3, a_4 > 0$$

$a_2, a_3, a_4$ = Parameter
$w_\pi$ = Wachstumsrate der Produktivität
$w_P$ = Wachstumsrate des Preisniveaus (Inflationsrate)

Danach hängt die Lohnveränderungsrate[4] ab vom Produktivitätswachstum $w_\pi$ und der Inflationsrate $w_P$. Setzt man IV.C.6 in IV.C.5 ein, dann erhält man eine „modifizierte Phillipskurve" (Abb.), nach u aufgelöst:

(IV.C.7) $u = b_0 + b_1 w_\pi + b_2 w_P.$

$$\text{mit } b_0 = \frac{a_2 - a_0}{a_1}, \quad b_1 = \frac{a_3}{a_1} \quad \text{und } b_2 = \frac{a_4}{a_1}$$

[4] In der Literatur wird hierfür i.a. die Wachstumsrate der Geldlöhne verwendet.

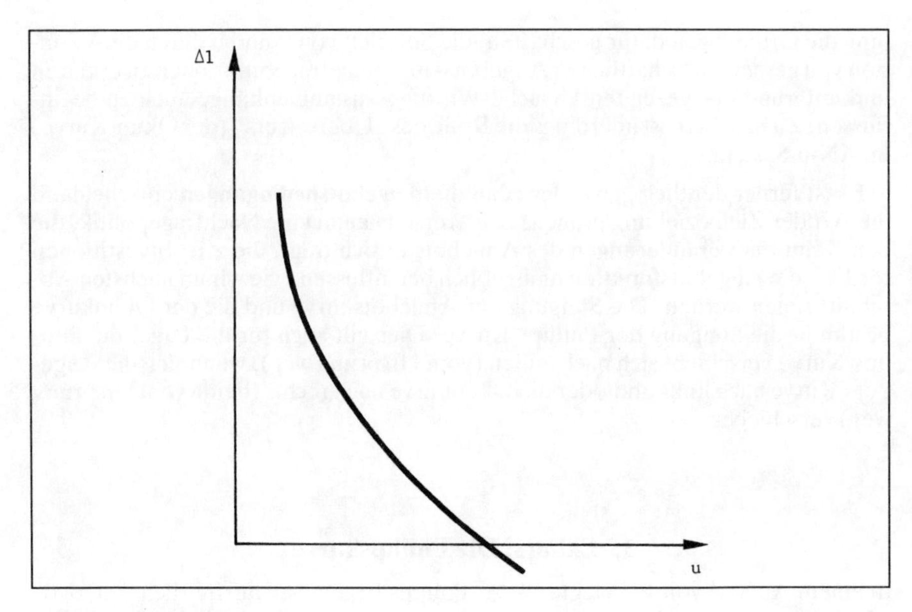


**Abb. 67** Die Phillipskurve

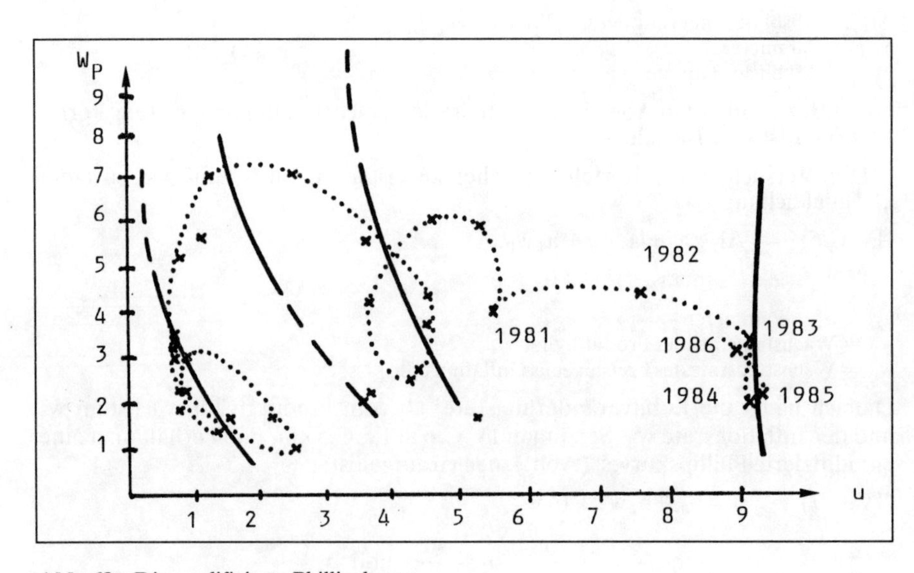


**Abb. 68** Die modifizierte Phillipskurve

Diese modifizierte Phillipskurve gibt nun unter einer spezifischen Hypothese über die Preissetzung[5] einen näher begründeten (substitutiven) Zusammenhang zwischen den gesamtwirtschaftlichen Zielen Preisniveaustabilität (= niedrige Inflationsrate) und hoher Beschäftigungsstand (niedriges u) an. Diese Beziehung wurde für die Bundesrepublik statistisch gut nachgewiesen, jedenfalls bis zum Ende der 60er Jahre. Dann aber „wanderte" die Punktwolke (bzw. „Schleife") der Kombinationen von Werten für $w_P$ und u nach rechts (Abb. 68). Diese Bewegung läßt sich interpretieren als eine Verschiebung der Phillipskurve, z.B. durch einen Rückgang des Produktivitätswachstums ($b_1 < 0$), oder eine Veränderung von $b_0$. Wir wissen aus der Diskussion des gesamtwirtschaftlichen Systems und dem Einfluß der Angebotsfunktion auf die Zielbeziehung, daß solche „shifts" in $b_0$ alle Größen sein können, die die gesamtwirtschaftliche Angebotsfunktion im P-AN-System nach links verschieben: Faktorpreissteigerungen, Faktormengensenkung, Importsenkung, Rückgang der Unternehmenszahl (Konkurse), etc.

Um IV.C.7 zu lösen, müssen die drei Variablen u, $w_\pi$ und $w_P$ durch drei Gleichungen erklärt werden; es fehlen demnach zwei weitere Gleichungen. Einige Autoren haben das Modell über eine ausführliche Erklärung von $w_\pi$ ausgeweitet; man kann damit zu einer expliziten Angebotsfunktion gelangen[6]. Wir wollen dies nicht weiter verfolgen und setzen $w_\pi = w_\pi^a$. Andere Erweiterungen des Phillipsmodells betreffen die Interpretation von $w_P$ (und von b). Diese Analyse stellt vor allem auf die Inflationserwartungen ab. Die Annahme über die Inflationserwartungen bestimmt die Zielbeziehung. Folgen wir R. Pohl, dann wird nun aus der Lohngleichung IV.C.7

(IV.C.7a) $\quad w_l = w_\pi + w_{Pe} + a_1(u - u^*).$

$a_1$ = Parameter
u = Arbeitslosenquote
$u^*$ = „natürliche" Arbeitslosenquote
$w_l$ = Wachstumsrate der Geldlöhne
$w_\pi$ = Wachstumsrate der Produktivität
$w_{Pe}$ = Erwartete Inflationsrate

Diese Lohngleichung (vgl. auch III.D.2./3) soll die Lohnbildung auf dem Arbeitsmarkt erklären, wobei $a_1 (u - u^*)$ den Einfluß der Wirtschaftslage, ausgedrückt in der konjunkturellen Arbeitslosenquote wiedergibt.

Das Preisverhalten der Unternehmen wird durch die folgende Preisgleichung beschrieben:

(IV.C.8) $\quad w_P = w_l - w_\pi,$

$w_P$ = Inflationsrate
$w_l$ = Wachstumsrate der Geldlöhne
$w_\pi$ = Wachstumsrate der Produktivität

---

[5] IV.C.6 nach $w_P$ aufgelöst und als abhängige Variable interpretiert. Danach bleibt die Inflationsrate Null, wenn die Lohnveränderungsrate dem Produktivitätswachstum entspricht. Es ist sinnvoll, hierfür $a_2 = 0$ und $a_4 = 1$ zu setzen (vgl. IV.C.4).

[6] Geht man z.B. von der Tautologie $Q = \frac{Q}{B} \cdot B$, als partielle Produktionsfunktion interpretiert, aus, schreibt die Input-/Output-Beziehung als Arbeitsproduktivität und formuliert in Wachstumsraten, dann ergibt sich $w_Q = w_\pi + w_B$ oder $w_\pi = w_Q - w_B$. Das Modell läßt sich schließen, wenn man $w_Q$ als erwarteten Output vorgibt und $w_B$ mit u ausdrückt.

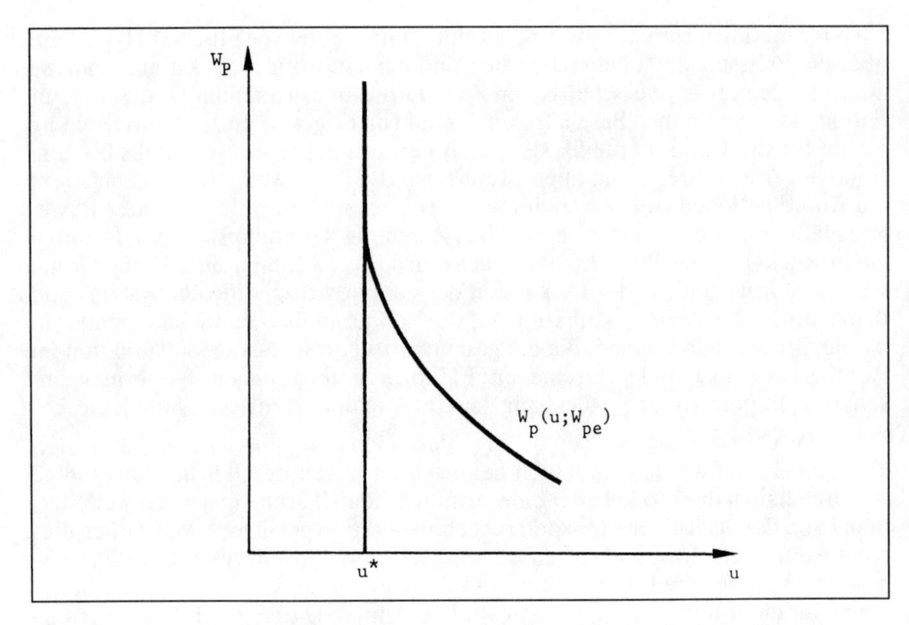


**Abb. 69** Die Zielbeziehung aufgrund monetaristischer und keynesianischer Prämissen

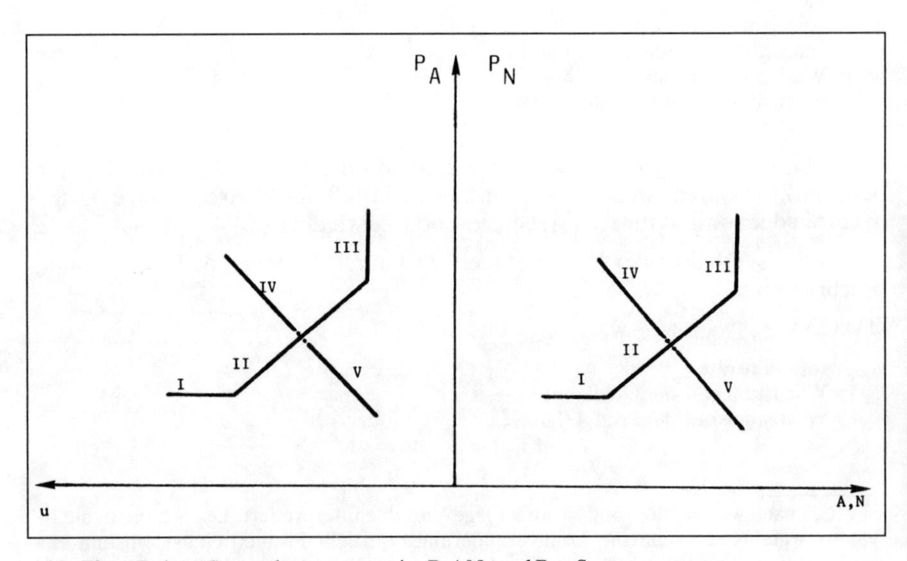


**Abb. 70** „Reine" Systembewegungen im P-AN- und P-u-System

wenn die Lohnforderungen das Produktivitätswachstum übersteigen, erhöhen die Unternehmen ihre Preise.

Setzt man IV.C.8 in IV.C.7a ein, dann erhält man

(IV.C.9a) $w_P = w_{Pe} - a_1 (u - u^*)$ oder

(IV.C.9b) $u = u^* - \frac{1}{a_1}(w_P - w_{Pe})$

Ein Zielkonflikt zwischen u und $w_P$ liegt dann vor, wenn $a_1 \neq 1$ und/oder $w_P \neq w_{Pe}$. In diesen beiden Fällen haben wir es im $w_P$-u-Diagramm mit einer negativ geneigten Kurve zu tun (vgl. Abb. 69). Ökonomisch interpretiert bedeutet dies, daß die Wirtschaftslage die Lohnverhandlungen und den -abschluß beeinflußt ($a_1 >$ 1) und daß die Wirtschaftssubjekte bei der Einschätzung der zukünftigen Inflationsrate ($w_{Pe}$) Irrtümern unterliegen ($w_P \neq w_{Pe}$). Der analytisch extreme Fall liegt dann vor, wenn $w_{Pe} = 0$. Dann werden Inflationserwartungen im Modell gar nicht berücksichtigt, weil das Modell statisch ist (die Zeit spielt keine Rolle). Dies kann als keynesianischer Fall interpretiert werden (R. Pohl), obwohl Keynes selbst damit nicht einverstanden wäre. Denn Keynes legt in seiner „Allgemeinen Theorie“[7] großen Wert darauf, die Rolle der Erwartungen herauszustellen. Dann ist die Phillips-Kurve negativ geneigt, es liegt ein Konflikt zwischen den beiden Zielen vor. Anspannung auf dem Arbeitsmarkt (niedriges u) gibt den Gewerkschaften bei den Lohnverhandlungen eine starke Position, es werden hohe Lohnabschlüsse getätigt (hohes $w_l$), die über die Produktivitätswachstumsrate hinausgehen. Die Unternehmen schlagen die Differenz zwischen Lohn- und Produktivitätswachstum auf die Preise auf, $w_P$ steigt.

Der andere Extremfall liegt vor, wenn $w_P = w_{Pe}$. Dann wird die Zielbeziehung als Senkrechte in u* darstellbar (Abb. 69). Diese von den „Neoklassikern“ (u.a.) vertretene Hypothese geht davon aus, daß die Wirtschaftssubjekte keinen Erwartungsirrtümern unterliegen, sondern „rational“ die Zukunft vorhersehen. Sie antizipieren die zukünftige Inflationsrate immer richtig[8].

## 2. Analyse der Zielbeziehung im gesamtwirtschaftlichen System

Im 1. Abschnitt konnte gezeigt werden, daß die Art der Zielbeziehung von Veränderungen des gesamtwirtschaftlichen Angebots-Nachfrage-Systems bestimmt wird. Nun ist zu analysieren, welche detaillierten Bewegungen dieses System zu vollziehen hat, um die Entwicklung der empirisch beobachteten Beziehung zwischen Preisniveau und Arbeitslosenquote abzubilden. Die Konsequenz daraus ist der Entwurf eines **wirtschaftspolitischen Maßnahmenbündels**, das Komplementarität zwischen den Zielen herstellt.

---

[7] John M. Keynes, The General Theory of Money, Interest and Employment, London 1936.

[8] Die Wirkungen der Inflation auf die Arbeitslosenquote können dann nicht eintreten, weil die Wirtschaftssubjekte diese Wirkungen schon in ihren Handlungen einkalkulieren. Konsequent behaupten denn die „Neoklassiker“ auch, daß der Arbeitsmarkt die Inflationsrate nicht beeinflußt. Die Inflationsrate hänge ausschließlich vom Geldmengenwachstum ab.

**Theoretische und empirische Ausgangssituation**

Die theoretische Ausgangssituation besteht darin, daß wir bestimmte **Bewegungsrichtungen** im P-AN- und P-u-System durch **reine Angebots- oder Nachfragesteuerung** abbilden können. Die Abb. 70 zeigt dies nochmals schematisiert. Die **reine Nachfragepolitik** ist durch die Bereiche I, II und III wiedergegeben, die **reine Angebotspolitik** durch IV und V. Die Abb. 70 zeigt die Zuordnungen vom P-AN- ins P-u-Diagramm, wenn im P-AN-Diagramm Veränderungen der Angebots- und/oder Nachfrageparameter vorgenommen werden.

Demgegenüber ist die **empirische Situation** für die Periode 1974-1986 in Abb. 71 dargestellt. Dabei ist es wesentlich, welche **Annahmen über die Okun-Kurve** gesetzt werden. Wir wollen (1) annehmen, daß diese Beziehung im betrachteten Zeitraum konstant ist und (2), daß die in Abb. 71 gewählte Lage und Steigung zutrifft. Da wir nicht daran interessiert sind, die exakten Werte von AN in u zu übertragen, sondern nur die **Form der Spiralbewegung** analysieren wollen, wiegt die Annahme (1) schwerer; es muß damit gerechnet werden, daß insbesondere ab 1980 die sog. demografische Arbeitslosigkeit, verursacht durch den Eintritt der geburtenstarken Jahrgänge von 1960/63 ins Erwerbsleben, die AN-u-Kurve nach außen verlagert. Die Spirale im AN-u-System würde dann etwas mehr nach außen verlaufen.

Dies zeigt der **gestrichelte Linienzug** im IV. Quadranten der Abb. Mit dieser Kurve sind die tatsächlich realisierten Werte dargestellt. Dagegen wurde für die Ableitung der **durchgezogenen Kurve** im IV. Quadranten auf der Grundlage einer konstanten u-AN-Beziehung (im III. Quadranten) nur die konjunkturelle Arbeitlosenquote $u_k = u - u^*$ zugrundegelegt[9]. Im folgenden argumentieren wir auf der Grundlage der „strukturbereinigten" durchgezogenen Linie im Quadranten IV[10].

Nun können die **theoretisch abgeleiteten Systembewegungen** der Abb. 70 auf ihre Übereinstimmung mit den **empirisch beobachteten Systembewegungen** in Abb. 71 überprüft werden. Wir stellen fest, daß in Abb. 71 im I. und IV. Quadranten die folgenden Linienzüge unterschieden werden können: (1) Linienzug mit negativer Steigung ab 1974. Dies entspricht in Abb. 70 dem Bereich IV. (2) Umkehrpunkt, 1975. Dies kann in Abb. 70 IV/II zugeordnet werden. (3) Linienzug mit positiver Steigung, 1975-1980. Dies entspricht in Abb. 70 dem Bereich II. (4) Umkehrpunkt, 1980. In Abb. 70 ist dies II/IV. (5) Linienzug mit negativer Steigung ab 1980. Dies entspricht Bereich IV in Abb. 70.

Vom Augenschein her gesehen ist diese Übertragung einleuchtend; in der folgenden Analyse ist zu prüfen, ob diese Übertragung auch durch die Übereinstimmung von theoretischer Hypothese und empirischer Beobachtung gestützt wird.

---

[9] Die horizontale Differenz zwischen den beiden Linienzügen in IV spiegelt die strukturelle Komponente der Arbeitslosigkeit wider.

[10] Die Beziehung im u-AN-Diagramm entspricht in der Steigung ökonometrisch geschätzten Okun-Kurven für eine Periode mit einem $u^*$ um 1% (1966-1973).

**Analyse der Zielbeziehung**

Welche theoretische Erklärung könnte man für den spiralförmigen Verlauf von P und u geben? Unsere **Hypothesen** sind in der folgenden Übersicht zusammengestellt.

| Art der Zielbeziehung | Begründung | Form der Kurve im P-u- bzw. $w_P$-u-System |
|---|---|---|
| **Neutralität** (Unabhängigkeit) | a) $w_P$ bzw. P hängt nur von $w_M$ bzw. M ab (Monetaristen). Rationale Erwartungen ($w_P = w_{Pe}$) oder Unabhängigkeit von $w_P$ und u ($a_1 = 0$). | Parallele zur $w_P$- bzw. P-Achse bei u* (konjunkturelle Arbeitslosenquote $u_k = u - u^* = 0$) |
| | b) $w_P$ bzw. P ist konstant (Unterbeschäftigungsfall). u hängt nur von der effektiven Gesamtnachfrage ab (Keynes-Modell) | Parallele zur u-Achse bei P = konst. |
| **Substitutionalität** (Zielkonflikt) | a) Erwartungsirrtümer über die Inflationsrate ($w_P \neq w_{Pe}$) und Abhängigkeit von $w_P$ und u ($a_1 > 0$).<br>b) Reine Nachfragesteuerung im gesamtwirtschaftlichen System; keine oder stark verzögerte Angebotswirkungen. | Negativ geneigte Kurve |
| **„Negative" Komplementarität** | a) Verschiebungen der Phillips-Kurve nach außen durch Produktivitätsschwäche, Zunahme struktureller Arbeitslosigkeit, Fehlschätzungen der zukünftigen Inflationsrate<br>b) Verschlechterung der Produktionsbedingungen (Ineffizienz, starke Kostensteigerungen). | Positiv geneigte Kurve, Bewegungsrichtung nach außen (Zielverschlechterung) |
| **Komplementarität** (Verträglichkeit) | Verbesserung der Produktionsbedingungen. | Positiv geneigte Kurve, Bewegungsrichtung nach innen (Zielverbesserung) |

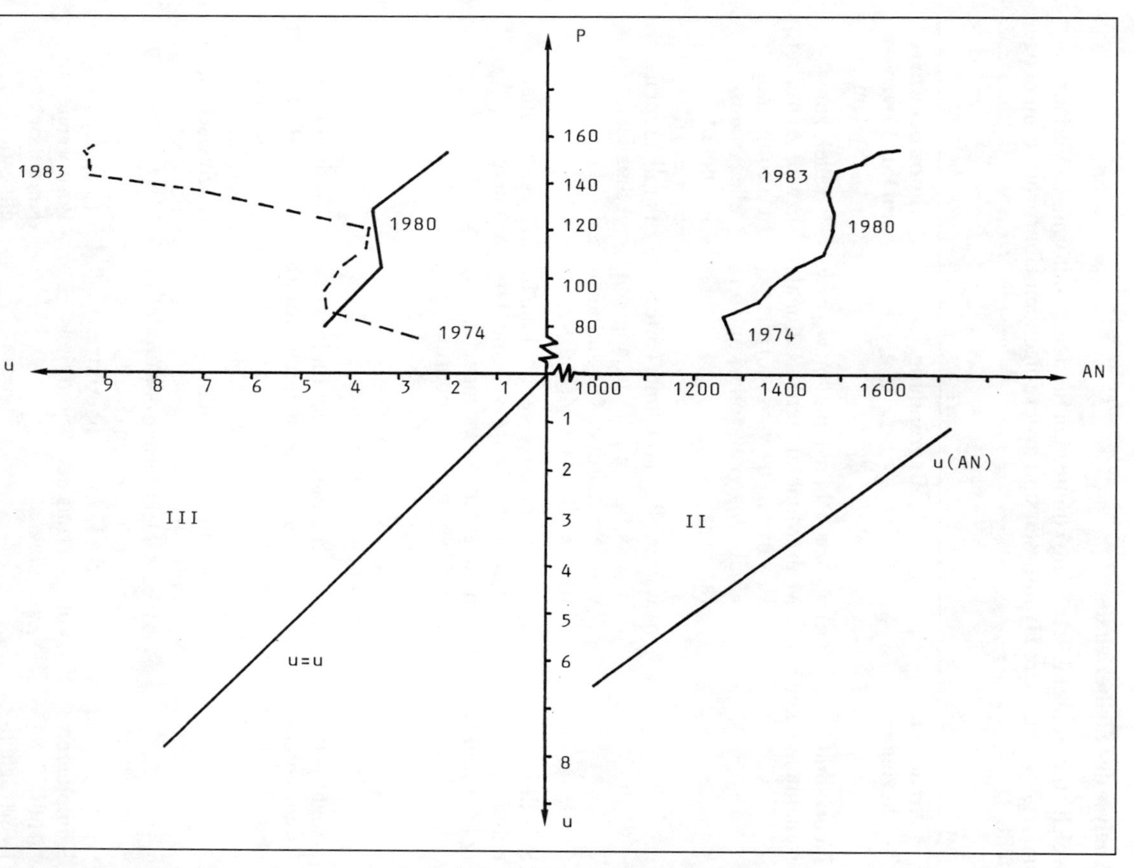


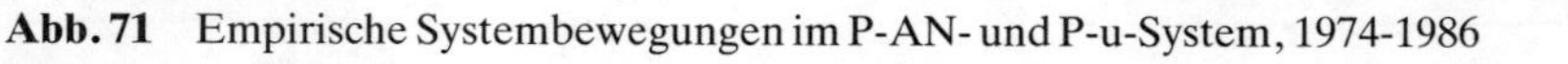
**Abb. 71** Empirische Systembewegungen im P-AN- und P-u-System, 1974-1986

**Übersicht 8** Hypothesen über die Ursachen der Zielbeziehung in den Phasen 1-5

| Phase | Periode | Zielbeziehung | Hypothese über dominierende Bewegung im P-AN-System |
|---|---|---|---|
| 1 | 1974 | Negative Komplementarität | Kostendruck, Produktivitätsschwäche; Kapazitätsschwäche |
| 2 | 1975 | Neutralität | Nachfrageexpansion bei anhaltendem Kostendruck (Stagflation) |
| 3 | 1976-79 | Zielkonflikt | Nachfrageexpansion bei Konstanz der Angebotsfunktion |
| 4 | 1980 | Neutralität | siehe oben |
| 5 | 1981 | Negative Komplementarität | siehe oben |

Wie kann man die **Realitätsnähe** dieser Hypothesen prüfen? Im **Idealfall** steht uns ein **dynamisches Modell** zur Verfügung, dessen Verhaltenskoeffizienten und exogene Variablen eingegeben sind aufgrund von empirischen Schätzungen mit Vergangenheitswerten. Ein solches **ökonometrisches Modell** sollte dann angeben können, wie sich die Schlüsselvariablen P, AN und u ändern, wenn bestimmte Änderungen der Koeffizienten und exogenen Größen vorgenommen werden. Das Modell müßte in der Lage sein, die wirtschaftliche Entwicklung in einer **Simulation** nachzuvollziehen.

Im **ungünstigeren Fall** – wie hier – steht ein **statisches Angebots-Nachfragesystem** zur Verfügung und die Kenntnis der Kräfte, die dieses System bewegen. Ein **„Test“** des Realitätsgehalts vermuteter Bewegungen könnte darin liegen, daß man mit Hilfe statistischer Daten und den beobachteten Handlungen der wirtschaftspolitischen Entscheidungsträger überprüft, ob die vermuteten Entwicklungen tatsächlich in den betrachteten Phasen eingetreten sind. Wir haben in den vorangegangenen Kapiteln gelernt, wie man diese **Verschiebungsparameter** analysiert und wie man ihre **Wirkungen** auf das **Gleichgewicht** des gesamtwirtschaftlichen Systems angeben kann. Dies war allerdings immer ein statisches System, und die Verschiebungsparameter (**„Schocks“** oder „shifts“) waren absolute Größen. In einem dynamischen System, wie es unsere Volkswirtschaft darstellt, muß der Bezug für negative oder positive „Schocks“ auf Wachstumsraten vorgenommen werden.

Versucht man eine solche Simulationsanalyse – mit allen Schwierigkeiten, die damit verbunden sind, – dann zeigt sich, daß die gesamtwirtschaftliche Entwicklung mit dem Angebots-Nachfragesystem recht gut abgebildet werden kann.

In der folgenden Übersicht sind einige **dominierende wirtschaftliche Ereignisse** dargestellt und ich versuche eine Zuordnung zu den Parameterveränderungen des theoretischen Systems. Prüfen wir die gegengerichteten Bewegungen, dann stellen wir einen negativen Verlauf fest. Es kann also gezeigt werden, warum sich die „Phillips-Kurve“ ab etwa 1974 nach außen und ab etwa 1983 nach innen verlagert hat.

**Übersicht 9** Wirtschaftliche Ereignisse und Lage der „Phillips-Kurve“

| Wirtschaftliches Ereignis | Veränderungen von | | |
|---|---|---|---|
| | A-Kurve | N-Kurve | ON-Kurve |
| 1. Ölkrise 1973/74 | (−) FP | | |
| 2. Lohnkostenexplosion (einschl. Lohnnebenkosten 1974/75 | (−) FP | | (+) techn. u* |
| 3. Staatsausgabensteigerung (ab 1973) | | (+) R | |
| 4. Investitionsschwäche (ab 1975) | (−) FM, FQ | (−) | |
| 5. Ausdehnung des Staatsanteils (ab 1975) | Steigung steiler | (+) R | |
| 6. Ölpreiskrise 1980 | (−) FP | | |
| 7. Rohstoffpreissteigerungen 1974-1979 | (−) FP | | |
| 8. Produktivitätsschwäche (seit 1978) | (−) FQ | | |
| 9. Ölpreisverfall (ab 1985) | (+) FP | | |
| 10. Lohnzurückhaltung (konst. Reallohn seit 1980) | (+) FP | (−) C | |
| 11. Angebotsorientierte Ordnungspolitik | Steigung steiler | | (+) |

− = Verlagerung zum Ursprung
\+ = Verlagerung vom Ursprung weg

FP = Faktorpreis
FM = Faktormenge
FQ = Faktorqualität

Nun kann man aber keinesfalls sagen, die **Spiralbewegung** im P-u-Diagramm sei gewünscht. Im Gegenteil: man sollte versuchen, die Übergangsphasen 1 und 5 so zu verändern, daß (1) diese Phasen selbst nicht so lang sind und (2) daß das System in einen Zielbereich wandert, der beide Ziele gleichzeitig verbessert. Wenn wir die wesentlichen Kräfte der Spiralbewegung nennen können, dann sollte es auch möglich sein, die **Bedingungen** für einen **günstigeren Verlauf** der Spiralbewegung aufzuzeigen.

**Konsequenzen: Zu einer integrierten Konjunktur- und Wachstumspolitik**

Eine einseitige Nachfragesteuerung, die nicht die Angebotsbedingungen berücksichtigt, ist – bei einer zusätzlichen Verschlechterung dieser Angebotsbedingungen – nicht dazu geeignet, die Zielbeziehung zwischen P und u zu verbessern. Um mit Abb. 70 zu sprechen: Die Ziele sollten in Richtung des Bereichs V gebracht werden. Welche **Maßnahmen** können dafür ergriffen werden?

Die **wirtschaftspolitische Therapie** ist eindeutig: die **Angebotsbedingungen** müssen verbessert werden, so daß sich die Angebotsfunktion im P-AN-Diagramm nach rechts verlagert (oder jedenfalls nicht nach links). Dies kann erreicht werden durch ordnungspolitische und/oder prozeßpolitische Maßnahmen.

Die **ordnungspolitischen Maßnahmen** (ordnungspolitisch orientierte Angebotspolitik) zielen darauf, die Angebotsfunktion **elastischer** zu machen, so daß eine Ausdehnung des Angebots möglich ist ohne wesentliche Steigerungen des Preisniveaus. Hier ist zu nennen

- die Stärkung des **Wettbewerbs** und die Bekämpfung von Kartellen und Monopolen, und zwar privater und staatlicher Monopole,

- der Abbau **staatlicher Reglementierungen** der privaten Wirtschaft,
- die **Reprivatisierung** ineffizienter staatlicher Betriebe,
- die Stärkung der **Eigeninitiative** und damit auch die Verbesserung der Bedingungen für die **Neugründung** von Unternehmen,
- der Ersatz von **Versorgungs-** und **Besitzstandsdenken** durch ein soziales Netz, das nur an sozialen Zielen ausgerichtet ist,
- die Förderung von beruflicher und regionaler **Mobilität**,
- der Abbau überhöhter **Steuerlast**.

Viele dieser Punkte finden sich in den **angebotsorientierten Wirtschaftsprogrammen** der Regierung Thatcher („Thatcherismus") in Großbritannien und der Regierung Reagan in den USA („Reaganomics"). Die Grundidee lautet, daß eine **Verbesserung der Angebotsbedingungen** vollauf genüge, um die Probleme moderner Volkswirtschaften (insbesondere die Stagflation bei zunehmender Arbeitslosigkeit) zu beseitigen.

Diese Position kann mit guten Gründen als **extrem** bezeichnet werden. Sie vernachlässigt weitgehend das **soziale Element**, überspitzt könnte man sagen, daß das Soziale für die **Effizienz**, das reibungslose Funktionieren der Wirtschaft, geopfert werde. Dabei kann es (auch hier nicht) um ein Entweder-oder gehen, vielmehr ist zu versuchen, das Sowohl-als-auch so zu verwirklichen, daß **größtmögliche Effizienz bei sozialer Gerechtigkeit** möglich ist. Dieser **Zielkonflikt** ist nur durch einen Kompromiß zu lösen.

**Prozeßpolitische Maßnahmen** (prozeßpolitisch orientierte Angebotspolitik) zur Verbesserung der Angebotsbedingungen sind immer mit Maßnahmen verbunden, die entweder über die **Nachfrageseite** initiiert werden (wie z.B. Investitionen oder Steuersenkungen), oder die auch die Nachfrageseite beeinflussen. Daher kann **Angebotspolitik** auf **Nachfragesteuerung** nicht verzichten. Allerdings sollte die Nachfragesteuerung nicht eingesetzt werden, kurzfristig den Auslastungsgrad des Produktionspotentials zu erhöhen (oder wegen Inflationsgefahr zu senken), sondern eine **Nachfrageausweitung** sollte die **Keime** für eine Ausweitung der **Kapazitäten**, des Angebots also, enthalten. Dies sind vor allem **technologietragende Investitionen**. Ein angemessener **Anteil** von **Investitionen** in der **Gesamtnachfrage** hat vor allem zwei Argumente für sich:

- Die **Kapazitäten** werden ausgelastet und erweitert,
- diese Wirkung erfolgt ohne großen **Zeitverzug**.

Dies soll an der Abb. 72 (nächste Seite) verdeutlicht werden.

Die Wirkung der Nachfrageerhöhung auf die Kapazitätsauslastung kann als **traditionelle Konjunkturpolitik** bezeichnet werden. Die Ausgangssituation sei mit $P_0$ $AN_0$ beschrieben. Die Angebotsfunktion $A_0$ ist mit drei unterschiedlichen Auslastungsgraden gezeichnet, wobei $\gamma_0 < \gamma_1 < \gamma_2 = 1$. Wird durch eine Zinssenkungspolitik (reine Geldpreispolitik, z.B. Senkung des Diskontsatzes) ein Rückgang des Marktzinses erreicht und steigen dadurch die Investitionen (das reale Geldangebot M/P zur Finanzierung dieser Expansion steigt durch das sinkende Preisniveau), dann wandert das System über A ($\gamma_1$) nach A ($\gamma_2 = 1$), und zwar bei bestehender Nachfragefunktion.

Ebenfalls der **(traditionellen) Konjunkturpolitik** können alle Maßnahmen zugeordnet werden, die die **Nachfragefunktion** zwischen $N_0$ und $N_1$ **verlagern**, also

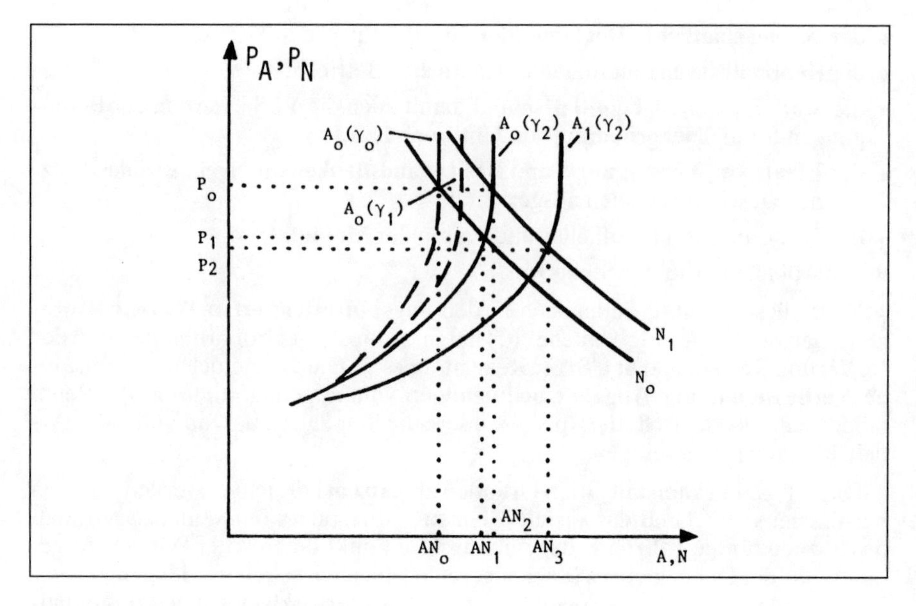


**Abb. 72** Verbesserung der Kapazitätsauslastung und Ausweitung der Kapazitäten: Konjunktur- und Wachstumspolitik

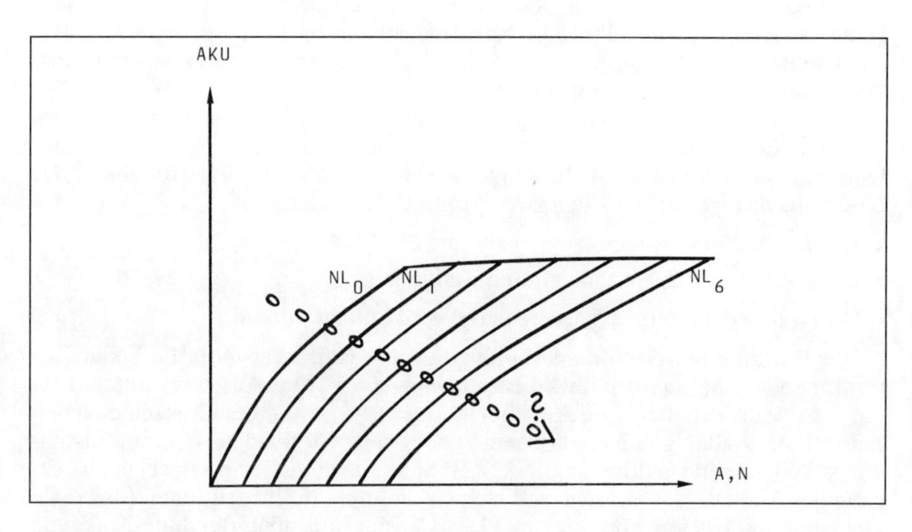


**Abb. 73** Langfristige Zielharmonie zwischen Wachstum und Umweltschutz?

Geldmengenausdehnung, Steigerung der Staatsausgaben, Senkung der Steuern, Erhöhung der Exporte etc.. Eine Verlagerung der Nachfragefunktion kann sogar ohne Preisniveausteigerungen AN erhöhen ($AN_2$), da sich die Kapazitätsauslastung erhöht hat. Dabei ist es nicht entscheidend, ob die Nachfragesteigerung über Investitionen oder Konsum läuft, solange die Entwicklung des Preisniveaus (und, bei konstantem M/P damit einhergehend, des Zinses) keine Reaktionen von Wirtschaftssubjekten (z.B. Börse) oder Bundesbank (Ziel: Geldwertstabilität) auslöst. Je länger diese Situation jedoch anhält (z.B. $P_0$ $AN_2$) und keine Reaktion der Angebotsfunktion erfolgt, die bei einer Verlagerung von $A_0$ ($\gamma_2$) nach $A_1$ ($\gamma_2$) Preisniveau- und Zinssenkungen herbeiführen könnte, desto wichtiger ist es, daß durch die (konjunkturinduzierte) Nachfrageausweitung ($N_0 \rightarrow N_1$) kapazitätssteigernde Wirkungen entstehen. Enthält die Nachfragesteigerung Investitionen, dann steigen Kapitalstock ($K^*$) und Technologieniveau ($\pi$), die Angebotsfunktion verlagert sich nach rechts. Diese **Strategie** integriert **Konjunkturpolitik** (die Investitionserhöhung lastet die Kapazitäten stärker aus) und **Wachstumspolitik** (die Investitionen erhöhen Kapitalstock und Technologieniveau).

Der **Zeitverzug** spielt bei der Wahl der Nachfragekomponente eine Rolle. Ist man an einer schnellen Entlastung des Preisniveaus und des Zinses interessiert, dann sollte die Reaktion schnell sein und die beste wirtschaftspolitische Maßnahme ist die **direkte Investitionsförderung**.

Dieser **Zeitverzug** hat u.a. dazu beigetragen, das **Wirtschaftsprogramm** des US-Präsidenten Ronald Reagan an den Rand des Scheiterns zu bringen. Über drei Jahre gestreckte Senkungen der direkten Steuern (um 25%) sollten die Investitionen anregen. Die Unternehmen hielten sich jedoch zurück (wohl in Erwartung der letzten Steuersenkung), das Haushaltsdefizit (durch Steuersenkung und Rüstungsausgabensteigerung) und die damit verbundene Verschuldung trieben die Zinsen hinauf und vertrieben zinsabhängige Nachfrage.

Daher kann man wohl sagen, Zinssenkungen seien das beste Investitionsförderungsprogramm, doch geld- und kreditpolitische Maßnahmen, die den Zins senken, haben ebenfalls **Wirkungsverzögerungen**; die Investitions- und Kapazitätssteigerungen lassen auf sich warten.

Dies gilt analog für eine **konsumorientierte Nachfrageausweitung**. Man kann davon ausgehen, daß eine Konsumerhöhung auch **Investitionen induziert** (dies ist das sog. Akzelerationsprinzip), die kapazitätssteigernd wirken. Der **Zeitverzug** kann aber **konterkarierende Reaktionen** auslösen, z.B. eine kontraktiv wirkende Geldmengensenkung, die wegen gefährdeter Geldwertstabilität vorgenommen wird.

Die Gefahr eines kurzfristigen **„stop and go“** der **Geldpolitik** ist jedoch seit 1975 nicht mehr gegeben. Die Deutsche Bundesbank ist von der konjunktursteuernden kurzfristigen Geldpreispolitik auf eine am Produktionspotential orientierte **mittelfristig** ausgerichtete **Geldmengenpolitik** übergegangen (K37). Sie stützt damit die **Integration von Konjunktur- und Wachstumspolitik**.

Eine solcherart geldpolitisch gestützte Wirtschaftspolitik, die die Nachfrage durch einen angemessenen Investitionsanteil ausstattet und damit gleichzeitig das Angebot ausweitet, begleitet durch Ordnungspolitik, die den Zielkonflikt zwischen Sicherheit und Freiheit (Effizienz) beachtet, ist geeignet, die Zielbeziehung zwischen P und u zu einer komplementären zu machen.

K37

# Beruhigende Zinspolitik

fk Frankfurt. Die Bundesbank steuert in der Geldpolitik nach Einschätzungen der Volks- und Raiffeisenbanken bisher noch kein Bremskurs. Die Spitzenorganisation der Genossenschafts-Banken mahnt jedoch auch für die Zukunft an, daß eine Verschärfung der Geldpolitik „weder angezeigt noch wünschenswert" wäre.

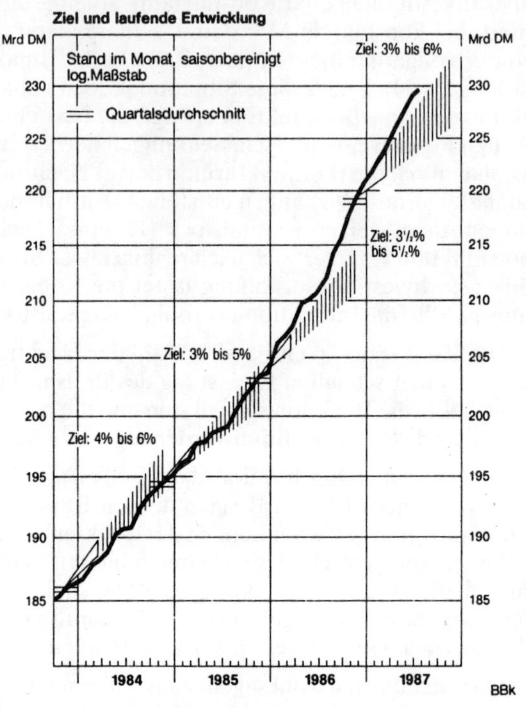


Mit der Erhöhung des Zinssatzes für die laufenden Pensionsgeschäfte von 3,55 auf 3,6% ist die Zentralbank nach Angaben des Bundesverbandes der Volks- und Raiffeisenbanken (BVR) „lediglich den festeren Marktzinsen gefolgt". Ein „Einbremsen" der Zentralbankgeldmenge auf den Zielkorridor von 3 bis 6% würde – wie ausgeführt wird – nur die gerade erst wieder in Tritt fassende deutsche Konjunktur treffen und dem Ziel der Dollarkurs-Stabilisierung widersprechen.

Das Festhalten am bisherigen pragmatischen Kurs müßte der Zentralbank – so der BVR – überdies „umso leichter fallen, als sich die Expansion der Zentralbankgeldmenge im Juli deutlich verlangsamt hat". Im neuesten Bundesbank-Bericht wird bestätigt, daß sich die Zentralbankgeldmenge im Juli verhaltener ausgeweitet hat als in den vorangegangenen Monaten. Mit einer saisonbereinigten Jahresrate von knapp 7,5% – wird jedoch festgehalten – „bewegte sie sich weiterhin oberhalb des Zielkorridors".

Nach Kalkül der Genossenschaftsbanken wäre auch „zumindest offen", ob eine restriktivere Politik nicht das Gegenteil der erhofften Wirkungen zeitigen würde. Eintretende Zinssteigerungen könnten zusätzliche Auslandsgelder anlocken; der Mengeneffekt eines solchen Mittelzuflusses könnte durchaus größer sein als der Mengeneffekt der ursprünglich restriktiv geplanten Maßnahme.

Handelsblatt Nr. 157 v. 19.8.1987, S. 6

Eine mittel- und langfristig angelegte Wirtschaftspolitik muß neben den **Kriterien** der Effizienz und des Sozialen auch die der Ökologie beachten. Eine solche Politik muß versuchen, die NL-Kurve vom Ursprung weg zu verschieben, um den Zielkonflikt abzuschwächen (vgl. Abb. 73). Eine stärker werdende Umweltindustrie wird zu einem wichtigen Wirtschaftsfaktor (heute: ca. 50 Mrd. Umsatz) durch konsequente umweltpolitische Maßnahmen (Grenzwerte der TA-Luft oder der Großfeuerungsanlagenverordnung). Dies könnte zu Wachstum von AN bei konstanten Äquivalenzgraden (AKU) führen. Langfristige Zielharmonie zwischen (quantitativem) Wachstum und Umweltschutz wie in Abb. 73 angedeutet, dürfte jedoch kaum zu verwirklichen sein, denn die Umweltindustrie selbst belastet die Umwelt ebenfalls, wie auch die Mehrproduktion. Allenfalls eine konsequente Strategie zur Verwirklichung von qualitativem Wachstum könnte den Zielkonflikt bessern. Um den entscheidenden Punkt einer mittelfristig orientierten Wirtschaftspolitik nochmals deutlich zu machen: die traditionelle Wirtschaftspolitik antizyklischer Konjunktursteuerung läuft mit ihren Maßnahmen aktuellen Zielabweichungen nach, während bei der mittelfristigen Orientierung feste Zielgrößen anvisiert werden, deren konsequente Verfolgung die Erwartungen der Haushalte und Unternehmen stabilisiert, verstetigt.

Zuletzt zur Frage der **Eingriffsintensität**: Wie stark soll die Regierung eingreifen, um den Wirtschaftsprozeß zu lenken? In der wirtschaftspolitischen Diskussion haben wir es in der Regel mit Extremen zu tun, die man der jeweils anderen Seite vorwirft: freie Marktwirtschaft versus Investitionslenkung. Mein Fazit aus dieser Diskussion will ich in zwei Argumenten zusammenfassen. (1) Ab einer bestimmten Schwelle (Eingriffsintensität) beginnen wirtschaftspolitische Maßnahmen kontraproduktiv zu wirken. Unter dieser Restriktion sind zielgerichtete Maßnahmen positiv zu beurteilen. (2) Solange Selbstorganisation (z.B. Märkte) keine volkswirtschaftlichen Ziele verletzt, sollte sie gestärkt werden. Ordnungspolitische Maßnahmen erscheinen dabei gut geeignet für flexible Anpassungen.

Solche Anpassungen zu vermeiden, ist eine natürliche Strategie der Individuen und Gruppen (G. Kirsch). Gelingt es nicht, die Anpassungslasten auf andere abzuwälzen, dann wird es notwendig, diejenige Institution zu beeinflussen, die Regeln für die Verteilung der Anpassungslasten (per Gesetz) aufstellen kann: den Staat. Herrscht z.B. hohe Arbeitslosigkeit, die eine hohe strukturelle Komponente enthält (verschiedene Mismatches), dann müssen sich Haushalte und/oder Unternehmen anpassen, um diese Mismatches zu beseitigen. Nehmen wir als Beispiel den Nachfrage-Mismatch. Aufgrund von Veränderungen in der Nachfragestruktur beim Stahlabsatz werden Stahlarbeiter arbeitslos. Die notwendige Anpassung dieser Arbeitskräfte an andere Berufe, Fertigkeiten, Arbeitsmärkte kann dadurch vermieden werden, indem eine starke politische Gruppierung eine Verstaatlichung der betreffenden Unternehmung (Industrie) durchsetzt. Dies ist die politische Dimension einer wirtschaftspolitischen Strategie.

K38

INSTITUT „FINANZEN UND STEUERN" / Rentenpläne der Koalition sind reine Illusion

# Lambsdorff fordert eine grundlegende Weichenstellung der Wirtschaftspolitik

uhl Bonn. Grundlegende Weichenstellungen in der Wirtschaftspolitik hat der wirtschaftspolitische Sprecher der FDP-Bundestagsfraktion, Otto Graf Lambsdorff, auf einer Vortragsveranstaltung des Instituts „Finanzen und Steuern" gefordert.

Die heutigen Probleme glichen in mancher Hinsicht denen von 1982, obwohl das aktuelle Krisenmanagement der Wirtschaft damals neuen Schwung verliehen habe und die marktwirtschaftliche Ausrichtung wenigstens in Teilbereichen gelungen sei. Erstmals seit 1982 stelle sich jetzt aber die Frage, ob der seinerzeit eingeleitete Aufschwung noch weiter trage. Denn die außenwirtschaftlichen Belastungen hätte in der deutschen Wirtschaft tiefe Bremsspuren hinterlassen. Nicht alles davon habe durch die anziehende wirtschaftliche Expansion ausgeglichen werden können.

Über diese aktuellen konjunkturellen Schwierigkeiten hinaus stehe die Koalition wieder vor der Grundsatzfrage, welcher Stellenwert der Marktwirtschaft in unserer Wirtschaftsordnung zukomme. Die erstaunliche Lücke zwischen Theorie und Praxis marktwirtschaftlicher Politik sei in dieser Koalition eher noch größer geworden, weil ihr grundsätzliches Bekenntnis zur Marktwirtschaft nicht genügend in praktische Politik umgesetzt worden sei. Es sei weitergemacht worden mit ein bißchen sozialer Umverteilung hier und ein bißchen Interventionismus dort.

Immer gebe es angebliche politische Zwänge, die für jedes Problem, kaum daß es als solches erkannt sei, auch schon eine staatliche, möglichst sogar gesetzliche Regelung forderten. Alle Fehlschläge und Unzulänglichkeiten würden auf das angebliche Versagen des Marktes zurückgeführt, dem nur mit staatlichem Eingreifen abgeholfen werden könne. In Wirklichkeit aber beruhten solche Fehlsteuerungen darauf, daß wegen staatlicher Eingriffe der Markt nicht ordnungsgemäß funktionieren könne. Für eine Weichenstellung zugunsten mehr marktwirtschaftlicher Dynamik seien deshalb neben der Steuerreform, dem Subventionsabbau und der sparsamen Ausgabenpolitik Privatisierung und Deregulierung Marksteine einer marktwirtschaftlichen Politik, die auf den Abbau der Staatsquote ziele.

Grundlegend kritisierte Lambsdorff in diesem Zusammenhang die Forschungspolitik und die Bundes- und die Wirtschaftsförderung einzelner Bundesländer. Wenn die Steuer- und Abgabenlast der Unternehmen spürbar gesenkt würde, könnte der Staat mit Ausnahme der Grundlagenforschung auf fast jede Art von Forschungsförderung verzichten. Ständige Eingriffe der Obrigkeit mit direkter Förderung von Innovationen und Investitionen seien nichts anderes als eine massive Subventionierung selbsternannter Zukunftsindustrien.

Die Bundesrepublik leiste sich außerdem den Luxus einer technisch hochentwickelten, aber viel zu teuren und uneffektiven Informations- und Kommunikationstechnologie. Und zwar nur deshalb, weil die Post mit ihrem Monopol den Wettbewerb der privaten Unternehmen abblocke. Ein Schlüsselbereich für die technische Entwicklung gehöre nicht in die Hand eines staatlichen Monopols, zumal er dort durch die zwangsläufigen Defizite der Post in anderen Bereichen zusätzlich belastet werde. Da in der ganzen Welt andere Wege gegangen würden, werde die Bundesrepublik technologisch ins Hintertreffen geraten, wenn sie moderne Schlüsseltechnologie weiter allein durch einen staatlichen Monopolbetrieb entwickeln lasse.

Im Bereich der Lohnzusatzkosten habe die Bundesrepublik weltweit eine traurige Spitzenstellung. Die internationale Wettbewerbsfähigkeit der deutschen Wirtschaft stehe auf dem Spiel, wenn es nicht gelinge, dem Kostenanstieg im Unternehmensbereich Einhalt zu gebieten. Deshalb sei es eine richtungsweisende Aussage der Koalitionsvereinbarung, bei finanziellen Spielräumen der Bundesanstalt für Arbeit Beitragssenkungen vor Leistungsverbesserungen Priorität eingeräumt zu haben.

Die Vereinbarung der Koalition, die Renten künftig im gleichen Ausmaß wie die verfügbaren Arbeitseinkommen steigen zu lassen, sei angesichts der strukturellen Probleme aus der demographischen Bevölkerungsentwicklung reine Illusion. Dafür wären Bundeszuschüsse in einer Höhe notwendig, die finanzpolitisch bei weitem nicht mehr tragbar wären. Überdies würde so in die gesetzliche Rentenversicherung ein erhebliches Maß an haushaltspolitischer Unsicherheit hineingetragen, die nicht im Interesse der Rentner liege.

Der Kuratoriumsvorsitzende des Instituts, Prof. Joachim Zahn, bezeichnete die geplante Senkung des Körperschaftsteuersatzes von 56 auf 50% angesichts der niedrigen Steuersätze bei den Handelspartnern der Bundesrepublik als einen Schritt in die richtige Richtung, der aber quantitativ nicht ausreiche. Dem wichtigsten Anliegen, das Investitionsklima für die Schaffung neuer Arbeitsplätze zu verbessern, sei damit noch nicht Rechnung getragen worden. Zur Diskussion über die tatsächliche Gewinnsteuerbelastung deutscher Unternehmen sagte Zahn, das Institut könne die Behauptung nicht nachvollziehen, wonach die Steuerbelatung wesentlich weniger als 70% betrage.

Handelsblatt Nr. 88 v. 8./9.5.87, S. 5

**Bedingungen einer Komplementarität der Ziele Preisniveaustabilität und hoher Beschäftigungsstand:**

- **Allgemein:** Verbesserung der Angebotsbedingungen
- **Ordnungspolitische Maßnahmen**, die die gesamtwirtschaftliche Angebotsfunktion elastischer machen.
- **Prozeßpolitische Maßnahmen**, die an der Nachfrage ansetzen oder sie beeinflussen: mittel- bis langfristig orientierte Geld- und Kreditpolitik; angemessene Berücksichtigung von Investitionen bei Nachfrageausweitung wegen kurz- bis mittelfristiger Wirkungen auf Kapitalstock und Technologieniveau (Angebotspolitik) und Entlastung des Preisniveaus.
- **Wirkungsverzögerungen** (Zeitverzug) können konterkarierende Wirkungen auslösen.

## 3. Zur politischen Ökonomie des Zielkonflikts

Wir sind bisher davon ausgegangen, daß **„der Staat"** immer das **„ökonomisch Notwendige"** tut: Staatsausgaben ausweiten, einschränken, Steuern erhöhen und senken. Dies nur unter der Zielsetzung, für das Wohl der Bürger zu sorgen. Im Kapitel II.4 hatten wir erläutert, warum diese Annahme problematisch ist. Sie soll jetzt aufgegeben werden. Die **Regierung** sei ausschließlich an ihrer **Wiederwahl** interessiert. Damit wird eine **Integration von politischer und ökonomischer Analyse** angestrebt.

### Die Ausgangssituation

Unsere **Zielsetzung** besteht also darin, das ökonomische und das politische System gemeinsam zu analysieren. Es geht also z.B. darum zu erklären, warum die sozial-liberale Koalition (ausgerechnet) vor den Landtagswahlen in Nordrhein-Westfalen ein Beschäftigungsprogramm aufgelegt hat. Die Antwort kann lauten: Weil die Regierung durch die **Verbesserung der ökonomischen Bedingungen** (und Erwartungen) ihre **Popularität** verbessern wollte, um die Wahl zu gewinnen. Wichtige **Voraussetzungen** dafür sind: (1) die Regierung muß glauben, daß die Volkswirtschaft durch staatliche Maßnahmen gesteuert werden kann; dem soll im folgenden dadurch Rechnung getragen werden, daß wir **keynesianische Wirkungsmechanismen** unterstellen. (2) Die Regierungspopularität muß von ökonomischen Größen abhängen; dies soll in ausreichendem Detail nachgewiesen werden.

Die Hypothese einer vom **Staat steuerbaren Volkswirtschaft** ist in Abb. 74 gezeigt, die sich an Abb. 66 anlehnt, aber zusätzlich berücksichtigt, welche Bewegungen das gesamtwirtschaftliche System im P-u-Koordinatenkreuz vollzieht, wenn Veränderungen im P-AN-System stattfinden. Die Okun-Kurve wird als gegeben unterstellt. Eine **Ausdehnung der Gesamtnachfrage** würde, ausgehend z.B. vom Gleichgewichtspunkt $G_2$, zu einem neuen Gleichgewicht $G_3$ führen (konstante Angebotsfunktion unterstellt). Diese Maßnahme würde zu einem **Zielkonflikt** führen ($G_2' \rightarrow G_3'$). **Ordnungspolitische Maßnahmen** zur Verbesserung der Angebotsbedingungen würden das gesamtwirtschaftliche System von $G_3$ nach $G_8$ „befördern", dies entspricht der komplementären Zielbeziehung $G_3'$ $G_8'$ (konstante Nachfragefunktion unterstellt).

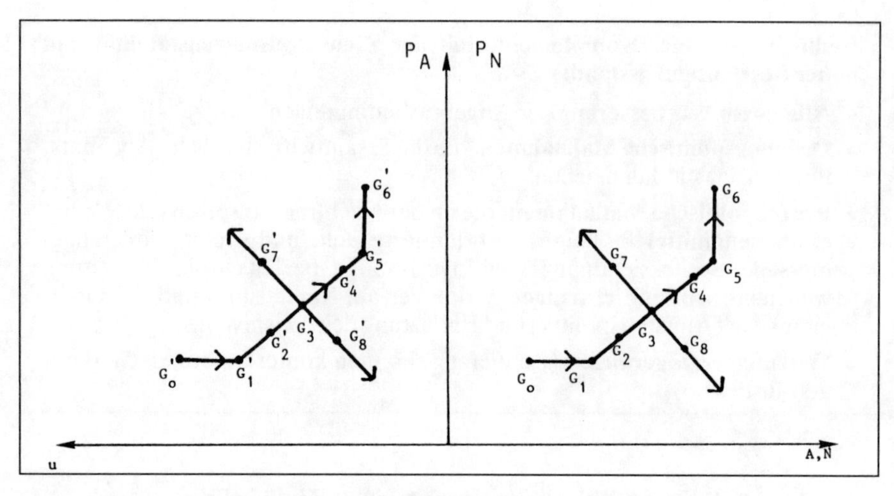


**Abb. 74** Zuordnung der Bewegungsrichtungen im P-u- und P-AN-System

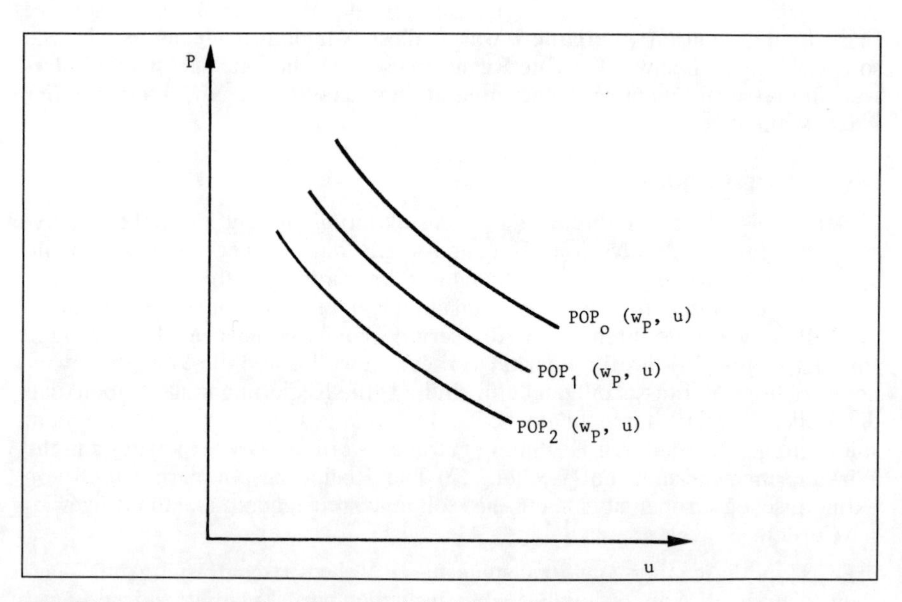


**Abb. 75** Isopopularitätsfunktionen für inflationsempfindliche Wähler

## Die Popularitätsfunktion

Im Anschluß an die Arbeiten der Vertreter der **„Neuen politischen Ökonomie“** (B. S. Frey, F. Schneider) kann unterstellt werden, daß die **Popularität demokratischer Regierungen** von der Inflationsrate, der Arbeitslosenquote, dem Wachstum des Realeinkommens und von politischen Faktoren ($\varrho$) abhängt (K39):

(IV.C.10) $POP = POP(w_P, u, w_{yr}, \varrho)$

POP = Popularität der Regierung
$w_P$ = Inflationsrate
u = Arbeitslosenquote
$w_{yr}$ = Wachstumsrate des Realeinkommens
$\varrho$ = Bündel politischer Faktoren

Es dürfte weiter realistisch sein, heute die Regierungspopularität auch von den Maßnahmen zur Bewahrung und Verbesserung der natürlichen Lebensgrundlagen abhängig zu sehen.

Für die grafische Darstellung in einem zweidimensionalen P-u-Diagramm müssen einige **vereinfachende Annahmen** getroffen werden: Realeinkommenswachstum und politische Faktoren (z.B. Stammwählerverhalten) sind konstant; für die Inflationsrate setzen wir das Preisniveau. Für eine gegebene Popularität POP (in %) läßt sich dann in Abb. 75 eine **Schar von Popularitätsfunktionen** darstellen (K40). Die Aussage: für alle P-u-Kombinationen auf der POP-Funktion ist die **Wählerpräferenz gleich**. Eine höhere Präferenz liegt auf einer niedrigeren Isopopularitätsfunktion POP mit vergleichsweise besseren Kombinationen von P und u.

Die **Lage** der Funktion hängt demnach von der Popularität (und den konstanten Faktoren $w_{yr}$ und $\varrho$) ab, die **Steigung** wird von den Präferenzen der Wähler bestimmt. Präferieren die Wähler Preisniveaustabilität stärker als Vollbeschäftigung, schätzen sie also ersteres als relativ wichtiger ein, dann haben die Isopopularitätskurven den in der Abb. 75 dargestellten Verlauf; empirische Untersuchungen zeigen, daß dies der deutschen Situation entspricht, jedenfalls bis 1976 (F. Schneider). Heute wird auch für Deutschland der Fall einer Wählerschaft vorliegen, für die Arbeitslosigkeit schwerer wiegt, wie dies für die USA nachgewiesen wurde.

## Zielbeziehungen und Wirtschaftspolitik

Die Beziehungen zwischen Wirtschaft und Politik wurden auf der S. 38 schematisch dargestellt. Nun sollen in einer mehr **formalen Analyse** die Abbildungen 74 und 75 integriert werden. Auf dieser Grundlage ist dann der Frage nachzugehen, welche **P-u-Kombination** sich aus **Maßnahmen der Regierung** ergibt. Dabei wurde unterstellt, daß die Wähler das Vollbeschäftigungsziel gegenüber dem der Preisniveaustabilität tolerieren. Die Ausgangssituation sei mit $G_2'$ gegeben ($P_2$, $u_2$), dem die gesamtwirtschaftliche Lage im Gleichgewichtspunkt $G_2$ (P-AN) entspricht. Bei dieser Situation soll eine Regierungspopularität von $POP_0$ (in %) vorliegen[11]. Bevorstehende Wahlen (auch Landtagswahlen) und Zeitungsberichte über eine **ungünstige Regierungspopularität** (K40) können es für die Regierung als ratsam erscheinen lassen, ihre Popularität von $POP_0$ auf $POP_1$ zu verbes-

[11] Zur Vereinfachung sind die Funktionen linear gezeichnet.

K39

# DGB: Arbeitslosigkeit gefährdet Regierung

Baum und Strauß gegen eine Ergänzungsabgabe / Sparvorschläge

Frankfurter Allgemeine Zeitung, Frankfurt am Main, vom 10. August 1981

(dpa/Reuter) Hamburg – Im Streit um den Bundeshaushalt 1982 und um die von den Gewerkschaften vorgeschlagene Ergänzungsabgabe zur Einkommen- und Körperschaftsteuer hat der Vorsitzende des Deutschen Gewerkschaftsbundes, Vetter, die Notwendigkeit dieses Steuerzuschlags zur Bekämpfung der Arbeitslosigkeit hervorgehoben. »Die Existenz dieser Regierung ... ist sehr gefährdet, wenn wir weiter in den Abgrund der Arbeitslosigkeit abrutschen«, sagte Vetter im Fernsehen. Die Koalition müsse begreifen, »sie steht und fällt mit der Sicherheit der Arbeitsplätze«. Der Sparhaushalt 1982 werde nur Sinn haben, »wenn er ein entscheidendes Stopp vor die Erwachsenen-Arbeitslosigkeit setzt«.

K40

# Vor den Wahlen: 47, 47,5 oder 49,7 Prozent?

So viele Partei-Daten wie noch nie

In den Monaten Januar und Februar 1983 wurden so viele demoskopische Daten über den Stand der Parteien veröffentlicht wie nie zuvor in Wahljahren. Die einschlägigen Institute ermitteln sie mit der Sonntagsfrage („Welche Partei würden Sie wählen, wenn am nächsten Sonntag Bundestagswahl wäre?"). Im folgenden die Ergebnisse der Institute Allensbach, Emnid und Infas.

(Der Spiegel, Nr. 8/1983)

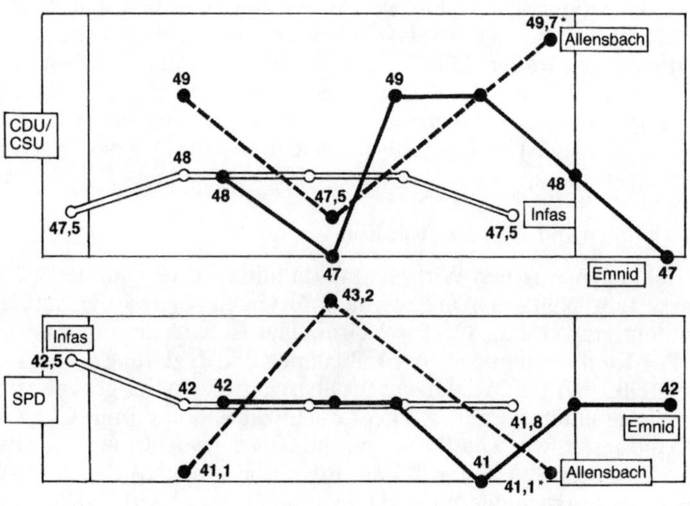

sern suchen. Dies könnte durch ein **„Beschäftigungsprogramm“** (K28) geschehen, das die gesamtwirtschaftliche Nachfragefunktion $N_2$ (in Abb. 76) nach $N_3$ verschiebt und zunächst den Gleichgewichtspunkt $G_3$ realisiert. Wie $G_3'$ im Vergleich zu $G_2'$ zeigt, hat nun wohl die Arbeitslosenquote abgenommen, das Preisniveau ist aber gestiegen (**Zielkonflikt**).

Eine wirtschaftspolitisch gut beratene Regierung würde in das Maßnahmenbündel „Beschäftigungsprogramm“, das die **Verschiebung der gesamtwirtschaftlichen Nachfragefunktion** von $N_2$ nach $N_3$ bewirkt, einen angemessenen Teil private (oder auch öffentliche) **Investitionsförderung** (Umweltinvestitionen) einbringen, dadurch mittelfristig die Angebotsfunktion verlagern (z.B. nach $A_1$) und den neuen Gleichgewichtspunkt $G_8$ (bzw. $G_8'$) realisieren. Die Regierungspopularität würde mit einem zusätzlichen Schub auf $POP_2$ steigen und die Wahlbürger kämen in den Genuß einer Verbesserung aller Ziele.

Den Lesern sei es selbst überlassen, diese Analyse beim Vorliegen „negativer Komplementarität“ vorzunehmen.

**Die Popularitätsfunktion** der Regierung hängt auch wesentlich von der Verwirklichung der Ziele Preisniveaustabilität und hoher Beschäftigungsstand ab. Je besser diese Ziele realisiert sind, desto höher ist die Regierungspopularität.

Bei **schwindender Popularität** und drohenden Wahlverlusten ist es für eine Regierung sinnvoll, zur Verbesserung ihrer Popularität **Maßnahmen** zu ergreifen, die P und/oder u verbessern. Eine **kombinierte konjunktur- und wachstumspolitische Strategie** kann beide Ziele gleichzeitig verbessern.

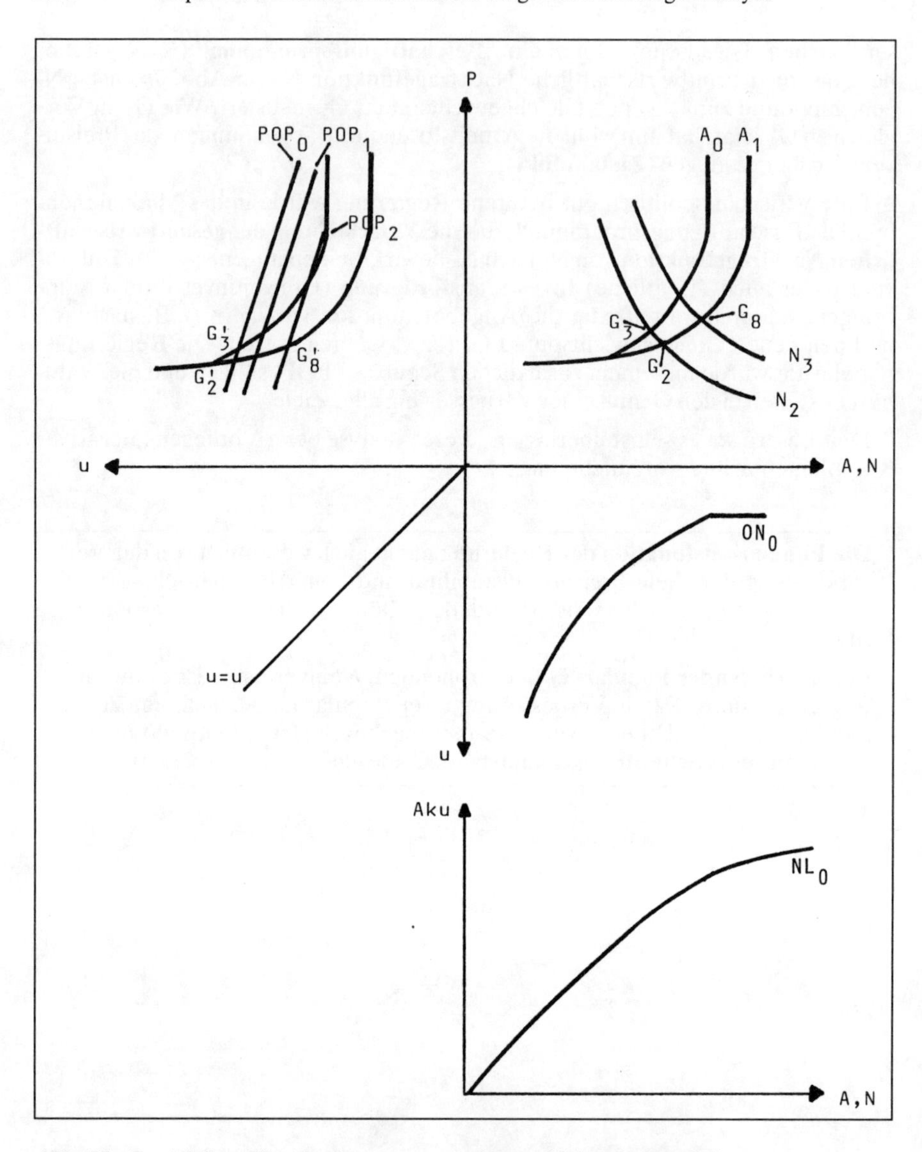


**Abb. 76** P-u-Zielkonflikt, Regierungspopularität und Wirtschaftspolitik

## 4. Grenzen der gesamtwirtschaftlichen Angebots-Nachfrageanalyse

Die gesamtwirtschaftliche Systemanalyse mit Hilfe der A-, N-, ON- und NL-Kurve läßt den Eindruck aufkommen, daß gesamtwirtschaftliche Steuerung (jedenfalls aufgrund des keynesianischen Paradigmas) kein Problem sei. Die Leser und Leserinnen mögen sich wundern, warum sich die Realität offensichtlich anders entwickelt. Es sind vor allem zwei Probleme, die ich in dieser Darstellung nicht ausreichend berücksichtigt habe: (1) ein Erkenntnisproblem und (2) ein Empirieproblem.

Das **Erkenntnisproblem** liegt im wesentlichen darin, daß das abgeleitete Angebots-Nachfragesystem in seiner statischen Präsentation und mit seinen vielen Vereinfachungen verbesserungsbedürftig ist. Dieses System kann die wichtigsten gesamtwirtschaftlichen Strategien mit ihren wichtigsten Prämissen darstellen, weil die wirtschaftstheoretischen Ideen polarisierend dargestellt werden.

Das **Empirieproblem** liegt darin, daß das Angebots-Nachfragesystem keine zeitliche Ursache-Wirkungsverzögerung darstellen, noch die sozio-politischen Auseinandersetzungen eines pluralistischen Systems abbilden kann. Die POP-Kurve leistet dies nicht.

Wirtschaftspolitische Maßnahmen wecken, so rationell sie auch immer begründet sein mögen, den Widerstand von Interessengruppen, die ihre „Besitzstände" (K. Biedenkopf) verteidigen. Diese Widerstände verursachen zeitliche Verzögerungen sowie Veränderungen der sozio-ökonomischen, politischen und institutionellen Bedingungen. Diese Einflüsse können unsere abgeleiteten Ergebnisse verändern. Ich meine allerdings, daß die Änderungen rein qualitativer Art sind, die „Vorzeichen" unserer Ergebnisse werden sich kaum verändern.

# Kapitel V: Die gesamtwirtschaftlichen Ziele in einer offenen Volkswirtschaft

## A. Die Kurve außenwirtschaftlichen Gleichgewichts

Unter den größten fünf Industrienationen der Welt hat die Bundesrepublik Deutschland bei weitem den größten **Exportanteil** am Sozialprodukt. Sie muß daher dem **Ziel des außenwirtschaftlichen Gleichgewichts** besondere Beachtung schenken. Die gesamtwirtschaftlichen Angebots- und Nachfragefunktionen allein sagen nichts über dieses Ziel aus. Es muß eine **zusätzliche Funktion** abgeleitet werden, die für unterschiedliche Kombinationen von P und AN **Außenwirtschaftsgleichgewicht** angibt, die ZB-Kurve.

### 1. Definitorische Grundlagen

Die **Zahlungsbilanz** setzt sich aus folgenden **Teilbilanzen** zusammen:

- Handelsbilanz (Warenexporte und -importe)
- Dienstleistungsbilanz (Dienstleistungsexporte und -importe)
- Bilanz der unentgeltlichen Übertragungen
- Kapitalverkehrsbilanz (kurzfristig und langfristig)
- Gold- und Devisenbilanz.

Die ersten drei Teilbilanzen werden als die Leistungsbilanz bezeichnet. Vernachlässigen wir zunächst die Gold- und Devisenbilanz sowie die langfristige Kapitalverkehrsbilanz (Investitionen im Ausland und aus dem Ausland), dann läßt sich die **Zahlungsbilanz** schreiben als

$$ZB = (Ex - Im^*) - (KEx^* - KIm^*). \quad \text{(V.A.1)}$$

ZB = Zahlungsbilanz
Ex = Reale Waren- und Dienstleistungsexporte (einschl. Übertragungen)
Im* = Reale Waren- und Dienstleistungsimporte (einschl. Übertragungen)
KEx* = Reale Kapitalexporte
KIm* = Reale Kapitalimporte

**Kapitalexporte und -importe** sind als reale Größen (in DM) interpretiert. Es ist im Rahmen eines gesamtwirtschaftlichen Systems, das nur reale Größen enthält, konsistent, auch die Zahlungsbilanz real zu definieren; die nominalen Werte werden mit Hilfe der entsprechenden Preisindizes deflationiert.

Zahlungsbilanzgleichgewicht liegt vor, wenn ZB = 0 oder

$$(Ex - Im^*) = KEx^* - KIm^*. \quad \text{(V.A.2)}$$

Setzen wir in die Gleichung (V.A.2) Erklärungen für die Exporte (Ex), Importe (Im*) sowie die Nettokapitalexporte (KEx* − KIm*) ein, dann erhalten wir eine ex ante Gleichgewichtskurve für Zahlungsbilanzgleichgewichte. Für die Exporte und Importe in der oben gebrauchten weiten Auslegung (Waren, Dienstleistun-

K41

ZAHLUNGSBILANZ/Bundesbank konstatiert Umschwung im Kapitalverkehr

# Nachfrage aus anderen EG-Ländern nach deutschen Wertpapieren stieg kräftig

kr. Frankfurt. In Europa bilden sich im Waren- und Kapitalverkehr allmählich binnenmarktähnliche Strukturen heraus.

So wickelt die Bundesrepublik etwa die Hälfte ihrer grenzüberschreitenden Leistungstransaktionen mit den EG-Ländern ab. Stark intensiviert haben sich in den letzten Jahren aber auch die Finanzbeziehungen zu den Partnerländern.

Die Leistungsbilanz der Bundesrepublik gegenüber den EG-Ländern wies 1986 einen Überschuß von gut 23 Mrd. DM aus, nachdem 1982 bis 1985 jeweils Defizite in der Größenordnung zwischen 2 und 7,5 Mrd. DM entstanden waren. Mit weitaus größeren Schwankungen wartete der Kapitalverkehr auf: Hier saldierten sich die Transaktionen 1982/83 im kurz- und langfristigen Bereich zu einem Netto-Zufluß von gut 26 Mrd. DM, dem sich in den beiden folgenden Jahren ein Netto-Kapitalexport in gleicher Höhe anschloß; 1986 erreichten die Netto-Kapitalausfuhren gegenüber den EG-Staaten das Rekordvolumen von 63,5 Mrd. DM ...

Der Umschwung im Kapitalverkehr mit den EG-Ländern hing zu einem guten Teil damit zusammen, daß das Ausland seine Devisendefizite aus dem Leistungs- und dem langfristigen Kapitalverkehr mit der Bundesrepublik – direkt oder indirekt über den Euromarkt – durch DM-Kreditaufnahmen finanziert hat. Dies wiederum erklärt, warum die kurzfristigen Forderungen der deutschen Banken gegenüber den EG-Mitgliedsländern 1984 bis 1986 um nicht weniger als 86 Mrd. DM zugenommen haben (hiervon entfielen knapp 80% auf Anlagen bei Eurobanken in Belgien/Luxemburg und Großbritannien). Aber auch Nichtbanken, vor allem Wirtschaftsunternehmen, haben in den letzten Jahren zunehmend kurzfristige Mittel im Ausland angelegt (40 Mrd. DM).

Die starke Aktivierung der deutschen Leistungsbilanz ist weit überwiegend auf um 18 Mrd. DM verminderte Aufwendungen für die Energieeinfuhr aus den EG-Ländern zurückzuführen. In diesem Zusammenhang verdient festgehalten zu werden, daß sich der deutsche Leistungsbilanzüberschuß gegenüber Großbritannien auf 16,2 (1985: 9,4) Mrd. DM erhöht hat, während das Defizit gegenüber den Niederlanden auf 6,0 (15,5) Mrd. DM geschrumpft ist. Gegenüber den anderen EG-Ländern hat sich die Leistungsbilanz zwar ebenfalls etwas verbessert, doch waren die Veränderungen weniger ausgeprägt: So erzielte die Bundesrepublik gegenüber Frankreich 1986 einen Überschuß von 12,4 (9,3) Mrd. DM, gegenüber Dänemark von 5,5 (4,6) und gegenüber Belgien/Luxemburg von 4,8 (3,2) Mrd. DM. Dagegen wies die Leistungsbilanz gegenüber Italien einen Fehlbetrag von 3,1 (−3,3) Mrd. DM aus. Während im Verkehr mit den mehr nördlichen EG-Ländern der Außenhandel dominiert, spielen im Wirtschaftsverkehr mit den Mittelmeerländern die Dienstleistungen (Reiseverkehr) und Übertragungen (Gastarbeiterüberweisungen) eine große Rolle.

Was die deutschen Ausfuhren in die EG-Länder anlangt, so sind sie dem Wert nach seit 1982 um ein Viertel auf 249 Mrd. DM und dem Volumen nach um knapp 20% gestiegen. Die Einfuhren der Bundesrepublik haben demgegenüber um 15% auf 198 Mrd. DM und dem Volumen nach um 22% (mehr als doppelt so stark wie das deutsche reale Bruttosozialprodukt) zugenommen. Bei den Ausfuhren kommt Fertigwaren (über 80% Anteil) eine überragende Bedeutung zu.

Handelsblatt Nr. 132 v. 15.7.87, S. 7

gen und Übertragungen) unterstellen wir bei Gültigkeit der in den Kapiteln II. und III. abgeleiteten Funktionen:

$$(II.A.14) \qquad Ex = Ex_a^* + d\left(\frac{P^*e}{P}\right) \quad \text{und}$$

$$(III.C.4) \qquad Im^* = Im_a + m^*A.$$

Ex = Reale Exportnachfrage (Mrd. DM)
$Ex_a$ = Autonome Exporte (einschl. Dienstleistungen und Übertragungen)
d = Exportneigung
P* = Auslandspreisniveau
P = Inlandspreisniveau
e = Devisenkurs (DM/$)
Im* = Reales Importvolumen (Mrd. DM)
$Im_a$ = Autonomes Importvolumen (vgl. $Ex_a$)
A = Reales Gesamtangebot

Ergänzend müssen wir die Nettokapitalexporte erklären.

## 2. Determinanten des kurzfristigen Kapitalverkehrs

Sind die Auslandszinsen (i*) höher als die im Inland (i) und/oder besteht zudem noch die Erwartung, daß der Devisenkurs e (DM/$) steigt (Abwertung der DM), dann lohnt es sich, Geld im $-Land anzulegen, wenn die Transaktionskosten vernachlässigt werden können (K41 und 42). Sind die **Erträge der Kapitalanlage** in beiden Ländern gleich, dann gilt also

$$(V.A.3a) \qquad i = i^* + \frac{\hat{e} - e}{e}, \text{ oder}$$

$$(V.A.3b) \qquad i^* - i + \frac{\hat{e} - e}{e} = 0,$$

i = Inländischer Realzins
i* = Ausländischer Realzins
ê = Erwarteter Devisenkurs (DM/$)
e = Aktueller Devisenkurs (DM/$)

wobei ê der erwartete Devisenkurs (**Terminkurs**) und e der aktuelle Kurs (**Kassakurs**) ist. Ferner sei ê > e (Abwertungserwartungen). In dieser Situation besteht kein pekuniärer Anlaß für Kapitalexport und -import, der Saldo ist Null. Setzen wir diesen Saldo gleich und berücksichtigen wir einen **Verhaltensparameter** g, der die Reaktion der Kapitalexporteure und -importeure auf Zinsänderungen beschreibt (**Nettokapitalexportneigung**), dann erhalten wir die **Bestimmungsgleichung für Nettokapitalexporte**. Für die kurzfristige Analyse ist es dabei unerheblich, ob die Nettokapitalexporte real oder nominal definiert werden, da für die meist auf drei Monate festgelegten Gelder die Inflationsunterschiede zwischen dem Inland und dem $-Land keine Rolle spielen. Mittel- und langfristig werden diese Unterschiede allerdings wichtig.

Es gilt dann

$$(V.A.4) \qquad KEx^* - KIm^* = g\left(i^* - i + \frac{\hat{e} - e}{e}\right).$$

KEx* = (Reale) Kapitalexporte
KIm* = (Reale) Kapitalimporte

K42

ZAHLUNGSBILANZ/Im Juli flossen 6,5 Mrd. DM ab

# Deutsche Kapitalanleger favorisierten Auslandswerte

fk. Frankfurt. Kennzeichen der deutschen Zahlungsbilanzen im Juli sind einerseits ein stabiler Leistungsbilanz-Überschuß, andererseits aber kräftig gestiegene Fehlbeträge in der Kapitalverkehrsbilanz. Mit einem Saldo von 9,3 Mrd. DM erreichte der lang- und kurzfristige Kapitalexport im Juli ein Drittel des bisherigen Jahreswertes.

Wie schon jetzt feststeht, nahmen die Währungsreserven der Bundesbank – nach einem Rückgang um 2,3 Mrd. DM im Juli – im Monat August lediglich um 0,7 Mrd. DM ab. Die Bundesbank kommentiert diese Angabe mit dem Hinweis, daß im Juli Dollar-Abgaben zur Glättung der Dollar-Kursschwankungen besonders zu Buche. Die Ende August verstärkten Interventionen zugunsten des Dollar werden sich rechnerisch erst in der September-Statistik niederschlagen.

Von den umfangreichen Abflüssen im langfristigen Kapitalverkehr die per Saldo von 2,4 Mrd. im Juni auf 6,5 Mrd. DM im Juli kletterten, entfiel der Mammutanteil mit 4,4 (0,5) Mrd. DM auf deutsche Käufe ausländischer Wertpapiere. In den sonstigen Bereichen des langfristigen Kapitalverkehrs flossen per Saldo 2,1 Mrd. DM ins Ausland ab, wobei mit 1,4 (1) Mrd. DM insbesondere langfristige Auslandskredite der Banken ins Auge fallen. Während im langfristigen Kapitalverkehr erst im Juni der Schwenk vom Nettoimport zum Nettoexport zu verzeichnen war, hat im kurzfristigen Kapitalverkehr auch im Juli der Geldexport überwogen. Insgesamt flossen mit 2,8 Mrd. DM etwas mehr Mittel ins Ausland ab als im Vormonat (2,5 Mrd. DM). Zwar importierten die Banken per Saldo 1,7 Mrd. DM, bei den Unternehmen und Privathaushalten überwogen jedoch mit netto 4,6 Mrd. DM (vorläufige Angabe) deutlich die Geldexporte. Dabei stiegen mit 5,6 Mrd. DM insbesondere die Forderungen gegenüber Auslandsbanken.

Handelsblatt Nr. 171 v. 8.9.87, S. 9

K43

WECHSELKURSE/Müssen die Geldpolitiker in Tokio und Frankfurt bald gegensteuern?

# Stützung der Notenbanken bewahrte den US-Dollar vor weiterem Kursrutsch

HB. Tokio/New York. An den Finanzmärkten wächst die Sorge darüber, daß trotz der extremen Dollarabwertung in den vergangenen zweieinhalb Jahren sich die großen Ungleichgewichte in den Handelsbilanzen der führenden Industrieländer nicht abbauen. Die jüngsten Zahlen über ein neues Rekorddefizit der USA sowie unverändert hohe Überschüsse von Japan und der Bundesrepublik verstärken die Zweifel, ob Wechselkurse ein taugliches Mittel zur Normalisierung der Handelsströme darstellen.

Die allgemeine Enttäuschung über ausbleibende Erfolge der Wechselkurs-Politik führte am Wochenende zu erneutem Druck auf den Dollarkurs. Als sich die Möglichkeit abzeichnete, daß die US-Valuta unter 1,80 D-Mark abrutschen könnte, entschlossen sich die Notenbanken der großen Industrieländer zu einer konzertierten Stützungsaktion. An den Dollarkäufen beteiligten sich die Währungsbehörden von Japan, der Bundesrepublik, Frankreich und der Schweiz. Der Devisenhandel verstand diese Aktion als Warnsignal vor weiteren Baisse-Attaken, so daß sich der Dollar anschließend deutlich erholen konnte. In New York notierte er zum Schluß mit 1,8115 DM. In Paris erklärte Bundesbank-Vizepräsident Helmut Schlesinger, Interventionen seien nur zeitweilig, nicht aber dauerhaft geneigt, die Wechselkurse zu beeinflussen. Die Währungen müßten fundamental ins Gleichgewicht gebracht werden.

Die kräftigen Interventionen der Notenbanken zugunsten des Dollar haben einen sehr unangenehmen Nebeneffekt. Der Ankauf von Dollar gegen Landeswährung führt dazu, daß die Geldmenge sich immer weiter aufbläht. Die Bundesrepublik und Japan beispielsweise müssen seit einiger Zeit eine deutlich über die Zielzonen hinausschießende Geldmengenexpansion hinnehmen. Damit wächst unter den Notenbankern auch die Angst vor einem stetigen Preisauftrieb. Kritische Stimmen überlegen bereits, wie lange die Zentralbanken in Frankfurt und Tokio das rasante Geldwachstum noch aufmerksam beobachten werden, ohne gegenzusteuern. Sie gehen davon aus, daß das Interesse immer größer wird, die Geldmengenentwicklung in die Zielzonen zurückzuführen. Ein Anziehen der geldpolitischen Zügel wird jedoch nicht ohne Einfluß auf die Zinssätze bleiben. Höhere Zinsen in der Bundesrepublik verkleinern jedoch das Zinsgefälle zu den USA. Dies könnte dem Dollarkurs einen neuen Schlag versetzen und die D-Mark noch stärker werden lassen.

Handelsblatt Nr. 165 v. 31.8.87, S. 1

$g$ = Nettokapitalexportneigung
$i^*$ = Ausländischer Realzins
$i$ = Inländischer Realzins
$\hat{e}$ = Erwarteter Devisenkurs (DM/$)
$e$ = Aktueller Devisenkurs (DM/$)

## 3. Die Kurve außenwirtschaftlichen Gleichgewichts (ZB-Kurve)

Wir setzen die Bestimmungsfunktionen für Exporte (II.A.14), Importe (III.C.4) Kapitalexporte und -importe in V.A.1 ein und erhalten

$$\text{(V.A.5a)} \qquad ZB = (Ex_a + dP_a^* e_a \frac{1}{P} - Im_a - m^*A) - g(i^* - i + \frac{\hat{e} - e}{e}).$$

Übersichtlicher geschrieben ist dies eine Funktion in A, P und i:

$$\text{(V.A.5b)} \qquad ZB = ZB\,(A,P,i).$$

Um diese Funktion in einem P-A-Diagramm darstellen zu können, muß i erklärt oder konstant gesetzt werden. Ich entscheide mich für den einfachen zweiten Fall (der erste Fall ist in Majer, 1982 ausgeführt). Werden auch Devisenkurse und Auslandszins konstant gesetzt, dann ergibt sich eine **negativ geneigte Funktion** im P-AN-System. Bezeichnen wir ferner A mit $A_{ZB}$, um die Kurve außenwirtschaftlichen Gleichgewichts von der gesamtwirtschaftlichen Angebotsfunktion unterscheiden zu können, und setzen wie in V.A.2 ZB = 0, dann erhalten wir nach A aufgelöst:

$$\text{(V.A.6)} \qquad A^{ZB} = \frac{1}{m^*}(Ex_a - Im_a) - \frac{g}{m^*}(i^*_a - i_a + \frac{\hat{e}_a - e_a}{e_a}) + \frac{dP_a^* e_a}{m^*} \cdot \frac{1}{P}.$$

$A^{ZB}$ = Gesamtwirtschaftliches reales Angebot
$m^*$ = Importneigung
$Ex_a$ = Autonome Exporte
$Im_a$ = Autonome Importe
$d$ = Exportneigung
$P_a^*$ = (Autonomes) Auslandspreisniveau
$e_a$ = (Autonomer) Devisenkassakurs
$g$ = Nettokapitalexportneigung
$i_a^*$ = (Autonomer) ausländischer Realzins
$i_a$ = (Autonomer) inländischer Realzins
$P$ = Inländisches Preisniveau

Wovon hängen Steigung und Lage dieser ZB-Kurve ab und was sagt sie aus? Zunächst zur Aussage: Die **ZB-Kurve** ist der geometrische Ort aller Punkte, für die **Zahlungsgleichgewicht** vorliegt.

Die **Steigung** dieser Kurve hängt vom Verhalten der Exporteure und Importeure (Waren, Dienstleistungen, Übertragungen und Kapital) ab. Die negative Steigung, nämlich der Zusammenhang zwischen einem steigenden Preisniveau und sinkender Nachfrage (= Angebot), kann mit dem Schema auf der nächsten Seite dargestellt werden.

Das Schema zeigt, daß die Berücksichtigung des Kapitalverkehrs die Kausalkette zwischen P und AN wesentlich kompliziert; dabei unterstellen wir für diese Argumentation variable Zinsen.

Die Lage der ZB-Kurve hängt ab von den autonomen Größen

$$Ex_a, Im_a, i_a^*, i_a, \hat{e}_a, e_a \text{ und } P_a^*.$$

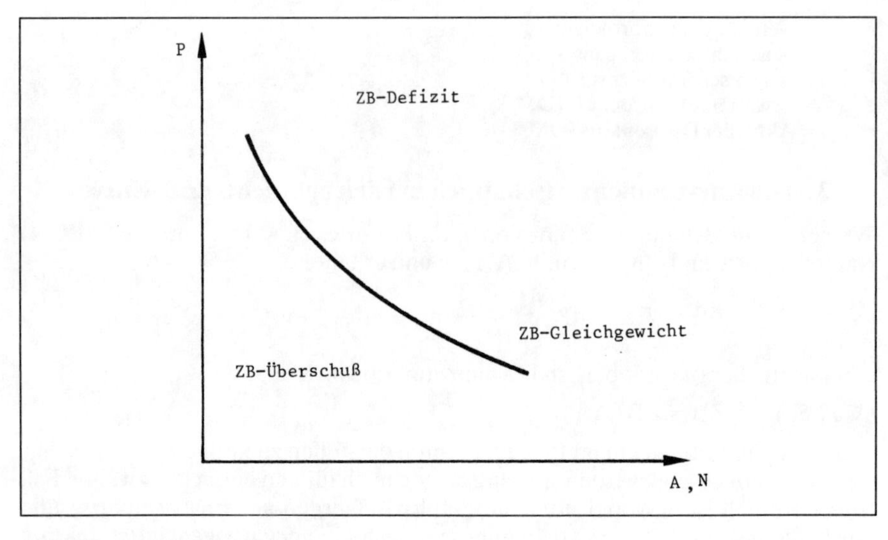


**Abb. 77** Die ZB-Funktion

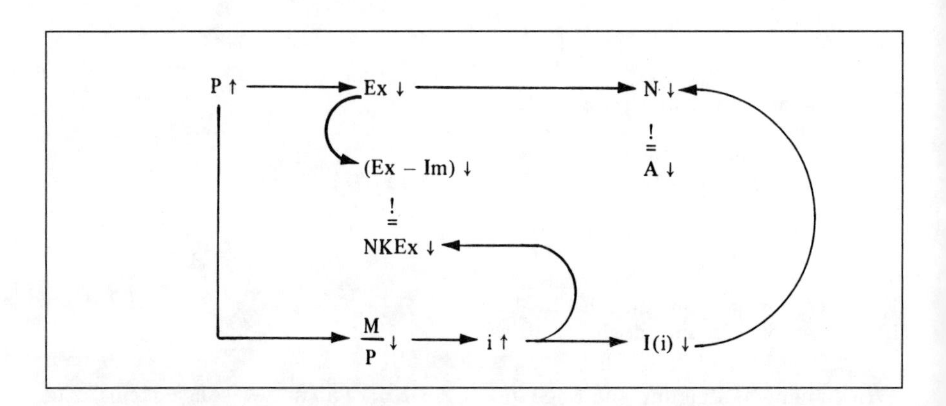


Die Bezeichnung der Defizit- und Überschußbereiche in Abb. 77 hängt davon ab, wie die gegenläufigen Effekte von Exportsenkungen und Kapitalsenkungen „ausgehen". Das steigende Preisniveau senkt die Exporte. Über $M_a/P$ steigen jedoch die Zinsen und die Nettokapitalexporte sinken. Der Defizit-Bereich wird in Abb. 77 im „Nordosten" liegen, wenn die Preiselastizität der Exportnachfrage größer ist als die Zinselastizität der Kapitalexportnachfrage. Dies wird in der **Regel** zutreffend sein. In der kurzen Frist von drei Monaten allerdings können die Zinseffekte durchaus dominieren, wie die Realität der Jahre 1978-1981 zeigt. Dann gilt in Abb. 77 die umgekehrte Bezeichnung der Ungleichgewichtsbereiche. In der mittel- und langfristigen Betrachtung ist die Entwicklung der Preisniveaus bzw. Inflationsraten im Inland und $-Land ausschlaggebend.

Die **Kurve außenwirtschaftlichen Gleichgewichts (ZB-Funktion)** ist der geometrische Ort aller Punkte, in denen bei alternativen Kombinationen von P und AN außenwirtschaftliches Gleichgewicht herrscht.

Die **ZB-Funktion** hängt **simultan** von P, AN und i ab, somit vom Gütermarkt- und vom Geldmarktgleichgewicht.

Die ZB-Funktion trennt im P-AN-System **Ungleichgewichtsbereiche** der Zahlungsbilanz. Im **Regelfall** liegt nordöstlich der Funktion der Defizitbereich (und umgekehrt). Reagieren in der kurzen Frist die Nettokapitalexporte stärker (in DM) auf Zinsänderungen als die Nettoexporte (in DM) auf Preisniveauänderungen, dann liegt der Defizitbereich südwestlich.

# B. Gleichgewicht, Störung und Anpassungsmöglichkeiten

Im **Ausgangsgleichgewicht** schneiden sich gesamtwirtschaftliche Angebots-, Nachfrage- und ZB-Funktion. Bei **Störungen** des Gleichgewichts finden systemimmanente **Anpassungsprozesse** statt über **Einkommens-, Preis-** und **Zinsmechanismus**. Bei flexiblen Wechselkursen unterstützt auch der **Wechselkursmechanismus** die Anpassung. Außerdem sind wirtschaftspolitisch gewollte diskretionäre Anpassungen möglich. Für die Bundesrepublik gilt seit 1979 ein gemischtes Wechselkursregime: Feste Devisenkurse innerhalb der Europäischen Gemeinschaft, flexible Devisenkurse mit Drittländern.

## 1. Ausgangsgleichgewicht und Störung

Das **Ausgangsgleichgewicht** ist beschrieben durch den gemeinsamen Schnittpunkt von Angebots-, Nachfrage- und ZB-Funktion:

(II.C.2) $$N = \varepsilon(C_a + b\xi + R_a + Ex_a - b\delta) + \varepsilon\left(\frac{b}{a} mH_a + dP_a^* e_a - cT_a\right)\frac{1}{P_N}$$

$$\text{mit } \varepsilon = \frac{1}{s + \frac{bk}{a}}$$

(III.D.6) $$A = \frac{1}{1-m^*}\{Im_a + \frac{(x\,\alpha\,\pi_a)^{1/1-\alpha}(\gamma_a K_a^*)^{\beta/1-\alpha}}{l_a^{\alpha/1-\alpha}} P_A^{\alpha/1-\alpha} + Q(1 - \frac{1}{\pi_a P_A})\}$$

(V.A.6) $$A^{ZB} = \frac{1}{m^*}(Ex_a - Im_a) - \frac{g}{m^*}(i_a^* - i_a + \frac{\hat{e}_a - e_a}{e_a}) + \frac{dP_a^* e_a}{m^*}\frac{1}{P}$$

$N$ = Gesamtwirtschaftliche reale Nachfrage
$\varepsilon$ = Multiplikator
$C_a$ = Autonomer Konsum
$b$ = Investitionsneigung
$\xi$ = Grenzleistungsfähigkeit des Kapitals
$R_a$ = (Autonome) Staatsausgaben
$Ex_a$ = Autonome Exporte
$\delta$ = Prohibitivzins
$a$ = Spekulationsneigung
$m$ = Geldangebotsmultiplikator
$H_a$ = Zentralbankgeldmenge
$d$ = Exportneigung
$P^*_a$ = (Autonomes) ausländisches Preisniveau
$e_a$ = (Autonomer) Devisenkassakurs
$c$ = Konsumneigung
$T_a$ = (Autonome) Steuern minus Transfers (nominal)
$P_N$ = Nachfragepreisniveau
$s$ = Sparneigung
$k$ = gewünschter Kassenhaltungskoeffizient
$A, A^{ZB}$ = Gesamtwirtschaftliches reales Angebot
$Im_a$ = Autonome Importe
$m^*$ = Importneigung
$x$ = Einstellungsneigung der Unternehmen
$\alpha, \beta$ = Produktionselastizität der Arbeit bzw. des Kapitals
$\pi_a$ = (Autonomes) Technologieniveau
$\gamma_a$ = (Autonomer) Auslastungsgrad des Kapitalstocks
$K^*_a$ = (Autonome) maximale Kapitalstunden
$P_A$ = Angebotspreisniveau
$l_a$ = (Autonomer) Geldlohnsatz
$g$ = Nettokapitalexportneigung
$i^*_a$ = (Autonomer) ausländischer Realzins
$\hat{e}_a$ = (Autonomer) Devisenterminkurs
$P$ = Inländisches Preisniveau

Bei der Wahl zwischen „neoklassischen“ und keynesianischen Funktionen haben wir uns für die **keynesianischen** entschieden[1]. Es ist ferner zu beachten, daß das **Geldangebot** in der gesamtwirtschaftlichen Nachfragefunktion auch eine **ausländische Geldkomponente** (Devisen) enthält. Im Gleichgewicht ist diese allerdings Null, weil im Gleichgewicht auch Devisenangebot und -nachfrage gleich sind. Außerdem muß berücksichtigt werden, daß die Steigung der Nachfragefunktion steiler sein muß als die der ZB-Funktion, um **Modellstabilität** zu gewährleisten. Das Simultangleichgewicht (oder: das innere und äußere Gleichgewicht) ist in der Abb. 78 dargestellt.

**Störungen dieses Gleichgewichtszustandes** können durch die (autonome) Veränderung jeder exogenen Größe des gesamtwirtschaftlichen Systems ausgelöst werden. Wir wollen annehmen, die Staatsausgaben werden erhöht, und zwar nur durch konsumtive Ausgaben, so daß die Wirkung auf das gesamtwirtschaftliche Angebot zunächst vernachlässigt werden kann. Die neue Situation ist in Abb. 79 dargestellt: Inneres Gleichgewicht wird nach Maßgabe des Staatsausgabenmultiplikators relativ schnell hergestellt ($G_1$). Wie kann jedoch das **außenwirtschaftliche Gleichgewicht** wieder mit dem **internen** erreicht werden? Zunächst ist die Frage des **Wechselkurssystems** wichtig. Dann wollen wir die **Anpassungsprozesse** diskutieren.

[1] Dies bedeutet eine wichtige Einschränkung, die ich nur mit Platzmangel begründen kann. Denn die „neoklassische“ Analyse hat mit ihrer monetären Zahlungsbilanztheorie wesentliche Beiträge zur (monetären) Theorie der Außenwirtschaft geleistet.

## 2. Das Wechselkurssystem

**Flexible Devisenkurse** sorgen für einen weitgehenden Ausgleich von Zahlungsbilanzungleichgewichten. Dies soll an der folgenden Abb. 80 erläutert werden.

Beim **Gleichgewichts-Devisenkurs** $e_0$ sind Devisenangebot (= Ex + KIm) und Devisennachfrage (= Im + KEx) gleich. Die Zahlungsbilanz ist ebenfalls im Gleichgewicht. Ein festes Wechselkursregime ist dadurch gekennzeichnet, daß der Devisenkurs nur innerhalb der Bandbreite $e_1 - e_2$ schwanken darf. Bei einem **Zahlungsbilanzdefizit** (Ex − Im) < (KEx − KIm) oder (Ex + KIm) < (Im + KEx) hat sich die Devisennachfragefunktion (Im + KEx) nach rechts verlagert, e steigt (Abwertung). Erreicht e das obere Band (**oberer Interventionspunkt**), dann muß die (inländische) Notenbank in den Markt eingreifen, indem sie $ anbietet. Dies verschiebt auch die **Devisenangebotsfunktion** nach rechts, der Kurs sinkt wieder. Die Grenze dieser Eingriffe liegt in der **Verfügbarkeit von Devisen**, und zwar von eigenen oder durch Kredit aktivierten. Bei länger andauernden Ungleichgewichten muß der Devisenkurs geändert (hier: erhöht) werden: das Band wird nach oben verschoben (Abb. 80, S. 238).

Bei einem **flexiblen Wechselkursregime** ist die Notenbank nicht verpflichtet, in den Markt einzugreifen, der Devisenkurs steigt so lang, bis die Gleichheit von Ex + KIm und Im + KEx wieder hergestellt ist. Die Interventionspunkte fallen weg. Bei **festen Devisenkursen** muß der Zahlungsbilanzausgleich bei Ungleichgewichten von anderen Mechanismen übernommen werden.

## 3. Mögliche Anpassungsprozesse

Die **traditionellen Anpassungsprozesse** laufen bei **festen Wechselkursen** über das **Einkommen**, die **Geldmenge** und den **Zins**, bei einem Regime **flexibler Wechselkurse** wirkt der **Wechselkursmechanismus**.

Der **Einkommensmechanismus** zeigt im vorliegenden Modell keine ausgleichende Wirkung. Denn er geht davon aus, daß (in einem **Zwei-Länder-Fall**) sowohl Exporte als auch Importe vom Sozialprodukt (hier: von Angebot und Nachfrage) abhängen. In der hier verwendeten **Exportfunktion** ist nur das **Preisniveau** berücksichtigt. Wie würde der Einkommensmechanismus wirken, wenn auch die Exporte von Angebot-Nachfrage abhängen würden?

### Der Einkommensmechanismus

Die **autonome Nachfrageerhöhung** (meist wird eine Erhöhung der **autonomen Exporte** unterstellt) setzt einen **Multiplikatorprozeß** in Gang, der das **inländische** Sozialprodukt erhöht, dieses erhöht die (einkommensabhängigen) Importe. Diese sind (im Zwei-Länder-Fall) identisch mit den Exporten des Auslands, die durch ihr Ansteigen das Sozialprodukt des **Auslands** erhöhen, dadurch steigen deren Importe. Diese stellen Exporte des Inlandes dar, etc.. Die Multiplikatoreffekte in den beiden Ländern **erhöhen wechselweise die Sozialprodukte** hin zum Gleichgewicht, das allerdings in der Regel nicht vollständig erreicht werden kann. Die Anpassung verläuft über das **flexible Sozialprodukt** bei **konstantem Preisniveau** und **Wechselkurs**.

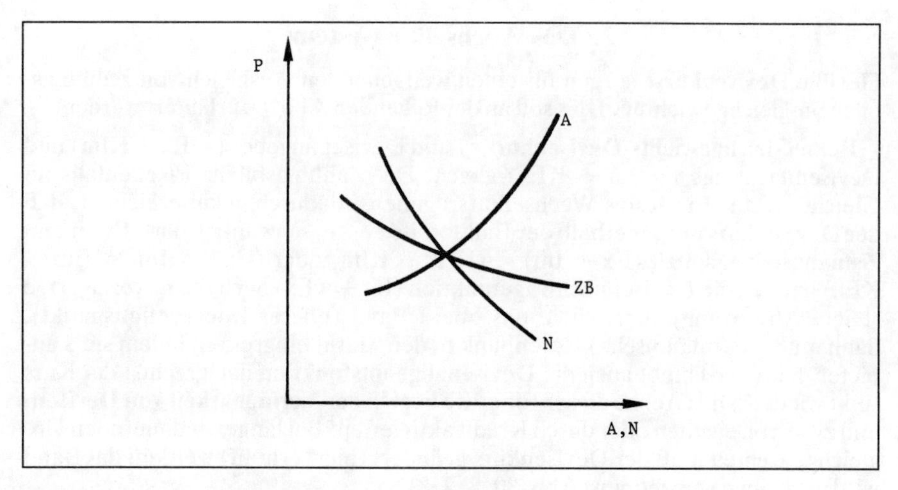


**Abb. 78** Simultanes inneres und äußeres Gleichgewicht

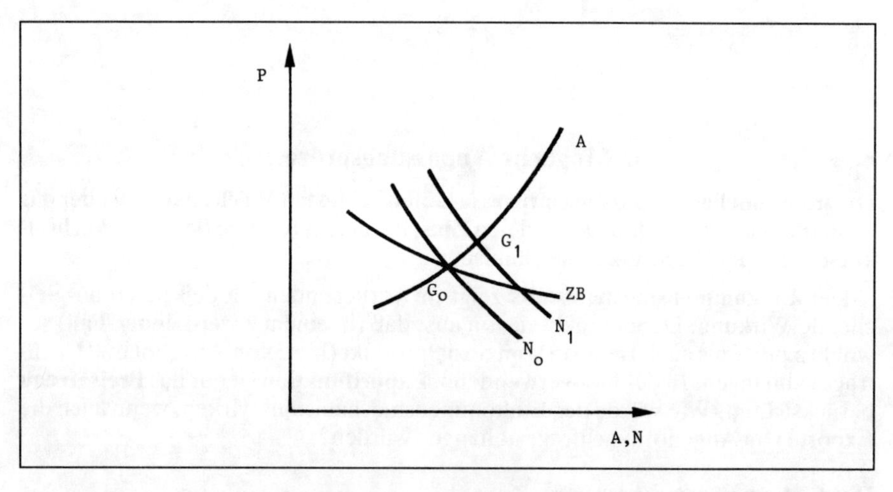


**Abb. 79** Störung des Gleichgewichts durch Erhöhung der konsumtiven Staatsausgaben

### Der Geldmengen-Preis-Mechanismus

Der **Geldmengen-Preis-Mechanismus** unterstellt **feste Wechselkurse und Vollbeschäftigung**. Die **Anpassung** erfolgt über die Geldmenge und das davon abhängige **Preisniveau**: Eine **Verschiebung der Nachfragefunktion** von $N_0$ nach $N_1$ erhöht das Preisniveau (Abb. 78), die Exporte gehen zurück, die Importe bleiben konstant, es entsteht ein **Zahlungsbilanzdefizit**. Dies schlägt sich nieder in einer negativen Veränderung der **Devisen-** (oder Gold-)**bilanz**, die **Geldmenge** sinkt, ebenfalls das **Preisniveau**. Durch das gesunkene Preisniveau steigen die Exporte wieder und wirken zum Ausgleich des Defizits.

Im **Ausland** bewirken die Devisenzuflüsse Inflation, dessen Exporte sinken. Dieser Mechanismus wirkt auch im vorliegenden Modell, denn auch hier ist ein Importüberschuß mit Devisenabflüssen verbunden (die Importe müssen mit internationalem Geld, also Devisen, bezahlt werden), die Geldmenge sinkt, die Nachfragefunktion verlagert sich nach links, Preisniveau und Angebot-Nachfrage sinken, die Exporte steigen, die Importe sinken. Die **Tendenz zum Ausgleich** ist auch beim Geldmengen-Preis-Mechanismus vorhanden. Die **Anpassung** verläuft über das **flexible Preisniveau** bei **konstantem Sozialprodukt** und **Wechselkurs**.

### Der Zinsmechanismus

Der Zinsmechanismus geht auch von **festen Wechselkursen** aus. Durch die **Erhöhung des Preisniveaus** aufgrund der Verschiebung der Nachfragefunktion sinkt die **reale Geldmenge** M/P, der **Zins** im Inland steigt. Bei konstantem Auslandszins i* sinken die **Kapitalexporte**. Dies wird in der Zahlungsbilanz wie ein Rückgang der Importe verbucht, das Defizit sinkt.

### Maßnahmen diskretionärer Zahlungsbilanzpolitik

Neben diesen **„System-Anpassungen"**, die ohne Eingriffe in das System von außen stattfinden, kann ein Zahlungsbilanzausgleich durch bewußte **politische Beeinflussung von autonomen Größen** des Modells herbeigeführt werden. Ein Problem besteht allerdings in der Interdependenz des Systems: Der Versuch, z.B. die ZB-Funktion nach rechts (in Richtung $G_1$ in Abb. 79) zu verlagern resultiert in vielen Fällen darin, daß sich Angebots- oder Nachfragefunktion ebenfalls nach rechts verlagern, $G_1$ also „davonläuft", weil diese Größen in mehreren Funktionen enthalten sind. Bei der Beurteilung der Anpassungsprozesse werden dann die Multiplikatoren wichtig.

In der folgenden Übersicht sind die festen Parameter der A-, N- und ZB-Kurve, also die Verhaltensparameter und autonomen Größen so zugeordnet, damit deutlich wird, welche dieser drei Kurven verändert wird (werden), wenn ein Parameter sich verändert. Steigen z.B. die autonomen Exporte $Ex_a$, dann verlagern sich ZB- und N-Kurve vom Ursprung weg; dabei wird sich die ZB-Funktion stärker verlagern, weil der Multiplikator $1/m^*$ größer als $\varepsilon$ ist. Ein großer Teil der Anpassung wird – bei festen Wechselkursen – durch den **Einkommensmechanismus** wirken. Dabei sollte sich die Volkswirtschaft in einer Unterbeschäftigungssituation befinden, so daß weitgehende Preisniveaustabilität gewährleistet ist. Die Erhöhung der autonomen Exporte erhöht dann über den Exportmultiplikator das inländische Volkseinkommen (AN). Dadurch steigen aber auch die Importe (wegen $Im^* = Im_a + m^*A$) und ebenso steigt das Auslandseinkommen, denn unsere

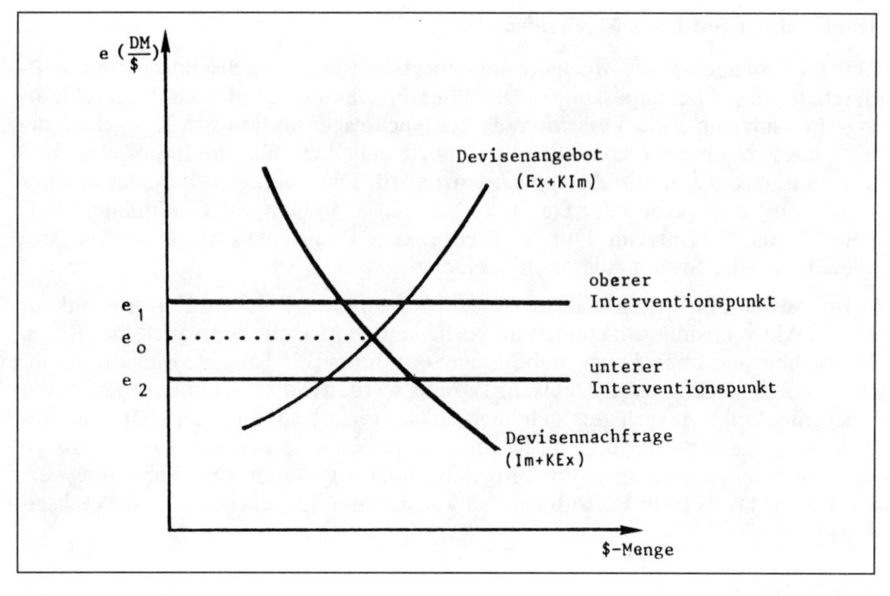


**Abb. 80** Der Devisenmarkt

K44

# Zinssenkungen entlasten den Dollar nicht

**Kurs unter 1,68 DM / Neutralisierung durch Rückgang der Prime Rate / Stützungskäufe**

b. Zürich. Die konzertierte Zinssenkungsaktion europäischer Notenbanken, der sich am Freitag auch Japan mit einer weiteren Geldmarkt-Zinssenkung anschloß, hat zum Wochenende der amerikanischen Währung im Devisenhandel keine Entlastung gebracht. Parallel zum Rückgang der Zinsen in Deutschland, in der Schweiz und in Japan wurde schon am Donnerstagabend in New York die Prime Rate von einigen Banken gesenkt, und am Londoner Euromarkt gingen die Zinssätze für kurzfristige Dollar bis 3/8 Prozent weiter zurück. Für genügend „Nachschub" an kurzfristiger Liquidität wird offensichtlich vom Federal Reserve Board gesorgt. Einen schlechten Eindruckt machte im Devisenhandel auch die neuste Geldmengenstatistik. In der Woche zum 26. Oktober stieg die Dollar-Geldmenge M1 weiter um 9,1 Milliarden Dollar. Am Markt wurde erklärt, daß die nichtamerikanische Zinssenkungsaktion durch den gleichzeitigen parallelen Dollarzinsabbau neutralisiert worden sei. „Wo soll da eine Stützung für den Dollar herkommen?"

An der Frankfurter Devisenbörse wurde am Freitag ein amtlicher Dollar-Mittelkurs von 16,785 DM nach 1,6950 DM festgestellt, wobei die Bundesbank unmittelbar im Markt 46,5 Millionen Dollar gekauft hat. Am Donnerstagabend war die D-Mark in New York vorübergehend aber bereits auf 1,6650 DM für den Dollar gestiegen, und auch in Tokio wurden bis zum Eingreifen der japanischen Notenbank Kurse von nur 1,67 DM bezahlt. Ohne die Unterstützung der Zentralbanken wäre wohl der Dollar zum Wochenende noch weiter gefallen.

FAZ Nr. 259 v. 7.11.87, S. 13

Importe sind fürs Ausland Exporte. In beiden Ländern schaukelt sich AN durch die Multiplikatorprozesse auf, die Ungleichgewichte (Exportüberschüsse) werden verkleinert, in der Regel aber nicht beseitigt. Dieser Prozeß läßt sich in Abb. 81 nicht abbilden, weil die beschriebenen Veränderungen **auf** den einzelnen Kurven stattfinden; die Kurven verlagern sich nicht, wenn keine autonomen Größen oder Verhaltensparameter verändert werden. Um $G_2$ in Abb. 81 zu erreichen, müssen also autonome Größen oder Verhaltensparameter verändert werden. Z.B. kann man eine **independente Maßnahme** wählen, die nur die N-Funktion verlagert. Die Übersicht würde eine finanzpolitische Maßnahme nahelegen, entweder Erhöhung von $R_a$ oder Senkung von $T_a$, denn diese beiden Parameter wirken nur auf die N-Funktion. Bei Bedarf wäre der Anpassungsprozeß durch eine dosierte Geldmengensteuerung oder Abwertung zu unterstützen. Allerdings wirkt diese nicht nur auf die N-Funktion (vgl. Übersicht und Abb. 82, S. 240 bzw. 242).

Der beschriebene „policy mix“ ist – seit den Arbeiten von Robert Mundell – schon fast klassisch. Unsere Analyse zeigt aber, daß die **Zuordnung der Geldpolitik** für die äußere und der **Finanzpolitik** für die innere Stabilität zu grob ist. Die Beeinflussung des Angebots kann auch eine wichtige Strategie sein. Denn eine offensive ZB-Politik wird versuchen, das ZB-Defizit über eine **„Verbesserung der Angebotsbedingungen“** und den ZB-Überschuß schwerpunktmäßig über eine Nachfragepolitik auszugleichen. Mit dieser Wachstumsstrategie wird man versuchen, ein neues Gleichgewicht mit einer Rechtsverlagerung aller Kurven zu erreichen (Abb. 83, S. 242).

Mit Ausnahme des Krisenjahres 1980 war die außenwirtschaftliche Situation in der Bundesrepublik in den letzten drei Jahrzehnten immer durch einen zu **hohen Exportüberschuß** gekennzeichnet. Die zahlreichen DM-Aufwertungen seit 1961 legen davon Zeugnis ab. Da die DM aber inzwischen in die Rolle einer internationalen Reservewährung hineingewachsen ist, sind auch diesen Änderungen Grenzen gesetzt.

Vor diesem Hintergrund sind **zwei historische Perioden** zu unterscheiden. Zunächst zur ersten Phase: Bis 1975 beherrschte die Angst vor zu hohen Inflationsraten die Wirtschaftspolitiker. Die Arbeitslosenquoten lagen unter 1% (außer 1967: 2,1). Diese Situation hoher Beschäftigung, Inflationsgefahr und eines ZB-Überschusses ist in Abb. 83 dargestellt. Skizzieren wir die Situation für die Periode fester Wechselkurse, also bis Anfang 1973.

Um den ZB-Überschuß abzubauen, mußte aufgewertet werden (was man getan hat) und die Zinsen mußten niedrig sein, um Kapitalexporte zu stimulieren.

Um die Inflation zu vermeiden, sollten die Zinsen aber hoch sein, damit die Gesamtnachfrage gedämpft wird. Als angemessener „policy mix“ wurde empfohlen, die Geldpolitik für das äußere Gleichgewicht einzusetzen, also den Diskontsatz niedrig zu halten. Die Finanzpolitik sollte dagegen antizyklisch steuern (hier: bremsen). Heute wissen wir, daß die Finanzpolitik damit überfordert war. An der Ungleichgewichtssituation änderte sich daher nicht viel.

Im A-, ZB-, N-Kontext heißt diese Strategie, bei gegebenen A-Bedingungen die ZB- und N-Funktionen so zu beeinflussen, daß sie sich nach innen verlagern. Da die Wirtschaftspolitik auf Nachfrageexpansion fixiert war, fiel dieser Teil der Strategie flach. Diese Politik war zum Scheitern verurteilt.

| Gleichung | Verhaltensparameter | Lageparameter |
|---|---|---|
| (7) ZB-Funktion | $\overset{+}{d}\ \overset{-}{g^*}\ \overset{-}{m^*}$ | $\overset{+}{Ex_a}\ \overset{+}{i_a}\ \overset{+}{P_a^*}\ \overset{+}{e_a}\ \overset{-}{lm_a}\ \overset{-}{i_a^*}\ \overset{-}{\sigma}$ |
| (8) A-Funktion | $\overset{+}{m^*}\ \overset{+}{x}\ \overset{+}{\alpha}\ \overset{+}{\beta}\ \overset{+}{\gamma}$ | $\overset{-}{l_a}\ \overset{+}{K_a^*}\ \overset{+}{(e_a)}\ \overset{+}{Q}\ \overset{+}{lm_a}\ \overset{+}{\pi_a}$ |
| (9) N-Funktion | $\overset{-}{a}\ \overset{+}{b}\ \overset{+}{c}\ \overset{+}{d}\ \overset{+}{\varepsilon}$ | $\overset{+}{C_a}\ \overset{+}{\xi}\ \overset{+}{R_a}\ \overset{+}{Ex_a}\ \overset{+}{\delta}\ \overset{+}{M_a}\ \overset{+}{P_a^*}\ \overset{-}{e_a}\ \overset{-}{T_a}$ |

Heute würden wir bei dieser Situation wohl ganz anders handeln: Dämpfung der Inflation durch angebotsorientierte Ordnungs- und Prozeßpolitik, die Angebotsfunktion soll so verändert werden, daß sie sich nach rechts verlagert und flacher wird. Dämpfung der ZB-Funktion durch Aufwertung und Zinssenkungen. Letztere stören nicht, weil sie Investitionen stimulieren und nach der N-Funktion auch die A-Funktion nach rechts verlagern: Die Strategie ist offensiv auf Wachstum ausgerichtet, die (antizyklische) Konjunktursteuerung ist tot! Der angestrebte Gleichgewichtspunkt ist in Abb. 83 mit dem Schnittpunkt der gestrichelten Funktion angedeutet.

Die **zweite Phase** trifft die Situation nach 1975: Die Angst vor hoher Arbeitslosigkeit läßt das Inflationsproblem zurücktreten (Helmut Schmidt: „Lieber 5% Inflation als 5% Arbeitslosigkeit!"). Diese Situation der Unterbeschäftigung bei ZB-Überschuß (außer 1980) ist in der Abb. 84 dargestellt. Hinzu tritt steigende Staatsverschuldung und die Reservewährung DM.

Gefordert wären niedrige Zinsen zur Stimulierung der Kapitalexporte (ZB-Ausgleich), der Investitionen und des Konsums. Realisiert werden hohe Zinsen, weil die starke Beanspruchung des Kapitalmarktes durch die öffentliche Hand die Zinsen treibt. Ferner fürchtet man von zu hohen Kapitalexporten kurzfristig Druck auf die Reservewährung (Abwertung). Wenigstens betreibt die Bundesbank eine mittelfristig angelegte Geldmengenpolitik. Auch hier muß der optimale „policy mix" an allen drei Funktionen gleichzeitig ansetzen. Zusätzlich erfordert jedoch die oben beschriebene Situation aktive Strukturgestaltung. Diese kann allerdings mit dem vorliegenden Instrumentarium nicht beschrieben werden.

Seit Mitte der 80er Jahre beherrschen immer mehr **zinsinduzierte internationale Kapitalbewegungen** die Diskussion. Das riesige Haushaltsdefizit der USA sowie das Defizit der Leistungsbilanz müssen von internationalen Kapitalströmen in die USA finanziert werden. Diese setzen aber hohes amerikanisches und niedriges deutsches Zinsniveau voraus. Diesen empirischen Prämissen steht der theoretische Zusammenhang in Abb. 85 entgegen: Der 1987 vorherrschende extrem niedrige Devisen-Kurs von 1,70 DM/$ verlangt hohe Zinsen in der Bundesrepublik. Dem Defizit der US-Leistungsbilanz in Höhe von 140 Mrd. US$ steht ein deutscher Überschuß von 40 Mrd. US$ gegenüber. Diese Ungleichgewichte können nur abgebaut werden, wenn entweder der DM/$-Kurs weiter sinkt und/oder die amerikanische Regierung konsequente und einschneidende Maßnahmen ergreift, die beide Defizite abbauen. Als wirkungsvolle Maßnahmen erscheint die Rückführung des Militärhaushalts von heute (1987) etwa 300 Mrd. $ auf das Niveau vor der Präsidentschaft von Herrn Reagan, nämlich etwa 80 Mrd. $.

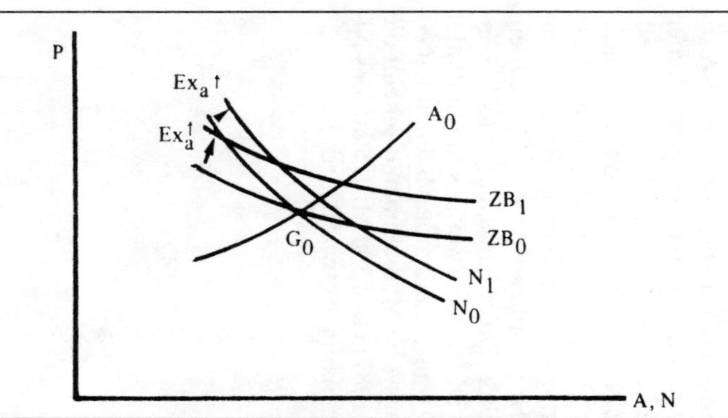


**Abb. 81** Störung des Ausgangsgleichgewichts durch eine Erhöhung der autonomen Exporte

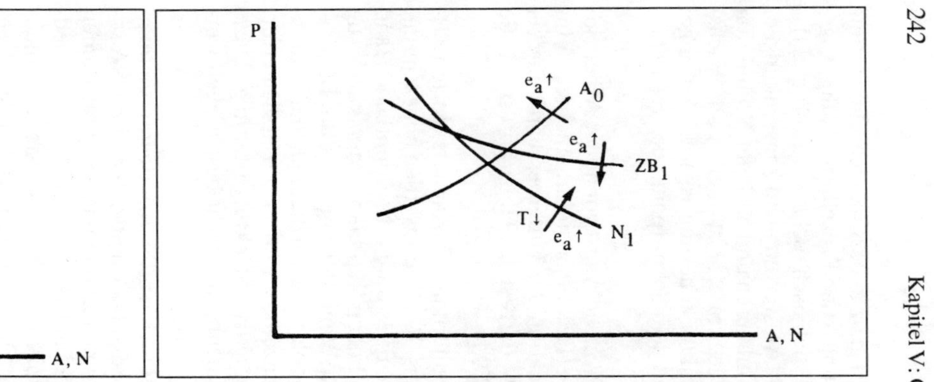


**Abb. 82** Diskretionäre Maßnahmen für internes und externes Gleichgewicht

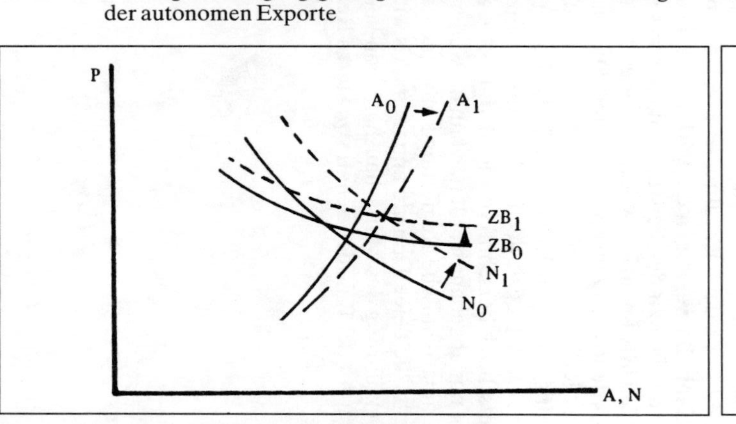


**Abb. 83** Vollbeschäftigung bei Inflationsgefahr

**Abb. 84** Unterbeschäftigung bei Leistungsbilanzüberschuß

| Zahlungsbilanz-mechanismus | Prämisse | Wirkungsweise |
|---|---|---|
| Einkommens-mechanismus | Anfangsgleichgewicht<br>Ex(Y), Im(Y)<br>P = konst. e = konst.<br>Y = var. | Multiplikator erhöht Y;<br>Y erhöht Ex und Im |
| Geldmengen-Preis-mechanismus | Anfangsgleichgewicht<br>P(M)<br>P = var. e = konst.<br>Y = konst. (Vollbesch.) | Devisenabflüsse durch Preisniveausteigerungen senken M, P sinkt wieder; im Ausland steigt M durch Devisenzuflüsse, P steigt |
| Zinsmechanismus | Anfangsgleichgewicht<br>KEx (i) Y = var.<br>P = var. e = konst. | i steigt durch steigendes P (weil M/P sinkt), KEx sinkt, KIm steigt |
| Veränderung (sonstiger) autonomer Größen | Berücksichtigen, ob die autonome Größe in ZB- (oder Angebots- und/oder Nachfrage-) Funktion auftaucht | Abhängig vom individuellen Fall |

# C. Die Zielbeziehung zwischen Preisniveaustabilität und hohem Beschäftigungsstand in einer offenen Volkswirtschaft

In einer offenen Volkswirtschaft muß nicht nur die innere Stabilität in Form von **Preisniveaustabilität** und **Vollbeschäftigung** hergestellt werden, sondern auch die äußere Stabilität soll mit dem Ziel des **außenwirtschaftlichen Gleichgewichts** erfüllt sein. Es ist zu untersuchen, wie sich die Zielbeziehungen dadurch verändern. Auf jeden Fall wird der **„policy mix“**, das Bündel wirtschaftspolitischer Instrumente, Modifikationen erfahren.

## 1. Die geänderten theoretischen Ausgangsbedingungen

Die Zielbeziehung zwischen P und u wurde für die geschlossene Volkswirtschaft durch Veränderungen des gesamtwirtschaftlichen Systems abgeleitet, als „Übersetzer“ von P-AN nach P-u wurde die ON-Kurve verwendet. Nun sind zusätzlich die folgenden Punkte zu beachten (Abb. 86):

- Beim gesamtwirtschaftlichen Angebot erscheinen die **Importe**.
- Bei der Nachfrage sind die **Exporte** berücksichtigt.
- Die Veränderungen der **ZB-Funktion** müssen bei den Bewegungen des Gleichgewichtspunktes beachtet werden.

K45

# Pöhl verteidigt die deutsche Wirtschaftspolitik

**Reaktion auf Reagans Appell / Baker verweist auf Amerikas Defizitbegrenzung / Wähungsfonds-Tagung**

Ss. Washington. Bundespräsident Karl Otto Pöhl hat auf der Jahrestagung der Weltbank und des Internationalen Währungsfonds in Washington die deutsche Wirtschaftspolitik verteidigt. Die Maßnahmen, die in der Bundesrepublik – und in Japan – bereits beschlossen worden seien, genügten zur Belebung der Wirtschaft. Pöhl, der als deutscher Gouverneur der Weltbank sprach, hat damit mittelbar auf den Appell des amerikanischen Präsidenten Ronald Reagan geantwortet, der bei der Eröffnung der Tagung die Länder mit Leistungsbilanzüberschüssen aufforderte, politischen „Mumm" aufzubringen und ihre Wirtschaft zu stimulieren, ohne die Inflation anzufachen. In dem Maße, in dem das amerikanische Haushalts- und Leistungsbilanzdefizit zurückgehe, müßten die anderen Länder „mehr Fahrt aufnehmen", vor allem bei den Importen aus den Entwicklungsländern, meinte Reagan. Diese Forderungen hatte der amerikanische Finanzminister James Baker in einer Fernsehsendung noch schärfer formuliert.

Pöhl bezeichnete demgegenüber die Begrenzung der Inflation und der Inflationserwartungen als den entscheidenden Beitrag zu dauerhaftem Wachstum und internationaler finanzieller Stabilität. „Wir sollten Lehren aus vergangen Aufschwungphasen nicht vergessen, in denen die sich beschleunigende Inflation der konjunkturellen Erholung ein vorzeitiges Ende bereite". Nach einer Schwächephase sei die deutsche Wirtschaft im übrigen auf einen befriedigenden Wachstumspfad zurückgekehrt. Die Inlandsnachfrage wachse mit einer stabilen Rate von 3 bis 3,5 Prozent. Wichtig sei, daß der in Gang befindliche Anpassungsprozeß in den Industrieländern nicht durch die Unbeständigkeit der Devisenmärkte unterlaufen werde. Die Devisenmärkte hätten die Anpassung der Grundbedingungen noch nicht richtig registriert, sagte Pöhl, und bezog sich dabei auf die Veränderungen in den realen Handelsströmen.

Die Unterzeichnung des Gesetzes zum Ausgleich des amerikanischen Haushalts durch Präsident Reagan, so hatte Baker im Fernsehen dargelegt, bringe die Vereinigten Staaten in eine bessere Position gegenüber der Bundesrepublik und Japan. „Sie können jetzt nicht mehr vorbringen, die Vereinigten Staaten leisteten ihren Anteil nicht. Sie können sich nicht mehr länger hinter dem amerikanischen Haushaltsdefizit verstecken". Sie sollten jetzt zusätzlich etwas tun, um die Weltwirtschaft besser ins Gleichgewicht zu bringen. Bei der Sitzung der Siebenergruppe (am vergangenen Samstag) habe Amerika eine solche Forderung noch nicht vorbringen können, weil der Präsident das neue Gesetz noch nicht unterzeichnet habe.

Japan und die Bundesrepublik haben sich nach Ansicht von Baker an die Vereinbarungen vom Februar dieses Jahres (Louvre-Abkommen) gehalten. Nun habe auch Amerika gezeigt, daß es sich daran halte. Auf die Frage, ob die Bundesrepublik und Japan die Zinsen senken sollten, antwortete Baker, Amerika wünsche, daß sie ihre Wirtschaft nach besten Kräften ankurbelten – soweit dabei Inflation vermieden werden kann. Baker wollte sich nicht auf Spekulationen über die amerikanischen Zinsen und das Niveau des Dollarkurses einlassen. Zu der Frage, ob Amerika Maßnahmen ergreifen werde, um gegen einen weiteren Verfall des Dollarkurses vorzugehen, sagte Baker, dies sei genau das, was mit der Fortsetzung einer engen Zusammenarbeit zur Beförderung einer Stabilität des Dollar auf dem derzeitgen Niveau gemeint sei. Zu Befürchtungen der Finanzmärkte vor einem Anstieg der Zinsen in Amerika bemerkte Baker, die jüngste amerikanische Diskonterhöhung sei vorgenommen worden, um der Gefahr zu begegnen, daß am heimischen Markt, vor allem am Rentenmarkt, eine Inflationspsychologie entsteht. Er machte auch darauf aufmerksam, daß die Notenbank den Dollarkurs nicht als Grund für die Diskonterhöhung erwähnt hatte.

*Der britische Schatzkanzler Nigel Lawson hat auf der Währungskonferenz erstmals offiziell bestätigt, daß die fünf großen westlichen Industrieländer beim Louvre-Abkommen im Februar Bandbreiten für die Wechselkurse vereinbart haben. Er sagte, es sei vorstellbar, daß die vereinbarten Bandbreiten „künftig" der Öffentlichkeit zugänglich gemacht werden, wenn sie lange genug in Kraft gewesen seien, um am Devisenmarkt hinreichende Glaubwürdigkeit erlangt zu haben. Lawson räumte ein, daß die Devisenmärkte versucht hätten, von Zeit zu Zeit die vermuteten Bandbreiten zu testen, doch hätte das Louvre-Abkommen „triumphal überlebt". Allein deshalb sei es ein Erfolg* *vwd*

FAZ Nr. 227 v. 1.10.87, S. 15

Für die Zielbeziehung im P-u-System bedeutet dies, daß

- die gesamtwirtschaftlichen Angebotsbedingungen durch den **internationalen Wettbewerb** anpassungsfähiger und effizienter sind als in einer geschlossenen Volkswirtschaft. Die Angebotsfunktion wird flacher verlaufen.
- die heimische Volkswirtschaft in den **internationalen Konjunkturzusammenhang** eingebunden ist. Dieser ist von nationalen wirtschaftspolitischen Instanzen nur begrenzt beeinflußbar. Außerdem kann **Kostendruck** aus dem Ausland (z.B. Rohstoffpreise) die Angebotsbedingungen verschlechtern.
- ein Optimum zwischen **interner** und **externer Stabilität** angestrebt werden muß. Dies macht es ungemein schwerer, Gleichgewichtsbedingungen des gesamtwirtschaftlichen Systems zu **steuern**.

## 2. Zur Analyse der Zielbeziehung

Die außenwirtschaftlichen Entwicklungen haben in der Bundesrepublik mehr das Ziel der **Preisniveaustabilität** als das des hohen Beschäftigungsstandes gefährdet. Mit Ausnahme des starken Rückgangs des Außenbeitrags im Jahre 1980 war die Entwicklung des Exports eher konjunkturstützend und daher beschäftigungsfördernd. Demgegenüber sind auf das Preisniveau teils starke Einflüsse aus dem Ausland eingetreten. Die **importierte Inflation** hat als Nachfrageinflation (Exporte > Importe) oder als Kosteninflation (Ölpreis- und andere Rohstoffpreissteigerungen) vor allem 1973 und 1978 eine wichtige Rolle gespielt. Nach unserer Kenntnis des gesamtwirtschaftlichen Angebots-Nachfrage-Systems bedeutet dies für die Phasen 1 bis 5 der Spiralbewegung im P-AN- oder P-u-System, daß die **Stagflationsphasen** 2 und 4 durch außenwirtschaftliche Einflüsse verstärkt, wenn nicht sogar mitverursacht wurden (vgl. Übersicht 8). Dies gilt auch für die Bewegung „negativer“ Komplementarität: Der **Kostendruck** aus dem Ausland kann die Tendenzen im Inland verstärken. Andererseits können **geldpolitische Maßnahmen** zur Abwehr außenwirtschaftlicher Störeinflüsse den Zielkonflikt auslösen oder verstärken. Für die **Bundesrepublik** sind dabei die folgenden Situationen typisch:

- **Importierte Inflation** führt zu übersteigerten **Lohnabschlüssen** und treibt die Angebotsfunktion nach links.
- **Kapitalexport** veranlaßt die Bundesbank zu hohen Zinsen und **restriktiver Geldpolitik**; die **Binnenkonjunktur** wird behindert.
- Auch **Kapitalimport** wegen Aufwertungsspekulation veranlaßt die Bundesbank zu restriktiver Geldpolitik (**Neutralisierung** von Devisenzuflüssen).
- **Importsubstitutionskonkurrenz** sorgt für Wettbewerb und günstige Angebotsbedingungen.

## 3. Konsequenzen: Zu einem optimalen „policy mix“

Eine offene Volkswirtschaft ist in den Zielkoordinaten schwerer zu steuern als eine geschlossene. Das bedeutet, daß die Zielbeziehung – auch die negative Komplementarität – mehr vom **System**, d.h. vom Verhalten der Wirtschaftssubjekte (einschl. des Auslands) beeinflußt wird und weniger von den **Aktionen** der wirtschaftspolitischen Entscheidungsträger. M. a. W.: Die gesamtwirtschaftliche Stabilität ist nicht so leicht „machbar“ wie die interne (binnenwirtschaftliche). Eine

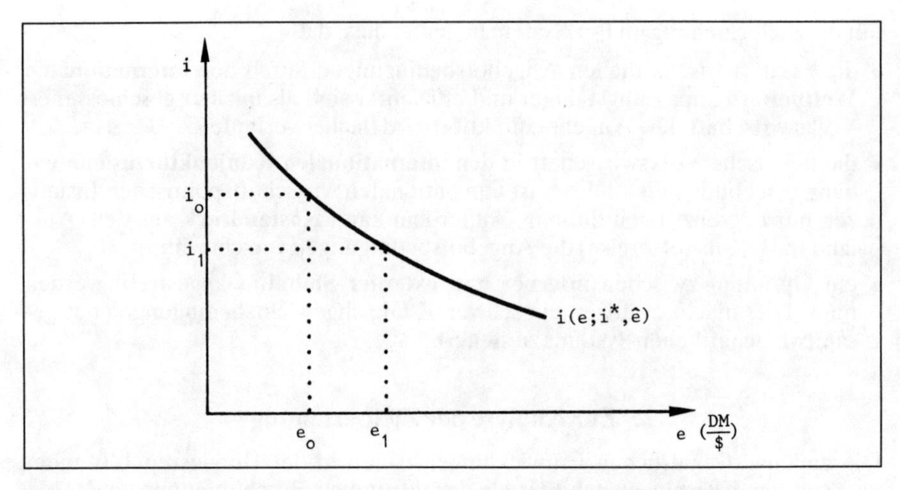


**Abb. 85** Der (kurzfristige) Zusammenhang zwischen Zins und Devisenkurs

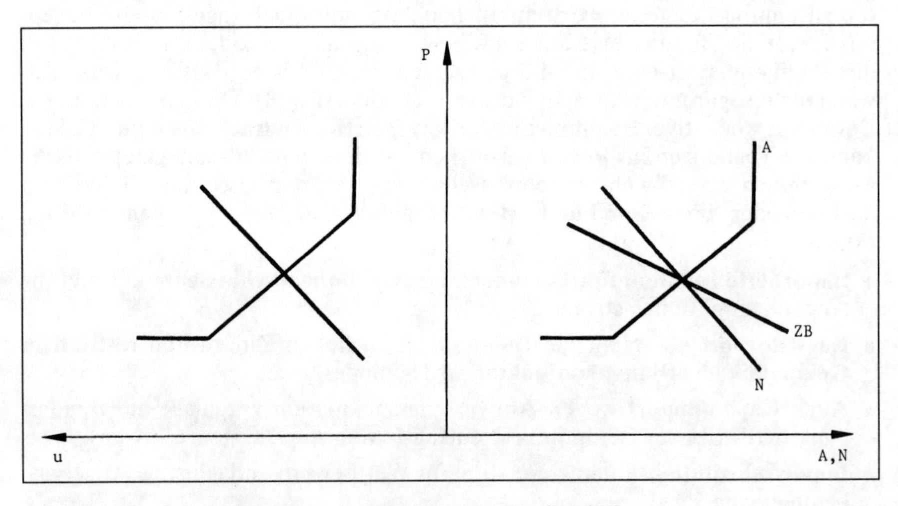


**Abb. 86** Die P-u-Zielbeziehung in der offenen Volkswirtschaft

Erleichterung in dieser **Lenkungsaufgabe** könnte in **flexiblen Wechselkursen** bestehen. Flexible Kurse würden dazu beitragen, die ZB-Funktion an das interne Gleichgewicht anzupassen. (Mit den EG-Ländern besteht ein festes, mit allen anderen ein flexibles Wechselkursregime.)

Können oder sollen flexible Devisenkurse aus politischen Gründen (wie in der EG) nicht durchgesetzt werden, dann sollten die **gesamtwirtschaftlichen Ziele** (und damit die Maßnahmen) zwischen diesen Ländern **koordiniert** werden, um außenwirtschaftliche Ungleichgewichte zu vermeiden. Die **Koordination** sollte auf der Ebene der **Zentralbankpräsidenten** und der **Regierungen** stattfinden. Diese internationalen Koordinierungsgremien bestehen und sie bewähren sich auch oft. Insbesondere der Ausschuß der Zentralbankpräsidenten ist entscheidungsfähig. So lange aber die Regierungen der EG-Mitglieder **egoistische Nationalstaatspolitik** betreiben, werden die gesamtwirtschaftlichen Ziele voneinander abweichen und es wird außenwirtschaftliche Ungleichgewichte geben.

Der **internationale Wettbewerb** verbessert die heimischen Angebotsbedingungen und die P-u-Zielbeziehung. Der **Kostendruck** durch **importierte Inflation** und Preissteigerungen bei Rohstoffen verschlechtert die Angebotsbedingungen.

Das offene volkswirtschaftliche System ist **schwer zu steuern**, wenn die ZB-Funktion durch diskretionäre Eingriffe in das System angepaßt werden soll.

Die **Anpassung** ist einfacher durch **ordnungspolitische Maßnahmen**, entweder freie Devisenkurse oder internationale Koordination der gesamtwirtschaftlichen Ziele und Maßnahmen.

## Ausgewählte Literaturangaben zu den einzelnen Abschnitten


### I.A. Zielgrundlagen

*H. Bartmann,* Verteilungstheorie, München 1981, insbes. S. 1-96
*H. Kleinewerfers, A. Jans,* Einführung in die volkswirtschaftliche und wirtschaftspolitische Modellbildung, München 1983
*A. Möller,* Kommentar zum Gesetz zur Förderung der Stabilität und des Wachstums der Wirtschaft, 2. Aufl., Hannover 1969
*B. Röper,* Zur Frage nach den Trägern der Wirtschaftspolitik, in Zeitschrift für die Gesamte Staatswissenschaft, Bd. 124 (1968), S. 741-762
*H. Sanmann,* Artikel: Sozialpartner, in Handwörterbuch der Wirtschaftswissenschaften, Bd. 7, Stuttgart-New York 1977, S. 52-58
*K. Stern, P. Münch, K. H. Hansmeyer,* Gesetz zur Förderung der Stabilität und des Wachstums der Wirtschaft, 2. Aufl., Stuttgart-Berlin etc. 1972
Die **Daten für die Schaubilder** wurden dem Tabellenteil der Jahresgutachten des Sachverständigenrates zur Begutachtung der gesamtwirtschaftlichen Entwicklung entnommen.

### I.B. Definition und Messung der Zielgrößen

*R. L. Frey,* Wachstumspolitik, UTB, Stuttgart-New York 1979
Jahreswirtschaftsberichte der Bundesregierung
*F. Mehler,* Ziel-Mittel-Konflikte als Problem der Wirtschaftspolitik, Berlin 1970
*K. Stern, P. Münch, K. H. Hansmeyer,* Gesetz zur Förderung der Stabilität und des Wachstums der Wirtschaft, 2. Aufl., Stuttgart-Berlin etc. 1972

### I.C. Zielbeziehungen

*P. Baumgarten, W. J. Mückl,* Wirtschaftliche Zielkonflikte in der Bundesrepublik Deutschland, Tübingen 1969
*H. Berg, D. Cassel,* Theorie der Wirtschaftspolitik, in Vahlens Kompendium der Wirtschaftstheorie und Wirtschaftspolitik, Bd. 2, 2. Aufl., München 1985, S. 138-211
*H. Majer,* Die Problematik der Bestimmung von Konflikten wirtschaftspolitischer Ziele, in Jahrbücher für Nationalökonomie und Statistik, Bd. 193 (1978), S. 385-405
*H. Maneval,* Die Phillipskurve, Tübingen 1973
*A. E. Ott,* Magische Vielecke, in A. E. Ott (Hrsg.), Fragen der wirtschaftlichen Stabilisierung, Tübingen 1967, S. 93-114

### I.D. Modelle, Methoden, Ansatzpunkte für wirtschaftspolitische Maßnahmen

*G. Ackley,* Macroeconomics: Theory and Policy, New York-London 1968, insbesondere zur Aggregationsproblematik, S. 15-21
*D. Bell, I. Kristol* (Hrsg.), Die Krise in der Wirtschaftstheorie, Berlin-Heidelberg etc. 1984
*G. Bombach, H. J. Ramser, M. Timmermann, W. Wittmann* (Hrsg.), Der Keynesianismus, Bd. I und II, Berlin etc. 1976, insbes. Bd. I, Theorie und Praxis keynesianischer Wirtschaftspolitik
*H. Brems,* Dynamische Makrotheorie, Inflation, Zins und Wachstum, Tübingen 1980
*V. A. Cato, D. H. Joines, A. B. Laffer,* Foundations of Supply-Side Economics, Theory and Evidence, New York etc. 1983
*A. S. Eichner* (Hrsg.), Über Keynes hinaus. Eine Einführung in die postkeynesianische Ökonomie, Köln 1982
*W. Fassing,* Nachfrage- oder Angebotspolitik? Kritische Anmerkungen zu einigen Argumenten der Angebotstheoretiker, in Konjunkturpolitik, 28. Jg. Heft 6 (1982), S. 343-364
*W. Franz,* Reagan versus Keynes. Eine Zwischenbilanz der angebotsorientierten Wirtschaftspolitik, in Jahrbuch für Sozialwissenschaft, Bd. 36 (1985), S. 240-261
*W. Fuhrmann,* Keynesianismus und Neue Klassische Makroökonomik, in Jahrbuch für Sozialwissenschaft, Bd. 33 (1982), S. 269-293
*G. Gilder,* Reichtum und Armut, Berlin 1981

*D. K. Gupta, Y. P. Venieris,* Introducing new dimensions in macro models: The sociopolitical and institutional environments, in Economic Development and Cultural Change (1981), S. 31-58
*H.-J. Jarchow,* Der Keynesianismus, in WiSt, Heft 9 (1983), S. 463-469
*P. Kalmbach* (Hrsg.), Der neue Monetarismus, München 1973
*J. Krompardt,* Artikel: Wirtschaftswissenschaft II: Methoden und Theorienbildung in der Volkswirtschaftslehre, in Handwörterbuch der Wirtschaftswissenschaften, Bd. 9, Stuttgart-New York etc. 1982, S. 904-935
*K. v. Lith,* Die ceteris-paribus-Klausel, in WiSt, Heft 7 (1980), S. 339-340
*Th. Mayer,* The Structure of Monetarism, Toronto 1978
*A. E. Ott,* Einführung in die dynamische Wirtschaftstheorie, Göttingen 1963
*A. E. Ott, H. Winkel,* Geschichte der theoretischen Volkswirtschaftslehre, Göttingen 1985
*D. Robert,* Makroökonomische Konzeptionen im Meinungsstreit. Zur Auseinandersetzung zwischen Monetaristen und Fiskalisten, Baden-Baden 1978

**II.A. Der Gütermarkt**

*A. Stobbe,* Volkswirtschaftslehre I, Volkswirtschaftliches Rechnungswesen, 5 rev. u. erw. Aufl., Berlin etc. 1980
*A. Stobbe,* Artikel: Volkswirtschaftliche Gesamtrechnung, in Handwörterbuch der Wirtschaftswissenschaften, Bd. 8, Stuttgart-New York etc. 1980, S. 368-404
*E. Schneider,* Einführung in die Wirtschaftstheorie, 1. Teil: Theorie des Wirtschaftskreislaufs, 12. Aufl., Tübingen 1965

Konsum

*A. Brown, A. Deaton,* Surveys in Applied Economics: Models of Consumer Behavior, in Economic Journal, Bd. 82 (1972), S. 1145-1236
*F. Fotiadis, J. W. Hutzel, S. Wied-Nebbeling,* Bestimmungsgründe des Konsumverhaltens, Berlin 1980
*W. Franz,* Neues von der Konsumfunktion, in WISU, Heft 11 (1987), S. 577-582
*H. König,* Die Normaleinkommenshypothese der Konsumfunktion, I und II, in WISU, Heft 4 (1977) und Heft 5 (1977), S. 168-173 und 216-219
*H. König,* Artikel: Konsumfunktionen, in Handwörterbuch der Wirtschaftswissenschaften, Bd. 4, Stuttgart-New York etc. 1978, S. 513-527
*R. Richter, U. Schlieper, W. Friedmann,* Makroökonomik, Eine Einführung, 4. neubearb. u. erw. Aufl., Berlin-Heidelberg etc. 1981, S. 212-237

Investition

*H. G. Bartels,* Die Berechnung von internen Zinsfüßen und Kapitalwerten, in WISU, Heft 11 (1986), S. 533-536
*G. Bombach, B. Gahlen, A. E. Ott* (Hrsg.), Neuere Entwicklungen in der Investitionstheorie und -politik, Tübingen 1980
*W. Gerstenberger,* Absatz und Faktorpreise als Determinanten der Investitionsausgaben, in Ifo-Studien, 26. Jg. (1980), S. 63-121
*R. C. Hartmann,* The Structure of Interest Rates and the Demand for Investment, in Quarterly Journal of Economics, Bd. 94 (1980), S. 591-607
*J. Heubes,* Das Akzeleratorprinzip, in WiSt, Heft 4 (1981), S. 176-179
*J. Krompardt,* Artikel: Investition, I: volkswirtschaftliche, in Handwörterbuch der Wirtschaftswissenschaften, Bd. 4, Stuttgart-New York etc. 1978, S. 246-253
*R. Richter, U. Schlieper, W. Friedmann,* Makroökonomik, Eine Einführung, 4. neubearb. u. erw. Aufl., Berlin etc. 1981, insbes. S. 237-349

Staat

*B. S. Frey,* Moderne Politische Ökonomie, München 1977
*B. S. Frey,* Artikel: Ökonomische Theorie der Politik, in Handwörterbuch der Wirtschaftswissenschaften, Bd. 5, Stuttgart-New York etc. 1980, S. 658-666

*H. Geyer,* Artikel: Öffentliche Güter, in Handwörterbuch der Wirtschaftswissenschaften, Bd. 5, Stuttgart-New York etc. 1980. S. 419-432
*G. Hedtkamp,* Lehrbuch der Finanzwissenschaft, 2. neubearb. Aufl., Neuwied 1977
*H. Hesse,* Theoretische Grundlagen der „Fiscal Policy", München 1983
*M. Jänicke,* Staatsversagen. Die Ohnmacht der Politik in der Industriegesellschaft, München-Zürich 1986
*F. Neumark* (Hrsg.) unter Mitwirkung von *N. Andel* und *H. Haller,* Handbuch der Finanzwissenschaft, 3. gänzl. neubearb. Aufl., Bd. I-IV, Tübingen 1977-1983
*W. W. Pommerehne, B. S. Frey* (Hrsg.), Ökonomische Theorie der Politik, Berlin etc. 1979
*R. Richter, U. Schlieper, W. Friedmann,* Makroökonomik, Eine Einführung, 4. neubearb. u. erw. Aufl., Berlin-Heidelberg etc. 1981, insbes. S. 309-333
*B. Rürup, H. Körner,* Finanzwissenschaft. Grundlagen der öffentlichen Finanzwirtschaft, 2. Aufl., Düsseldorf 1985
*K. Schomacker, P. Wilke, H. Wulf* (Hrsg.), Zivile Alternativen für die Rüstungsindustrie, Baden-Baden 1986

Export
*H. Berg,* Internationale Wirtschaftspolitik, UTB, Göttingen 1976
*H.-R. Hemmer,* Artikel: Außenhandel, II: Terms of trade, in Handwörterbuch der Wirtschaftswissenschaften, Bd. 1, Stuttgart-New York etc. 1977, S. 388-402
*H. Hesse,* Artikel: Außenhandel, I: Determinanten, in Handwörterbuch der Wirtschaftswissenschaften, Bd. 1, Stuttgart-New York etc. 1977, S. 364-387
*A. Konrad,* Zahlungsbilanztheorie und Zahlungsbilanzpolitik, München 1979

Gütermarkt insgesamt
*G. Ackley,* Macroeconomics: Theory and Policy, New York-London 1978
*R. J. Barro,* Makroökonomie, Regensburg 1986
*R. Dornbusch, St. Fischer,* Makroökonomik, 3. Aufl., München-Wien 1985
*B. Felderer, St. Homburg,* Makroökonomik und neue Makroökonomik, 3. korr. Aufl., Berlin-Heidelberg etc. 1987
*E. Helmstädter,* Wirtschaftstheorie II. Makroökonomische Theorie, 2. Aufl. München 1981, insbes. S. 1-179
*E. E. Leamer,* Is it a demand curve or is it a supply curve? Partial identification through inequality constraints, in Review of Economics and Statistics, Bd. LXIII (1981), S. 319-327
*R. L. Teigen* (Hrsg.), Readings in Money, National Income and Stabilization Policy, 4. Aufl., Homewood, Ill., Georgetown, Ont., 1978

**1. Exkurs**
*R. Rettig,* Artikel: Multiplikatoren, in Handwörterbuch der Wirtschaftswissenschaften, Bd. 5, Stuttgart-New York etc. 1980, S. 289-299

**2. Exkurs**
*E. Schneider,* Einführung in die Wirtschaftstheorie, III. Teil: Geld, Kredit, Volkseinkommen und Beschäftigung, 9. erw. u. verb. Aufl., Tübingen 1965

**II.B. Der Geldmarkt**
Geldangebot
*J. Bagus,* Zum „Zielkorridor" der Deutschen Bundesbank, in WiSt, Heft 6 (1982), S. 278-281
*K. Brunner,* Artikel: Geldtheorie und Geldpolitik IV: Aus der Sicht des Monetarismus, in Handwörterbuch der Wirtschaftswissenschaften, Bd. 3, Stuttgart-New York etc. 1981, S. 391-411
*Fuhrmann,* Geld und Kredit. Prinzipien Monetärer Makroökonomie, 2. Aufl., München-Wien 1987
*O. Issing,* Einführung in die Geldtheorie, 6. Aufl, München 1987

*N. Kaldor, J. Trevithik,* Artikel: Geldtheorie und Geldpolitik V: Aus keynesianischer Sicht, in Handwörterbuch der Wirtschaftswissenschaften, Bd. 3, Stuttgart-New York etc. 1981, S. 412-422
*N. Kloten, J. H. v. Stein* (Hrsg.), Obst/Hintner, Geld-, Bank- und Börsenwesen. Ein Handbuch, 37. völlig neu gestalt. Aufl., Stuttgart 1980/82
*D. Laidler,* Monetarism: An Interpretation and Assessment, in Economic Journal, Bd. 91 (1981), S. 1-28
*W. Schröder,* Theoretische Grundstrukturen des Monetarismus, Baden-Baden 1978
*J. Spreter,* Theoretische und empirische Analyse des Geldschöpfungsmultiplikators, Krefeld 1983
*J. Tobin,* The Monetarist Counter-Revolution today – An Appraisal, in Economic Journal, Bd. 91 (1981), S. 29-42
*A. Woll, G. Vogl,* Geldpolitik, UTB, Stuttgart 1976

Geldnachfrage
*D. Duwendag, K. H. Ketterer, u.a.,* Geldtheorie und Geldpolitik, Eine problemorientierte Einführung, 2. überarb. u. erw. Aufl., Köln 1977
*H.-J. Jarchow,* Theorie und Politik des Geldes, 5. überarb. u. erw. Aufl. UTB, Göttingen 1982
*J. P. Studd, J. L. Scadding,* The Search for a Stable Money Demand Function: A Survey of the Post – 1973 Literature, Bd. XX (1982), S. 993-1021.
Vgl. auch die Literaturangaben zu II.B.1

**II.C. Die gesamtwirtschaftliche Nachfragefunktion**
*H. Majer,* Gesamtwirtschaftliche Angebots-Nachfrageanalyse, Tübingen 1982
*H. Majer,* Die gesamtwirtschaftliche Nachfragefunktion, in WiSt, Heft 12 (1984), S. 605-612
*R. Rettig, D. Voggenreiter,* Makroökonomische Theorie, 3. neubearb. u. erw. Aufl., Düsseldorf 1980
*H.-D. Wenzel,* Gesamtwirtschaftliche Nachfragefunktion, staatliche Budgetbeschränkung und Stabilität, in Jahrbücher für Nationalökonomie und Statistik, Bd. 196 (1981), S. 541-553

**II.D. Beschäftigung und Nachfrage bei vollkommen elastischem Angebot**
*M. Parkin, R. Bade,* Modern Macroeconomics, Oxford 1982
*R. Pohl,* Theorie der Inflation, München 1981
*R. Richter, U. Schlieper, W. Friedmann,* Makroökonomik, Eine Einführung, 4. neubearb. u. erw. Aufl., Berlin etc. 1981
*J. Siebke, H. J. Thieme,* Einkommen, Beschäftigung, Preisniveau, in Vahlens Kompendium der Wirtschaftstheorie und Wirtschaftspolitik, Bd. 1, München 1981, S. 73-154

**III.A. Definitorische Grundlagen**
*R. Dornbusch, St. Fischer,* Macroeconomics, New York etc. 1978, insbes. S. 337ff.
*H. Majer,* Gesamtwirtschaftliche Angebots-Nachfrageanalyse, Tübingen 1982
*J. R. Milar,* The Social Accounting Basis of Keynes' Aggregate Supply and Demand Functions, in Economic Journal, Bd. 82 (1972), S. 600-611
*A. E. Ott,* Grundzüge der Preistheorie, 3. überarb. Aufl., Göttingen 1979, insbes. S. 104-134
*M. Parkin, R. Bade,* Modern Macroeconomics, Oxford 1982, insbes. S. 123-135, S. 230-239, S. 381-401
*D. L. Roberts,* Patinkin, Keynes, and Supply and Demand Analysis, in History of Political Economy, Bd. 10 (1978), S. 549-576
*F. Zahn,* Macroeconomic Theory and Policy, Englewood Cliffs (N. J.) 1975

**III.B. Der Arbeitsmarkt**

*R. Cremer,* Das Arbeitsangebot privater Haushalte, in WiSt, Heft 11 (1982) S. 505-510

*W. Franz,* Is Less More? The Current Discussion About Reduced Working Time in Western Germany: A Survey of the Debate, in Zeitschrift für die Gesamte Staatswissenschaft, Bd. 140 (1984), S. 626-654

*H. Giersch,* Arbeit, Lohn und Produktivität, in Weltwirtschaftliches Archiv, Bd. CXIX (1983), S. 1-18

*V. Hallwirth,* Reallohn und Beschäftigung. Ein Ansatz zum Test der klassischen Grenzproduktivitätstheorie der Arbeit, in Jahrbücher für Nationalökonomie und Statistik, Bd. 200 (1985), S. 153-172

*G. Himmelmann,* Lohnbildung durch Kollektivverhandlungen, Berlin 1971

*B. Külp,* Artikel: Lohntheorie, in Handwörterbuch der Wirtschaftswissenschaften, Bd. 5, Stuttgart-New York etc. 1980, S. 73-98

*H. Majer,* Gesamtwirtschaftliche Angebots-Nachfrageanalyse, Tübingen 1982

*H. Maneval,* Artikel: Arbeitslosigkeit, in Handwörterbuch der Wirtschaftswissenschaften, Bd. 1, Stuttgart-New York etc. 1977, S. 267-278

*H. Markmann,* Artikel: Tarifverträge, II: Tarifvertragspolitik, in Handwörterbuch der Wirtschaftswissenschaften, Bd. 7, Stuttgart-New York 1977, S. 540-552

*D. Mertens,* Artikel: Arbeitsmarkt, I: Arbeitsmarktpolitik, in Handwörterbuch der Wirtschaftswissenschaften, Bd. 1, Stuttgart-New York etc. 1977, S. 279-291

*E. Ulrich, J. Bogdahn,* Auswirkungen neuer Technologien. Ergebnisse eines IAB-Seminars, Beiträge zur Arbeitsmarkt- und Berufsforschung 82, Nürnberg 1986

**III.C. Gewinn, Importe und Staat**

*E. R. Baumgart,* Artikel: Kapital, III: Messung des Kapitalstocks, in Handwörterbuch der Wirtschaftswissenschaften, Bd. 4, Stuttgart-New York etc. 198, S. 369-377

*W. H. Branson,* Macroeconomic Theory and Policy, 2. Aufl., New York 1979

*R. Richter, U. Schlieper, W. Friedmann,* Makroökonomik, Eine Einführung, 4. neubearb. u. erw. Aufl. Berlin etc. 1981

*C. Chr. v. Weizsäcker,* Grundzüge der modernen Kapitaltheorie I. u. II, in WISU Heft 10 (1976) und 11 (1976), S. 116-122 und S. 130-133

**III.D. Gesamtangebot und Beschäftigung**

*D. Bender,* Angebotspolitik, Reallohn und Beschäftigung, in WiSt, Heft 6 (1983), S. 269-274

*D. Bender,* Makroökonomie des Umweltschutzes, Göttingen 1975

*H. Besters,* Neue Wirtschaftspolitik durch Angebotslenkung, 2. Aufl., Baden-Baden 1982

*W. Friedmann,* Reallohn und Beschäftigung, Köln-Berlin etc. 1975

*H. Majer,* Die gesamtwirtschaftliche Angebosfunktion, in WiSt, Heft 6 (1985), S. 281-286

*R. Piepenburg,* Das Bundesimmissionsschutzgesetz und seine Reformmöglichkeiten. Eine Bewertung aus ökonomischer Sicht, Frankfurt a.M.-Bern-New York 1987

*D. G. Raboy* (Hrsg.), Essays in Supply Side Economics, Washington, D. C. 1981

*St. Rousseas,* The Political Economy of Reaganomics, New York 1982

Sachverständigenrat zur Begutachtung der gesamtwirtschaftlichen Entwicklung, Jahresgutachten 1976/77

*U. E. Simonis* (Hrsg.), Ökonomie und Ökologie. Auswege aus einem Konflikt, dritte, überarb. Aufl., Karlsruhe 1985

*Umweltbundesamt* (Hrsg.), Daten zur Umwelt 1986/87, Berlin 1986

*L. Wicke,* Umweltökonomie. Eine praxisorientierte Einführung, München 1982

**IV.A. Theoretische Grundlagen**

*W. Bohling, D. Masberg* (Hrsg.), Lexikon Wirtschaftspolitik. Die Institutionen: Banken, Bundesämter, Konzerne, Gewerkschaften, Verbraucherverbände u.a.m., München 1986

*W. H. Branson,* Macroeconomic Theory and Policy, 2. Aufl., New York 1979

*J. M. Buchanan,* The Constitution of Economic Policy, in American Economic Review, Bd. 77 (1987), S. 243-250
*B. Hansen,* A Survey of General Equilibrium Systems, New York etc. 1970
*J. M. Keynes,* Allgemeine Theorie der Beschäftigung, des Zinses und des Geldes, 5. Aufl., Berlin 1974
*H. Majer,* Gesamtwirtschaftliche Angebots-Nachfrageanalyse, Tübingen 1982
*W. Meißner,* unter Mitarbeit von J. Barthel und J. Welsch, Die Lehre der Fünf Weisen. Eine Auseinandersetzung mit den Jahresgutachten des Sachverständigenrats zur Begutachtung der gesamtwirtschaftlichen Entwicklung, Köln 1980
*H. G. Monissen,* Makroökonomische Theorie, Bd. 2, Geldmenge, Beschäftigung und Inflation, Stuttgart-Berlin etc. 1982
*J. Ott, F. Ott, J. H. Yoo,* Macroeconomic Theory, New York 1975
*J. Pätzold,* Stabilisierungspolitik. Grundlagen der nachfrage- und angebotsorientierten Wirtschaftspolitik, 2. Aufl., Bern-Stuttgart 1987
*M. Parkin, R. Bade,* Modern Macroeconomics, Oxford 1982
*R. Rettig, D. Voggenreiter,* Makroökonomische Theorie, 3. neubearb. u. erw. Aufl., Tübingen-Düsseldorf 1980
*J. L. Stein,* Monetarist, Keynesian and Classical Economics, Oxford 1982
*F. Zahn,* Macroeconomic Theory and Policy, Englewood Cliffs (N. J.) 1975

**IV.B. Analyse von Beschäftigungswirkungen**

*F. Buttler, J. Kühl, B. Rahmann* (Hrsg.), Staat und Beschäftigung. Angebots- und Nachfragepolitik in Theorie und Praxis, Beiträge zur Arbeitsmarkt- und Berufsforschung 88, Nürnberg 1985
*R. Caesar,* Crowding out in der Bundesrepublik Deutschland: Eine empirische Bestandsaufnahme, in Kredit und Kapital (1985), S. 265-276
*R. Dornbusch,* Exchange Rate Economics, in Economic Journal, Bd. 97 (1987), S. 1-18
*U. Engelen-Kefer,* Beschäftigungspolitik, Eine problemorientierte Einführung, 2. überarb. u. erw. Aufl., Köln 1980
*R. J. Gordon,* Macroeconomics, Boston-Toronto 1978
*O. Issing* (Hrsg.), Aktuelle Probleme der Arbeitslosigkeit, Schriften des Vereins für Socialpolitik, NF 100, Berlin 1978
*H. Lampert* (Hrsg.), Arbeitsmarktpolitik, Stuttgart-New York 1979
*H. Majer,* Gesamtwirtschaftliche Angebots-Nachfrageanalyse, in WiSt, Heft 2 (1986), S. 77-82
*R. Rettig, D. Voggenreiter,* Makroökonomische Theorie, 3. neubearb. u. erw. Aufl., Tübingen-Düsseldorf 1980
*H. Siebert* (Hrsg.), Perspektiven der deutschen Wirtschaftspolitik, Stuttgart-Berlin etc. 1983
*F. Zahn,* Macroeconomic Theory and Policy, Englewood Cliffs (N. J.) 1975

**IV.C. Preisniveaustabilität und Beschäftigungsstand: Analyse einer Zielbeziehung**

*H. Frisch,* Die Neue Inflationstheorie, Göttingen 1980
*H. Frisch, F. Hof,* A "Textbook"-Model of Inflation and Unemployment, in Kredit und Kapital, 14. Jg. (1981), S. 159-176
*J. Kromphardt,* Arbeitslosigkeit und Inflation. Eine Einführung in die makroökonomischen Kontroversen, Göttingen 1987
*H. Majer,* Gesamtwirtschaftliche Angebots-Nachfrageanalyse, Tübingen 1982
*W. D. Nordhaus,* The Political Business Cycle, in Review of Economic Studies, Bd. 42 (1975), S. 169-190
*E. Nowotny* (Hrsg.), Löhne, Preise, Beschäftigung, Frankfurt a.M. 1974
*A. M. Okun,* Potential GNP: Its Measurement and Significance, in Proceedings of the Business and Economic Statistics Section (1962), S. 98-104
*R. Pohl,* Theorie der Inflation, Grundzüge der monetären Makroökonomik, München 1981
*F. Schneider,* Politisch-ökonomische Modelle, Ein theoretischer und empirischer Ansatz, Meisenheim 1978

*G. Steeb,* Time lags der Geldpolitik, Frankfurt a.M. 1978
*J. L. Stein,* Monetarist, Keynesian and New Classical Economics, Oxford 1982

**V. A. Die Kurve außenwirtschaftlichen Gleichgewichts**

*M. Borchert,* Das keynesianische System offener Volkswirtschaften bei festen (bzw. beweglichen) Wechselkursen, in WISU, Heft 1 (1980) und Heft 2 (1980), S. 35-42 und S. 343-348
*W. H. Branson,* Macroeconomic Theory and Policy, 2. Aufl., New York etc. 1979
*H.-J. Jarchow,* Artikel: Zahlungsbilanz I: Theorie und Politik, in Handwörterbuch der Wirtschaftswissenschaften, Bd. 9, Stuttgart-New York etc. 1982, S. 539-561
*K. Rose,* Theorie der Außenwirtschaft, 8. Aufl., München 1981
*A. Stobbe,* Volkswirtschaftslehre I, Volkswirtschaftliches Rechnungswesen, Berlin etc. 1980

**V.B. Gleichgewicht, Störung und Anpassungsmöglichkeiten**

*H.-J. Jarchow, P. Rühmann,* Monetäre Außenwirtschaft, I. Monetäre Außenwirtschaftstheorie, UTB, Göttingen 1982
*A. O. Krueger,* Exchange-Rate Determination, Cambridge etc. 1983
*H.-J. Krupp, B. Rohwer, K. W. Rothschild* (Hrsg.), Wege zur Vollbeschäftigung. Konzepte einer aktiven Bekämpfung der Arbeitslosigkeit, Freiburg i. Br. 1986
*H. Majer,* Innere und äußere Stabilität in einem gesamtwirtschaftlichen Angebots-Nachfragesystem, in WiSt, Heft 11 (1986), S. 551-558
*K. Rose,* Theorie der Außenwirtschaft, 8. Aufl., München 1981
*K. Rose,* Artikel: Europäisches Währungssystem, in Handwörterbuch der Wirtschaftswissenschaften, Bd. 2, Stuttgart-New York etc. 1980, S. 512-517

**V.C. Die Zielbeziehung zwischen Preisniveaustabilität und hohem Beschäftigungsstand in einer offenen Volkswirtschaft**

*E. S. Kirschen,* u.a. International vergleichende Wirtschaftspolitik, Berlin 1967
*H. Majer, A. Wagner,* Der internationale Konjunkturzusammenhang, Tübingen 1975
*R. Mundell,* Geld- und Währungstheorie, München 1976
*J. Roth,* Der internationale Konjunkturzusammenhang bei flexiblen Wechselkursen, Tübingen 1975

# Stichwortverzeichnis